Ханбрүл Ринбүчи

Нуугдмал Эрдэнэ
ХЭМЭЭХ

Гүн Увдист Очир Хөлгөний Дадлагын
Үг Бүрчлэнгийн Тайлбар Оршивой

Орчуулсан Самдангийн Отгонтөгс
Хянан засварласан Сүрэнгийн Болормаа

Dzokden
SAN FRANCISCO, USA

Зохиогч: \Shar Khentrul Jamphel Lodrц \ Шар Ханбрүл Жамбал Лодой
Англи орчуулгыг: Дамбий Жанцэн
Монгол орчуулгыг: Самдангийн Отгонтөгс
Хянан засварласан: Сүрэнгийн Болормаа

Анхны Хэвлэл

ISBN Хатуу хавтас 978-1-958229-32-3
ISBN Цаасан хавтас \Монгол хэл дээрх хэвлэл\ 978-1-958229-52-1
ISBN ePub 978-1-958229-33-0
Нэрс: \Shar Khentrul Jamphel Lodro\ Шар Ханбрүл Жамбал Лодой, зохиолч

Хэвлэлийн газар:
DZOKDEN \Зогдэн\

Энэхүү бүтээлийг дан ганц сайн дурыхнаас бүтсэн ашгийн бус байгууллага болох Зогдэнгоос эрхлэн гаргалаа. Манай байгууллага Буддын ном сургаалыг нэвтрүүлэхдээ дэлхийн сүсэг бишрэлийн аливаа нэгэн урсгалыг үл онцлон, ялгавар үгүй үнэн уламжлалт үзлийг баримтлахын хажуугаар Барууны соёлд мөн хүртээмжтэй болгох зорилготой билээ. Төвөдийн алслагдмал оронд ховор эрдэнэ мэт хадгалагдан бидний үед уламжлагдаж ирсэн Цагийн хүрдний сургаалыг баримтлагч Жонангийн ёсыг дэлгэрүүлэхэд бид тусгайлан зорьж байгаа билээ.

Дэлгэрэнгүй мэдээлэл авах, манай үйл ажиллагааны хуваарь, сургалтын материал авах болон хандив өргөхийг хүсвэл бидэнд хандана уу:

Dzokden
3436 Divisadero Street
San Francisco, CA 94123
United States of America

www.dzokden.org
office@dzokden.org

Орчуулагчийн Зурвас

2018 оны 8 дугаар сард Ханбрүл Ринбүчийг АНУ-ын Вашингтон Ди Си орчимд айлчлан ирэхэд нь золоор учирч хадаг барин шавь орсноос хойш харамгүй нигүүлсэх сэтгэлээр буулгасан ван авшгийг нь удаа дараа хүртэж, Оочирт хөлгөний сургаалыг дагаснаас хойш 3 гурван жилийн нүүр үзэж байгаа бөгөөд эрдэнийн дээд эрхэм багшдаа хэмжээлшгүй талархаж явдгаа энэхэн зурвасаар дамжуулан илэрхийлж байгаадаа баяртай байна.

Жонан-Шамбалын урсгалын уламжлал атгагчийн хувьд түүний бичсэн энэхүү Цагийн хүрдний сургаалын бүрэн цогцыг элэг нэгт монгол түмэндээ эх хэлнээ дээр нь буулган толилуулж, буян хишиг саруул билгүүнийг арвижуулах ховор завшаан олсноо ихэд бэлгэшээж баярлаж ханамгүй байнам.

Юуны түрүүнд энэ цувралыг англи хэлнээ буулгасан Жо Флумерфелт \Дамбий Жанцан\ танаа гүн талархал илэрхийлэн, тийм үгүй сэн бол эдгээр нандин бүтээл өнөөдөр ийнхүү биеллээ олохгүй байсан гэдгийг хэлмээр байна.

Гар дор хэрэглэх материал анхааран авлага ховор хилийн чаинадад байх үедээ номлол айлдварыг нь онлайнаар тасралтгүй сонсож тусгаж байсны тул Дээрхийн Гэгээн Далай Багш, Нямсамбуу гавж, Гантөмөр шунлайв, Баасансүрэн хамба, багш-орчуулагч С.Түвдэнцэрэн мөн цаашилбал Махамудрын гүрү Доржготов та нарыгаа эрдэнэ мэт эрхэм багшаа хэмээн үзэж үргэлж залбиран мөргөж явдаг юм аа.

Цаашилбал залж чиглүүлэн тусалж ирсэн Клое Брегман, Весна Уоллас, Жадамбын Лхагвадэмчиг, Самдангийн Сугар, Сонинбаярын Хүслэн, Даваагийн Онолмаа нарт болон энэ номыг бүтээхэд тусламж дэмжлэг үзүүлсэн өөр бусад миний мэдэхгүй олон хүн буй болбоос тэр бүгдэд буяны үр нь хүрэлцэх байх аа хэмээн бэлгээгшээж, чин сэтгэлийн угаас мэхийн хүндэтгэе.

Энэхүү нандин бүтээлийг судалж, тусган, орчуулсан буяны үрээр хамаг амьтан Шамбалын Алтан Эринийг хамтдаа үзэх болтугай!

Цагийн хүрдний сургаалын уламжлалыг хадгалагч Жонангийн алдарт урсгал мандан бадрах болтугай!

Миний саяын үйлдсэн энэ сайн буяны шимээр өвчин ядуурал, тэмцэл будилаан будилаан намжин дарагдаж, Бурханы ариун Ном хийгээд өлзий дэмбэрэлтэй бүхэн орчлон даяар цэцэглэх болтугай.

Гарчиг

ཕྱི་དབྱིངས་འཁོར་འདས་དངོས་པོའི་སྒྱིང་ཁྲེར་བྱེ་བ་དགུ་བཅུའི་དཔལ་ལྡ། །

ནང་དབྱིངས་དྲུག་བརྒྱ་སོ་དྲུག་ལྷ་ཡི་དཀྱིལ་འཁོར་སྟོང་གསུམ་ཁམས་ལོངས་སྐུའི་ཞིང་། །

གཞི་དབྱིངས་རྣམ་པ་ཀུན་ལྡན་ཆ་མེད་འཁོར་འདས་ཀུན་ཁྱབ་ཆོས་སྐུའི་དབྱིངས། །

མཚོན་བྱེད་ཟབ་ལམ་ལྷག་གཅིག་རྡོ་རྗེའི་རྣལ་འབྱོར་དང་བས་ཕྱག་གིས་མཆོད། །

ཟབ་དོན་ཤེས་པ་མེན་ཡང་འདུན་པ་ཡིས། །

ཟབ་མོའི་དོན་ལ་འཇུག་པའི་རིས་པ་ཙམ། །

གོ་སྐྱ་ཤེས་ཐབས་ཚིག་གིས་འབྲི་སྟོན་གྱིས། །

བྲིས་པའི་དགལ་བ་བརྟེན་ལ་རོངས་པ་ཆེ། །

ཕྱི་རིག་དུས་ཀྱི་འཁོར་ལོ་འཛམ་གླིང་བྱེ་བ་ཕྲག་བརྒྱའི་ཞིང་། །

ནང་རིག་དུས་ཀྱི་འཁོར་ལོ་རྡོ་རྗེའི་རྩ་རླུང་ཐིག་ལེའི་ཁམས། །

གཞན་རིག་དུས་ཀྱི་འཁོར་ལོ་ཕྲགས་གསུང་སྐུ་ཡི་དཀྱིལ་འཁོར་གསུམ། །

དབྱེར་མེད་བར་དུ་རྟོགས་ལྡན་དག་པའི་ཆོས་ལ་སྟོན་ནུས་ཤོག །

Мөргөл

Сансар нирвааны охь болсон Шамбалын орны 96 сая хот бүхий Гадаад оршихуй,
636 Ядам бурхадын хот мандал дахь Хоосон дүрсний төгс жаргалант лагшин бүхий Дотоод оршихуй,
Үндсэн Огторгуй, орчлон нирваанаас ангид бүхнийг огоот багтаасан хувиршгүй Үнэн оршихуй,
Гэгээрэлд биднийг хүргэх гүнзгий увдист өвөрмөц зам – Очирт хөлгөний ёсон дор бишрэнгүйгээр мөргөмүү би.

Гүнзгий утгыг ойлгоогүй нэгэнд,
Туслах гэсэндээ бичихэд буруутах юун,
Арга ухааны үндсийг ойлгоход амар болгох гэж,
Гүнзгий утганд нэвтрэх шат болог хэмээсэн билээ.

Гадаад Цагийн хүрдний тэрбумаар тоологдох ертөнц,
Дотоод Цагийн хүрдний судал хий дуслын оршихуй,
Гэгээрсэн Цагийн хүрдний лагшин зарлиг тааллын гурван хот мандал,
Тэдгээрийг нэгдэн нэг болох хүртэл бид Алтан Эриний Ариун номыг тэврэн дээдлэх болтугай!

Цагийн хүрдний сургаалыг номлогч
Шагжаамүни Бурхан Багш

Танилцуулга

Энэ ном бол Жэвзүн Дарнатын *"Бурханлагт Хүрэх шат: Цагийн хүрдний Гүн Увдист Очирт хөлгөний бэлтгэлийн болон ерөнхий дадлагын гарын авлага"* судрын тайлбар юм. 17-р зуунд анх бичигдсэн энэ судар Жонангийн урсгалын тоолшгүй олон номч бясалгагч нарын гарын авлага байсаар хэдэн зууныг элээжээ. Энэ гарын авлага нь маш товч хирнээ Энэтхэг Төвөдийн аль алиных нь урсгалуудад адил хэрэглэгддэг зааварчилгаануудын хамаг шим шүүсийг агуулсан байдгаараа онцлогтой.

Өнөөгийн энэ маргаан будилаан ихтэй цөвүүн цагт Цагийн хүрдний сургаалыг анхааран авлага болгох нь туйлаас чухаг гэж ярьдаг. Уг сургаал өөрөө Шамбалын ариун дагшин орноос гаралтай бөгөөд эв нэгдэл тэнцвэртэй байдалтай онцгой уялдаатай байдаг тул энэ ертөнц дээр үүн шиг учрахуй яа бэрх ховор нандин зүйл нэгээхэн ч үгүй билээ. Хүмүүс хэдийгээр Дээрхийн Гэгээнтэн Далай багшаас болон өөр бусад алдартай мастеруудаас ван авшиг олонтаа хүртсэн байх боловч үнэхээр анхааран авлага болгосон нь маш ховор байх тул энэ номын ховрыг ч бодсон үг бүхний үнэтэйг ч бодсон та бүхний талархлыг эрхбиш хүлээх болов уу хэмээн найднам.

Номын нэр нь "Бурханлагт Хүрэх Шат" гэсний учир бол Цагийн хүрдний гүнзгий замаар замнан гэгээрэлд хүрэх бүх гишгүүр тус бүрийг нэг бүрчлэн тайлбарласан байх тул *Очирт Зургаан Йог* хэмээх төгсгөлийн зэрэгт таныг найдвартай хөтлөн хүргэх нь гарцаагүй билээ. Эдгээр гайхамшигт аргуудын тусламжтайгаар цөвүүн цагийн нэгэн хүний нэгэн биен дээр гэгээрэлд хүрч болох ажээ. Энэхүү сургаалын арга зааварчилгаа бүр Бурхан багшаас Шамбалын хаанд анх айлдсан тэр үеэс эхлэн Шамбалд хадгалагдан байсаар энэ тоолын 10-р зууны үед Энэтхэгт анх танигдаж дараагаар нь Төвөдөд дэлгэрсэн гэдэг. Очирт Зургаан Йог бол Цагийн хүрдний гол шим нь учраас түүнийг анхааран авлага болгохын тулд *нгондо* буюу *урьдчилсан бэлтгэлийн шатыг* дүүргэсэн байх зайлшгүй шаардлагатай билээ.

Цагийн хүрдний замын гол зорилго бол таны өөрийн жинхэнэ дотоод мөн чанар буюу "Бурханлаг Чанар"-ыг тань илрүүлэхэд оршиж байгаа бөгөөд таны энэхүү дотоод мөн чанар одоогоор таны сэтгэлийн тээр гүнд олон давхар хир буртгаар даруулаастай эрдэнэ мэт, таны хэзээ олж нээхийг л хүлээн буй билээ. Энэ зам бол тэр дарж халхлаад байгаа бүхий л барцад түйтгэрийг зүлгэн арилгаж тэрхүү нандин эрдэнийг олборлоход тусгайлан зориулагдсан зам мөнөөс мөн.

Яг одоогоор бид есөн шидийн буруу үзэл бодол, төөрөгдөл дунд хүлэгдээд гадаад ертөнцийг бардам зан, мунхаг сэтгэл, атаа жөтөөний өсгөгч шилний цаанаас харж байгаагаа мэддэггүй. Тиймээс Цагийн хүрдэн шиг буддын сургаал зааврыг авч амьдралдаа хэрэгжүүлэн, өөрсдийгөө энэхүү өсгөгч шилний нөлөөнөөс ангижруулан үнэнийг шижрээр нь олж харахад өөрсдийгөө бид дадлагажуулах ёстой. Өөрөөр хэлбэл сахилга бат, сайхан сэтгэл, саруул оюун зэрэг дотоодын чануудыг хөгжүүлснээр амьдралд ёс суртахууны үндэс суурийг тавьж өгөх ба эдгээр чануудтай ижил дасал болсон цагт бидэнд саад тотгор болон буй бохир хучлага аажмаар уусан хайлж өөрийн мөн чанараа зэрвэсхэн ч болов олж харах боломцоо олдох болно. Цаашид улам бүр дадлагажуулан үйлдсэнээр хучлага нимгэрэн арилж дуусахад бурханлаг чанар тань өсөж томорсоор дуслаас далай гэгчийн үлгэрээр нэг л өдөр гэгээрлийн хутагт таныг хүргэх нь дамжиггүй билээ.

ЭНЭ НОМЫН ЕРӨНХИЙ ТӨЛӨВ

Бурханлагт Хүрэх Шат хэмээх энэ судар дөрвөн хэсгээс бүрдэнэ. Эхний гурван хэсэгт Очирт хөлгөний ёсонд орохын өмнөх урьдатгал дадлагууд багтана. Сүүлийн хэсэгт Жонангийн Урсгалын хоёр том мастерын адислалд багтан барилдлагаа бататгах зорилготой Гүрү Йог хэмээх Багшийн Егүзэрийн нэмэгдэл дадлагууд багтсан буй.

Нэгдүгээр Бүлэг: Гадаад Бэлтгэлийн Зэрэг буюу дамжлагын Заллага

Энэ хэсэг *Огоорлын Дөрвөн Сэтгэл* үүсгэхэд зориулсан гадаад бэлтгэлийн дадлагаар эхэлдэг. Эдгээр гүнзгий бодож тунгаасан дөрвөн сэдэв судлагч хүнд ухаарлыг өгч, Бурханы номыг нэн даруй үзэж эхлэх чин хүслийг төрүүлэн яаруулах зорилготой. Дараа нь Цагийн хүрдний сургаалын энэхүү тасралтгүй үргэлжилсэн дамжлагын адистидыг хүртэх хүслээр Очирт хөлгөний их урсгалын хэлхээг баригч гэгээрсэн лам багш нарыг залах залбирлыг гүйцэтгэнэ.

Хоёрдугаар Бүлэг: Дотоодын Бэлтгэлийн Зэрэг

Буддын шашний тарнийн ёсонд орохын өмнө илүү дэвшилтэт аргууд руу шилжих бэлтгэл болдог зайлшгүй хэдэн чануудыг бид өөрсөндөө бий болгох шаардлагатай. Эдгээр дадлагууд Ханьцашгүй дандар хийгээд дээд дандарсын аймгийн бүх ёсонд нэвтрэн орох суурь болдог. Төвөдийн бясалгагчид эдгээр дадлагуудыг тодорхой хугацааны туршид тасралтгүй дадал зуршил болгох хүртлээ эрчимтэйгээр хийж гүйцэтгэдэг уламжлалтай. Үүнд:

1. *Итгэл одуулан мөргөх* дадлагаар биднийг зөв замаар дагуулан хөтөлж чадах нэгний найдвартай аврал хамгаалалтад орлоо гэсэн бидний итгэлийг бататгаж өгнө.

2. *Бодь сэтгэлийг үүсгэх* замаар бусдын тусын тулд гэгээрэлд хүрэх юмсан гэсэн баттай сэтгэлийг хөгжүүлж өгнө.

3. *Базарсад Бурханы ариусгалаар* бидний сэтгэл доторхи алив барцад хиленц муу сөрөг болгоныг арилган цэвэрлэх болно.

4. *Мандал өргөх* дадлагаар бидний замд зайлшгүй шаардлагатай буяны чуулганыг хураах зорилготой.

5. *Багшийн Егүзэрийн* бясалгалаар бид Бурханы гэгээрсэн таалалтай өөрсдийн сэтгэлийг нэгтгэж дадуулах зорилготой билээ.

Эдгээр таван зүйл дадлагыг маш эрчимтэйгээр зуршил болтол нь хөгжүүлээгүй байсан цагт Буддын Тарнийн ёсонд нэвтэрч орох нөхцөл шалтгаан бүрэлдэхгүй билээ.

Гуравдугаар Бүлэг: Цагийн хүрдний Өвөрмөц Бэлтгэлийн Зэрэг

Ерөнхий бэлтгэлийн зэрэг хэмжээндээ хүртэл хийгдэж бүрэн гүйцсэний дараагаар бид уг системын маш чухал хэсэг болох Цагийн хүрдний өвөрмөц бэлтгэлийн зэрэгт орох бололцоотой. Бид өөрсдийгөө Цагийн хүрдэн буюу Дүйнхор ядам болгон *хувиргах өөрийн үүсгэлээр* энэ шат эхлэх бөгөөд өөрийгөө гэгээрсэн Цагийн хүрдэн болгон бясалгаснаар өөрийн бурханлаг чанартайгаа дадал болж эхэлдэг байна. Энэхүү Ядмын Егүзэрийн дадлагаар бид зохиомол бодлоос урган гарсан төөрөгдлийн ертөнцийн оронд өөрийн үнэн мөн чанараа илүү харж таньдаг болж сурах юм. Бид юмс үзэгдлийг ариунаар харж дадал болмогцоо Цагийн хүрдний төгсгөлийн зэрэг хэмээх гүнзгий шатанд шилжин орох боломжтой болно. Эцсийн энэ шатанд бид үлдэж хоцорсон сүүлчийн саад мэдэгдэхүүний түйтгэрүүдийг бүрэн арилгаж бидний төгс гэгээрэлд хүргэх маш чадварлаг аргуудыг эзэмших болно.

Дөрөвдүгээр Бүлэг: Нэмэгдэл хоёр Багшийн Егүзэр

Судрын сүүлчийн хэсэгт Жонан урсгалын аугаа их мастер *Гүнчэн Долбуба, Жэвзүн Дарнат* хоёртой холбоогоо бататган адислалыг хүртэх нэмэгдэл хоёр Багшийн Егүзрийн дадлага багтах бөгөөд өөр бусад аль ч шилдэг мастеруудаас илүүтэй Жонангийн урсгалын амин зүрх болсон эдгээр гэгээрсэн бодьгалууд санаанд багтамгүй арвин адистидыг бидэнд авчрах нь гарцаагүй билээ.

Энэ номондоо би гол гол зүйлүүд дээр дүгнэлт хийх замаар явж тухайн сэдэв бүрийг товчхон тайлбарлах нь манай гадаадын бясалгагчдад дөхөм болох болов уу хэмээн сэтгэсэн бөгөөд эх судраас авсан хэсгийг *налуу* загварын үсгээр шивж тайлбарыг дагалдуулсан болно. Нарийн дэлгэрэнгүй тайлбарыг тодорхой мэдэх хүсэлтэй хүмүүст *Цагийн хүрдний замаар явж Нандин Үнэнээ Илчлэхүй* хэмээх миний гурван боть номыг олж уншаарай хэмээн зөвлөх байна.

***

Энэ номыг унших явцдаа та бүхэн *Савны Гурван Гэм* гэгчээс зайлсхийхийг хичээнэ үү. Нэгд, хөмөрсөн сав шиг байх хэрэггүй бөгөөд сэтгэлээ нээгээгүй цагт юу ч тийшээ нэвтэрч чадахгүй шүү дээ. Хоёрт, ёроол нь цоорхой сав шиг байвал уншсан жаахан мэдлэгээ тогтоохгүй дор нь асгаж орхино гэсэн үг. Эцэст нь хор дүүргэсэн сав байх хэрэггүй. Шүүмжлэх үзэл, ялгаварлах үзлийн хороор хордсон сэтгэлд буруу ойлголт төрөх нь маш амархан байдаг билээ.

Үүний оронд гурван ухааныг эзэмших гээд үзээрэй. Сонсох ухааныг хөгжүүлэн энэ номыг давтан давтан судлаарай. Мөн үг бүрийн утгыг олон талаас нь сайтар тунгаан санах ухааныг хөгжүүлээрэй. Тэгээд мөн бясалгах ухааныг эзэмшиж эх сударт заасан дадлагыг авлага болгон хичээж үйлдэх нь чухал шүү. Ариун сэдлээр ийн сонсох, санах, бясалгах гурвыг хослуулснаар гэгээрлийн ариун үнэнийг нэгэн цагт нээж илрүүлнэ гэдэгт би гүнээ найдаж байнам.

Гадаад Бэлтгэлийн Зэрэг буюу Дамжлагын Лам нарын Заллага

Сансарын хүрд

Хорвоог Огоорох Дөрвөн Сэтгэл

Бидниийг гэгээрэлд хүргэх Цагийн хүрдний зам *Хорвоог Огоорох Дөрвөн Сэтгэл* буюу сэтгэлийг Бурханы номын зүг эргүүлэхэд тустай гүнзгий бодож тунгаасан дөрвөн ухаарлыг гаргаж тавьснаар эхэлдэг. Нэгд, бид Бурханы сургаалыг судалж ойлгож ухамсарлах чадвар бүхий эрдэнэт хүний биеийг олж төрсөн гэдгийгээ сайтар ойлгох хэрэгтэй. Хоёрт, үхэл мөнх бусыг санаж үхэл бол гарцаагүй юм гэвч хэзээ ирэх нь огт тодорхойгүй юм гэдгийг байнга бодож байх ёстой. Гуравт, энэ ба үүнээс хойших дараагийн төрлүүд хэзээ ч жаргалтай бус байнга л ийм зовлонгийн мөн чанартай байх бөгөөд жаргал ирэвч бидний жаргал гэж нэрлээд байгаа бүхэн дорхноо зовлон болон хувирах тогтворгүй чанартайг бодох ёстой. Эцэст нь, Бурхан Багшийн айлдсан үйлийн үрийн шалтгаан ба үр дагаврын сургаалыг сайтар ухаж ойлгон, энэ ба ирээдүйн төрлүүд маань бидний хийсэн сайн муу үйлээс шууд шалтгаалах бөгөөд үүнээс чөлөөлөгдөх замд бидниийг хүргэх хаалгыг нээх л хамгаас чухал байгааг ухаарах хэрэгтэй билээ.

Эдгээр дөрвөн зүйл миний бичсэн *Нандин Үнэнээ Илчлэхүй* номд машид дэлгэрэнгүй буй учраас энд хэдхэн өгүүлбэрээр товчхон илэрхийлэхийг хичээлээ:

Ай хөөрхий! Тоолшгүй олон галвын туршид энэ нэгэн удаа олдохуй яа бэрх хэмхрэхүй ее хялбар эрдэнэт хүний биеийг олж төрөв өө би. Хэзээ нөгчихийг мэдэхгүй ч түүнд хүргэх шалтгаан тоолох аргагүй олон, энэ энхрий бие минь өнөө үхэх ч магад. Тиймээс би хүнд хөнгөн алин боловч бүхий л нүгэл хилэнцийг багтаагаад зовлонт орчлонд намайг уяж буй бүхнийг хөсөр орхих хэрэгтэй. Үлдсэн жаахан цагаа үр ашигтай зүйлд зарцуулж, Бурханы Номыг яаралтай судалж эхлэн, хамаг амьтныг чөлөөлөхийн төлөөнөө гэгээрлийн замд нэн даруй орон бясалгасугай!

Бурхан багшийн сургаснаар бид төрсөн тэр мөчөөсөө эхлээд өтлөх, хөгшрөх, үхэх мөн дахин төрөл авах гэсэн энэ тойрогт тасралтгүй эргэлдэж байдаг байна. Бид өөрөө өөрийхөө амьдралыг удирдаж байна хэмээн эндүү боддог боловч үнэн хэрэгтээ үйлийн үрийн эрхшээлд цаг ямагт байж бидний сэтгэлийн хөдөлгөөн хийгээд бидний сэтгэлийг хөдөлгөж байгаа зүйл хүртэл үйлийн үрийн шалтгаан нөхцөлөөс хамаарч оршдог байна. Хэзээ юу болохыг мэдэхгүйн улмаас бид байж ядан шаналж тодорхойгүй байдалд умбан найдах, горьдох айж эмээх мэтийн сэтгэл хөдлөлийн хэлбэрүүдэд эзэмдүүлэн амьдардаг билээ. Мөхөөлдөс хичнээн амттай ч шуналдаа хөтлөгдөн хэтрүүлж идвэл биднийг өвдөхөд хүргэдэг шүү дээ. Үгүй дээ л гэхэд хувцсан дээрээ дусааж орхивол муухай толбо болон таагүй харагдахын шалтгаан болдог. Энэ бол та бидний амьдралын мөн чанар. "Самсара" гэдэг санскрит үгийг "сансрын хүрд" гэж ойлгож болох ба үгчилбэл "эргэлтэнд орших" гэсэн утгатай үг юм. Энэхүү эргэлт биднийг эцэс төгсгөлгүй зовлон шаналгаа амссаар байхад хүргэдэг бөгөөд усан тээрмийн сэнс юмуу эсвэл таглаатай саванд орчихсон ялаатай үүнийг зүйрлэж болох билээ.

Сансрын хүрдэнд эхлэл гэж үгүй бөгөөд бид мунхаг сэтгэлээ ялж туйлын үнэнийг илрүүлснээр түүнд төгсгөл ирж харин болох ажээ. Мунхаг сэтгэл гэдгээр бидний энэ "үнэн бодит" гэж үзээд "бүх зүйл миний хяналтан дор байна" хэмээн төөрөгдөн бодож байгаа өөрсдийн сэтгэлийг хэлж байгаа бөгөөд үнэндээ бүгдийг хянадаг "бодьгал" гэж байдаггүй. Хэрвээ бид бодит би-д барих үзлээ салгачихвал бидний сэтгэл хөдлөл явагдах үндэс тасарч үйлийн үрээр төрлөөс төрөл дамжин өөрийн эрхгүй явах нөхцөл арилах юм. Энэ хүлээснээс салж хүрднээс гарахыг бид "гэтлэх" гэж нэрлэдэг.

Хүн болж төрснөөр бидэнд зовлонгийн шалтгааныг ухаж ойлгох маш гайхамшигтай чадвар заяасан байдаг. Тэгвэл энэ чадвар дээрээ үндэслэн Бурханы сургаалыг анхааран авлага болгосноор чөлөөлөгдөх боломжийг мөн эрдэнэт хүний төрөл бидэнд олгодог билээ. Дээр нь бидэнд найман чөлөө арван учрал гэсэн ховор бүрдлүүд тохиосон бол Бурханы хутагт хүрэх замаар замнах бүрэн боломжтой байдаг билээ. Эдгээр бүрдлүүдэд буддын шашин дэлгэрсэн орон газарт төрөх мэтийн гадаад хүчин зүйлүүд болон мөн дотоод сэтгэлийн хүрээн дэх голлох нөхцлүүд багтаж байгаа юм.

Найман чөлөө арван учрал цөм бүрдэх мөн амаргүй бөгөөд урьд насны сайн буяны үрээр тохиодог байна. Хүний төрлийг олохын ховрыг үзүүлэхдээ Бурхан далайн ёроолд хэвтээд зуун жилд нэг удаа усны гадаргуу дээр цухуйн гардаг сохор мэлхий яг дээш цухуйх тэрхэн агшинд давалгаанд тууган яваа модон буулганд толгойгоо шургуулахтай адил хэмээн зүйрлэсэн байх нь бий. Дээр нь арван-найман чөлөө учрал цөм бүрдэнэ гэдэг бүүр ховор гэдэг нь ойлгомжтой.

Одоо бид энэ эрдэнэт хүний төрлийг нэгэнт олсон бол нэн даруй ухаалгаар ашиглаж эхлэх хэрэгтэй байна. Яагаад гэвэл алдахад их амархан шүү дээ. Магадгүй энэ бидний чөлөөлөгдөх цорын ганц боломж ч энэ байж мэдэх. Бидэнд хэдий хугацаагаар амьд явах үлдсэнийг хэн ч хэлж мэдэхгүй, амьдрал хэрхэн төгсөхийг бүр ч мэдэх аргагүй. Тэр ч бүү хэл бидний өдөр тутмын ажил төрөл, дэлгүүр хэсэх, цэцэрлэгээ арчлах хүртэл үхлийн шалтгаан болохыг үгүйсгэх аргагүй. Хүн маргааш өдөр үхэл хоёрын аль нь түрүүлж ирэхийг хэзээ ч хэлж мэдэхгүй. Тиймээс бид зовлонгийн шалтгаан болсон хорвоогийн үйлийг ор тас орхивол зохилтой. Бидний орхивол зохих зүйлсийн тухай *Хорвоогийн Найман Явдал* гэж сургаал бий:\1\олох ба \2\эс олох, \3\таалах ба \4\эс таалах, \5\ анхаарал татах ба \6\үл тоогдох, \7\магтуулах ба \8\шүүмжлүүлэх. Эдгээр дэмий зүйлд анхаарч байх цагаа Бурханы сургаалд зориулбал илүү утга төгөлдөр болох бус уу.

Ерөнхийд нь авч үзэхэд *Арван Хар Нүглийг* үйлдэхгүй байх хэрэгтэй. Үүнд: биеэр үйлдэх гурав: \1\амьтны амь таслах, \2\өгөөгүйг авах, \3\буруу хурьцал. Ам хэлээр үйлдэх дөрөв: \4\худал үг, \5\хов үг, \6\ширүүн үг хэлж бусдыг таалмжгүй болгох, \7\ чалчаа үг ярьж цаг үрэх. Эцэст нь сэтгэлээр үйлдэх гурав: \8\бусдын юманд шунах, \9\бусдад муу зовлонг хүсэх хорсол, \10\ мунхаг сэтгэл буюу байхгүй зүйлийг байгаа мэтээр үзэж, үйлийн үрийг үгүйсгэн, туйлын үнэнийг үл ухаарах сэтгэл эдгээр болно. Дээрх үйлүүд цөмөөрөө ямар нэгэн байдлаар бусдыг санаатайгаар хохироосон шинжтэй тул хүчирхийллээс л аль болох зайлсхийх нь эдгээрээс сэргийлэх ерөндөг болох билээ.

Мөн түүнчлэн олон бүлэг буруу үйлдлүүд хүнд ээдрээтэй үйлийн үрийг үүсгэх бөгөөд ямарч үед үйлдэхээс зайлсхийж байвал зохино. Эхний бүлэгт *Найман Буруу Зан Байдал*: \1\сүсэгтэн хүний өргөлийн идээ будааг саатуулан буянаа үржүүлэх үйлсэд нь саад тотгор болох, \2\бусдын буянтай сэтгэлийг үймүүлэн санааг нь булингартуулах, \3\ буян хишгийг үл итгэх, түүнийг хуучирсан үзэл мэт үзэх, \4\ нүгэлт муу үйлийг хүсэх, түүнд даган баясах, \5\багш шавийн ариун холбоогоо таслах, \6\номын нөхдийнхөө урмыг хугалж хорвоогоос чөлөөлөгдөх сэтгэлээс нь татгалзуулах, \7\ядам бурхадтай холбоогоо таслах, \8\мандал өргөх дадлагаа орхин зайлах эдгээр болно. Гэгээрэлд хүрэх замд бусдад тустайг үйлдэхээс үл зайлсхийх явдал дээрх буруу үйлүүдийн эсрэг ерөндөг болох юм.

Дараачийн бүлэгт *Дөрвөн Хүнд Нүгэл*:\1\хараал хэлэх ба хүн бусаар аашлах, \2\шарвагын сахилыг доройтуулж ангид гэтлэхийн санваарт харшилсан нүгэл, \3\бодь сэтгэлтний сахилыг доройтуулж бодьсадвын суртгаалд харшилсан нүгэл, \4\дандарын ёсны сахилыг доройтуулж нууц тарнийн тангарагт харшилсан нүгэл үйлдэх багтдаг. Эдгээрийн гол шим нь Гурван Суртгаалыг сахих ёс суртахуун ажээ.

Энэ дөрвийн бас нэгэн өөр хувилбар бол маш хүнд нүглийн үрийг боловсруулдаг: \1\сахил хүртээх зан үйлийг зүй бусаар хэт хүндээр үйлдэх, \2\зүй бусаар их номтой хүн шиг аашлах, \3\сүсэгтний хүнс хоолыг хэт шунамхайран идэх, \4\дандарын бясалгагчдын эд хөрөнгийг зүй бусаар ашиглах зэрэг болно. Дээрх үйлүүд сэтгэлд хүчтэй нөлөөлөн гүнзгий ул мөр үлдээх тул суурь ухамсарт хадгалагдан үлддэг байна. Энэ бүлгийн дөрвөн зүйлд маш болгоомжтой хандан хүнд хилэнцэд унахаас зайлсхийх нь чухал.

Эцэст нь *Завсаргүй Таван Нүгэл*: \1\аавыгаа алах, \2\ээжийгээ алах, \3\архад хүнийг алах, \4\Бурханы биеэс муу сэдлээр цус гаргах, \5\лам хувраг хүмүүсийг хагаралдуулан салгах эдгээр болно. Дээрх үйлдлүүд маш хүчтэй үйлийн үрийг үүсгэх ба үхлийн үед тэр нь давамгайлан гарч, зуурдын төлвийг ч үл дамжин шууд боловсорсноор ирэх төрөлдөө асар их өвчин зовлон, муу заяаны зовлонг эдлүүлдэг байна. Тиймээс ямар ч нөхцөлд эдгээрээс зайлсхийх нь чухал.

Энэ мэт зовлонгийн шалтгаан болсон үйлүүдийг үйлдэхийн оронд бусдын амийг аврах, өглөг өгөх, зэлдэг зөөлнөөр үнэнийг ярих, энэрэн нигүүлсэх, номхон даруу байх зэргийн буянтай үйлийг хийхэд зорих хэрэгтэй. Үнэнийг ухаалгаар харсны буруу гэж байхгүйгээр үл барам бусдад хэрэгтэй тустай зүйлийг хийлээ дээ гэх итгэлийг тань нэмэгдүүлэх бөгөөд цаг хугацаа өнгөрөх тусам бидний туршлага улам хуримтлагдсаар үйлийн үрийн хуулинд итгэх итгэл маань мөн өсөх болно.

Хэрэв бид буян хийж амжилгүй маргааш үхлээ гэж бодоход төрөх өвдөх өтлөх үхэх энэ эргэлтэнд зогсолтгүй эргэлдсээр байх юм. Үлдсэн жаахан цагаа чөлөөлөгдөхийн төлөө зориулж Бурханы сургаалыг яаралтай үзэж судлан гэгээрэлд хүргэх ариун ёсонд суралцвал зохино.

Тэгэхээр энэ огоорлын дөрвөн сэтгэлийн ач холбогдол нь орчлон хорвоо хуурамч гэдэгт итгэн төөрөгдлөөс үнэнхүү салахын "түүс" болж амьдралын сул талуудыг танин, сансраас чөлөөлөгдөх хүслийг төрүүлэх явдал юм. Аз болоходд та зовлон шаналалыг зөвхөн хараад зогсохгүй түүнээс гарах арга замыг ч мөн олж чадах бөгөөд өөрөө гараад зогсохгүй бусдыг мөн зовлонгоос нь салгах юмсан гэсэн сэдлийг төрүүлж чадах билээ.

Энэ дөрвөн ухаарал та бидэнд амьдралдаа юу хийвэл зохихыг сануулж өгч байгаа бөгөөд Бурханы номыг сүсэглэн үзэх нь хамгаас ашигтайг харуулж байгаа юм. Бид урсгал сөрөн сэлэхийг оролдож буй мэт анхандаа санагдаж болох ба бусад хүмүүс биднийг ашиггүй дэмий зүйлд цаг үрж байна гэж үзэх нь магадгүй боловч бид буянт үйлийнхээ гүн дэх цаад зорилгод итгэлтэй байх нь л хамгаас чухал билээ.

МУУ ЭНЕРГИЙГ АМЬСГАЛААР ГАДАГШЛУУЛАХ

Хорвоог огоорох дөрвөн ухаарлыг төрүүлснийхээ дараагаар бид дараачийн дасгалд орох бэлтгэл болгон энгийн нэгэн амьсгалын дасгалыг гүйцэтгэнэ:

Амирлуулах мутраар хамрын зүүн самсааг зөөлөн дарж амьсгалаа баруун талаар 3 удаа гаргана, дараа нь нөгөө талыг мөн адил дарж зүүн талаар 3 удаа гаргана. Ингэхдээ бүх муу энерги сөрөг саадтай бүхэн хар утаа болон амьсгалаар гадагшиллаа гэж дүрслэн бодно.

Энэ бол муу агаарыг гадагшлуулах дасгал. Өөрийн доторхи бүх ариун бус зүйлсийг хар утаа болгон хамрын нүхээр хүчлэн нийж гаргалаа гэж үзээд цэвэр тунгалаг сэтгэлээр дадлагадаа орооход бэлэн болно.

Үүгээр таны дотор байсан мунхаг сэтгэл, шунал, атаа жөтөө аль сөрөг муу болгон амьсгалаар хамтдаа зайллаа гэсэн үг. Энэ дасгалын бас нэг энгийн хувилбар бол гурван удаа гүнзгий амьсгаа аваад хэсэг зуур гэдсэндээ барьсныхаа дараагаар хамрын хоёр нүхээр зэрэг хүчтэй гаргахдаа үзэн ядалт шунал тачаал аль бохир муу бүхэн бие сэтгэлээс тань цэвэрлэгдлээ хэмээн дүрслэн бодно.

Илүү дэлгэрэнгүй нэг хувилбар болох нийт есөн удаагийн амьсгал авч гаргах үйлдлийг нарийвчлан үзүүлбэл:

1. Зүүн гарын дунд ба ядам хуруугаа эрхий хуруутайгаа нийлүүлэхэд зөвхөн долоовор ба чигчий хуруу тань л тэнэгэрээрээ үлдэх ёстой. Үүнийг бид "амирлуулах мутар" хэмээн нэрлэдэг. Уян зөөлөн хөдөлгөөнөөр гараа өргөн долоовор хуруугаар хамрын зүүн самсаа дээр аваачиж амаараа хүчтэй мөртлөө чимээ гаргалгүйгээр урт амьсгал авна. Тэгээд зүүн самсаан дээр зөөлөн дарж амьсгалаа баруунаар гурван хэсэг болгон гаргана.

2. Зүүн гарыг хэвийн байдалд оруулан өвөр дээр авчирч тавиад баруун гарыг мөн түрүүчийн адил байрлалд авчирч гүнзгий амьсгаа аваад баруун самсааг дарж зүүнээр гурвантаа хүчлэн гаргана.

3. Эцэст нь гарыг энгийн байдалд оруулаад хамрын хоёр нүхээр зэрэг гүнзгий амьсгаа авч гурван удаагийн урт амьсгалаар гаргана.

Жонангийн ёсыг үндэслэгч Гүмбэн Түгжэд Зундуй

Жонангийн Дамжлагын Лам нарын Богино Заллага

Хорвоог огоорох дөрвөн сэтгэлийг төрүүлсний дараагаар Жонангийн Урсгалын сүм хийд болон хүрээлэнгүүдийг байгуулж хөгжүүлэхэд онцгой үүргийг гүйцэтгэсэн алдартай найман ламыг урих заллагыг уншина. Урсгал дамжлага гэдгээр Бурхан багшийн үеэс авахуулаад өнөө үеийг хүртэл тасралтгүй үргэлжилсэн үе үеийн лам нарын уламжлалыг хэлж байгаа бөгөөд ийм урсгал ухамсрын гүнзгий түвшинд үнэхээр хүргэдэг бодит туршлагад үндэслэсэн байвал түүнээс ховор нандин чанартай зүйл гэж орчлонд үгүй юм. Тэдний энэ эртний уламжлалт сургаал багшаас шавьд үеийн үед дамжин Бурханы сургаалын тайлбар, дамжуулга, эрх авшиг, оньсон түлхүүр болсон зааварчилгаануудын хамтаар өвлүүлэгдэн ирсэн билээ.

Бурхан багшаас улбаалсан жинхэнэ ийм урсгалд андгай өргөн холбогдоогүй цагт бид эцсийн зорилгодоо хүрч төгс гэгээрнэ гэдэг огт боломжгүй зүйл бөгөөд харин эртний уламжлалт урсгалын сургаалыг даган дээшлэн дээшилсээр Бурханы хутагт ч хүрэх боломжтой юм.

Шинжлэх ухаанд ч гэсэн тодорхой нэгэн салбарт эрэл хайгуул судалгаа хийх замаар үнэт мэдлэг хуримтлуулж авдгийг бид мэднэ. Суурь мэдлэггүйгээр шинэ нээлт хийнэ гэдэг боломжгүй зүйл. Түүнтэй адил шашин шүтлэгт ийм урсгал алдарт бясалгагч нарын нээн илрүүлж туршаад дараа нь хойч үедээ өвлүүлэн үлдээсэн нээлтүүдийн үргэлжлэл болж явдаг байна.

Цагийн хүрдний урсгал анх Шамбалын хаан Сучандраг Бурхан багшаас номын хүрдийг эргүүлнэ үү хэмээн хүссэн тэр цагаас эхэлсэн бөгөөд Сучандра болон түүний залгамжлагч нар Цогт Цагийн хүрдний сургаалыг олон зууны туршид хадгалан байгаад 10-р зууны үед Энэтхэгт дамжуулан өвлүүлснээс мөн хэдэн зууны дараа Төвөдөд Жонангийн урсгалын үнэн сүсэгт бясалгагчдад дамжиж ирсэн ажээ. Жонангийн урсгалын хамгийн том төлөөлөгчид бол *Мэргэн Долбуба Шэйрав Жанцан, Номын Их Эзэн **Дарнат*** нар юм. Тэд зүйрлэхийн аргагүй өндөр түвшинд хүрснээр барахгүй олон чухал судар номыг зохиож, дадлага бясалгалын гайхамшигтай аргуудыг үндэслэсний одоо хүртэл Жонангийн урсгалд хэрэглэсээр буй билээ.

ЖОНАНГИЙН МАСТЕРУУДЫН ЗАЛЛАГА

Аль нэг урсгалын лам нарыг урин залах гэдэг маань өнгөрсөн цагийн мастеруудаар дамжуулан тэдгээрийн эх сурвалж Бурхан багштай барилдлага тогтоож байгаа хэрэг юм. Эдгээр лам нар бол гэгээрэл нирваанд амьдралаа бүрэн зориулж Цагийн хүрдний нандин сургаалыг хойч үедээ зориулан хадгалан өвлүүлж ирсэн гэгээнтнүүд билээ. Тийм ч учраас тэдгээрийн тэрхүү цаг хугацаанаас алдуурсан хүсэл эрмэлзлэлтэй бид санаа бодлоороо холбогдон чин сэтгэлээс залбиран мөргөхдөө тэднийг үнэхээр өмнөө ирлээ гэж дүрслэн бодох ёстой. Таны сэтгэл цэвэр байх тохиолдолд тэдний үнэхээр байгааг мэдрэх боломжтой.

Үнэн хэрэгтээ бид өөрийн биеэс гадуур юуг ч дуудан авчирч байгаа бус, эдгээр мастеруд бол бидний төрөлхийн бурханлаг чанараас урган гарах нэгэн шидэт үзэгдэл бөгөөд тэдгээр гэгээрсэн бодгалиудыг эргэн санаснаар өөрсдийн гэгээрсэн унаган чанарын гарч үзэгдэх бололцоотойг өөрсөндөө сануулж байгаа учиртай.

Зарим сүсэгтнүүд энэ найман ламыг багтаасан богино залбирлын оронд урсгалын бүх том лам нарыг багтаасан дэлгэрэнгүй залбирлыг унших нь бий. Цаг давчуу байх тохиолдолд шууд урт залбирлыг уншин залж бас болно.

Язгуурын Лам Багш

Эрдэнэ болсон эрхэм багш та ариун лянхуан сэнтийдээ орой дээр минь заларна уу. Энэрэн хайрлах сэтгэлээр ивээлдээ багтаан байж, лагшин зарлиг, тааллынхаа шидийн хурыг буулган соёрх!

Эхлээд өөрийн язгуурын лам багшийг зална. Төвөд хэл дээрх эх судart "балдан лама" гэсэн буй. *Балдан* гэдэг нь "эрхэм баян сүр сүлдийг эзэмдэгч" гэсэн утгатай. *Лама* гэдэг нь санскрит хэлний гүрү гэдэг үгний Төвөд орчуулга "хүнд" буюу сайн чанаруудаар дүүрэн гэсэн утгатай юм. Төвөдөөр *ла* гэж "дээд", *ма* гэж "эзэгнэсэн" гэсэн утгатай. Хамтдаа *лама* гэдэг "дээдэд оршсон" гэсэн утгатай юм. Төвөд хэлэнд ганц ба олон тоо адилхан дуудагддаг болохоор язгуурын багш лам гэдгээр цор ганц хүнийг төлөөлүүлэн хэлж байгаа бус билээ. Таны хувьд ном зааж сүсэг бишрэлийн тань замд чухал нөлөө үзүүлсэн хэдэн ч лам үүнд багтаж болохыг анхаарах хэрэгтэй.

Сайтар шинжилж судалсныхаа дараагаар танд хамгийн хурц ухаантай энэрэнгүй санагдсан буюу таны бишрэлийг хамгийн ихээр төрүүлдэг багшийгаа өөрийн үндсэн багшаа болгон тогтоож, боломж гарах бүрд гүн хүндлэл үзүүлэн бишрэх сэтгэлээ харуулахыг чармайж бүхнээс онцгойлон үзвэл зохино хэмээн хэлэлцдэг билээ.

Багш ламтнаа лянхуа цэцгийн суудалд залраад зулай дээр минь заларч байна гэж дүрслэх нь түүний хичнээн чухаг нэгэн болохыг илтгэж заавар сургаалыг нь цаашид ягштал дагаж мөрдөхөд бэлэн гэдгээ илэрхийлж байгаа хэрэг юм. Азийн ялангуяа Төвөдийн соёлд өөрийгөө хэн нэгнээс дорд тавих нь асар их хүндэтгэсний илэрхийлэл болдог учраас зулайнаас дээш заларснаар дүрсэлжээ. Тэр шалтгаанаар ном айлдаж буй багш шавь нараас өндөр суудалд байнга залрах нь багш хийгээд Бурханы ариун номыг хүндэтгэхийн эрхмийг үзүүлж байгаа хэрэг юм.

Хэрэв та дандарын бясалгагч бол унтахынхаа өмнө багш ламаа зүрхэн тус газартаа бадам лянхуа цэцгэн дээр заларсан байгаагаар дүрслэн бодож, өглөө сэрэхдээ түүнийг өөрийнхөө гол судлын дагуу дээш өгсөж улмаар зулай дээрээ заларлаа гэж дүрслэн өдрийн турш тэр маягаараа бодож залж явах хэрэгтэй. Ингэснээр та багштайгаа сэтгэлийн нарийн шижмээр холбогдож үүгээр дамжуулан багш ламын төлөөлж буй өөрийн бурханлаг чанартаа илүү дасал болж ирэх болно.

Энэрэн хайрлах сэтгэлээр ивээлдээ багтааж гэдгээр багшийнхаа Бурханыг төлөөлж байгаа болохыг өөртөө сануулж байгаа хэрэг юм. Буддын шашны зарим урсгалд багш ламыгаа нэгэн замаар хамтдаа аялж яваа сүсэг нэгт нөхөр юмуу газарч мэтээр үздэг бол Очирт хөлгөний тарнийн ёсонд гэгээрсэн бүх бодьгалуудын биелсэн дүр гэж үздэг байна. Учир нь хэрэв бид түүнийг эгэл хүн гэж үзэх юм бол бид эгэл хүнээс адислал авч байна, харин Бурхан хэмээн үзвэл бид Бурханаас адислал хүртэж байгаа гэсэн үг. Адислал хүртэнэ гэдэг нь бидний өөрсдийн дотоод чанаруд сүсэг бишрэлийн хүчээр идэвхжин дэлгэрч байгаа болохоос гаднаас ямар нэг зүйл авч байгаа хэрэг биш юм.

Багшид хандсан бидний бишрэл мухар сүсэг юмуу онолд үндэслэсэн биш харин чин үнэн ариун, өөртөө итгэлтэй тодорхой байдалд явагдах ёстой. Учир нь бид Бурханы сургаалыг нягталж шалган болгоомжтойгоор судалсныхаа дараагаар мөн багшийгаа нэгэн адил үнэн зөв сэтгэлтэй, мэдлэгтэй ялангуяа гэгээрэлд биднийг хөтлөхөд шаардлагатай тэр энэрэлт ариун сэтгэл бий эсэхийг сайтар судалж байж итгэх зайлшгүй хэрэгтэй билээ. Лам багшийн энэрэл хайр бидэнд эхийн хайр шиг санагдахгүй байж болох хэдий ч яахын аргагүй ашигтай замд шавиа хөтөлж хүргэх нь гарцаагүй тул тэдний бие хэл сэтгэлийг ариун зүйл хэмээн үзэх ёстой.

Шидийн хурыг буулган соёрх гэдгээр сүсэг бишрэлийн дадлагаа ихэд хөгжүүлэх явцад эзэмшдэг "нийтийн" болон "дээд" алин байх нь хамаагүй онцгой увдис буюу ер бусын хүчийг хэлж байна. *Нийтийн* гэдэгт газраас хөөрөх, хол газрыг товчлох гэх мэт биений тамируд, *дээд* гэдэгт гэгээрсэн ухамсрын дотоод чанаруд багтаж байгаа болно.

Лам багшийн дараагаар Жонангийн ёсны гол багана болдог найман ламын алдрыг магтан залах бөгөөд заншил ёсоор Төвөд лам нар олон нэртэй байхаас гадна дадлага туршлагынхаа амжилтаас шалтгаалан өөр цол гуншингууд мөн түүн дээр нэмэгддэг байна.

Гүнчэн Долбуба Шэйрав Жанцан

Бурханы айлдсан гурван Номын хүрдэн хийгээд дөрвөн дандарсын сургаалыг ихэд мэдэгч Номын хаан мэргэн Долбуба дор мөргөмүү. Хамаг амьтанд гарцаагүй замыг үзүүлэн соёрх!

Долбуба Шэйрав Жанцан бол Жонангийн урсгалын гол цөм нь гэж болно. Тэрбээр ухамсарлахуйн маш гүнзгий түвшинд хүрч чадсанаараа *мэргэн хэмээн* нэрлэгдсэн бясалгалын их мастер билээ. Түүний хийсэн гол зүйл бол судрын ёс Шандон Төв Үзлийг Цагийн хүрдний тарнийн ёстой холбосон нэгдмэл системийг Жонангийн урсгалд бий болгосон явдал юм. 1292 онд Төвөдийн баруун аймгийн алслагдсан бөглүү гацаанд төрсөн түүний төрөлт *Их Хэнгэрэгний Судар* болон өөр олон сударт зөгнөн бичигдсэн байдаг бөгөөд түүнийг бодьсадва Жанрайсэг болон Шамбалын Хаан Пундарикагийн хувилгаан гэж нийтээрээ итгэдэг билээ.

Долбуба анх Сажаагийн урсгалын хийдэд сурч маш ариун явдалтай ёс суртахууныг өндрөөр сахидаг лам болон өсжээ. Дараа нь ойр хавийн сүм хийдүүдээр хэсэн явж ном бясалгал заалгадаг болсон байна. Гучин насанд хүрэх үед нь түүнд Жомонан хөндийд байрладаг Жонангийн уулын бясалгалын төвд зочлох боломцоо олдож тэндхийн бясалгагчдын хүрсэн ухамсрын гүнзгий түвшин гайхан бахдах сэтгэлийг нь төрүүлсэн гэдэг. Тэрбээр ийнхүү Сажаагийн хийдийн хамба лам гэсэн өндөр албан тушаалаасаа татгалзан Жомонан хөндийд нүүн суурьшжээ.

Тэнд Долбуба дадлага бясалгалд хамаг цагаа зориулж Очирт Зургаан Йогийн эхний дөрвийг гүйцээсний гурвыг нь төгс эзэмшсэн байсан гэдэг. Яг энэ үеэс тэр Шандон үзлийг тодорхой ухааран бурханлаг чанарын талаарх Бурханы сүүлчийн номын хүрдний сургаал дахь чинагуух утгыг олж харснаар бусад сургаалыг төвөггүйгээр ойлгож болохыг мэдсэн байна. *Майдарын Гэгээний Таван Номд* суурилсан энэ үзэл Жонангийн урсгалын даган баримтлах үзлийн тулгын чулуу болсноор судрын ёсыг тарнийн ёстой холбож өгсөн байна. Долбубагийн хурц хэллэг бүхий бүтээлүүдийн ачаар Шандон үзэл ихэд өргөн дэлгэрч яваандаа хамгийн их хүлээн зөвшөөрөгдсөн гүн ухааны үзэл болон хувирчээ.

Жонангийн хийдийн дөрөвдүгээр хамба байсан Долбуба Үй, Зан аймгуудын сүм хийдүүдээр зочлон явж номлол айлдахаас гадна тэр үеийн шилдэг номын их хүмүүстэй мэтгэлцээнд их оролцдог байжээ. Жонангийн Их Суварганы сэргээн босголтын үеэр Долбуба *Уулын Сургтаал* хэмээх алдарт бүтээлээ туурвисан байдаг. Судар номуудаас далай ихээр иш татан байж тэр Шандон үзлийн цаана нуугдсан үнэний гүнд нэвтрэхэд саад болж байсан бүхий л будилаант үзлийг системтэйгээр хэрхэн даван гарч буйг уг номоос илхэн үзэж болох билээ. Тэр үед Үй, Зан аймгуудын нутгаар Долбубаг багшаа хэмээн үздэггүй хүн нэгээхэн ч байгаагүй гэлцдэг.

Амьдралынхаа сүүлийн жилүүдэд тэрбээр хамбын суудлаасаа татгалзаад бясалгал номд бүхнээ зориулах болсноор түүний хүрсэн ухамсрын түвшин машид гүнзгийрэн нарийсч эцэстээ уух идэх ч шаардлага байхгүй болсон байсан гэдэг. Гэсэн ч тэр хоол идэж, идэхдээ хичнээн ч идсэн чадахаар барахгүй дотоодын галаар шатаан устгах тул биеэс юу ч үл ялгаруулж асан хэмээн ярьцгаадаг.

1361 онд Лхас орох урт аянаас буцаж ирснийхээ дараагаар олон сайн ёрын бэлгийг үзүүлсээр халин одсон бөгөөд бие нь үгүй боловч сэтгэл зүрх нь өнөөг хүртэл оршин буй нь гарцаагүй учраас бид хамаг амьтанд алдаа эндэгдэлгүй замыг зааж хайрлана уу хэмээн мөргөн залбирч байдаг юм.

Газэба Ринченбал

Дөрвөн дээд хүчийг үзүүлэгч наран адил гялалзах Номын их эрдэнэ, Бурханы бүхий л үйлийн биелэл Газэба дор мөргөмүү!

Газэба Ринчен Бал \санскрит нэр нь Раднашри\ Төвөдийн зүүн хэсгийн Жялрон аймагт хааны гэрт төржээ. Түүнийг төрөхийн өмнө дандарсын сургаалын олон нууцыг тайлж амьтны тусыг бүтээх хүмүн төрнө хэмээн зөгнөсөн байжээ. Тэрбээр Бурханы номд шамдан суралцаж бат суурьтай болмогцоо Үй, Зан аймгууд руу зорин очиж Долбубагийн шавь Чоглэ Намжял, Нябон Гунгаа нарын шилдэг лам нараар ном заалган Жонангийн сургаалд төгс суралцаад ухамсрын гүнзгий түвшинд хүрч урсгал дамжлагын лам нарын нэг болон хувирсан байна. Тэрбээр Замтан хийдэд буцаж ирмэгцээ алдарт *Чойжэ хийдийг* үүсгэн байгуулж түүнээс салбарлуулан олон сүм хийдүүдийг хөрш аймгийн нутгуудаар байгуулсан түүхтэй.

Буддын шашны үндсэн сургаалаар бол Бурхан багш Энэтхэгт хаан хүү болон төрөөд дараа нь хорвоог ухаарах сэтгэл төрж хорвоогоос уйсан улмаар гэгээрэлд хүрсэн гэж үздэг боловч их хөлгөний сургаалд түүнийг аль хэдийнэ гэгээрчихсэн нэгэн байсан, түүний амьдрал бол зөвхөн хэрхэн гэгээрэлд хүрч болох замыг бидэнд үзүүлэх жишээ байсан гэж үздэг. Үүний адилаар энэ хорвоогийн олон алдартай багш нар бол хэдийнэ гэгээрсэн бодгалиуд бөгөөд энэрэл хайрын сэтгэлийн улмаас хүний биеэр морилж ирэн, хамаг амьтныг гэгээрлийн замд дагуулах хөтөч болдгийг үгүйсгэх аргагүй. Жишээ нь, Далай ламыг бид гэгээрсэн бодгаль манай ертөнцөд хүний төрлийг олж "жирийн хувраг" хүний дүрээр энэрэл хайр тэвчээрийг бидэнд соёрхож байна гэж үзэх бүрэн боломжтой билээ. Тэгэхээр *Бурханы бүхий л үйлийн биелэл болсон Газэба* гэж бид залбирч байгаа юм.

Дөрвөн дээд хүч гэдгээр Бурхадуудын зүгээс амьтны тусад зориулан тухайн нөхцөл байдалд тохируулан дөрвөн замаар үйл тусыг бүтээдэг болохыг хэлж байгаа бөгөөд үүнд: \1\энх амгалантай болгох, \2\нөхцөл бололцоог арвижуулах, \3\эрхэнд хураах болон \4\ хатуу үйлээр аливаа хорлолыг даран сөнөөх эдгээр багтана.

Цэчу Ринчен Дагва

Бурханы номыг дээдлэн гүнзгий ухамсарлахуйд хүрсэн агаад зүйрлэшгүй арвин үйл хийгээд сургаалыг тань үзсэн хийгээд сонссон хэн бээр ч гарцаагүй чөлөөлөгдөх Ринчен Дагва дор мөргөмүү!

Ринчен Дагва \санскрит нэр нь Раднагирди\ 1462 онд төрсөн бөгөөд Жалва Чойжэ Ринченбалын гарын шавь байжээ. Замтан аймгийн хоёр дахь гол хийд болох *Цэчу хийдийг* үндэслэсэн хүн бол Раднагирди байсан юм. Тэр маш чадалтай эрдэмтдийн нэг байсан бөгөөд Цагийн хүрдний бясалгалын болон өөр олон судар зохиолыг туурвисан учраас *"Бурханы ном сургаалыг дээдлэн"* гэж тодотгосон байна. Газэба, Ринчен Дагва нарын удирдлаган дор Жонангийн урсгал Төвөдийн зүүн хязгаарт цэцэглэн хөгжсөн түүхтэй.

Таныг харсан болон сонссон бүгд гарцаагүй чөлөөлөгдөх гэсэн үгс дайралдсан болгоноо ялгал үгүй гэгээрэлд хүргэнэ хэмээн тангараг өргөсөн гэгээн бодьсадватай учирч үйлийн барилдлага үүсгэхийн чухлыг болон энэ барилдлагын дүнд суулгасан үр боловсорсноор гарцаагүй дээдийн тусад хүргэдгийг хэлсэн ажгуу.

Чойжэ Жялва Санжэ

Ариун журам, дэг сахилга, саруул ухаан, энэрэл хайр огоот шингэсэн, багшаа хүндлэх гайхам бишрэлт Номын их хувраг Жалва Сэнгэ дор сөгдөн мөргөмүү!

Чойжэ Жалва Сэнгэ бол Чойжэ хийдийг үндэслэгч Раднашригийн анхны хойд дүр бөгөөд Жялрон аймгийн Загшод гэдэг газарт Ринчен Самбуу гэдэг нэрээр төржээ. Тэрбээр зуу зуун эрдэмтэн-бясалгагч нарыг төрүүлэн тэр хавийн нутгуудаар илгээж Бурханы номыг айлдуулснаар ихэд нэрд гарсан бөгөөд шавь нарын хамтаар зуун-найм гаруй салбар хийдүүдийг байгуулсан гэдэг. Жялва Сэнгэ хорвоог огоорох сэтгэл, хуврагийн ёсыг ариунаар сахисан хийгээд өчүүхэн ч нүглийг үл үйлдэн гуйвшгүй төвлөрөл, зүйрлэшгүй мэргэн ухаан гээд гэгээрэлд хүргэх олон чануудыг биеэрээ үлгэрлэн үзүүлсэн нэгэн гялалзсан од болж түүнийг мэдэх бүхний сэтгэлд хадгалагдан үлджээ.

Жэвзүн Дарнат

Хамаг амьтдын цорын ганц аврал, сансар нирвааны хоёр хязгаараас гэтэлгэгч, хамаг Бурхадын биелэл, сайн болгоны эх булаг Гунгаа Нинбуу түүний өлмий дор сөгдөн мөргөмүү!

Гунгаа Нинбуу бол Жэвзүн Дарнат буюу Долби Гомбо нэрээр алдаршсан Жонангийн урсгалын том мастеруудын нэг билээ. 1575- 1635 онуудад амьдарсан тэрбээр Жонан урсгалын алдарт Римэ мастер асан Гунгаа Долчогийн дүрийн хувилгаан хэмээгддэг. Чойлан, Жангсдэр зэрэг хийдүүдэд эрчимтэй суралцаж буддын сургаалын судрын болон тарнийн ёсны таван эрдэмд гаргуун болоод

16

Очирт хөлгөний ёсны бүхий л урсгалын эрх дамжлагыг хүртжээ. Дарнатын ихэд алдаршсан үйл хэрэг бол урьд төрөлдөө Энэтхэгийн шидтэн Дүвчэн Нагбуба байсныгаа эргэн санаснаар Энэтхэгт бурханы шашин дэлгэрсэн түүхийг сударт бичиж үлдээсэн явдал бөгөөд түүнийг өнөө хүртэл олон эрдэмтэд гарын авлага болгон өргөнөөр хэрэглэсээр байгаа билээ. Тэр *Дагдан Дамчой Линг* гэдэг Жонангийн хийдийг байгуулан төрөл бүрийн сэдвээр дөч гаруй судрыг бүтээн туурвижээ. Ялангуяа түүний бичсэн *Бусад Үгүйн Сургаалын Охь* хэмээх судар Долбубагийн баримталж ирсэн Шандон үзлийн сургаалыг анхлан байсанчлан дахин амьдруулж, хүмүүсийн буруу ойлголтыг цайруулан тодотгоход ихээхэн нөлөө үзүүлсэн гэж үздэг. Дарнат олон амьтны тусад тоолшгүй олон замаар буян хийж үнэхээр Бурханы сургаалын нэгэн аугаа чимэг болон гялалзсан хамаг сайн бүхний эх булаг яах аргагүй мөн билээ.

Очирт хөлгөний ёсны дагуу бидний харж байгаагаар бүхий л аугаа бодгалиуд цөм нэгэн мөн чанартай, Бурханы бидэнд хувилан үзэгдэх байдал учраас бид Дарнатыг хамаг Бурхадын биелэл болсон хамаг амьтныг зовлонгоос гэтэлгэх цорын ганц аврал гэж гарцаагүй нэрлэх ёстой. Тэрбээр биднийг хорвоогийн зовлонгоос ч, мөн гэгээрлийн дутмаг хэлбэр болох нэгэн биений чөлөөг бодож хамаг амьтныг гэтэлгэх явдлыг тасдан үлдээх нирваадыг хүсэх тэмүүллийн аль алинаас авран хамгаалагч хэмээн зүй ёсоор нэрлэсэн байна.

Чалонва Агваан Принлэй

Бурханы номын хүслийн мод болж, цэцэг адил дэлгэрэх сургаалаар балыг цуглуулах зөгий лугаа шавь нарыг эрхэнд хураагч Чалонва дор сөгдөн мөргөмүү!

Чалонва Агваан Принлэй 1657 онд төрсөн бөгөөд бага насныхаа ихэнх жилүүдийг Зан аймгийн Чалон хийдэд ном үзэж өнгөрүүлсэн гэдэг. Сүүлд Замтан аймгийн гурав дахь том хийд болох *Занва хийдийг* үүсгэн байгуулсан Хайдүв Лодой Намжялын тааллын шавь болсон байна. Багшийнхаа явсан замаар зүүн зүг рүү аялан олон шавь нарт багшлан газарчилж ном айлдахад ихээхэн цагийг зарцуулсан бөгөөд Занва хийдийг байгуулсан нь Жонангийн урсгалын сургаал цэцэглэн хөгжих гол төвүүдийн нэг болон хувирсан билээ. Агваан Принлэй гүнзгий мэдлэг ухаанаараа алдаршин нэр нь түгсэнд олон хаад захирагч нар урьж залахаар тэмүүлэх болсон гэдэг.

Хүслийн мод хүмүүсийн хүсэл мөрөөдөл хийгээд хэрэгцээний дагуу үр жимс ургуулан боловсруулдгийн нэгэн адил Номын их багш сонсогчдын хэрэгцээнд нийцсэн шаардлагатай зүйлсийг сургадаг. Чалонвагийн номлох үгс цэцэг адил дэлбээлэхэд түүний үр шинэхэн шавь нарыг татагч амтат бал болон хувирч байжээ.

Агваан Данзан Намжял

Дээд чанар болгоны эх булаг ариун ёс суртахуун, шавхагдашгүй эрдэнэсийн гуу сан мэт мэдлэг оюун, хязгаар үгүй далай мэт номлох ухааныг эзэмшигч, үзэгдэх дүр байдал үлэмж төгөлдөр Гави Чойпэл дор мөргөмүү!

Гави Чойпэл буюу Агваан Данзан Намжял бол 1691 онд төрсөн бөгөөд Занва хийдийн анхны Очирт мастер байжээ. Уг хийдийг үндэслэн байгуулагч Лодой Намжялийн хойд дүр болох Гави Чойпэл Жонангийн сургаалыг өөрийн багш Агваан Принлэйгээс бүрэн суралцаж гүйцээсэн байна. Аравхан настайдаа анх бясалгалд орж суусан тэрбээр ухамсарлахуйн гүнзгий түвшинд удалгүй хүрч насанд хүрснийхээ дараагаар Очирт Зургаан Йогт өөрийн амьдралыг бүрнээ зориулан Бадмасамбава бурханы бясалгаж суусан гэх Амитабын Агуй мэтийн алслагдмал газруудад дияан хийх болсон гэдэг.

Гави Чойпэл Жонангийн сургаалыг системтэй болгох үйлсэд увдис шидийг үзүүлэн саадыг давж байсан түүхтэй аж. Тэр өөрийн гайхамшигт бясалгах чадвар болон ядам бурхдын нөмөр нөөлөг дор орчиндоо онцгой сэтгэгдэл төрүүлэн олон амьтанд тустай номлолыг айлдан давшгүй өргөн мэдлэг ёс суртахууныг дээдлэн сахидаг талаараа бүхний танил болж 1738 онд өөрийн үхлийг урьдчилан харсан ёсоор бүтэн өдөржин сургаал зөвлөгөө хайрлан шавь нарынхаа ирээдүйг зөгнөн хэлсээр байж насан эцэс болсон гэдэг билээ.

Очирт хөлгөний хэлэнд Гави Чойпэлд зориулсан бас нэгэн хэллэг байдаг нь Бурхан багшийн төрх, хэл болон бусад дээд чанаруудыг төгс үзүүлсэн хувилгаан ч гэдэг билээ. Ерөнхийдөө бид Бурхныг бие, хэл, сэтгэл, эрдэм, үйлс гэсэн таван зүйлээр дүрсэлдэг бөгөөд агуу лам нарын тухай хэлэлцэхдээ хэл ярианы хувилгаан, сэтгэлийн хувилгаан гэх мэтчилэн дүрслэх нь бий.

Гүнсан Принлэй Намжял

Гэгээрсэн болгоны хүч, нигүүлсэхүйн их сан, хамаг Бурхадын саруул оюуны биелэл Манзуширийн мэргэн ухаанаар гялалзсан Принлэй Намжял дор мөргөмүү!

Гүнсан Принлэй Намжял бол Занва хийдийг байгуулагч Лодой Намжялын хоёрдугаар хойд дүр бөгөөд Төвөдийн зүүн зүгийн Жялрон аймагт төрсөн байна. Маш жаахан байхаас нь номд шамдан сургаснаар олон сайн багш нараар ном заалгаж тоогүй олон ван авшгийг хүртсэн ажээ. Ухамсарлахуйн маш гүнзгий түвшинд хүрсэн тэрбээр тоолшгүй олон бурхдын оюуныг нийлүүлсэнтэй тэнцэх тийм мэргэн саруул билгүүнтэй хэмээн шагшигдах болсноор Манзушри хэмээн нэрлэгдэх болсон байна. Удалгүй Принлэй Намжял цагийг ээлсэн их багш болон хувирч олон олон шавь нарыг араасаа дагуулсан гэдэг.

Манзушри бол хамаг Бурхадын оюуны ухааныг цогцлуулсан дээд газрын бодьсадва билээ. Бусад бодьсадва нар өөр өөр талаараа цогцолсон байдаг жишээ нь Жанрайсэг энэрэнгүй сэтгэлээрээ, Очирваань хүч чадлаараа гэх мэт цогцолсон хэмээгддэг. Тийм учраас Принлэй Намжял оюун ухаан, энэрэнгүй сэтгэл, хүч чадал зэрэг гэгээрсэн чанаруудыг агуулсан нэгэн хэмээн мөргөж байгаа юм.

Номын Бүх Багш Нар

Санахын төдийд зовлон арилж, биширсэн бүхэн гэгээрлийн хутгийг заавал олох номын авшиг сургаалаа харамгүй хайрласан эрдэнийн дээд багш бүгдэдээ мөргөмүү!

Энэ сүүлчийн бадагт өөрийн амьдралыхаа туршид учирч номын ван лүн, авшиг, адис дамжуулга, заавар зөвлөгөө зэрэг бүх төрлийн нандин сургаалыг танд айлдсан тэр бүх багш нартаа мөргөж байна. Тэднээс таны хүртсэн сургаал нэг шад шүлэг байна уу бүтэн судар байна уу ялгаагүй цөмийг нь бодож авралыг эрэн зовлонгоос гэтэлгэж амгаланд хүргэх замд хөтлөнө үү хэмээн мөргөхдөө заасан сургаалын дагуу явж хичээнгүйгээр дадуулан үйлдвэл гэгээрэлд баттай хүргэх болно хэмээн итгэлтэй бодох хэрэгтэй.

Хэрэв та чин сүжгээр уйгагүй хичээвээс зорьсондоо хүрэх нь эргэлзээгүй үнэн юм.

ЗОХИОГЧИЙН МӨРГӨЛ

УМ ГҮРҮ БУДДА БОДИСАДУ БАЯАНА НАМО НАМА

Хамаг амьтны хүслийг бүтээгч чандмань эрдэнэ мэт энэ сургаалыг надад харамгүй хүртээсэн багш бүгдэдээ мөргөмүү!

Энэхүү зохиогчийн мөргөл уг нь дадлагын нэгэн хэсэг болж уншигддаггүй боловч багш лам хэн ч байсан Бурханы хутгийг олох замд тань газарчлан хүслийг бүтээгч эрдэнэ болсон номыг харамгүй хайрладаг сайн бүхний ундарга яах аргагүй мөн билээ. Зохиолчид бүтээлээ саадгүй сайхан болоосой гэсэн сэтгэлээр ийнхүү мөргөн залбирах нь нийтлэг байдаг.

Төгсгөлийн зэргийн Очирт Зургаан Йогийг баригч
Жонан- Шамбалын дамжлага

Очирт Йогийн Дамжлагын Бүрэн Заллага

Дараачийн уншлага бол таныг Цагийн хүрдний Очирт Зургаан Йогийн шатанд алхан орохэд туслах уг урсгалын дамжлага бологч лам нарт мөргөх заллага юм. Урьд дурдсан ёсоор энэ сургаалыг анх Шагжаамүни Бурхан Багш Шамбалын хаан Сучандрад номлосон бөгөөд Сучандра түүнийг Шамбалдаа авч очсоноор 1700 орчим жил найдвартайгаар хадгалагдан иржээ. Дараа нь энэхүү сургаал шидтэн Манжуважрад дамжсанд Их Калачакрапад хэмээн олонд танигдах болсон тэрбээр Энэтхэгт ийнхүү дэлгэрүүлж түүний дараагаар буддын арван-долоон өөр урсгалаар дамжин Төвөдөд нэвтэрсэн байна.

Үүний дотор энэтхэгийн алдарт бандида Соманатагаас Төвөдийн орчуулагч До Шэйрав Даг-т дамжсан нэгэн онцгой оньсон түлхүүр зааварчилгаа бүхий төгс урсгал байсан нь До ёсны урсгал хэмээн сүүлд нэрлэгдэх болсон юм. До ёсныхон энэ сургаалын хүчээр дараа дараагаар язгуур ухамсраа сэргээн гэгээрэлд хүрцгээх болсоор найман үеийг элээсний хойно алдарт эрдэмтэн-бясалгалч Гүмбэн Түгжэ Зундуйд дамжин ирсэн цагаас 17 өөр урсгал нэгэн гольдролоор нийлэн урсаж эхэлжээ. Энэ явцад Түгжэ Зундуй Жонангийн уулын бясалгалын төвийг анх Жомонан хөндийд үндэслэсэн түүхтэй.

Олон алдарт мастерууд Очирт хөлгөний ёсонд орохоор Жонан руу цувах болсны дотор Номын мэргэн Долбуба Шэйрав Жанцан байсан бөгөөд Шандон үзлийн туйлын үнэнийг илрүүлэн гаргаж судрын ба тарнийн ёсны нэгдсэн системыг бий болгосон нь цаашид Жонангийн урсгалын суурь болон хөгжсөн билээ. Ийнхүү Жонанагийн номлол 17 зууны дунд үе хүртэл Үй, Зан аймгуудаар цэцэглэж байгаад улс төрийн тогтворгүй байдал, урсгал секторуудын эв түнжин хагарал зэргээс шалтгаалан Жонангийн ихэнх мастерууд зүүн хязгаарын Ондо, Хам аймгууд руу дүрвэн гарахаас аргагүй байдалд хүрсэн билээ.

Тэр цагаас эхлээд тасралтгүй урсгалаар Замтангийн алдарт Чойжэ, Цэчу, Занва хийдүүдээс Очирт хөлгөний их мастерууд төрөн гарч нандин сургаалыг үеэс үед дамжуулан өвлүүлсээр ирсэн байна. Эдгээр гол төвүүдээс салбарласан жижиг хийдүүд зуу зуугаараа төрөн гарч өөр өөр урсгал болон задарч эхлэв. Задран гарсан урсгалуудын нэгнээс нэгэн өвөрмөц тэмдэглэл хадгалагдан дамжиж 21 зууны нэрт эрдэмтэн-бясалгагч Агваан Лодой Дагвагаар дамжин түүний шавь нар болох Ёндон Самбуу, Гунгаа Шэйрав Салжэ нарт өвлөгдөн үлдсэн байна.

Энэ тэмдэглэлийг уламжилж ирсэн урсгалаас алдарт егүзэр Агваан Чойжин Жямцад судрыг өвлүүлж түүнээс миний эрдэнэ болсон багш лам Жавжэ Лама Лувсан Принлэйд дамжин ирсэн билээ. Энэ бол өнөөгийн Даш Чойдон хийдэд байрлан буй урсгал бөгөөд Замтан Занва хийдээс ч том салбар юм. Одоо цагийн Жонангийн мастеруудын хичээл зүтгэлээр энэхүү нандин сургаал Төвөдөөс гадагш халин гарч Энэтхэг, Австрали, АНУ зэрэг улсууд болон Европын орнуудад номлогдож эхлээд нилээд хэдэн жилийн нүүр үзэж байна.

ОЧИРТ ЙОГИЙН ДАМЖЛАГЫН ЗАЛЛАГА

Очирт хөлгөний урсгалын лам нарыг бүрэн бүрэлдэхүүнээр нь залах мөргөл дүрслэл үүсгэхээс эхэлдэг. Танд эхэндээ олон жижиг тодотголуудыг тогтоох амаргүй мэт санагдаж болох боловч яваандаа дасал болж ирнэ. Эхний үед авралын орны хотол чуулганы лам нарыг Язгуурын Бурхан Очирдара, Дүйнхор \буюу Цагийн хүрдэн\ ба Шагжаамүни Бурхан Багш гурваас эхлэн дүрсэлж бодоорой. Тэгээд бусдыг бүгдийг нь дүрсэлж дуусмагцаа адислал айлтган залбирна.

Дүрслэл

Өөрийн эгц өмнө, огторгуйн орон зайд таван өнгийн солонгон гэрлийн төвд сар, нар, раху, калагнийн дөрвөн давхар зөөлөвч бүхий бадам лянхуан сэнтий дээр үндсэн лам багшийгаа Очирдарын дүртэй заларч байгаагаар дүрсэлнэ.

Очирдарын дүрт таны багш лагшин хөх, нэгэн нигур хоёр мутартай бөгөөд хонх очир хоёрыг зүрхэн тус газраа зөрүүлэн болгоосон байна. Тэр бүтэн лянхуа завлилаар сууж торгон өмсгөлтэй, титэм ээмэг, хүзүүний чимэг, бугуйвч, шагайвч гэсэн таван гоёл чимэгтэйгээр Бурханы бүхий л тэмдэг найргуудыг агуулан суунa.

Түүнийг тойроод Очирт Зургаан Йогийн мастеруд Ариун Язгуурын Бурхан, төгс жаргалант лагшин Цагийн Хүрдэн, хувилгаан лагшин Шагжаамүни Бурхан багшийн хамтаар мөн тэнд Шамбалын 35 Номын Хаад, Энэтхэг Төвөдийн мастеруд байцгаана. Тэдний биеэс гэрэл цацарч туяаран таатай сэтгэлийг төрүүлнэ.

Энэ бүх дүрслэлийн тодотгол бүхэн цаанаа нарийн утга агуулсан болно. Жишээ нь, сар нар раху калагни дөрвөн дэвсгэр сэрэх, зүүдлэх, нойрсох ба билгүүний дөрвөн дуслыг төлөөлж байдаг. Гэгээрэлд хүргэх тарнийн ёсны биелэл болсон Очирдарь Гүрү арслан суудалдаа таны үндсэн лам багшаас салшгүй нэгэн чанартайгаар заларсан байна. Төөрч будилмаар санагдаж болох хэдий ч дүрсэлнэ гэдэг ямар нэг шинэ үзэгдлийг зохион олоод түүнийгээ итгэлтэй болгох гэж оролдож байгаа хэрэг бус жирийн үед байнга харж байдаг хоёрдмол үзэгдлүүдээс халин гарсан гэгээрлийн үнэн төрхийг гүнзгий чадварлагаар үзүүлдэг "ариунаар үзэхүй"-г хөгжүүлж байна гэж ойлгох хэрэгтэй.

Очирдарын лагшны бүхий л тодотгол мөн гүнзгий утгыг илэрхийлж байх бөгөөд цээжиндээ зөрүүлэн болгоосон таван талт очир ба хонхоор билиг оюун ба энэрэхүй сэтгэл хоёрын салшгүй нэгдлийг төлөөлүүлж найман тэмдэг хийгээд таван чимэг зүүлт ариуссан таван зүйл бүрдэл цогц хийгээд ухамсрын найман хэлбэрийг илэрхийлж байна. Бидний ердийн үед харж дассан хүнээс тэс өөр энэхүү Очирдарын дүрээр дүрслэн бодох нь сайн хэдий ч зарим хүнд лам багшаа одоо байгаа тэр байдлаар нь дүрслэх илүү ашигтай байх тал бас бий.

Заншил ёсоор мөргөлийг уншиж эхлэхээсээ өмнө дотроо дүрслэн хэсэг байзнаад болж өгвөл урсгалын бүх лам нарыг цугласан байгаагаар мөн тэдний биеэс гэрэл цацарч таатай байдал төрүүлж байна гэж төсөөлөх хэрэгтэй. Тодолтгол бүхнийг тогтоох гэж оролдох нь заримдаа дүрслэлд саадтай байж болно. Хамгийн гол нь дотоод сэтгэлдээ урсгалын дамжуулгын мастеруудтай бат бэх барилдлага тогтоолоо хэмээн хатуу бодож эдгээр ариун бодгалиуд яг өмнө тань байна хэмээн мэдрэхийг хичээвэл зохино. Мөргөлийг уншиж эхлэхдээ тухайн мастер болгоны түүхийг тус тусад нь санахыг хичээгээрэй. Ингэж дадах нь нандин урсгалтай холбогдохын шижим болох бөгөөд энэ холбоос таныг өөрийн тань бурханлаг чанарт улам бүр ойртуулж өгөх болно.

Язгуур Болон Дамжлагын Бусад Лам Нарт Мөргөх нь

Язгуурын багш лам дор мөргөмүү

Язгуур хийгээд дамжлагын лам нар дор мөргөмүү

Хүслийг-хангагч урсгал дор мөргөмүү.

Язгуурын гүрү багш урсгалын нийт лам нартаа мөргөх нь тэднийг гүнээ хүндэтгэж буйгаа харуулан энэхүү бишрэлт барилдлага хэчнээн нандин зүйл болохыг өөртөө сануулж байгаа хэрэг юм. Язгуурын багшийг Төвөд хэлээр *"Завий лама"* гэх бөгөөд Бурханы номыг танд заасан болон чөлөөлөгдөх зам мөрд үлгэрлэн хөтөлсөн хамгаас талархаж, шүтэж явдаг багш нараа багтаана. Таны замд таарсан олон багш нарын дотроос үндсэн багш тань танд хамгийн их сургаал айлдсан буюу гэгээрлийн замд хамгийн ихээр тусалсан тэр багш тань байх ёстой. Энэ нь нэг буюу түүнээс олон хэд ч байх боломжтой.

Урсгал дахь нийт лам нар танд шууд ном айлдаагүй хэдий ч тэд энэ дамжлагыг бүрдүүлэгч хэсэг юм. Тэдний дамжуулга адислалгүйгээр гэгээрэлд хэрхэн хүрэх билээ, тиймээс хүслийг-гүйцээгч нандин эрдэнэ гэж үзэх хэрэгтэй. Та тэдэнтэй хэзээ ч нүүр тулан уулзаж байгаагүй ч гэсэн тэдний өмнө өөрийгөө хэзээд доор тавин, хязгааргүй талархах сэтгэлтэй байж л ариун урсгалтай өөрийгөө холбож чадах билээ.

Ариун урсгалын хүч надад шингэж

Адистад бүхэн зүрхэнд шингэх болтугай

Сэтгэлд хурсан хар сүүдрийг арилган соёрх!

Урьд тайлбарласан ёсоор таны өөрийн сайн чанаруудыг өсөхийн хэрээр өөрөөр хэлбэл бурханлаг чанартайгаа ойртохын хирээр адислал танд ирэх болно. Тэдний адислал таны дотоод ертөнц рүүгээ нэвтрэн орох шатны гишгүүрүүд бөгөөд адистад зүрхэнд тань шингэх үед таны сэтгэлд маш гүнзгий өөрчлөлт явагдах учиртай. Энэ бол жирийн нэг байдаг л "сайхан санагдах" төдий зүйл биш юм. Үүний дүнд мунхагийн харанхуй болон өөр бусад бүх муу талууд арилж таны бурханлаг-чанар очир алмаазан шигтгээ адил гялалзан гарч үзэгдэх болно.

Лам дор мөргөмүү

Номын их Эзэн дор мөргөмүү

Бишрэлт эцэг хийгээд түүний зүрхэн хөвгүүд цөм намайг адислан соёрх!

Лам багш бол бишрэлт сайн чанаруудаараа ямагт "бусдаас дээр" орших тул түүнд эхлээд мөргөх нь зүй. *Номын Эзэн* гэдгээр тэднийг сүсэг бишрэлийн хаад гэж үзэж байна. *Зүрхэн хөвгүүд* гэдгээр алдарт лам нарын ойрын шавь нарыг хэлж байгаа бөгөөд багш нь тэдэнд бишрэлт эцэг нь болдог. Таалын шавь нар хаадын угсаа залгамжлах хунтайж лугаа адил үйл ажлыг нь үргэлжлүүлэн уламжилж явдаг байна. Жишээ нь, Долбуба багш арван-дөрвөн таалын хөвгүүдтэй байсан ба багшаасаа хойш тэд цөм нэг бүрчлэн Жонангийн сургаалыг сурталчлан дэлгэрүүлэх үйлсийг гүйцэтгэж явсан билээ. Үүнд Чогжялва, Чоглэ Намжял, Чимэд Нябон Гунгаа гэх мэт.

Суурь, Мөр, Үр Гуравт Мөргөх нь

Суурь язгуурын охь бурханлаг-чанар дор мөргөмүү

Цогт Цагийн хүрдний очирт гүнзгий зам дор мөргөмүү

Сансрын төгсгөл, гэгээрлийн эс төрсөн үнэн номын лагшин дор мөргөмүү!

Бурханы гэгээрсэн сэтгэлийг *Татагатагарба* \бурханлаг-чанар\ гэж нэрлэдэг бөгөөд түүний охь нь хамаг амьтны сэтгэлийн маш гүнд оршдог бурханлагийн язгуур юм. Гэвч одоогоор урьдын олон олон төрлийн үйлийн үр бохир буртгаар булаастай байгаа тул Майдар бурхан үүнийг зөгийн үүрэн доторхи бал эсвэл газрын хөрсөнд булаастай алт эрдэнэ, тутраган бүрээстэй үр тариа, шавар цутгамал дотроос гарч ирэх Бурханы дүр зэрэгтэй адилтгасан байдаг. *Цагийн хүрдний гүнзгий зам* гэдгээр энэхүү үнэт эрдэнэсийг олборлохын тулд очирт хөлгөний тарнийн ёсыг дагах учиртайг хэлсэн байна. Үүнд "Бурханлагт Хүрэх Шат" сударт заасан үүсгэлийн зэрэг болон Очирт Зургаан Йогийн төгсгөлийн зэргийн дадлагууд цөм багтсан болно.

Гэгээрлийн эс төрсөн үнэн номын лагшин \дармакая\ гэдгээр энэ замаар явсны эцэст гарах үр дүн буюу хүрэх газар нь бүхий л зовлонгоос ариуссан Бурханы хутаг гэж үзүүлсэн байна. Суурь язгуур ба үр дүн үндсэндээ нэгэн чанартай хэдий боловч харьцангуй утгаараа үнэнийг халхалж буй тэдгээр олон түйтгэр, бэрхшээлийн давхраануудыг хуулан арилгах замаар эцэст нь хүргэдэг билээ.

Үнэн Номын лагшин гэдэг бол гэгээрлийн гурван хэмжүүрт лагшний нэг. Хувиршгүй өөрчлөгдөшгүй тэрхүү гэгээрсэн сэтгэлийн тунгалаг шинжийг хэлэх ба зөвхөн Бурхан болсноор л мэдэрч чадах туйлын үнэний хэмжигдэхүүн юм. Нөгөө хоёр нь болох төгс жаргалант лагшин \самбогакая\, хувилгаан лагшин \нирманакая\ хоёр бол хамаг амьтны мэдэрч чадах үнэний хэмжигдэхүүн билээ.

Бурханы Дөрвөн Лагшинд мөргөх

| Язгуурын Бурхан | Очирдар Гүрү | Цогт Цагийн хүрдэн | Шагжаамуний Бурхан Багш |

Язгуурын Дээд Бурхан дор мөргөмүү

Гэгээрлийн үнэн Номын лагшин Очирдарад мөргөмүү.

Язгуурын Бурхан, Очирдара хоёр бол гэгээрлийн үнэний номын лагшинг илэрхийлэх 2 өөр нэрс юм. Аль аль нь ариун үнэний өөр өөр талуудыг заан харуулах нь бодож тунгаах аргагүй тийм зүйл бөлгөө. Үүнийг өөрийн тоглож буй дүрээрээ эцэг, нөхөр, анхны хүүхэд гэхчилэн таны нэрлэгддэгтэй адилтгаж болох юм.

Язгуурын Бурхан гэдэг эхлэл үгүй, цаг хугацаанаас ангид орших бөгөөд харьцангуй үнэний хэрээр хиртэж үзээгүй, орчлонгийн зовлон хүртэшгүй, бусад бүх махбодуудыг агуулах сансар огторгуй шиг хэрнээ тэдгээрийн нөлөөнд хэзээ ч өртөшгүй, үнэнийг үнэн хэрэгтээ яг байгаа чигээр нь үзүүлсэн Суабавикакая хэмээн нэрлэгддэг язгуурын лагшин билээ.

Очирдара бол язгуурын Бурхантай адил боловч үнэнийг байгаагаар нь авч үзэх тэрхүү билиг оюуныг тодруулан харуулсан тал нь юм. Үүнийг мөн жана-дармакая буюу саруул билгүүний үнэн лагшин гэж ч нэрлэдэг. Ийнхүү язгуурын

Бурхан Очирдара хоёр салшгүй нэгэн чанартай мөртлөө тэд туйлын үнэний маш нарийн шинжүүдийг тодотгон харуулахад аль аль нь тусладаг байна.

Төгс жаргалант лагшин Цагийн хүрдэн дор мөргөмүү.

Эх сударт "лонгу" гэсэн буй нь номын биений хамгийн нарийн, хамгийн ариун түвшин болох төгс жаргалант биеийг хэлсэн байна. Хамаг амьтан сүсэг бишрэлийн замаар орсныхоо дараа замд дайралдсан бэрхшээл түйтгэр бүхий давхаргуудыг хуулан хуулсаар эцэстээ сэтгэлийн маш нарийн түвшинд хүрч очих бөгөөд хоёрдмол үзлийн угт нэвтэрч чадах болно. Төгс жаргалант биеийг зөвхөн аравдугаар газрын бодьсадва нар л мэдрэх боломжтой ажээ.

"Дужи Хорол" гэдэг Төвөд үгийг орчуулбал Цагийн хүрдэн гэсэн утгатай. *Цаг* гэдгээр юмс үзэгдлийн байнгын хувирч өөрчлөгддөгийг, *хүрд* гэдгээр эцэс төгсгөлгүй байнгын эргэлтэнд оршдогийг хэлсэн билээ. Бүдүүн түвшинд Цагийн хүрд гэдэг нь бидний мэдэрч байдаг хязгааргүй олон төрлийн бүхий л хувирал ба зогсолтгүй эргэлтийг хэлдэг бол харин нарийн түвшинд энэрэнгүй сэтгэл билиг оюун хоёрын нэгдлийг илэрхийлдэг байна. Цаашлаад маш нарийн түвшинд очихоороо хоосон дүрс ба дээдэд үл урвахуйн амгалан хоёрын салшгүй нэгдэл гэж үздэг. Цагийн хүрд гэдэг нь сэтгэлийн бүхий л мэдрэмжийн нэгдэл бөгөөд аль хэр гүнзгий түвшинд очсоноос шалтгаалаад өөр өөр замаар ойлгогддог байна.

Өмнөд Энэтхэгийн Амарвати гэдэг газарт Бурхан багш анх Цагийн хүрдний дандарын номын хүрдийг эргүүлэх үед тэнд хүн хийгээд хүн бусын маш олон амьтад байлцсан бөгөөд Бурхан багш Дүйнхор ядмын дүрт \Калачакра\ төгс жаргалант лагшингаар гэгээрлийн хот мандалд бусад 636 ядмын хамтаар үзэгдэн сургаалаа номлосон гэдэг. Гол хүртэгч нь Шамбалын ариун орны Номын их хаан Сучандра байсан билээ. Шамбалын хаан энэхүү сургаалын хүчээр олон шашны урсгалыг нэгэн систем дор нэгтгэж хаант улсдаа амгалан зохицлыг тогтоож чадсан ажгуу.

Зөвхөн хаан Сучандра шиг ухамсрын маш гүнзгий түвшинд хүрсэн бодьсадва л Цагийн хүрдний гэгээрсэн лагшинг шууд хүлээж авах боломцоотой учраас Шагжаамүни Бурхан төгс жаргалант лагшингаар үзэгдсэн нь Цагийн хүрдний дандарын сургаалыг сэтгэлийн маш нарийн түвшинд орж номлосныг харуулж байгаа юм.

Хувилгаан лагшин Шагжаамүни Бурхан дор мөргөмүү.

Хувилгаан лагшин гэдгээр бид жирийн бидэн шиг хүн болж төрөөд төгс гэгээрсэн Бурхан болж болдгийг биеэр үзүүлсэн хунтайж Сиддхартаг хэлдэг гээд ойлгочихож болох юм. Түүнийг голдуу Шагжаамүни Будда гэж нэрлэдэг ба *Будда* гэдэг нь "сэрсэн нэгэн" гэсэн утгатай, *Шагжаа* гэдэг нь отго омгийх нь нэр ажээ. Гүнзгий түвшиндээ төгс жаргалант лагшин ердийн хүнд хувилгаан лагшингаар үзэгдэн бидэн шиг төрлөөр төрөөд, төрөх өтлөх үхэх жамыг үзүүлдэг ажээ.

Ийм замаар хувилгаан лагшин Бурханы гэгээрсэн сэтгэлийг сансрын хүрдэнд эцэс төгсгөлгүй эргэлдэн зовогч хамаг амьтантай холбодог гүүр гэж хэлж болно. Хувилгаан лагшин хамаг амьтдын үйлийн барилдлаганд тааруулан хувирч үзэгдэх тул ямар дүрсээр үзэгдэх боломжтойд хязгаар гэж байхгүй юм. Хувилгаан дүр ямар ч дүрс хэлбэрээр үзэгдсэн байлаа хамаг амьтанд бурханы номыг дамжуулахад яг тохирсон дүр байх нь гарцаагүй юм.

Шамбалын Багш Нарт Мөргөх

Шамбалын гучин-таван Номын Их Хаад дор мөргөмүү.

Шамбал гэдэг үг хамаг амьтны мэдрэмжид амгалан энхийн зохицол тэнцвэрийн илэрхийлэл болдог билээ. Гүнзгий түвшиндээ энэ бол бидний унаган бурханлаг чанарын салшгүй нэгэн хэсэг бөгөөд өнгөц түвшиндээ харин янз янзын хувилбараар үзэгдэх боломжтой. Тэхээр Шамбалын Хаад гэдгээр бид өөрсдийн төсөөлөлд байдаг тэр *Шамбалын Ариун Дээд* орны бидэнд үзэгдэх тусгай байдлыг хэлж байгаа билээ.

Шамбалын орны энэ хэлбэр аравдугаар газрын бодьсадва нарын аугаа буяны ерөөл залбирлын хүчээр үүссэн ба энэ дэлхийн хүн төрөлхтөнтэй үйлийн үрийн барилдлагатай газар юм. Энэ ертөнцийн хүмүүст тодорхой шаардлагатай нөхцөлийг бүрдүүлсний дүнд гэгээрэлд хүргэх боломжийг олгодог өвөрмөц газар тэр ажээ. Шамбалын орон бидэнтэй л адил хүний ертөнц хэмээн нэрлэгдэх мөртлөө илүү нарийн түвшний сэтгэлээр л энэ орныг үзэж болох ажээ.

Хаан Сучандра өмнөд Энэтхэгийн Амарватид Их Данаякатака Сувраган дотор Бурхан багшаас Цагийн хүрдний номлолыг анх яг тийм нарийн түвшний сэтгэлээр хүртсэн юм. Энэ үедээ Бурхан багш Дүйнхор ядмын дүрээр үзэгдэн Шамбалын оронд дараачийн Алтан Эринийг хүртэл нийт гучин таван хаад залрахыг зөгнөн хэлсэн бөгөөд тэднийг: Долоон Их Номын Хаад, Хорин-таван Ригдэн Хаад, Алтан Эриний гурван Хаад гэсэн гурван хэсэгт хуваиж үздэг.

Долоон Их Номын Хаад бол Шамбалын оронд Цагийн хүрдний сургаалыг хөгжүүлэн дэлгэрүүлсэн долоон үеийн хаад юм. Тэдний гялалзсан жишээгээр Шамбалын орны иргэд өөрсдийн хязгааргүй чадварыг нээн илрүүлэх боломжтой юм гэдгийг ойлгосон гэдэг. Үүнд: \1\Сучандра, \2\Сурэшвара, \3\Тэжи, \4\ Сомадатта, \5\Сурэшвара, \6\Вишвамурти, \7\Сурэшана нар багтана.

Шамбалын Гучин-таван Номын Хаад

Хорин-таван Ригдэн Хаад бол Шамбалын иргэдийг нэгэн системд амжилттай нэгтгэсэн Манжушри Яшасаас эхлэн тоологддог. Тэрбээр Цагийн хүрдний номлолыг нийтийг хамарсан систем болгон хувиргаж хоёрдмол үзлээ хэрхэн тас цохиж туйлын үнэнийг илрүүлэхийг хүмүүст үзүүлсэн нэгэн билээ. Яшасаас эхлээд Шамбалын хаадыг *Ригдэн* буюу "сүргийг нэгтгэгч" хэмээн нэрлэх болсон ба яг одоо бид хорьдугаар Ригдэн хаан Анирудхагийн хаанчлалын үед амьдарч байна. Бүрэн жагсаалтаар үзүүлбэл: \1\Манзушри Яшас, \2\Пундарика, \3\ Бадра, \4\ Вижая, \5\Сумитра, \6\Рактапани, \7\Вишнугубта, \8\Аркагирди, \9\Субадра, \10\Самудравижая, \11\Ажа, \12\Суръяа, \13\Вишварупа, \14\Шашипраба, \15\ Ананда, \16\Махибала, \17\Шрибала, \18\Харивикрама, \19\Махабала, \20\ Анируда, \21\Нарасимха, \22\Махэшвара, \23\Анандавижая, \24\Яшас, \25\Раудра Чагри нар болно.

Сүүлчийн Ригдэн хааны хаанчлалын үед мунхаг сэтгэл ба саруул оюуны тэнцвэр алдагдаж ертөнц мөхөхийн ирмэгт тулж ирэх бөгөөд дэлхийд ноёрхох гэсэн хорон муу сэтгэл хүчирхийлэл доройтолд хүргэхийн хажуугаар мөн хүмүүсийн сэтгэлийн үр боловсорч гүйцсэнээр хорин тавдугаар Ригдэн Дагва Хаан буюу Раудра Чагриг Шамбалын орноос армиа дагуулан ирэх шалтгаан бүтнэ гэсэн зөгнөл буй билээ. Догшин Хөлөг хэмээх Раудра Чагри Бурханы сургаалыг дахин амьдруулахаар яаран ирж ертөнцийг аварснаар *Алтан Эриний* амгалан зохицолт үе эхлэх болно. Зөгнөл ёсоор энэ үед хаанчлах тавилантай гурван хаад байдаг нь: \1\Брахма, \2\Сурэшвара, \3\Касяапа нар бөгөөд Алтан эриний гурван хаад тэд болой.

Энэтхэгийн Мастеруудад Мөргөх

| Душава Ченбо | Душава Нива | Жанцэ Налэндава | Банчэн Дава Гомбо |

Дүвчэн Душава Чэнбо дор мөргөмүү.

Түүнийг мөн Их Калачакрапад ч гэж нэрлэдэг. Учир нь хүний энэ ертөнцөд Цагийн хүрдний урсгалыг бүхлээр нь авчрах завшаан тохиолдсон анхны хүн бол егүзэрийн бясалгагч бярманы гэр бүлд Манжуважра нэрээр төрсөн Дүвчэн

Душава байсан юм. Тэрбээр Одантабури, Наланда гэхчилэнгийн хойд энэтхэгийн томоохон хийдүүдэд суралцан таван ухааны ихээхэн мэдлэгтэй болсныхоо дараа нэг өдөр хойд зүг рүү явж Шамбалын орныг ологтун гэсэн зарлиг хүлээж авлаа хэмээн зүүдэлсэнд тэр ёсоор аян замд гарч явсаар нэгэн өтгөн шигүү ойд хүрсэнд тэнд 11-р Ригдэн Ажа хааны хувилгаантай нүүр тулан учирч хаан түүнд номын авшиг хүртээн оньсон түлхүүр зааварчилгааг дамжуулж өгснөөр ухамсарлахуйн гүнзгий түвшинд нэвтрэх замыг олсон гэдэг. Түүнээс хойш зургаан сар бясалгалд сууснынхаа дараагаар Манжуважра өөрийн биеэр Шамбалын оронд морилох бололцоотой болж улмаар тэнд хүрч Ригдэн хаанаас өөрөөс нь энэхүү эрдэнэ мэт сургаалыг бүрэн заалгасан байна.

Бүхий л номлолыг цээжилж аван буцаж нутагтаа ирээд Манжуважра хүссэн хүн болгонтой түүнийгээ хуваалцах болов. Түүний хүрсэн ухамсарлахуйн гайхам жишээгээр Очирт хөлгөний ёсон Энэтхэг даяар цэцэглэн дэлгэрчээ. Душава Чэнбо бүх зургаан йогийг төгс эзэмшин төгс гэгээрэлд хүрч солонгон биетэй болсон гэдэг. Төвдөөр *дрүбчин* гэдэг нь "махасиддха" гэдэг санскрит үгний орчуулга бөгөөд шидтэн гэдэг утгатай ухамсрын өндөр зэрэглэлд хүрсэн хүнийг л ийнхүү нэрлэдэг ба *чэнбо* гэдэг нь агуу гэсэн Төвөд үг билээ.

Дүвчэн Душава Нива дор мөргөмүү

Манжуважрагийн гарын шавь хаан удамд мэндэлсэн Шри Бадра гэгч хар хүн байжээ. Сүүлд ухамсарлахуйнхаа гүнзгий түвшинд хүрээд Бага Калачакрапад буюу Дүвчэн Душава Нива *Нива* гэдэг нь Төвдөөр хоёр дахь гэсэн үг\ хэмээн нэрлэгдэх болсон байна. Шашний бясалгалд ороод Шри Бадра олон ядам бурхдын нүүр харан учирч бодьсадвын арванхоёрдугаар шатанд хүрсэн бөгөөд түүний олон шавь нараас арван хоёр нь солонгон биетэй болсон гэдэг билээ. Төвөдийн орчуулагч нартай анх холбогдож Цагийн хүрдний сургаалыг Төвөдөд танилцуулсан хүн бол Шри Бадра байсан гэсэн баримт бий.

Жалцэ Налэндава дор мөргөмүү.

Шри Бадрагийн зүрхэн шавь бөгөөд Төвөдөд Жалцэ Налэндава гэж нэрлэгддэг алдарт Наланда хийдийн хамба Бодибадрагийн удирдлаган дор Цагийн хүрдний сургаал маш эрчимтэй хөгжиж эхэлжээ. Тэрбээр нэгэн түүхт явдлын эзэн болсон бөгөөд юу гэвэл, Наланда шашны сургуулийн үүдэнд түүний бичиж наасан, Цагийн хүрдэнг мэдэхгүй хүн Бурханы сургаалыг мэдэхгүйтэй адил хэмээсэн зарлалаас болж маш эрдэмтэй 500 лам нар түүнтэй мэтгэлцэхээр ирж цөм ялагдан буцсан гэдэг домогтой. Энэ үйл явдлаас хойш Цагийн хүрдний сургаал Энэтхэгт улам алдаршин түгсэн гэдэг билээ.

Банчэн Даваа Гомбо дор мөргөмүү.

Наландагийн хийдээс Цагийн хүрдний сургаал түгэн дэлгэрсээр аугаа бандида

Соманатагаар \Төвөд нэр нь Даваа Гомбо\ дамжин Кашмирт хүрчээ. Лалын шүтлэгт гэр бүлээс гаралтай Соманата хар багаасаа гялалзсан эрдэмтэй болох нь тодорч Наланда хүртэл аялаад тэндхийн олон мастеруудаас ялангуяа Бага Калачакрапад, Налэндрава нараар ном заалгажээ. Очирт хөлгөний бясалгалд ороод дотоод хийгээ бүрэн удирдаж сурсан бөгөөд Төвөд ба Шамбалын орон хоорондоо үйлийн холбоосоор холбогдсон болохыг таньж мэдээд Төвөд рүү гурвантаа аялж *Билиг Барамидын Судар* болон *Хутагт Асангагийн Таван Эмхэтгэл* зэргийг голчлон номлож явжээ. Түүнд бусдаас онцгой гурван шавь байсанд Цагийн хүрдний төгсгөлийн шатны өвөрмөц оньсон түлхүүр болсон сургаалаа зөвхөн тэдэнд л өвлүүлэн үлдээсэн гэдэг билээ.

До Урсгалын Очирт Егүзэрийн Багш нарт мөргөх

Дортон Лозова   Лама Лхажэ Гомбо   Лама Дортон Намсэг

Аугаа орчуулагч Дортон Лозова дор мөргөмүү.

Төвөдийн баруун аймагт төрсөн До Лозова Шэйрав Дагва олон сайн Энэтхэг багштай байсан хэдий ч Соманатаг өөрийн Язгуурын гүрү гэж зүй ёсоор үздэг байв. Тэр хоёр хамтдаа Ригдэн хаан Пундарикагийн бичсэн Цагийн хүрдний тарнийн ёсны хураангуй тайлбар болох *Толбогүй Зул* судрыг орчуулсан байна. Төвөдийн бясалгагч нарт зориулан аман болон бичгэн зааварчилгааг төрөлх хэл дээр нь хөрвүүлсэн явдал энэ нандин сургаалыг Төвөдөд дэлгэрэхэд голлох нөлөөг үзүүлсэн гэж болно. Энэ шалтгаанаар түүнийг аугаа орчуулагч хэмээн нэрийдэх болжээ. До Лозова Соманататай амьдралынх нь эцсийг хүртэл хамт байсан гэлцдэг.

Лама Лхажэ Гомбо дор мөргөмүү.

Мөн Гончиг Сүм гэж нэрлэгддэг Лама Лхажэ Гомбо Төвөдийн баруун зүгийн Пэнюль аймагт төрсөн Нямаагийн урсгалын нэлээд өндөр түвшний тарнийн бясалгагч байсан ба хар шидийн хүчээр зэтгэрийг номхруулах чадалтай байснаараа алдаршжээ. До Лозова орчуулганд ихээхэн анхаарч байсан бол Лхажэ Гомбо Соманата багшаасаа өвлөсөн эрдмээ заах ба бясалгахад голлон анхаарч хамаг цагаа үүнд зориулснаар Очирт хөлгөний замд орохыг хүссэн олон шавь нарыг араасаа дагуулсан гэдэг.

Лама Дортон Намсэг дор мөргөмүү.

Лхажэ Гомбогийн гол шавь Лама Дортон Намла Сэг гэгч цагаан дээл өмсдөг хар хүн байсан гэдэг. Тэрбээр Лхажэ Гомбоос Цагийн хүрдний авшгийг авч мөн Соманатагаас ч олонтаа суралцан Асангагийн *Таван Эмхэтгэл*, Нагаржунайн *Төв Үзлийн Зургаан Хураангуй* зэрэг судруудыг заалгасан ч зүрх сэтгэл нь тарнийн ёсонд хамгаас илүүтэй татагдаж байжээ. Түүнийг олон ядам бурхадтай нүүр тулан уулзахаас гадна хүссэн үедээ тусалцаа авдаг олон дагинастай шууд холбоотой байсан гэлцдэг. Ингээд Дортон Намсэг хавь ойрдоо алдаршин багшийнхаа адил цуутай нэгэн болжээ. Соманатагийн гурван шавь дотроос До урсгалын Цагийн хүрдний сургаалыг илүүтэй дэлгэрүүлсэн хүн бол Дортон Намсэг байсан билээ. Гэвч Очирт хөлгөний ёсыг хязгааргүй дээдлэх сэтгэлийн үүднээс багш нарынхаа жишгийг даган оньсон түлхүүр болсон зааврыг зөвхөн тоотой хэдэн зүрхэн шавь нарыхаа чихэнд шивэгнэн өвлүүлж явсан байна.

| Лама Дубчин Юмо | Сичог Дармэшвара | Хайва Намхай Осэр | Мажиг Брүлгү Жобум |

Лама Дүвчэн Юмо дор мөргөмүү.

Дүвчэн Юмо Мижэ Дорж Төвөдийн Гималай орчимд төржээ. Маш багадаа сахил хүртэн лам болж хуврагийн сахилыг ариун сахидгаараа алдаршсан байна. Залуу цагаа судар ном үзэж өнгөрөөн байсаар тарнийн ёстой нэгэнтээ учирч Соманататай зуурхан танилцаад дараа нь Цагийн хүрдний авшиг хүртэхээр Дортон Намсэгийг хайж очсон гэдэг билээ. Тэрбээр хичээнгүйлэн дадуулж бясалгаснаар удалгүй янз бүрийн дүрст хувирах зэргийн олон төрлийн увдис шидийг эзэмшсэн байна. Юмо бол бурханлаг чанарын тухай Цагийн хүрдний номлолыг өөрийн туршлагад түшиглэн бичиж үлдээсэн анхны Төвөд лам байлаа. Түүний бичсэн бүтээлүүдийг Долбубагийн *Шандон үзлийн* тухай сургаалуудын үндэс байсан гэж үзэх боломжтой юм.

Сичог Дармэшвара дор мөргөмүү.

Сичог Дармэшвара бол Дүвчэн Юмогийн хүү юм. Тэр авьяаслаг номч нэгэн болон өсөж арван зургаахан настайдаа *Ван Дортэн* гэдэг \санс. *Сэккодэша*\ Цагийн хүрдний ван авшгийн зан үйлийн талаар тайлбар хүртэл бичиж байжээ. Хорь хүрэхдээ эцгийхээ мэддэг болгоныг төгс эзэмшиж чадсанаар олон эрдэмтэн лам нартай хурц ухаанаараа мэтгэлцээнд орох болсон байна. Дармэшвара олон багш нараас ном хүртсэн бөгөөд *Гухясамажа* болон *Цагийн хүрдний* ёсонд илүүтэй татагдан эцгийн замналыг даган Очирт Йогийн ёсонд орж үүнийгээ өөрийн гурван хүүхдэд өвлүүлэн үлдээсэн юмсанжээ. *Сичог* гэдэг нь "гайхалтай хүү" гэсэн утгатай Төвөд үг билээ.

Жива Намхай Осэр дор мөргөмүү.

Сичог Дармэшварагийн том хүү Жива Намхай Осэр, Гансар хэмээх гацаанд төрж дандарын ёсны эрдэмтэн-егүзэр болон өсөж Асангагийн *Таван Эмхэтгэл*, *Гухясамажа* болон *Цагийн хүрдэнг* анхааран авлага болгожээ. Түүнийг охин тэнгэр Базраварахи, Сарасвати нартай шууд холбоотой байсан гэж ярилцдаг. *Жива* гэдэг нь "шилдэг эрдэмтэй" гэсэн утгатай.

Мажиг Тулку Жобум дор мөргөмүү

Дармэшварагийн охин бөгөөд Индрабути хааны охин дүүгийн дүрийн хувилгаан байжээ. Цагийн хүрдний их тайлбарыг үг үсэггүй тогтоосныхоо дараа эцгээсээ оньсон түлхүүрийг хүртэж бурханлагийн арван шинжийг нэгэн өдрийн дотор цөмийг үзсэн гэдэг. Залгуулаад долоо хоногийн дотор дотоод хийгээ төгс эрхшээж гол судландаа нэгтгэснээр алдартай йогини буюу язгуур ухамсарлахуйн маш гүнзгий түвшинд хүрсэн эмэгтэй бясалгагч болсон гэдэг.

| Лама Түдэв Сэчэн | Чойжи Жамъян Сарма | Гүнжин Чойжи Осэр |

Лама Түдэв Сэчэн дор мөргөмүү.

Дармэшварагийн бага хүү хэл сонсголын гажигтай төрсөн тул түүнийг ямар нэгэн амжилтанд хүрнэ гэж хэний ч санаанд ороогүй гэдэг. Гэвч Мажиг Жобум эгчээсээ Очирт Зургаан Йогийн авшгийг хүртэж Намхай Осэр ахынхаа удирдлагын дор бясалгалд орж суугаад удалгүй язгуурын ухамсарлахуйгаа илрүүлэн нээж улмаар урьд хойд насныхаа амьдралыг санах болсон байна. Сүүлд Зан аймагт Орлан Сэмочэ гэдэг сүмийг байгуулснаас нь хойш түүнийг Сэмочэн хэмээн нэрлэх болсон ажээ.

Чойжэ Жамъян Сарма дор мөргөмүү.

Нямаагийн урсгалын гэр бүлд төрж өссөн Чойжэ Жамъян Сарма сахил хүртсэнийхээ дараагаар олон төрлийн хийдүүдэд шивилан суужээ. Удалгүй түүнд уяман өвчний ул мөр илэрсэнд өвчнөө ялахын тулд Очирваарийн уртын бясалгалд хөл хорин суугаад Манзушри Бурханы нүүр харах завшаан тохиолдсонд тэр түүнд Лама Түдэв Сэчэнг олж уулз хэмээн зөвлөсөн байдаг. Түүнийг замд гарч Сэмочэнтэй уулзахаар явах замд олон төрлийн буг зэтгэрийг дарах хэрэг гарсан ч зорьсоноосоо ухарсангүй явсаар эцэстээ тарнийн ёсны авшгийг хүртэж, тэхдээ бүр лам багшаа Цагийн хүрдэн буюу Дүйнхор ядмын дүрээр харж хүртсэн гэдэг. Дараа нь Очирт Зургаан Йогийн шатанд орон ухамсарлахуйнхаа маш гүнзгий түвшинд хүрчээ. Жамъян Сарма бясалгалын олон төвийг байгуулсан түүхтэй нэгэн аж. *Чойжэ* гэдэг нь Төвөдөөр "номын эзэн" гэсэн утгатай үг билээ.

Гүнчэн Чойжи Осэр дор мөргөмүү

Чойжи Осэр бол Сэрдинба Жонну Ой гэдэг хүний хүүхэд. Төрөхдөө л түүнийг номын лагшиндаа орших тавилантай хэмээн зөгнөсөн тул Чойжи Осэр буюу "туяарсан номын лагшинт" гэдэг нэрийг хайрласан юмсанжээ. Судрын ба тарнийн ёсны алдартай эрдэмтэн болон өссөн тэрбээр Жамъян Сармагаас Цагийн хүрдний эрхийг зааварчилгааны хамтаар хүртэж язгуур ухамсраа сэргээснээр Дүйнхор бурханыг догшин дүрээр нь харах болсон гэлцдэг. Нэг удаа мөн цоожтой өрөөнд бясалгаж суух үедээ суварга тойрон эргэл мөргөл хийж явахыг нь харсан хүмүүс байдаг.

Жонангийн Хийдийн Лам нарт мөргөх

Гүмбэн Түгжэд Зундуй   *Жансэм Жалва Еэшэ*   *Жэвзүн Ёндон Жямц*

Гүмбэн Түгжэ Зундуй дор мөргөмүү.

Түгжэ Зундуй 1243 онд төрсөн Шамбалын Ригдэн хааны дүрийн хувилгаан байжээ. Сахил хүртсэнийхээ дараагаар Сажаа, Ор хийдүүдэд ном үзэж Ра урсгалын ёсны дагуу Цагийн хүрдний авшгийг хүртсэн байв. Сүүлд Чойжэ Жамъян Сармагийн байгуулсан Жянгдур хийдэд хамбаар заларна уу гэсэн урилга хүлээн авч тэнд очоод Гүнчэн Чойжи Осэроос До урсгалын Цагийн хүрдний авшгийг хүртсэнийхээ дараагаар уртын бясалгалд орж суусаар удсан ч үгүй Очирт Зургаан Йогийн дадлагаар гүнзгий түвшинд хүрч чадав. Гэвч үүгээр сэтгэл ханасангүй энэ тэрүүгээр аялан явж тарнийн ёсны нийт арван-долоон урсгалын оньсон түлхүүр болсон зааварчилгаануудыг цуглуулж нэгтгэв. Тэгээд нутгийн савдаг Нагмэн Жалмогийн хүссэнээр Чи, Даг, Наг гэсэн бүлгүүдийн хамтаар Жомонан хөндийн бясалгалын төвийг анх байгуулжээ. Тэнд байхдаа Түгжэ Зундуй өөрт олдсон бүх урсгалын оньсон түлхүүр зааварчилгааг нэгтгэсэн Очирт хөлгөний сургаалыг Төвөдөд анх удаа судart бичиж үлдээсэн билээ. Энэ явдлаас хойш Жонангийн хийдэд шавилан сууж алдарт багшаас суралцах хүсэлтэй хүмүүс Жомонан хөндий рүү цувах болж Жялва Жононва гэдэг нэр Цагийн хүрдний ёсонд суралцах гэснээс бараг ялгаагүй сонсогдох болсон гэдэг. *Гүмбэн* гэдэг Төвөд үг "хорвоогийн явдлыг бүрэн огоорох" гэсэн утгатай аж.

Жансэм Жялва Еэшэ дор мөргөмүү

Жансэм Жялва Иш бол Гарма Гаржудвын ёсны сургаалаар сахил хүртэж ном үзсэн хүн байв. Түүнийг гүнзгий ухамсртаа хүрч чадахгүй байсанд Гармава Гарма Бакши багш нь түүнд үйлийн барилдлага үгүй учраас тэр хэмээгээд Жонангийн хийдэд очиж Түгжэ Зундуйгаас суралцахыг зөвлөсөн байна. Тэр Гүмбэнжэ гэсэн нэрийг дуулмагцаа онцгой бишрэх сэтгэл төрөн тэнд яаран хүрч очоод ван авшгийг нэн даруй хүртэж Очирт Зургаан Йогийн бясалгалд орон суужээ.

Тэгээд удалгүй багшаасаа дутахааргүй өндөр түвшинд хүрч очсоноор зогсохгүй Бурханы номыг дэлгэрүүлэх үйлст ихэд шамдан зүтгэх болжээ. Эхлээд Дэчин хийдийн хамба болж сүүлд Жонангийн хийдийн тэргүүн хамба болсон бөгөөд *Жансэм Жялва* гэдэг нэр нь "аугаа бодь сэтгэлтэн" гэсэн утгатай ажээ.

Жэвзүн Ёндон Жямц дор мөргөмүү.

Нямаагийн ёсны гэр бүлд төрсөн Ёндон Жамц тарнийн ёсны олон багш нараас суралцжээ. Түгжэ Зундуйгаас Цагийн хүрдний авшгийг хүртээд хорин-нэг хоногийн дотор шөнийн бясалгалыг гүйцээжээ. Өдрийн йогийн бясалгалынхаа үеэр нум сумны хираатай өндөрт газраас хөөрч, долоо хоногийн дараа гэхэд Жонангийн ойролцоо уул хөндийгөөр хөвөн зугаацаж явах болсон байжээ. Тэрбээр олон ер бусын шидийг эзэмшиж Буддын сургаалд гаргуун болоод зогсохгүй ёс суртахууны дэг сайтайн улмаас биеэс нь анхил үнэр гарах болсон гэдэг. Жялва Ишийн ойрын нөхөр байсан Ёндон Жямц сүүлд түүний залгамжлагч нь болж Жонангийн хийдийн хамбын суудалд заларсан билээ. *Жэвзүн* гэдэг нь Төвдөөр "сайн явдалт эрдэмтэн" гэсэн утгатай.

Гүнжин Долбуба   Чойжил Чоглэ Намжил   Чимэд Нябон Гунгаа

Гурван цагийн Бурхадын хувилгаан Гүнчэн Долбуба дор мөргөмүү

Гүнчэн Долбуба Бурханы сургаалд нэвтэрхий бөгөөд ухамсрын онцгой түвшинд хүрсний тул гурван цагийн Бурхдын хувилгаан гэж нэрлэддэг билээ. Үй, Зан орчим түүнийг багшаа хэмээн үздэггүй хүн үгүй байжээ. Очирт Зургаан Йогийн бясалгалд сууж төгс эзэмшээд судрын ёсыг тарнийн ёстой нэгтгэх Шандон үзлийн нэгдсэн системыг бий болгосон нь өнөөг хүртэл Жонангийн урсгалын нандин эрдэнэ болон хэрэглэгдсээр байгаа билээ.

Чойжил Чоглэ Намжял дор мөргөмүү.

Нгари Яацэ аймгийн хаан хүү болон төрсөн Чоглэ Намжял бүр жаахан байхаасаа л аав авга ах хоёроосоо олон номыг сонсож өсжээ. Хүүхэд байхдаа олон янзын хийдүүдэд суралцаж, хүмүүст ном хүртэл айлдаж явсан гэдэг. Тэр алив мэтгэлцээнд хэзээд ялагч болох тул *Чойжалва* буюу "үл үзэгдэгч" гэдэг нэрийг хүртжээ. Цагийн хүрдний авшгийг Долбубагаас хүртэж түүний ойрын шавь нарын нэг болоод багшийнхаа бүхий л номуудыг бүрэн төгс цээжилсэн байсан гэдэг билээ. Сүүлд Жонангийн хийдийн тав дахь хамбаар өргөмжлөгдөөд алдартай багш болсноор үл барам Гэлүгийн урсгалыг үндэслэгч Жэ.Зонхов хүртэл түүнээс Цагийн хүрдний сургаалыг олонтаа сонсож байсан түүхтэй. *Чойжил* гэдэг нь "номын хаан", *чоглэ* гэдэг нь "зүг бүхэнд ялагч" гэсэн утгатай ажээ.

Чимэд Нябон Гунгаа дор мөргөмүү.

Чимэд Нябон Гунгаа багаасаа эрдэмтэй болохоо харуулсан бөгөөд Жэвзүн Ёндон Жямц түүнийг Очирт хөлгөний их мастер Жамсар Шэйравын хойд дүрээр тодруулсанд заасан болгоныг төвөггүй сурч байжээ. Хорь орчим настайдаа тэр хүнд өвчин хүрч сургуулиа орхих хэрэгтэй болоод байх үед нь Долбуба азаар тэр хийдэд зочилж тараад ганц нулимсанд өвчин үгүй болж эдгэсэн түүх бий. Тэр даруй Долбубад шавь орж мөн Чоглэ Намжялаас ном сонсох болсноор Нябон Гунгаа олон судар ном зохиосон нь одоо үеийг хүртэл нандигнан хадгалагдаж ирсэн билээ. Түүний сургаалыг хүртэн амжилт олсон олон нэртэй бясалгагчдын дотор Богд Зонхов, Сажаагийн Рэндаваа нар багтдаг байна. Сүүлд тэр Цэчэн хэмээх Жонангийн хийдийг үндэслэсэн билээ. *Чимэд* гэдэг нь үгчилбэл "зүйрлэшгүй" гэсэн утгатай ажээ.

Дубчин Гунгаа Лодой	*Жамъян Гончиг Самбуу*	*Дэмчиг Намхай Цэнчан*	*Банчен Намхай Балсан*

Дүвчэн Гунгаа Лодой дор мөргөмүү.

Дүвчэн Гунгаа Лодой бол Шарха аймгийн хааны гэр бүлд төрсөн бөгөөд Бүдон Ринчэндүвийн хойд дүр гэж итгэцгээдэг. Тэр бурханы сургаалыг дагнан суралцаж ялангуяа Цагийн хүрдний ёсыг Нябон Гунгаагийн удирдлаган дор суралцахын хажуугаар мөн өөр олон багшаас ном хүртэж байжээ. Хорвоогийн амьдралаас бүрэн огоорох сэтгэл төрсөнөөр бүх эд хөрөнгө байр сууринаасаа татгалзаад сахил хүртэж улмаар Нябоны залгамжлагчаар Цэчэн хийдийн хамбад өргөмжлөгдсөн байна. Тэрбээр хоорондоо дайсагналцсан хоёр омгийн хүмүүсийг хооронд нь эвлэрүүлэхээр оролдоод амжилт олоогүйгээсээ хойш хорвоог огоорох сэтгэлд улам автан бараг тавин жил үргэлжилсэн уртын бясалгалд суусан гэдэг билээ. Энэ үедээ тэр Очирт Зургаан Йогоор зогсохгүй бусад бүх дандарсын сургаалыг ч төгс эзэмшээд бүхий л томоохон урсгалуудад далай их шавьтай аугаа римэ багш болон алдаршсан ажээ.

Жамъян Гончиг Самбуу дор мөргөмүү.

Сажаагийн алдарт Дагва Жанцангийн хойд дүр Жамъян Гончиг Самбуу Дагмар аймагт төржээ. Зандан хийдэд суралцсан тэрбээр голчлон Сажаагийн урсгалын өөр олон сургуульд мөн шавилан суусан байна. Эрдэмтэй лам болон өсөөд Гунгаа Лодойгоос Цагийн хүрдний эрхийг хүртэж зүрхэн шавь нь болсон байна. Голлох бүх урсгалуудаас авшиг хүртсэнийхээ дараагаар тэр язгуур ухамсартаа удаж төдөлгүй хүрсэн бөгөөд Жонан, Цэчэн, Самдин гэхчилэнгийн олон хийдэд, аль ч урсгалыг үл баригч Пэлхор Дэчин хийдэд хүртэл суудал эзлэн сууснаараа зөвхөн Жонангийн төдий бус Сажаа, Шанба Гаржудвын урсгалын чухал өв залгамжлагч болсон ажээ.

Дэмчиг Намхай Цэнчан дор мөргөмүү

Намхай Чойгон бол Жамъян Гончигийн зүрхэн шавь бөгөөд Төв Төвөдийн нутгийн олон хийдүүдэд суралцжээ. Багшийн заасныг сайтар даган шандон үзлийг хурдтай эзэмшээд Очирт Зургаан Йогийг бясалгаж эхлэсэн байна. Тэгээд язгуур ухамсраа илрүүлэн гаргаж гүнзгий түвшинд хүрээд улмаар Цэчэн хийдийн хамбын суудалд заларсан байна. Сүүлд нь Долбубагийн Их суварганы оройд алтан дээвэр босгосон ба Жонангийн хийдийн очирт их багшийн суудлыг зүй ёсоор эзэлсэн байна. *Дэмчиг* гэдэг нь үгчилбэл "дээдийн авралт" гэсэн утгатай.

Банчэн Намхай Балсан дор мөргөмүү

Тэр уг гарлаараа Сажаагийн урсгалын Намхай Чойгоноос Цагийн хүрдний эрх авшгийг хүлээн авч бүрэн эзэмшсэн нэгэн. Очирт Йогийн зургаан шатыг дадуулах хугацаандаа далд ухамсараа илрүүлэн Дрэбун гэдэг \Лхаст байдаг шашний сургуультай бүү андуураарай\ хийдэд дараа нь Жонангийн хийдийн ес дэх хамбаар сууж байсан байна. Арван найм гаруй жил Жан аймаг дахь Намжял Дацан хийдэд суудалтай байсан тэрбээр баруун Төвөдийн олон алдартай лам нарт багш нь байсан гэдэг. *Банчэн* гэдэг нь "алдарт бандида" буюу эрдэмтэн гэсэн утгатай ажээ.

Лочэн Раднабадра   *Балдан Гунгаа Долчог*   *Жэнцэн Лүндэг Жямц*

Лочэн Раднабадра дор мөргөмүү

Жинхэнэ нэр нь Ринчен Самбуу буюу олонд алдаршсанаар Лочэн Раднабадра бол Нямаа урсгалын дандарын нэртэй бясалгагч байжээ. Нилээд хэдэн гол хийдүүдэд суралцаж эрдэмтэй лам болсныхоо дараагаар Намхай Балсангаас Цагийн хүрдний авшгийг хүртэж бурханлаг-чанараа гайхамшигтайгаар илрүүлсэн гэдэг. Түүнийг догшин ядам Махагалтай шууд харьцаатай байсан болоод зэтгэрийг номхотгох онцгой чадвартай байсан гэж мөн хэлэлцдэг билээ. Раднабадра сүүлд олон сүм хийд, бясалгалын төвүүд байгуулж Очирт Зургаан Йогийн чухал тайлбар бичиг зохиосноор барахгүй Шанба урсгалын их мастер Дандон Жалбогийн алдарт хийдийг сэргээн босгосон гавьяатан билээ. *Лочэн* гэдэг нь "алдарт орчуулагч" гэсэн утгатай үг юм.

Балдан Гунгаа Долчог дор мөргөмүү

Ари Гондун гэдэг газарт төрсөн Гунгаа Долчог 1507-1566 онуудад амьдарч байжээ. Бага насандаа дээд түвшний олон судруудыг төгс эзэмшихдээ төв Төвөдийн олон алдартантай цуттаа суралцаж байсан байна. Түүнийг гэгээн дагина Нигуматай ойрын холбоотой байсан ба *Нигумагийн Зургаан Сургаал* хэмээх номын авшгийг шууд өөрөөс нь хүртсэн гэж ярилцдаг. Тэрбээр Ринчен Самбуугаас дамжуулж авсан Цагийн хүрдний сургаалыг төгс эзэмшээд ухамсарлахуйн гүнзгий түвшинд хүрч олон олон гэгээрсэн бодгалиудтай нүүр тулах болсон байна. Амьдралынхаа туршид тэрбээр маш их ном сургаал цуглуулан шашны олон урсгалыг өвлөгч чухал дамжлагын лам болон хувирсан билээ. Жонангийн хийдэд шавилан сууж хориод жилийн хугацаандаа өөрийн цуглуулсан бүх номлолуудыг нэгтгэн *"Долчогийн Шимт Заавар"* хэмээх эмхэтгэл гаргасан байна. Алдарт римэ мастер гэж Төвөд нутаг даяар үеэс үед алдаршсан Гунгаа Долчог амьдралынхаа сүүлийн жилүүдийг Чойлун Жянцэ хийдэд өнгөрүүлжээ. *Балдан* гэдэг нь "цог" гэсэн утгатай билээ.

Жиэнцэн Лүндэг Жямц дор мөргөмүү

Жиэнцэн Лүндэг Жямц Төв Үзлийн алдарт мастер Шагжа Чогдэн гэгчийн Сэрдэгчэн гэдэг хийдэд эхлэн суралцаад тэнд байх хугацаандаа зүүдэндээ Базра-йогиниг үзэх болж түүний сургаалаар бясалгах болсон байна. Дараа нь Гунгаа Долчогтой дайралдан Цагийн хүрдний болон Очирт Зургаан Йогийн эрх авшгийг бүрнээр хүртэж оньсон түлхүүрийг эзэмших болов.Тэгээд үүнийгээ бясалгаж эхлэх үедээ далд ухамсраа сэргээн Энэтхэгт урьд өмнө хэзээ ч очиж байгаагүй хирнээ санскритаар унших гэх мэтийн олон гайхам чанаруудыг үзүүлэх болжээ. Мөн энэтхэгийн олон шидтэнгүүдээс тоогүй номын авшгийг хүртэж байгааг зүүдэндээ үзэх болсон байна. Лүндэг Жямц ихэд өндөр алдарт хүрсэн тул есдүгээр Гармава Ванчиг Дорж болон Сажаа Дэрзэн нар түүнийг "Бурханы номын сан хөмрөг" хэмээн нэрлэх болсон гэдэг. *Жиэнцэн* гэдэг нь эрдэмтэн ламын өндөр зэрэгт хүрсэн хүнийг нэрлэдэг "алдарт хэнпо" гэдэг утгыг агуулж байгаа ажээ.

Дагдан Дамчой Лин Хийдийн Лам Нарт Мөргөх

| *Жавдаг Долби Гомбо* | *Онжан Ринчен Жямц* | *Хайдүв Лодой Намжил* | *Дубчин Агваан Принлэ* |

Жябдаг Долби Гомбо дор мөргөмүү

Нийтэд Жэвзүн Дарнат хэмээх нэрээр илүү алдаршсан Гунгаа Нинбуу 1575-1635 онуудад амьдарч байсан ба түүнийг Гүнчэн Долбубагийн нэрийн хоёрдугаарт тавьж болох Жонангийн урсгалын маш алдартай лам хэмээн тооцдог. Лүндэг Жямцаар Гунгаа Долчогийн хойд дүр болон тодорсон Дарнат түүний цуглуулсан бүхий л сургаал номлолуудыг цөмийг сайтар эзэмшсэн байна. Тэрбээр Дагдан Дамчой Лин хэмээх шашний том сургуулийг үндэслэснээсээ хойш янз болгоны сэдвээр эртний өвөрмөц нандин сургаалыг тал бүрээс нь задлан тайлбарласан далай их номлол бүхий дөч гаруй судрыг бичиж туурвисан билээ. Мөн түүнчлэн гол чухал тайлбарууд нь дутагдалтайн улмаас доройтолд ороод байна гэж үзсэнээр Долбубагийн Шандон гүн ухааны үзлийг дахин сэргээхэд Дарнатыг голлох үүргийг гүйцэтгэсэн гэж үздэг. Тэрбээр Жонангийн хийдэд сууж байх үедээ хавь ойрын сүм хийдүүдээр аялан явж шинэ соргог ном сургаал цуглуулах, ном хаялцах мэтгэлцээнд оролцох, бясалгалд суух зэргээрээ ихэд алдаршсан байлаа.

Эцэст нь уулзсан бүгдэд онцгой бишрэл төрүүлсэн бидний мэдэх жинхэнэ үл алагчлах үзэлтэй томоохон римэ мастер болон түүхэнд үлджээ. *Жябдаг* гэдэг нь "хамаг амьтныг хоцроолгүй аврагч" гэсэн утгатай ажээ.

Онжан Ринчен Жямц дор мөргөмүү

Зан аймагт төрсөн Ринчен Жямц Дарнатаас сахил хүртсэн байв. Тэрбээр Цагийн хүрдний сургаалыг маш хурдан эзэмшиж далд ухамсраа сэргээснийх нь илэрхийлэл болсон асар их мэдлэгийг хоромхон зуурт эзэмших чадварыг үзүүлэх болжээ. Дагдан Дамчой Лингийн хамба болоод ихээхэн номлолыг зааж түгээн бясалгал дадлагыг удирдахад бараг арван таван жилээ зориулсан байна. Дараа нь суудлаасаа татгалзах сонголт хийн Сангаг Риво Дэчин гэдэг газарт бясалгалд орон суух зууртаа мөн сургалтаа тасралтгүй үргэлжлүүлсээр Бурханы номыг л авлага болгохоос өөр хүсэлгүй жинхэнэ номын хуврага хүн болохоо батлан харуулсан билээ. *Онжан* гэдэг нь "урьд насны хичээл зүтгэлийн биелэл" гэсэн утгатай үг юм.

Хайдүв Лодой Намжял дор мөргөмүү

Хайдүв Лодой Намжял 1618-1683 онуудад амьдарсан бөгөөд түүнийг Долбубагийн эхийн хойд дүр болохыг тодруулсан байв. Арван-зургаан настайдаа Дарнатад шавь орж, Ринчен Жямцаас сахил хүртэн олон жилийн турш Бурханы номыг дадуулан үйлдсэн бөгөөд авшиг хүртсэнийхээ дараагаар Цагаан дарь эхийг үзэж аврал одуулсан гэдэг. Тэрбээр тавдугаар Далай ламтай Төв Үзлийн тухай өөрийн ойлголтоо хэлэлцэж түүнд ихэд хүчтэй сэтгэгдэл төрүүлсэн нэгэн түүх бий. Сүүлд Замтан Занва хийдийн нээлтэн дээр Цагийн хүрдний сургаалыг номлож өгнө үү хэмээн Лодой Намжялийг урьж байжээ. *Хайдүв* гэдэг нь "эрдэмтэн-егүзээр" гэсэн утгатай их мэдлэг эзэмшсэн, язгуур ухамсраа сэргээсэн хүнийг тодорхойлсон үг билээ.

Дүвчэн Агваан Принлэй дор мөргөмүү

Дүвчэн Агваан Принлэй 1657-1713 онуудад амьдарч байсан бөгөөд түүнийг Долбубагийн сургаалыг ихэд дэлгэрүүлэх нэгэн хэмээн зөгнөсөн байжээ. Арван зургаан настайдаа Лодой Намжялийн залгамжлагч болон түүний удирдлаган дор Очирт хөлгөний ёсонд орж Амитаба Бурханы агуйд зургаан жил бясалгалд сууржээ. Дараа нь энэ тэрүүгээр аялан явж номлол айлдан олон сүм хийдийг удирдаж явсан гэдэг. Мөн Цагийн хүрдний бясалгалыг удирдан явуулж бэлтгэлийн зэргийн долоон гишүүнт залбирал гэх мэтийн олон бичиг судрыг зохион, өөр олон урсгалуудын сургаалыг дамжуулан авснаар томоохон римэ багш болон алдаршсан байна. Амьдралынхаа сүүлчийн жилүүдийг Замтан Занва хийдэд уригдан багшилж өнгөрүүлжээ. Агваан Принлэй маш том шашны төвийг бий болгон Ава, Жялрон аймгуудад олон сүм хийд бясалгалын төвүүдийг байгуулсан гавьяатан билээ. Түүнийг төв Төвөд рүү буцах замд Монголоор аялах завшаан тохиолдож тэнд эзэн хааны хүсэлтээр нилээд хэдэн хийдийн суурийг тавилцсан гэдэг.

Замтан Занва Хийдийн Очирт Багш Нарт Мөргөх

| Агваан Данзан Намжял | Агваан Жэвзүн Даржээ | Гүнсан Принлэ Намжял | Нүдэн Лхүндүв Жямц |

Агваан Данзан Намжял дор мөргөмүү

Агваан Данзан Намжял буюу Гави Чойпэл 1690 онд төржээ. Тэрбээр алдарт Лодой Намжялийн хойд дүр бөгөөд аравхан настайгаасаа Чалонва Агваан Принлэйгээс олон ном сургаалыг Очирт Зургаан Йогийн оньсон түлхүүрийн хамтаар хүртсэн байна. Арван-зургаан настайдаа сахил хүртэн бясалгал номд шамдан бүх цаг заваа зарцуулах болсноор удалгүй амжилтанд хүрч олон чадварыг эзэмшсэн байна. Дараа нь Чойжэ Жялва Лхүндүв, Данзан Намжял нарын хүсэлтээр Замтан Занва хийдэд очиж Очирт хөлгөний анхны мастер-шавь болсноор тэнд шавилан суусан олон лам нар ар араасаа гүнзгий ухамсарлахуйд хүрцгээх болов. Урьд Долбуба ямар байсан яг түүнтэй нэгэн адилаар Данзан Намжял нийгэмд ихээхэн нэр нөлөөтэй болсон боловч 1738 онд дөнгөж дөчин наймхан насандаа нирваан дүрийг үзүүлэн бурханлаг чанартаа шингэн одсон нь харамсалтай. *Агваан* гэдэг нь "ярианы адистат бүхий агуу эрдэмтэн" гэсэн утгатай бөгөөд Манзушри бурханы оюуныг эзэмшсэн гэсэнтэй адил утгатай билээ.

Агваан Жэвзүн Даржээ дор мөргөмүү

Тэр бол Занва хийдийн Цагийн хүрдний хоёрдугаар угсаа залгамжлагч байлаа. Агваан Жэвзүн Даржээ бурханы номын сургаалын өргөн мэдлэг, гүнзгий ухамсарлахуй, хуврагийн ёсыг ариун сахих ёс суртахуун зэргээрээ үлгэр жишээ болсон нэгэн байв. Ялангуяа Очирт хөлгөний ёсыг гарамгай эзэмшсэн байсан ба Гунгаа Чойпэл, Чаюур Чойжор гэх мэтийн хэд хэдэн алдартай шавь нарыг төрүүлэн гаргасан билээ.

Гүнсан Принлэй Намжял дор мөргөмүү.

Принлэй Намжял Төвөдийн зүүн аймагт Занва хийдийг үндэслэгч Лодой Намжялийн хоёрдугаар дүрийн хувилгаанаар тодрон төржээ. Хар багаасаа өөрийн багш Агваан Жэвзүн Даржээ гэх мэтийн олон бодьсадва нартай барилдлагатай байсан бөгөөд тоогүй олон эрх авшгийг хүртсээр Очирт Зургаан Йогийн бясалгалд орох үедээ гайхам хичээл зүтгэлийхээ ачаар гүнзгий ухамсартаа удаж төдөлгүй хүрсэн гэдэг. Төвөдийн хамгийн том лам болох Гармава хүртэл хаа холын Үй, Зан аймгаас номлолыг нь сонсохоор хүрэлцэн ирдэг байсан гэлцдэг. *Гүнсан* гэдэг нь "хамаг сайн чанарыг агуулсан" гэсэн утгатай.

Нүдэн Лхүндүв Жямц дор мөргөмүү

Тэр бол Гүнсан Принлэй Намжялийн хамгийн нөлөө бүхий шавь байлаа. Дотоодын галыг өрдөх бясалгалыг гаргуун эзэмшсэн тэрбээр үл үзэгдэгч догшин дандарын аргаар нутгийн савдаг зэргийг номхруулах увдистай нэгэн байв. Доод Занвагийн хийдийг үндэслэн босгож Жинба Жямцийн \Агваан Принлэйгийн хоёрдугаар хойд дүр\ тусламжтайгаар буяны үйлд олонтаа оролцдог байжээ. *Нүдэн* гэдэг нь үгчлэн орчуулбал "анагаах их хүчийг эзэмшсэн" гэсэн утгатай билээ.

| Гончиг Жигмэд Намжял | Агваан Чойпэл Жямц | Агваан Чойжи Пагва | Агваан Чойжор Жямц |

Гончиг Жигмэ Намжял дор мөргөмүү

Маргогын хөндийд төрсөн Гончиг Жигмэ Намжял Лодой Намжялийн гуравдугаар хойд дүрээр тодорчээ. Тэр өөрийн ах байсан Лхүндүв Жямцийг оролцуулсан олон гэгээн бодьсадва нартай холбоотой байжээ. Цагийн хүрдний сургаалыг эзэмшээд зогсохгүй Нигума дагинаас ном хүртэн өөгүй шамдал махралын үр дүнд далд ухамсрынхаа ер бусын түвшинд хүрч чадсан гэдэг. *Гончиг* гэдэг нь үгчилбэл "ховор дээд", *жигмэ* гэдэг нь "аймшиггүй" гэсэн утгатай ажээ.

Агваан Чойпэл Жямц дор мөргөмүү

Агваан Чойпэл Жямц буюу Занва Гэлон, 1788 онд төрж арван наснаасаа эхлэн Замтан Занва хийдэд суралцжээ. Тэрбээр олон алдартай багш нарын удирдлаган дор ном үзэж Агваан Жанцан гэдэг ламаас анх хорин-хоёртойдоо тарнийн ёсны авшгийг авч гурван жилийн бясалгалд орж суугаад эхний хоёр йогийн шатыг гүйцээснийхээ дараа Жигмэ Намжялаас бүрэн авшгийг хүртсэн байна. Тэр мөн Зогчэн болон Нигумагийн Зургаан Сургаал зэрэг олон номыг янз бүрийн багш нараас сонсоод ер бусын ухамсарлахуйд хүрч олон шидийг үзүүлэх болжээ. Амьдралынхаа сүүлийн жилүүдийг тэрбээр олон газраар аялж өнгөрөөхдөө алдарт римэ мастер Жамгон Контрул болон Патрул Ринбүчи гэх зэрэг олон алдартнуудын гол багш нарын нэг болсон билээ. 1865 онд өөрийн хүрсэн гүнзгий ухамсарлахуйн хэмжээгээр тэнгэрт тоогүй олон солонго татуулан байж бурханы оронд заларсан билээ. *Чойпэл* гэдэг нь "номыг дээдлэн баригч" гэсэн утгатай ажээ.

Агваан Чойжи Пагва дор мөргөмүү

Агваан Чойжи Пагва 1808 онд Зука аймагт төрөөд долоон настайдаа Гончиг Жигмэ Намжялаас сахил хүртсэн байна. Тэрбээр Зургаан Йогийн эхний хоёрт маш гарамгай амжилт гаргаснаар үл барам бясалгалынхаа үеэр эхлээд Ригдэн Хаан Пундарика, Гүнчэн Долбуба нартай учирсан гэдэг бөгөөд дараа нь Шамбалын ариун орон хийгээд Сугваади орныг илтэд үзсэн гэдэг. Хорин-тав хүрэхдээ зуу гаруй ядам бурхадын хот мандлыг бүх тодотголуудынх нь хамтаар тогтоосон ба шашний зан үйлд багшаасаа дутахааргүй гарамгай болсон байжээ. Өнөө цагт Жонангийн урсгалд өргөн хэрэглэгдэн буй хот мандлын дүрслэл тодотголууд түүний гавьягаар бидний үеийг хүрсэн гэж хэлж болно. Замтан Занва хийдийн хамба лам байхдаа Чойжи Пагва мөргөлийн их танхимыг байгуулсан ажээ. 1877 онд өвчин зовлонгийн өчүүхэн ч шинж үл үзүүлэн тэврэлдсэн эх хүү хоёрын дүртэй гэгээн гэрэлд олон өдрөөр саатан байгаад одсон гэдэг билээ.

Агваан Чойжор Жямц дор мөргөмүү

Агваан Чойжор Жямц 1846 онд төрсөн бөгөөд Цагийн хүрдний сургаалыг Занва Гэлон, Чойпэл Жямц нараас хүртсэн байна. Нэгэн авшгийн ёслолын үеэр тэр лама Гүнчэн Долбубаг үзэж хоёргүй үзлийн бурханлаг чанараа илрүүлсэн ба тарнийн ёсыг хичээнгүйлэн дадуулснаар олон шидийг зүүдэндээ эзэмшин биеэ гэгээн гэрлийн туяанд уссан байдлаар харах болсон гэдэг. Дөчин таван насандаа Занва хийдийн Очирт багш болж 1910 онд нас барсан байна.

Даш Чойдон Хийдийн Лам нарт мөргөх

| Агваан Чойжин Жямц | Агваан Дамба Равжаа | Лама Лубсан Принлэй | Ханбрул Жамбал Лодой |

Агваан Чойжин Жямц дор мөргөмүү

Агваан Чойжин Жямц буюу Вашул Лхазой Лам бол найман гэгээн бодьсадва нарын нэг Акашагарбагийн хувилгаан хэмээн тооцогддог. Тэр Занва хийдэд зүй ёсоор Занва Гэлонгоос тарнийн ёсны авшиг оньсон түлхүүр зэргийг хүртсэн бөгөөд маш олон төрлийн зан үйлийн дадлага бясалгалыг зохион олон тайлбар зэргийг туурвисан байна. Нэг удаа биеэс нь сая сая ядам бурхад хувилан гарахыг харсан гэдэг. Түүний хүрсэн ухамсрын түвшин машид гүнзгий байснаас ханан дээгүүр явах зэргийн олон шидийг үзүүлээд зогсохгүй ариун орнуудаар аялан Шамбалд очиж зааварчилгаа авах бололцоо хүртэл түүнд олддог байжээ. Ийм маягаар илрүүлсэн тэдгээр бясалгалын аргуудыг одоо хүртэл Жонангийн хийдүүдэд хэрэглэн буй билээ. Занва хийдийг төлөөлөн бясалгалын төвүүдээр тойрон явахдаа Чойжин Жямц нэгэн гацаанд хөл хорин суусан нь яваандаа Даш Чойдон хийд болон хувирсан түүхтэй. Яг тэнд тэрбээр Дамба Равжаа, Гэлэг Жямц нарын шилдэг лам нарыг төрүүлсэн гэдэг. Насан өөд болсных нь дараа түүнийг чандарласан суварга дотроос хоёр бүтэн араг яс олдсон нь ханьцашгүй дандарын Хоосон дүрс ба Дээдэд үл урвахуйн амгалангийн нэгдэлд шингэн орсныг илтгэсэн ажгуу.

Агваан Дамба Равжаа дор мөргөмүү

Агваан Дамба Равжаа 1875 онд төржээ. Тэр Агваан Чойжин Жямцаас тарнийн ёсны бүх заавар сургаалыг хүртэж төгс дадуулан үйлдсэний нь илэрхийлэл болсон олон шинжийг үзүүлсэнээс гадна мөн бусад дандарсын ёсонг судалж тоогүй олон өөр ядам бурхдын нүүр харах болсон гэдэг. Хорин таван настайдаа Замтанд ирж шавилан суугаад бясалгах болж тавин зургаан насандаа Чаюул хийдийн хамбаар өргөмжлөгдсөн билээ. Сүүлд Даш Чойдон хийдийн хамба, Очирт мастер болоод нэгээхэн ч удаа эрх мэдэл эд хөрөнгө бодож үзэлгүй энгийн даруу амьдралаар амьдарч байгаад далан зургаан насандаа гэгээн гэрлийн туяанд уусаж тэндээ зургаан хоногоор саатан байж өөд болсон ажгуу.

Мунхагийн харанхуйг арилгагч эрдэнэ мэт эрхэм лам Лувсан Принлэй багшдаа мөргөмүү.

Лам Агваан Лувсан Принлэй 1917 онд зүүн өмнөд Төвөдийн Хам аймгийн Зука хэмээх хөндийд мэндэлжээ. Арван дөрвөн насандаа Чаюул хийдэд Агваан Дамба Равжаагийн удирдлаган дор шавилан суусан байна. Тэрбээр Цагийн хүрдний сургаалаар эрчимтэй дадуулан үйлдсэнээр хоосон дүрсний арван шинжийг хоёрхон долоо хоногийн дотор үзсэн гэдэг. Гуч орчим насандаа хүнд өвчин хүртсэн тул уртын бясалгалд орсугай хэмээн шийдээд Очирвааний бясалгалд таван жилээр хөл хорин суужээ. Бясалгалын үеэр түүний өвчин мянга мянган өт хорхой болон хувирч биеэс нь урсаж гараад тахилын балинд шингэж байсан гэдэг. Бүрэн илааршсан Агваан Принлэй үлдсэн амьдралаа энэ болон өөр бусад өвчнөөр өвдсөн олныг эмчилж эдгэрүүлэхэд зориулахын хажуугаар Их хөлгөн, Очирт хөлгөний ёсыг ариунаар хадгалахад цуцалтгүй зүтгэн дайны үед ихэд сүйдсэн Чойдон хийдийг сэргээн босгосон билээ. Цоо эрүүл байсаар насны эцэст хүрч 1999 онд өөрийн үхлийг урьдчилан харсан ёсоор өөд болоход бие нь муудалгүй арван гурав хоносон ба өөр олон ер бусын үзэгдэл тэр үед үзэгдсэн билээ. Түүний гэрээсэлсэн ёсоор тахилын болон бусад ариун эд зүйлсээс нэгийг ч эс орхигдуулан Лхас дахь Бодала ордон руу илгээсэн юм.

Номын дайчин баатар Ханбрүл Жамбал Лодой дор мөргөмүү.

Ханбрүл Жамбал Лодой усан туулай жилийн хоёрдугаар сарын 18-ны өдөр Төвөдийн зүүн зүгт орших Голог аймгийн нүүдэлчин гэр бүлд төржээ. Тэрбээр урьд төрөлдөө Цагийн хүрдний их мастер Агваан Чойжин Жямц асан, өөрийн эхийн багш Гэцэ Ринбүчигийн дүрийн хувилгаанаар тодорсон байна. Арван хоёр наснаасаа эхлэн Хэнпо Сандэн болон өөр хэд хэдэн багш нарын удирдлаган дор Бурханы номд суралцаж эхэлжээ. Зүүн Төвөдийн арван нэгэн хийдэд ном заалгасан Ринбүчи нийт таван том урсгалын сургаалыг бүгдийг судалснаас гадна өөрийн үндсэн лам Лувсан Принлэйгийн шууд удирдлаган дор Чойдон хийдэд гурван жилийн уртын бясалгалд суужээ. 1997 онд Лувсан Принлэй лам түүнд Хэнпо хэмээх цолыг багшлах эрхийн хамтаар шагнасан байна. Хоёр жилийн дараа Замтан Занва хийдийн хамбаар өргөмжлөгдөн байгаад удалгүй өндөр албанаасаа татгалзан ганцаарчилсан бясалгалд орж хэсэг хугацааг өнгөрүүлээд эцэст нь, 2000 онд Энэтхэг рүү аялан олон ариун дагшин газруудад бясалгал мөргөл хийн явсан байна.

Дээрхийн Гэгээн Далай Багшид хэд хэдэн удаа тусгаарчилсан уулзалт хийсний дараагаас Ханбрүл Ринбүчи 2003 онд Австралид нүүж суурьшсан байна. Түүний зорилго бол Цагийн хүрдний нандин сургаалыг олонд түгээж, Жонангийн урсгалыг барууны орнуудад таниулах явдал байлаа. *Ханбрүл* гэдэг нь "номч эрдэмтэн" буюу "хамба" эсвэл "дүрийн хувилгаан" гэсэн утгуудыг зэрэг хадгалсан бөгөөд *Жамбал Лодой* гэдэг нь "зөөлөн бадрангуй Манзушри" гэсэн саруул оюуны бэлэгдэл болсон бодьсадватай зүйрлэсэн нэр ажээ. Баруунд байх хугацаандаа Жамбал Лодой Жонангийн өвөрмөц сургаалыг шавь нартаа дамжуулахын төлөө уйгагүй зүтгэн англи хэлийг эзэмшихэд ихээхэн цаг завыг зарцуулсан байна.

Лам Багшаа Залах Нэмэгдэл Залбирал ба Зориулга Ерөөл

Өөрийн Үндсэн багш дор мөргөмүү

Сүр жавхлант лам дор мөргөмүү

Номын бүх эзэд дор мөргөмүү

Бишрэлт эцэг хийгээд түүний зүрхэн хөвгүүд цөм намайг адилан соёрх!

Энэ үгс номын бүх ээзэд, урсгалын бүх лам нар, болон сургаалаа хайрласан бүхий л багш нартаа мөргөн залбирах сэтгэлийг төрүүлдэг. Бишрэлт эцэг хийгээд зүрхэн хөвгүүд гэдэгт багшаас шавьд үеэс үед дамжин уламжилж ирсэн тэр эртний урсгал холбоог багтааж байгаа бөгөөд үндсэн лам багш гэдгээр ганц хүн биш номын авшиг хайрласан багш болгоноо багтааж байгааг ойлгох хэрэгтэй.

Багшаа шүтэн насаараа дээдлэсэн хэн боловч

Байнга ийнхүү урин залж мөргөх болой,

Би ч мөн тэр ёсоор энэрэлт баатрын,

Билиг оюунаар адислагдах болтугай!

Дараагийн бадагт эдгээр лам нарыг дахин цуглуулан дуудахын ашиг тусыг өөртөө сануулан талархах сэтгэлийг төрүүлж байна. Үүнийг санаснаар өөрийн сайн талуудыг мөн өдөөж, насан туршдаа тэдэнд ач санах нь бүр ч илүү ашигтай болох билээ. Энгийнээр бодоод үзсэн ч гэсэн хэн нэгэнд баярлан талархах сэтгэл өөрт чинь илүү аз жаргал авчирдгийг бид анзаардаггүй. Энэхүү сэтгэлийн талархал таныг гэгээрэлд хүргэхэд зайлшгүй хэрэгтэй тэр нигүүлсэл энэрлээр дүүрэн баатар мэт багш ламын язгуурын билиг оюунаар адислагдах хязгааргүй бишрэлт сэтгэлийг зүй ёсоор төрүүлэх болно.

Алс хойд насандаа ч би ачит ламаасаа бүү хагацах болтугай

Ариун Номыг дадуулахын их цэнгэлийг эдэлж

Гэгээрлийн бүх газруудыг төгсгөн

Очирдарын хутагт үтэр түргэн хүрэх болтугай!

Багш ламаасаа хэзээ ч бүү хагацаасай хэмээн ерөөснөөр та багшаа бишрэн дээдлэх сэтгэлээ дахин нэг илэрхийлж байна. Мөн хэрэв номын багш болон номын нөхөдтэйгөө үйлийн үрийн хүчтэй барилдлага тогтоох юм бол ирэх хойд насандаа ч эргэн учрах нь гарцаагүй юм. Хэрэв та Хуврагаас \бүх аръяавалууд болон бурханы номыг дадуулан үйлдэгч нар\ салаагүй байсан цагт Бурханы сургаал хийгээд түүнийг бясалгахын цэнгэлээс хэзээд үл хагацах болно. Тэгэж байж л гэгээрэлд хүрэх замыг гүйцээн эцэст нь Очирдарийн хутагт хүрэх буюу төгс гэгээрэлд хүрэх болно.

\лам багш ба урсгалын бүх лам нар таныг адислаад гэрэл болон уусаж сэтгэлд тань шингэлээ гэдэгт бүрэн итгэлтэй байна\

Энэ бэлтгэлийн зэрэг дэх дасгалууд цөм хоёр үе шаттай явагдана: 1.бясалгах дүрсэллээ үүсгэн бий болгох, 2.дараа нь сэтгэлдээ саяын үүсгэсэн дүр зургаа уусган арилгах. Дээрх дасгалд ариун урсгалын лам нарыг санаандаа дүрслэхэд эхлээд анхаарлаа төвлөрүүлнэ, дараа нь гэрэлд уусган өөрт шингээснээр тэд таны өөрийн сэтгэлээс салшгүй нэгэн зүйл болон хувирч байна. Дүрслэлийн үеэр сэтгэлээ харьцангуй үнэний хүрээнд буюу үзэгдэл төдий түвшинд дадуулна. Дүрслэлээ уусган арилгахдаа туйлын үнэний хүрээнд буюу юмс үзэгдлийн хоосон чанартайг танихад өөрийгөө дадуулж байгаа хэрэг билээ.

Дотоод Бэлтгэлийн Зэрэг

Жонан ёсон дахь Авралын Орон

Итгэл Одуулах ба Мөргөх

Итгэл одуулах дадлага бол дотоод бэлтгэлийн зэргийн таван дадлагын нэгдүгээрх юм. Хорвоог огоорох дөрвөн сэтгэлийг төрүүлэн эргэцүүлснийхээ дараагаар танд энэ орчлонд дахиад нэг ч мөч илүү байна гэдэг тэсвэрлэхийн аргагүй зүйл мэт санагдах бөгөөд энэхүү айдастай зэрэгцэн хэрвээ Гурван Эрдэнэд итгэл бишрэлээ зориулбал ав_рагдах боломж мэдээж бий гэсэн горьдлого мөн төрөх вий. Үүнийг тодруулан хэлбэл *Бурхан* дор өөрийн хөтөч, *Ном* дор өөрийн дагах сургаал, *Хувраг* дор сүсэг бишрэлийхээ хань нөхөр болгон итгэж авралыг эрнэ гэсэн утгатай юм. Авралд багтахгүйгээр гэгээрлийн замд орно гэж байхгүй. Тийм ч учраас аврал итгэл одуулахыг Бурханы номд орохын үндэс хэмээн тооцдог.

Итгэл одуулна гэдэг нь эртний жинхэнэ урсгалаар дамжин ирсэн сургаалыг ягштал даган явах андгай тавьж Бурханы чануудын биелэл болсон ариун бодгалиудтай сэтгэлээрээ холбогдож байна гэсэн үг. Нөгөө талаар бид Бурханыг эмч, Номыг эм, Хуврагийг сувилагч хэмээн үзэж өвдсөн биеэ эмчлүүлж байна гэж бодсон ч болно. Хувраг гэдэгт жинхэнэ Хутагт бодгалиуд \хоосон чанарыг онож гэгээрэлд хүрэх замаар замнан буй нэгэн\ болон жирийн чин сүсэгт номын нөхдүүдээ хамруулж болно. Хувраг таны байдалд сайнаар нөлөөлөх тул яваандаа эм тангаа бие даан хэрэглээд Номд зааснаа дагуу явах эсэх нь өөрийн тань тааллын асуудал болох юм.

Ерөнхийдөө бид хоёр төрлийн итгэлийн талаар ярилцах ба: янагуух итгэл болон чинагуух итгэл юм. Харьцангуй утгаараа та хамаг амьтныг зовлонгоос нь гэтэлгэх хатуу итгэлтэйгээр Гурван Эрдэнэд аврал одуулан биеэр мөргөл үйлдэнэ. Энд хатуу итгэл гэдгээр бүх адистид танд шингэн орохын үндэс болсон бурханы сургаалд бүрэн итгэсэн итгэлийг хэлдэг. Сэдлийн хувьд хамгийн дээд зэргийн сэдэл бол эх болсон хамаг амьтдыг сансрын хүрднээс чөлөөлөх гэсэн сэтгэл мөн. Туйлын утгаараа тэгвэл Бурханы гурван лагшинг үзүүлэх чадвар бүхий өөрийн бурханлаг-чанарт та итгэлийг одуулж байгаа гэсэн үг. Ийм замаар чинагуух итгэлийн толинд тусах тусгал болгон янагуух итгэлийг ашигладаг билээ.

Энэ дадлага гурван дэд хэсэгтэйгээр явагдана: 1. Буяны хотол чуулганы дүрслэл үүсгэх, 2. залбирал уншиж биеэр мөргөл үйлдэх \сунаж мөргөх\ ба эцэст нь 3. хотол чуулганыг буцааж уусгах эдгээр болно.

АВРАЛЫН ОРНЫ ДҮРСЛЭЛ ҮҮСГЭХ

Шинэ юм болгон амаргүй байдгийн адил итгэл одуулахын өмнөх дүрслэл эхэндээ танд үүсгэхэд бэрхшээлтэй байж болох магадлалтай. Гэвч тодотгол бүр цаанаа нарийн утгыг агуулсан болохыг анхаарч нэгийг ч дутаалгүй дүрслэх нь чухал. Хичээнгүйлэн дадуулсныхаа дараагаар тэдгээрийн гүнзгий утгын гайхамшгийг мэдэрч эхлэх нь гарцаагүй. Дүрслэлээ маш тод, цэвэрхэн, амьд төрхтэйгөөр үүсгэн тэдгээрийн хоёргүй шинжийг ойлгоход чиглүүлбэл зохино. Дүрслэлийн бүрэлдэхүүн хэсэг дээр бурхшээлтэй байвал санаа зовох хэрэггүй зүгээр л авралын хотол чуулганыхан өмнө тань яг байна гэж мэдрэхэд анхаарлаа хандуулбал болно. Эцэст нь эдгээр тодотголууд таны хийж буй дадлагад ямар холбоотойг ухамсарлахад анхаарах нь хамгийн чухал билээ.

> *Бурханы номын бүхий л дадлагын үндэс болсон итгэл одуулахдаа эхлээд хөлөөс зайдуухан чимээ шуугиангүй газарт очиж сэтгэлээ тогтвортой байдалд оруулан анхаарлаа төвлөрүүлнэ. Өмнийн огторгуйд уудам цэлгэр ариун, гэгээрсэн орон байна хэмээн дүрсэлнэ.*

Таны хийх эхний алхам бол эглийн юмс үзэгдлийг уусган алга болгоод эргэн тойрноо уудам цэлгэр ариун орон байгаа мэтээр төсөөлнө. Энэ ариун газарт бидний үздэг шиг том жижиг гэх мэтчилэнгийн ялгаатай ойлголт үгүй учраас нэг юм нэг л талтайгаар хязгаарлагдах нь мөн үгүй. Та тайван байдалд анхаарлаа төвлөрүүлснээр ийм байдлыг төрүүлж чадна. Орчноо задгай чөлөөтэйгөөр мэдэрч төвлөрөх юмуу эсвэл анхаарлаа зүрхэн тус газартаа аваачиж амьсгал дээрээ төвлөрч бас болно.

> *Энэхүү орны төвд төрөл бүрийн эрдэнэсийн зүйлсээр бүтээсэн сайхан ордон байх бөгөөд чимэг зүүлт нь үзэсгэлэнтэй ээ гялалзана. Ордны голд маш том хүслийг-хангагч мод сүндэрлэх ба сагсайх мөчрүүд гоёмсог навчис, цэцэг жимс нь ордон даяар гялтганан үзэгдэнэ. Модны орой дээр сүрлэг сайхан арслан сэнтий үзэгдэх бөгөөд түүний дээр олон өнгөт бадам лянхуа, нар, сар, раху, калагнийн сэнтий давхарласан байна.*

Эрдэнэсийн зүйлсээр бүтээсэн, чимэг зүүлт нь гялтганасан гэдгээр орчны төгс төгөлдөр, ариун чанарыг илтгэсэн байна. Хүслийг-хангагч модоор нэгэн үндсээр бат суурилсан тэдгээр гэгээрсэн бодгалиудын нэгэн мөн чанартайг үзүүлсэн ба навч мөчир цэцэг зэргээр хамаг амьтны хүслийн олон өөр талуудыг илтгэжээ. Арслан суудлаар сүр хүчийг, лянхуа цэцгээр ариуныг, нар сар зэргээр оюун ухаан ба энэрэнгүй сэтгэлийг илэрхийлсэн байна.

Язгуурын Лам

Дамжлагын лам нар

Миний язгуурын лам багш хөх Очирдарын дүртэйгээр арслан сэнтий дээр залрах бөгөөд хонх очир хоёрыг зүрхэн тус газраа зөрүүлэн болгоожээ. Язгуурын Бурхан, лам багшийн чанх орой дээр заларсан үзэгдэнэ.

Дандарын сургаалд гэгээрлийг Очирдара бурханаар төлөөлүүлдэг. Тэрбээр таны үндсэн язгуурын лам багшийн гэгээрсэн сэтгэлийг илэрхийлэн буй нь тэр бөгөөд голлон байрласан нь гэгээрэлд хүрэх шууд сүлбээ энэ болохыг үүгээр илэрхийлжээ.

Ядам Бурхад

Хувилгаан лагшинт Бурхан

Очирт багшийг тойрсон мөчрүүд дээр дамжлагын лам нар, Шамбалын гучин-таван Номын Хаад болон Ханьцашгүй дандарын Дүйнхор Ядам, тэднийг тойроод бусад дөрвөн дандарсын аймгийн Ядам бурхадууд мөн заларцгаана.

Өмнөх залбирлуудад бид урсгалын лам нар дээр голлон анхаарч байсан бол одоо энд таныг гүнзгий ухамсартаа хүрэхэд туслах тарнийн ёсонд Бурхдыг төлөөлдөг, голдуу догшин хэлбэрээр үзэгддэг тэдгээр ядам бурхадыг мөн хамруулан дүрсэлнэ. Ядам болгон гэгээрлийн өөр өөр чанаруудыг илэрхийлэх бөгөөд танд сэтгэлээ төвлөрүүлэн нуугдсан чадваруудаа сэргээн гаргаж ирэхэд тусалдаг ажээ.

Шагжаамүни Бурхан Багш Ядам бурхадын доохно заларна.

Бурхад бол бүхнийг эндүүрэл үгүй илтэд харагч төгс гэгээрсэн тэдгээр бодгалиуд билээ. Тэд хамаг амьтдын буяны хэмжээгээр гурван цаг, арван зүг буюу дөрвөн зүг найман зовхист мөн дээр хийгээд доор ч үзэгддэг. Бурхдад эдүгээ цагийн бидний Шагжаамүни Бурхан багшаас гадна өнгөрсөн цагийн ба ирээдүйд ирэх бурхад болох Дивангарав, Майдар Бурхан цөм багтана.

Хутагт Бодьсадва нар   *Шарвага ба Брадигабуд Архадууд*

Модны баруун талын мөчрүүд дээр Майдар, Манзушри, Жанрайсэг гэхчилэнгийн Их Хөлгөний Найман Гэгээн Аръяа Бодьсадва нар заларцгаана.

Аръяа бодьсадва нар гэдэг нь оюун ухааны бэлэгдэл Манзушри, нигүүлсэхүй сэтгэлийн бэлэгдэл Жанрайсэг нар шиг гэгээрлийн замаар замнан яваа хоосон чанарыг илтэд оносон хутагт хув_рагуудыг хэлдэг. Тэд хамаг амьтныг гэгээрэлд хөтлөх цорын ганц зорилготой ажээ. Энэ утгаар нь та тэднийг өөрийн газарч, хамгаалагч хэмээн үзвэл зохино.

Түүний зүүн талаар Шарипутра гэх мэт шарвага брадигабуд нарын Бага Хөлгөний Аръяа Хуврагууд заларна.

Бид мөн шарвага барадигабуд нарт итгэл одуулна. *Шарвага* нар бол Бурханы сургаалыг сонсож нэгэн биейин гэгээрэлд хүрсэн Архадууд буюу өнөөгийн Теравада урсгалыг дагагчид бөгөөд тэднийг сонсогчид гэж мөн нэрлэх нь бий.

Брадигабуд нар бол мөн нэгэн биеийн гэгээрэлд хүрэгсэд бөгөөд Бурхан багшийн сургаалд түшиглэлгүйгээр шүтэн барилдлагын үнэнийг ухаарах замаар гэгээрэлд хүрсэн Архадууд ажээ.

Билгүүний дагинас — *Догшин Номын Сахиуснууд*

Модны ёроолоор далай их Ханд дагинас хийгээд бүхнийг харагч илбийн мэлмийт Номын Сахиуснууд Бурханы нандин сургаалыг сахин байцгаана. Тэд таныг хамгаалахад ямагт бэлхэн байдалтай үзэгдэнэ.

Дагинас гэдэг Төвөдийн *хандо* гэдэг үгчлэх юм бол "тэнгэрээр явагсад" гэсэн утгатай үг. Тэд бол чин сүсэгт бясалгагч нарт туслах чадвар бүхий бурханлаг эмэгтэй буюу охин тэнгэрүүд юм. Тэд таныг дотоод бэрхшээл саадаа даван гарч сүсэг бишрэлээ бататгахад тань сахин хамгаалах нэгэн хэлбэрийн бишрэхүй сэтгэлийн амирлангуй хүчний биелэл мөн. Номын сахиуснууд бол гадаад саад бэрхшээл, аюулаас таныг хамгаалах бамбай буюу гаднаас нэвтэрч болох сөрөг бүхнээс сэргийлдэг төмөр хашаа тойруулсан мэт сүсэг бишрэхүйн тань догшин хүчний биелэл билээ. Дагинас ба Номын Сахиуснууд далай ихээр таныг хүрээлэн байнгын хамгаалалтдаа баттай байгаагаар мэдрүүлэх болно.

Модны ард талын мөчрүүд дээр алтан Номын үсгүүд тодрон үзэгдэнэ.

Эцэст нь Ном эрдэнэ алтан өнгөт үсгээр дурайн гарч ирэхэд та Бурханы номын уянгалаг чимээ ялангуяа бурханлаг чанарын тухай Цогт Цагийн хүрдний сургаалын гүнзгий утга сонсогдохыг төсөөлөн дүрсэлнэ.

Таны дүрсэлсэн болгон яг ийм байдлаар өмнө тань байна гэдэгт бүү эргэлзээгтүн. Мөн түүний сацуу эх болсон хамаг амьтны тусын тулд Лам, Гурван Эрдэнэ хийгээд бодьсадва нарын аугаа ивээлд багтлаа хэмээн хэмжээлшгүй бишрэлээр сүсэглэн санах хэрэгтэй.

Бүх тодотголуудыг нэг бүрчлэн санахгүй байлаа ч цөм яг дүрсэлсэн ёсоор өмнө тань байна гэдэгт итгэлтэй байх ёстой болохоос хоосон юманд өөрийгөө итгүүлэх дасгал биш гэж ойлгох хэрэгтэй. Их хөлгөний замд ороход та ганцаар итгэл одуулж байгаа хэрэг биш билээ. Урьд насны тоолшгүй олон төрөлд таны аав ээж, ах дүү, үр хүүхэд хань нөхөр болж явсан хамаг амьтад тантай цугтаа байгаа гэдэгт итгэ. Тэгэхээр та аавыгаа өөрийн баруун гар талд ээжийгээ зүүн гар талд, өрсөлдөгч нарыгаа хүндэтгэхийн үүднээс өмнөө \тэд таны тэсвэр тэвчээрийг хөгжүүлэхэд ихэд тусалсан учраас\ харин далдын сөрөг эх үүсвэрийг ардаа гаргаж дүрсэлнэ. Мөн энэ орчлонд байж болох хамаг зүйлийн амьтдыг тэнд хамт байгаагаар дүрслэн өөрөө тэднийг дагуулан Гурван Эрдэнэд аврал одуулж байна хэмээн төсөөлнө. Аугаа их ивээлд багтлаа гэдгээр багш лам, хуврага, ядам бурхад, бодьсадва нар, ханд дагинас ба номын сахиусуудын хотол чуулганыг хэлж байгаа юм.

Дүрслэлийн үедээ багш, ядам, бурхан болон бусдыг гадны нэгэн хүн гэж үзэлгүй таны өөрийн бурханлаг чанарын нэг чухал талууд янз бүрийн хэлбэр дүрсээр өөрсдийн оюунлаг чанараар таныг жолоодож байгаа гэдгийг санах хэрэгтэй.

Дараа нь эх болсон хамаг зүйл амьтдыг гэтэлгэнэ гэсэн чин зоригло хатуу итгэлтэйгээр амьтан бүхэн зовлонгоос салж сансрын хүрднээс аврагдах замыг олоосой гэсэн сэтгэлтэйгээр залбирлаа уншина.

Их хөлгөний ёсонд итгэл одуулах учир нь зөвхөн өөрөө сансар орчлонгийн хүлээснээс чөлөөлөгдөх төдий бус бусад амьтан ч бас хорвоогийн зовлонг бүү эдлээсэй гэх хүсэл мөний тул үнэхээрийн хүчтэй асран нигүүлсэх сэтгэлтэй байж зорилгодоо итгэлтэйгээр: "Хэрэв тэд зовлонгоос чөлөөлөгдвөл хэчнээн сайхан билээ. Чөлөөлдөгдөөсэй. Би тэдэнд туслах юмсан. Тэднийг эрх чөлөөтэй болоосой хэмээн Гурван Эрдэнэ дор би залбиръя" гэх сэтгэлтэй байх ёстой.

БИЕЭР СУНАЖ МӨРГӨН БАЙЖ ИТГЭЛ ОДУУЛАХ

*\Дүрслэлээ чадахын хэрээр тодхон үүсгээд урт залбирлыг нэгэнтээ, богино залбирлыг гурав буюу түүнээс дээш удаа уншин биеэр сунаж мөргөнө. Дадлагын тань гол утга итгэл одуулалт байх тохиолдолд л бүтэн сунаж мөргөнө. *

Дүрслэлээ үүсгэсний дараагаар урт залбирлыг нэг удаа бодолдоо төвлөрөн байж уншаад араас нь богино хэлбэрийг гурав ба түүнээс олон удаа уншихдаа тэр тоолонд биеэр сунаж мөргөнө. Сэтгэл санаагаа ер бусын сайхан сэдлээр дүүргэн байж Гурван Эрдэний бүхий л гайхам чануудыг санан байж мөргөнө.

Итгэл Одуулах Уртын Залбирал

Огторгуй мэт хязгааргүй, эх-болсон зургаан зүйл хамаг амьтны тусын тулд гэгээрэлд хүрэн хүртлээ гурван цаг арван зүгийн хамаг Бурхдын лагшин, зарлиг, таалал, эрдэм, үйлсийн биелэл, 84000 Номын цогцсын эх сурвалж, гэгээн Хуврагуудын хаан, буянт урсгалын үндэс болсон ариун Номын эзэд, сүр жавхлан төгс лам нарт итгэлийг одуулан мөргөмүү!

Төрөл тэргүүлшгүйгээс өнөө хүртэл бидний эх болж яваагүй амьтан энэ хорвоо дээр ганц ч байхгүй бөгөөд тэд харин ч тоо томшгүй олон удаа бидний эх болон биднийг хайрлаж халамжилж, асарч тордсоор ирсэн билээ. Огторгуй мэт их тоолох аргагүй хамаг зүйл амьтад хаа сайгүй бий учраас та тэдний төлөө гэгээрэх хүртлээ итгэл одуулж байгаа юм.

Энэ дадлагад хүний биеэр морилон буй лам багшаа гэгээрэлд хүргэх шууд гүүр мэт үзэн, сургаалыг нь сонсох Бурханы бүхий л гэгээрсэн чанарын биелэл болж, Бурханы номлосон мунхаг сэтгэл, шунал, уур хиленгийн гурван хороос үүсдэг 84000 муу сэтэлийн эсрэг ерөндөг болсон 84000 номлолтой мөн биднийг холбох гүүр болсноороо авралд нь багтахад таарах төгс нэгэн гэж үзнэ. Лам багш мөн бидэнд газарчлан хамгаалж явах хүчийг эзэмшсэн дээд газрын тоолшгүй олон гэгээрсэн бодгалиудтай биднийг холбож чадах шижим учраас тэр Буянт Хуврагуудын хаан яах аргагүй мөн билээ.

Богино Хэлбэрийн Залбирал

Номын Их Эзэд сүр төгөлдөр Лам дор мөргөмүү

Гэгээрлийн хот мандал дахь Ядмууд дор мөргөмүү

Төгс гэгээрсэн Бурхад Багаван дор мөргөмүү

Эрдэнийн дээд Ном дор мөргөмүү

Хутагт ариун Хуврагууд дор мөргөмүү

Ханд дагинас хийгээд бүхний харагч билгийн мэлмийтэн Номын Сахиус нугуд дор мөргөмүү

\Итгэл одуулалт таны гол дадлага болж байх үед энэ залбирлыг гурав ба түүнээс дээш удаа уншина\.

Мөр болгоныг сунаж мөргөх явцдаа тасралтгүй давтан залбирна. Жишээ нь, "номын эзэд сүр жавхлант лам дор мөргөмүү" гэж давтахдаа нэг сунаж мөргөлтийг хийж гүйцэтгэнэ. Үүний нэгэн адилаар "...ядмуудад мөргөмүү" гэхдээ дахин нэг бүтэн сунаж мөргөн цааш энэ маягаар үргэлжлүүлнэ.

Сунаж мөргөх явцдаа энэ орчлонгийн бүх эх-болсон амьтны зовлонг бодон, тэдний тусын тулд эцэж цуцалтгүй зүтгэх юмсан хэмээн хүснэ. Богино мөргөлийн үед нийт зургаан удаа бүтэн сунаж мөргөлийг гүйцэтгэнэ. Мөргөх тоо гэвч гол биш сэтгэлдээ төрүүлсэн сэдэл хамгаас чухал шүү.

Жонангийн урсгалд итгэл одуулах залбирал мөргөлийг хоёр цаг хүртэл хугацаагаар үргэлжлүүлдэг заншилтай. Мөргөл залбирал хоёр хамтдаа 100,000 удаа хийгдэх ёстой. Гурван Эрдэнэ дор өөрийгөө бүрэн тушааж тангараг өргөхийг бардам омгоо дарахад маш ашигтай дадлага гэж үздэг.

Буяны Хотол Чуулганыг Уусгахуй

Дадлагаа бүрэн гүйцэтгэж дуусгаад доорхи залбирлыг мөн гурвантаа давтан хэлнэ:

Лам Гурван Эрдэнэ дор итгэлийг одуулан мөргөмүү. Зүрх сэтгэлийг минь адислан соёрх!

Ийнхүү дадлагынхаа төгсгөлийн үе рүү шилжин орж байгаа бөгөөд лам гурван эрдэнийг сэтгэлд тань уусан орж өөрсдийн шилдэг сайн чанаруудаар сэтгэлийг тань дүүргэн адислахыг гуйж байна. Цаашид эдгээр шилдэг чанарууд таныг гэгээрэлд хүрэх хүртэл өсөн нэмэгдсээр байх учиртай.

Итгэл одуулалт таны гол дадлага болж байх үед эцсийн шат нь хоосонд буцаан уусгаж арилгах байдаг бөгөөд буяны хотол чуулган бүгдээрээ гэрэлд уусан хайлаад дараа нь таны болон мөн хамаг амьтны сэтгэлийн урсгалд шингэн орж байна хэмээн дүрслэнэ. Энэ бол итгэл одуулах чинагуух түвшний дадлага учраас та "би" болон "тэд" гэсэн салангид ойлголт үгүй гэдгийг яваандаа таньж эхлэх болно.

Энэ үйл явцыг дөрвөн шат болгож үзнэ: \1\Эхлээд үндсэн болон урсгалын лам нараас хурц шар гэрэл цацарч таныг адсална. Дараа нь ядам Бурхадаас тэгээд Бурхадаас, номын алтан үсэгнүүдээс тэгээд хуврагуудаас, дагинас болон номын сахиуснуудаас дараалан адислалыг хүртэнэ. \2\Дараа нь хотол чуулган тэр чигээрээ гэрэлтэн хамаг амьтны нүглийг ариусган бүр гадагш хол цацарч Бурханы орныг нилд нь гэрэлтүүлэн бүгдийг бурхан болгон адислана. \3\ Дагинас ба номын сахиуснууд гэрэлд уусан хуврагуудад шингэж тэд Номын алтан үсэгнүүдэд шингэж, Номын үсэгнүүд Бурхадад уусаж, Бурхад ядмуудад уусан дараа нь урсгалын лам нарт уусаж эцэст нь таны язгуурын лам Очирдара багшид уусан шингэнэ. Цэлгэр уудам ордон хүслийг хангагч модны хамтаар гэрэлд уусаж багшид мөн шингэнэ. \4\Хамгийн сүүлд Очирдара багш таны зулай дээр хүрэлцэн ирж орой дахь зулайн хүрдэнгээр дамжин нэвтэрч таны зүрхний хүрдэнд заларлаа хэмээн дүрсэлнэ.

Гол санаа нь энэ бүхэн үнэндээ таны өөрийн бодлоос урган гарсан гэдгийг таньж мэдэн юу болохыг зүгээр ажиглах хэрэгтэй. Энэ үйл явц яг л усанд ус юүлэх мэт явагдах боловч та арай л илүү биетэйгээр мэдрэгдэх болно. Дадуулан үйлдсээр хэсэг хугацааны дараа дүрслэл нуран унаж та агаарт шавар ваар хага үсрэхэд бумбан доторх агаар гаднах агаартай нэгдэн нэг болох мэт уусалт явагдахыг эцэстээ мэдэрдэг болно.

Итгэл одуулалт таны гол дадлага биш байх тохиолдолд буяны хотол чуулганаа уусгалгүй хэвээр хадгалан дараачийн дадлагыг түүн дээрээ үргэлжлүүлэн гүйцэтгээд Бодь сэтгэл үүсгэх дадлагын төгсгөлд нэгмөсөн уусган шингээж бас болох билээ.

Зориулга Ерөөл

Энэ буяны шимээр би нэн даруй буян хишиг, билиг оюуны чинадад хүрч, хамаг амьтны тусын тулд гэгээрлийн хоёр лагшинг олох болтугай!

Их хөлгөний аль ч ёсонд өөрийн арвижуулсан алив сайн үйл, буяныг хамаг амьтны гэгээрлийн тусад зориулснаар төгсгөдөг. Буян гэдэг бол саяын бидний хийсэн дадлага юмуу эсвэл сайхан сэтгэлээр зөв сэдэлтэй үйлдсэн бусад бүх бусдад тустай үйлүүдийг хэлнэ. Билиг оюун гэдэг нь харьцангүй түвшний юмс үзэгдэл уг чанартаа хэзээ ч өөрөөсөө үүсээгүй хоосон чанартай байдгийг ухаарсан сэтгэлийг хэлэх бөгөөд үүнийг сайтар тунгаан бодсоны дүнд юмуу эсвэл бясалгал дадлагаар илтэд онох боломжтой. Буян хишиг билиг оюун хоёрыг арвижуулан хураасsnaap гэгээрлийн хоёр лагшинг олох бөгөөд энэ нь дармакая буюу юмс үзэгдлийг яг байгаагаар нь харах номын лагшин, рупакая буюу гэгээрсэн дүрст лагшний хамаг амьтанд туслах энэрэнгүй хэлбэр өөрөөр хэлбэл дүрст лагшинд Бурханы төгс жаргалангийн болон хувилгаан лагшин хоёул багтдаг гэсэн үг.

Хийсэн буянаа зориулан ерөөл тавилгүй зүгээр орхичихвол цонхны тавцан дээр мөнгөө тавиад хулгайд алдчих юмуу эсвэл салхинд хийсгэчихтэй л адил болох билээ. Харин хийсэн буянаа гэгээрлийн үйл хэрэгт зориулах нь банкинд хөрөнгө оруулалт хийж байгаагаас ялгаагүй бөгөөд тэр банк хэзээ ч дампуурах юмуу устан үгүй болохгүйгээр үл барам таныг гэгээрэлд хүрэх хүртэл улам бүр арвижин хоёр чуулганыг хураасаар байх болно.

Энэрэл нигүүсэл, Саруул билгүүн ба Эрх Сүрний Гурван Аугаа Бодьсадва нар -
Жанрайсэг, Манзушри, Очирваань

Гэгээрлийн Сэтгэл Үүсгэх

Бодь сэтгэл бол бусдын тусын тулд гэгээрэлд хүрэхээр тэмүүлэгч хүний хамгийн ер бусын амь бие үл хайрлах сэтгэл юм. Энэ сэтгэлийг Их хөлгөний замын гол шим гэж хэлж болно. Бодь сэтгэлийн үр нь асар их энэрэн нигүүлсэхүй буюу өөрийгөө бусад зүйл амьтантай ямар холбоотойг гүнзгий ухаарсны үндсэн дээр тэднийг хайрлан энэрэх сэтгэлээ хөгжүүлсний дүнд цэцэглэдэг. Энэ үйл явц хүнийг эхлээд *Ерөөхүйн Бодь* гэж нэрлэдэг эхний шатанд оруулна. Бусдыг гэтэлгэх хүсэл улам хүчтэй болохын хирээр тэдний тусын тулд ямар нэг зүйлийг хийж эхлэх бодол өөрийн эрхгүй төрж *Орохуйн Бодь* хэмээн нэрлэдэг дэвшилтэт шатанд ордог. Тэгээд энэхүү хүчирхэг сэдлийнхээ туслямжтайгаар сүсэг бишрэлийнхээ хамгийн өндөр түвшинд хүрэх замын суурийг тавьж эхэлдэг.

Ерөөхүйн Бодь сэтгэлийг үүсгэхийн тулд эхлээд хамаг амьтан яг над шиг жаргалыг хүсч байгаа, хэн ч зовлонг хүсэхгүй байгаа гэдгийг ойлгох хэрэгтэй. Үүн дээр үндэслээд хариу үл горьдох хайр нигүүслийн сэтгэлээр арьс өнгө, итгэл үнэмшил зэргээс үл хамааран амьтан болгонд тэгш ханддаг болох боломжтой. Хүн, амьтан төдийгүй хүн-бус хэлбэрийн бусад зүйл хамаг амьтан ч үүнд багтана.

Цаашлаад төрөл тэргүүлшгүйгээс эхлээд өнөөг хүртэл бид энэ орчлонд хүлээстэй байж тоогүй олон төрлийг авахдаа ээж аав, амраг садан, найз нөхөд, гэр бүл хамаатан садан болж явсан эдгээр олон амьтдын энэрэл хайр, халамж асрамжинд тэр тоолонгоор бөөцийлүүлж хайрлуулсаар ирсэн гэдгээ бодох хэрэгтэй. Энэ насандаа хэдийгээр тэднийгээ танихгүй байгаа ч гэсэн хязгааргүй их хайрыг амсаж маш ойр холбоотой байсан гэдэг нь гарцаагүй юм. Энэхүү ойрын холбоо танд гүнзгий талархах сэтгэлийг төрүүлэн яаж ийгээд ачийг нь хариулах юмсан гэсэн сэтгэл цаанаасаа төрж ирэх болно.

Та өөрийн эхийг зовлонт орчлонд хүлэгдээд эцэс төгсгөлгүй эргэлдэн байна гээд бод доо. Энэ бол маш муухай хар дарж зүүдлээд яаж сэрэх ухаанаа олохгүй байгаатай адил хэцүү зүйл болохоор энэ байдлыг болгоомжтой тусгаж авснаар тэдэнд туслах цорын ганц зам бол төөрөгдлөөсөө хэрхэн гарахыг биеэр үзүүлэн, урт удаан үргэлжлэх амгалан жаргалд хүрэх замд газарчлах явдал гэдгийг аяндаа ухаарах болно. Тэгээд энэ хэргийг үүрэг болгон авснаар та өөрийн амь биеийг ч үл хайрлах *бодь* сэтгэл хэмээх ямар ч нөхцөлд эх болгонд зүйл бүрээр тусалж тэднийг туйлын амгалан жаргалд хүрэн хүртэл нь алхам алхмаар дагуулж чадах боломжтой бүхнийг мэдэгч мэргэн оюуны гэгээрэлд хүрэх хүсэл сэтгэлээ хөгжүүлж чадна. Холыг хамарсан энэхүү сэдлийг дэмжин хөгжүүлснээр ядарсан зовсон нэгнийг хараад зүгээр өрөвдөн халаглах бус өвчин зовлонгоос нь илт ангижруулан чөлөөлөх бодит аргыг боловсруулан хэрэгжүүлж эхэлдэг байна.

Ерөөхүйн Бодь, Орохуйн Бодь хоёрын аль аль нь өнгөц чанартай гэж тооцогддог бөгөөд таныг зорьсон газарт тань саадгүй хүргэх шатахуун гэж болохоор түр зуурын арга хэмжээ билээ. Гүнзгий түвшиндээ юмс үзэгдлийн үнэн чанарыг шууд ухаарах замаар эцэстээ гэгээрэлд хүрэх ба үүнийг *Туйлын Бодь* хэмээн нэрлэнэ. Энэ бол таны нигүүлсэхүй сэтгэлийг тойрон хамгаалсан төмөр хашаа л гэсэн үг. Хамаг амьтныг гэгээрэлд хүргэх юмсан хэмээн зүтгэсээр яг үнэндээ өөрөөсөө бүтсэн амьтан гэж нэг ч үгүй юм байна гэдгийг олж мэдсэн даруйдаа таны энэрэн нигүүлсэх сэтгэл хоёргүй үзлээр зөнгөөрөө саадгүй чөлөөтэй цацран гарч ирэх болно.

Таны сэтгэл чинагуух түвшиндээ орон саатаж бодлын төөрөгдөлөөс ангид, туйлын үнэний зүгээс бүхнийг харж эхлэхэд үйлийг үйлдэн буй хүний бодлоос ангид чөлөөтэй байдлаар үйлдэгдэж эхэлдэг байна. Бүх зүйл цөм сэтгэлээс төрөн гарч байгаа үзэгдэл бөгөөд хэрвээ тийм бол амжилт нуралт ч мөн сэтгэлийн үзэгдэл гэдэг нь илэрхий болж, зорилгод-чиглэсэн юмуу ёс зүйн ямар ч үзлээр хэзээ ч элэгдэж барагдаж дуусна гэж байхгүй юм гэдгийг аяндаа мэдэх болно. Энэхүү орчиндоо хандах гайхам уян хатан үзэл таныг аймшиггүй чин зоригт дайчин баатар болгон хувиргах ба үүнийг бид *Бодьсадва* хэмээн нэрлэдэг билээ.

Таны бодь сэтгэл чангарч хучирхэгжихийн хирээр та хамаг амьтныг улам улам илүү асран халамжлах үйлсэд аяндаа шилжин орно. Та амьтны тусад цаг зав, эд хөрөнгө юу байгаа болгоноо зориулах асар олон төрлийн боломж байгааг харж ашигладаг болно гэсэн үг. Магадгүй нутгийн зөвлөлд сайн дурын хэлбэрээр ажиллах, туслах зэргээр энэрэл хайр шингэсэн харьцааг өдөр тутмынхаа амьдралд хэвшил болгож болно. Номын энэ хэсэгт бид бодьсадвын явдалд хэрхэн орох дадлагыг судлах бөгөөд ялангуяа *Зургаан Барамид* хэмээх өглөг, ёс суртахуун, тэвчээр, шамдал, бясалгал, билгүүн зэргийн төгөлдөржүүлбэл зохих чануудыг тодруулан авч үзэх болно.

Бид ихээхэн утга учиртай зүйлд цаг заваа зарцуулаад ирэх тусам хүмүүсийн зовлон ямар олон талтай болохыг бүр илүү ажиглах болно. Бидний нүдний өмнө илхэн харагдаж буй хорт хавдраар зовогсод ч юмуу тахир дутуу хүний зовлон, үхэж байгаа нэгнийг харах зэрэг нь цөм нэг л түвшний зовлон юм. Сайтар шинжин ажиглавал нилээд нарийн түвшний зовлонг мөн харж болох бөгөөд ихэд азтай амжилттай яваа гэсэн нэр хаяг дор мөн л айн сандарч сэтгэлээр унах, бачимдах зэргийг үзэж байдгийг харах болно. Тэхээр бидний хийх дадлагын сорилт бол хамаг амьтны нэгэн шинжтэй гэдэг гүнзгий үнэн рүү нэвтрэн орсноор бие биедээ илүү найрсаг энэрэнгүй хандаж сурах явдал мөн. Энэхүү нигүүсэх сэдлээр хөлөглөн дадуулбал буянтай үйлийг хийх хүсэл төрж эхлэх болно.

Бодь сэтгэлийг төрүүлэх бэлтгэл болгон таны гэгээрэлд бушуухан хүрэх сэтгэлийг улам өдөөж өгөхөд тусладаг төрөл бүрийн залбирлыг уншин утгыг нь эргэцүүлэн бодно. Энэ дадлагад бид эхлээд Гурван Эрдэнийг миний энэ хамаг амьтанд туслахаар баттай ноттой шийдсэн сэтгэлийн минь гэрч болж өгнө үү хэмээн айлтгаж залбирна. Хэрэв та бодь сэтгэл хийгээд бодьсадвын санваар авах, зургаан бараамид зэргийн талаар ихийг уншиж судалсан байвал илүү хүчтэй бясалгал болж чадна. Энд агуулагдах сургалтын материал танд үүнийг олон өөр өнцгөөс харж эргэцүүлэх боломж олгосон утга төгөлдөр эдгээр залбирлуудыг санал болгож байгаа юм. Хэрвээ та үнэхээр бодьсадвын замд орохоор санаа шулуудсан бол энэ залбирлуудын үг болгоны шимийг авах хүртлээ тасралтгүй дор хаяж хэдэн сарын турш авлага болгон дадуулах хэрэгтэй.

Энэ төрлийн залбирлыг мянга мянган удаа давтан уншаад байхдаа хэргийн учир байгаа юм биш гэдгийг бас ойлгох хэрэгтэй. Та сунаж мөргөх юмуу тарни тоолж байгаа шиг үүнийг олон уншсанаар буян хураадаггүй. Харин залбирлын утгыг сэтгэлдээ шингээн зан байдалдаа өөрчлөлт ортол цаг олгож байгаа хэрэг юм. Бэлтгэлийн шат гурван дэд хэсэгтэй явагддаг: Орохуйн бодь сэтгэл үүсгэх, цаглашгүй дөрвөн сэтгэлийг төрүүлэн хүслээ бататгах, Бодьсадвын ам тангараа сэргээх эдгээр болно.

БОДЬ СЭТГЭЛ ҮҮСГЭХ

Бодь үүсгэх дадлагадаа туслуулахаар Буяны хотол чуулганыг сэтгэлдээ дүрслэн бодно. Уг дадлагын өмнө сүсэгтнүүд голдуу итгэл одуулах залбирлыг уншдаг заншилтай. Ингэснээр дүрслэл таны сэтгэлд тод үзэгдэх болно. Итгэл одуулахгүй шууд дадлагадаа орно гэвэл бүх тодотголуудыг дахин сэргээн бодож Буяны хотол чуулганыг өмнийн огторгуйд бий болгоно. Эргэн тойрондоо тоолшгүй олон зүйл хамаг амьтанаар хүрээлүүлэн байгаагаар төсөөлөх нь чухал. Эцсийн эцэст тэдний зовлон л таны энэрэх нигүүслийг төрүүлж хөгжүүлэх гол хөшүүрэг болж байгаа хэрэг шүү дээ. Хотол чуулганыхныг өмнөө үүсгэсний дараагаар багаар бодоход гурван удаа итгэл одуулаад дараа нь үргэлжлүүлэн доорх залбирлыг уншина:

Эх болсон зургаан зүйл хамаг амьтныг чөлөөлөхийн төлөө

Төгс гэгээрсэн Бурханы хутгийг олох хүртлээ

Гүн увдист Очирт хөлгөний замд орон бясалгах үйлсэд

Энэхэн насаа зориулсугай!

\гурав ба түүнээс дээш давтана.

Энэ залбиралд та төгс гэгээрсэн Бурхан болох хүслээ илэрхийлсэн нь хамгийн их өргөн уудам хүрээг хамран, бүхий л аргаар амьтны тусыг бүтээх юмсан гэсэн санааг тусгажээ. Эхний хоёр мөрөнд шалтгаан арга зам хоёр хоёулаа багтсан. Шалтгаан нь хамаг амьтныг туйлаас өрөвдөн энэрэх сэтгэлдээ хөтлөгдөн бүхий л зовлонгоосоо чөлөөлөгдөхөд тэдэнд туслах. Зорилгодоо хүрэхийн тулд танд арга зам хэрэгтэй. Тэхээр зөвхөн бүхий л хязгараас гэтэлсэн Бурхан байжийж л нэг ч амьтныг үлдээлгүй тусалж чадах билээ. Бурханы хоёр лагшинг олно гэдэг өөрт төдийгүй бусдад ч ашдын тусыг авчрах юм.

Шантидэва гэгээний *Бодьсадвын Явдал Орохуй* бүтээлд бодь сэтгэлийг маш урнаар ийн илэрхийлжээ:

> *Алсад зорьсон болгонд*
> *Газарч болон хамгаалюу,*
> *Гатлахыг хүсэгч болгонд*
> *Завь, сал, гүүр болон тусалюу,*
>
> *Далайгаар аялагчдад газар болон үзэгдюу,*
> *Гэрэл хүсэгчдэд зул болон бадмалюу*
> *Амрахыг хүсэгчдэд ор болон зөөллөюу,*
> *Гачигдсан бүхэнд албат болон үйлчилюу*
>
> *Хүслийн эрдэнэс, шидэт бумба,*
> *Хүчит тарни хийгээд анагаагч эм,*
> *Хүсэл болгоныг гүйцээгч гайхамшигт мод, эсвэл*
> *Хөрст дэлхийг тэтгэгч үнээ болон хувирюу би*
>
> *Эх болсон хамаг амьтанд туслан,*
> *Эрэлт хэрэгцээг нь хоцроолгүй хангахын тулд*
> *Шороо хийгээд өөр бусад махбодууд, эсвэл*
> *Агаар адилаар мөнхөд оршиюу би.*
>
> *Зургаан зүйл хамаг амьтан хийгээд*
> *Огторгуй хүртэл оршоор байсан цагт*
> *Хорвоогийн зовлонг дуусан дуустал*
> *Амьдралынх нь эх булаг болон саатюу би.*

Бурханы хутагт аль болох хурдан хүрэхийн тулд бодол сэтгэлээсээ үйлийн үрийн бүх нөхцөлүүдийг ариусган цэвэрлэж төөрөгдлөөс салах хүчирхэг арга бидэнд шаардлагатай. Тиймээс бид Цагийн хүрдний Очирт Зургаан Йог хэмээх Төгсгөлийн зэрэгт нэвтэрч орох хүслээр дадуулах хэрэгтэй юм. Энэ бол Жонангийн урсгалд хэрэглэгдэн уламжилж ирсэн өвөрмөц шилдэг арга бөгөөд энэ аргаар бид туйлын үнэний гүнд нэвтрэх гүнзгий төвлөрөл ба ажиглалтыг хөгжүүлэх болно. Бодийн дээд сэтгэл хийгээд гуйвшгүй мах руу зүтгэлийн үрээр та нэгэн хүний нэгэн биен дээр Бурханы хутагт хүрэх бололцоотой билээ.

Энэ залбирлыг уншиж байхдаа үг болгоныхоо утганд машид анхаарах нь чухал. Яагаад хамаг амьтанд туслах надад ийм их хэрэгтэй байна вэ? Тэдний хүссэнийг биелүүлэхэд надаас юу шаардагдах вэ? Бурханы хутгийг олохын ашиг нь юунд байна? Цагийн хүрдний тарнийн ёсонд орох яагаад ийм чухал байна? гэсэн асуултуудыг өөртөө тавих хэрэгтэй. Хэрэв та эдгээр асуултууддаа хариулж чадаж байвал туйлын үнэнийг илрүүлэхийг хүсэн залбирч мөргөсний тань хэрэг гарч, сүсэг бишрэлийхээ хөгжлийн замд гүнзгий нэвтрэн орох бат суурьтай болсон гэсэн үг.

ЦАГЛАШГҮЙ ДӨРВӨН СЭТГЭЛ

Энэ дадлагын эхэнд бидний гэгээрэлд хүрэх юмсан гэсэн хүсэл нэлээд сулхан байдаг. Газрын хөрсөнд ганц ширхэг үрийг дөнгөж булаад байгаатай л адил болохоор бид энэхүү хүслээ арчилж тордон ургуулснаар буянт үйлийг бүтээгчид болон хувирах нэг ёсны цэнэгтэй болох юм. Цаглашгүй дөрвөн сэтгэлийг хөгжүүлснээр энэхүү үр боловсорч эхлэх үйл явц өрнөнө. Хайр, энэрэл, баясал, тэгш сэтгэл гэсэн чанаруудыг хөгжүүлэх үндсэн дөрвөн зүйл дээр бясалгах замаар дадуулна. Мөр болгоныг чин сэтгэлээсээ уншина:

Хамаг амьтан амгалан хийгээд амгалангийн шалтгаан лугаа төгөлдөр болтугай!

Хамаг амьтан зовлон хийгээд зовлонгийн шалтгаан лугаа эгнэгт хагацах болтугай!

Хамаг амьтан зовлонгүй дээдийн амгалан лугаа хэзээд үл хагацах болтугай!

Хамаг амьтан хол ойр шунан тачаах хүслэн уурлах аль алинаас ангид тэгш сэтгэлээр орших болтугай!

Эхэндээ бидний бодь сэтгэл ялгаварлах үзлийн улмаас ихэд хязгаарлагдмал байдаг. Эдгээр дөрвөн чанарыг дадуулан хөгжүүлснээр бид алагчлалын хаалтыг сэт цохиж, улам олон амьтдыг залбиралдаа багтааж эхэлдэг. Алагчлах үзэл бүрэн арилах үед л цаглашгүй хэмээх энэ чанарууд үнэхээр "*цаглашгүй*" болон хувирч хязгааргүй олон амьтныг хамран ирэх хойчийн төрлүүд бүр цаашлаад далай их гэгээрсэн чануудаар төгс Бурханы хутгийг олох үр дүн нь ч мөн цаглашгүй их байх болно.

Цаглашгүй дөрвөн сэтгэлийг бясалгахдаа эх болсон хамаг амьтантай юугаар холбогдсоноо бодож эхэлбэл зохино. Ялангуяа тэд бүгд надаас огтхон ч ялгаагүй ижил юм гэдэг дээр холбоо үүсгэн мөн энэ насанд минь тэд надад ямар их сайнаар хандсан билээ, эхлэл үгүй урьдын олон төрлүүдэд хэчнээн их сайнаар хандсан байж вэ гэдгийг бодох ёстой. Тэднийг өөрийн ээж эсвэл гэр бүлийнхээ нэгэн гишүүн хайртай хүнээ гэж үзэх сэтгэлийг төрүүлэн, тэднийг гэх сэтгэл өсөхийн хирээр зовлонгоос ангижруулах юмсан хэмээн улам хүчтэй бодож эхлэх болно.

Энэ суурин дээрээ тулгуурлан Цаглашгүй дөрвөн сэтгэлийн залбирлыг уншиж эхэлнэ. Мөр болгоныг уншихдаа энэ хүслээ улам хүчтэй бататгах хэрэгтэй. Дараа нь үгийг өөрийн хүслийн өсөлтөд тааруулан өөрчилж хамаг амьтан үнэхээр таны хүслээр амгаланг эдлэх боломцоотой гэдгийг илэрхийлж болно. Жишээ нь, "олох болтугай" гэдэг үгийг "...олбол юутай сайхан" болгон сольж "Хамаг амьтан амгалан хийгээд амгалангийн шалтгааныг төгс олдогсон бол юутай сайхан" гэж дуудна.

Ийм боломцоотойг илэрхийлэн мөрүүдийг давтах тусам түүний хэрээр таны энэрэн нигүүсэх сэтгэл үнэн хэрэгтээ улам хүчирхэгжсээр байдаг. Цаглашгүй хайрыг илэрхийлсэн эхний мөрөнд "Хамаг амьтан амгалан хийгээд амгалангийн шалтгааныг төгс олох болтугай!" гэж хэлэхэд энд үнэхээр л хүсэхээс аргагүй мөрөөдөхөөс аргагүй тийм нэгэн чухал зүйл бий шүү гэсэн итгэл байхад л гол түлхүүр нь байгаа юм.

Дараа нь уг мөрийг дахин унших ба энэ удаад төрөл тэргүүлшгүй цагаас одоог хүртэл орчлонд хүлэгдээд байгаа хамаг амьтан, хэн нэгэн хөдлөхгүй л юм бол эцэс төгсгөлгүй ийн зовсоор байх болно, тиймээс тэднийг чөлөөлөх энэ хүсэл талаар өнгөрнө гэдгийг өөртөө сануулан байж хэлэх юм. Тэгэхээр та "Хамаг амьтны амгаланг олох шалтгаан нь би өөрөө байх юмсан!" гэж бодож яагаад болохгүй гэж. Энэхүү чин хүсэл сэтгэлд тань төрж ирэх үед та жинхэнэ амь үл хайрлах бодь сэтгэлтэн болж Ерөөхүйн Бодь Орохуйн Бодь болон хувирахын гэрч болно.

Эцэст нь бидний энэ мөрөөдөл биелэл болохын тулд бидэнд гаднаас туслалцаа мөн хэрэгтэй гэдгийг таньж мэдээд энэ шалтгаанаар итгэл одуулах хотол чуулганыг дотроо дүрслэн бодож зүрхнийхээ угаас шаардлагатай хүч урмыг надад хайрлаач хэмээн тэднээс гуйж залбирна. Хэрвээ энэ дөрвөн талыг Цаглашгүй дөрвөн сэтгэлийн мөр болгонд оруулан хөгжүүлж чадвал таны шийдэмгий байдал болон өөртөө итгэх итгэл огцом дээшлэх нь дамжиггүй юм.

Цаглашгүй дөрвөн сэтгэлийг өсгөхийн тулд Бурханлагт Хүрэх Шат сударт бичигдсэн хувилбарыг ашиглаж болно эсвэл доор сийрүүлсэн уртасгасан хэлбэрийг ашигласан ч мөн болно:

Хамаг амьтан амгалан хийгээд амгалангийн шалтгааныг төгс олбол юутай сайхан!

Тэд амгалан хийгээд түүний шалтгааныг төгс олох болтугай!

Тэдний амгаланг төгс олохын шалтгаан нь би байгаасай!

Миний Гүрү-Бурхан намайг үүнд адислан соёрх!

Хамаг амьтан зовлон хийгээд зовлонгийн шалтгаанаас эгнэгт хагацвал юутай сайхан!

Тэд зовлон хийгээд түүний шалтгаанаас эгнэгт хагацах болтугай!

Тэдний зовлонгоос хагацахын шалтгаан нь би байгаасай!
Миний Гүрү-Бурхан намайг үүнд адислан соёрх!

Хамаг амьтан зовлонгүй дээдийн төрлийг олж чөлөөлөгдөхийн жаргалаас хэзээд үл хагацвал юутай сайхан!
Тэд дээдийн төрлийг олж чөлөөлөгдөх зовлонгүй амгалангаас хэзээд үл хагацах болтугай!
Тэднийг зовлонгүй амгалангаас үл хагацахын шалтгаан нь би байгаасай!
Миний Гүрү-Бурхан намайг үүнд адислан соёрх!

Хамаг амьтан шунан тачаах хүслэн ууρлах аль нь ч үгүй тэгш сэтгэлээр оршвоос юутай сайхан!
Хамаг амьтан тэгш сэтгэлээр орших болтугай!
Тэдний тэгш сэтгэлээр оршихийн шалтгаан нь би байгаасай!
Миний Гүрү-Будда намайг үүнд адислан соёрх!

БОДЬСАДВЫН САХИЛ

Энэ дадлагын төгсгөлд эртний уламжлал хадгалсан ламаас хүртсэн урьдын сахил танд буй болбоос түүнийгээ дахин сэргээх сайхан боломж гарч байна. Буяны орныг сэтгэлдээ дүрслэн байгуулаад нэг өвдөг дээрээ сөгдөн сууж цээжний өмнө алгаа хавсран байж *Бодьсадвын Явдалд Орохуй* номын хоёр бадгийг уншина:

Өнгөрсөн цагийн номч мэргэд
Бодь сэтгэлийг төрүүлэн хөгжүүлж
Өөрийн биеийг дадуулан
Бодьсадвын замд туушитай орсон лугаа,

Орохуйн бодь сэтгэлийг
Нэн даруй хөгжүүлэхийн тулд, бусдын
Огоот сайн бүхнийг
Авлага болгон үйлдэхээ андгайлмуй.
\Эдгээр мөрийг гурвантаа давтан унших үедээ

Бодьсадвын андгайгаа дахин сэргээлээ гэдэгтээ итгэлтэй болно.

Энэ хэсэг Бурханлагт Хүрэх Шат судрын уламжлалт нэгэн хэсэг биш бөгөөд бид андгайгаа өдөр тутам шинээр сэргээж байх нь маш чухал гэж үзсэний тул миний бие энд шиггтэн оруулсан билээ. Ингэснээр та ам өчгөө цэврээр сахихад дөхөмтэй болж улмаар *Зургаан Барамидыг Хөгжүүлэхэд* тань дөхөмтэй байх болно. Хэрвээ та эдгээр сахилуудын алийг ч хүртээгүй байгаа бол энэ хэсгийг шууд алгасаад явж болно.

ТӨГСГӨЛ

Дадлагаа төгсгөхдөө Итгэл одуулах дадлагын хэсэгт дүрсэлсний адилаар авралын орныг өөрт уусгана. Эхлээд охин тэнгэрүүд ба номын сахиусууд Аръяа Хуврагуудад уусан, Хуврагууд алтан Номын үсгүүдээд, Ном Бурхадад, Бурхадууд Ядмуудад, тэд Гүрү лам нарт уусан орно. Эцэст нь Гүрү лам нар болон бусад дүрслэл тэг чигээрээ Очирдарын дүрт таны үндсэн багшид шингэж, зулайн хүрдэнгээр нэвтэрч танд уусан орлоо хэмээн төсөөлөөд хоосон чанарын агаарт хэсэг зуур тайван сууна. Дараа нь саяны үйлдсэн энэ буянаа гэгээрлийн үйлсэд зориулан ерөөснөөр төгсгөнө.

Зориулга

Бодийн дээд эрдэнийн сэтгэл
Төрөөгүй нэгэнд нь төрөх болтугай
Төрсөн нэгэнд нь эс доройтож
Улам бүр өөдөө арвидах болтугай.

Базарсадын Ариусгал

Базарсадын ариусгал таныг мунхаг сэтгэл, уур хилэн төөрөгдөл зэрэг нисваанисын түйтгэрүүдээр бүрхэгдсэний улмаас танд одоогоор харагдахгүй байгаа бурханлаг чанараа илрүүлэн гаргахад туслах бясалгал юм. Бид одоо бохирдсон шил гэж өөрсдийгөө бодоод маш хүчтэй даралттай усаар зад угааж хирийг арилгаад болор мэт тунгалаг шил болгон гаргаж ирнэ. Базарсад Бурханы ариусгалыг хийгээд байх тусам барцад арилж багассаар та өөрийн язгуурын ариун мөн чанарт улам илүүтэй ойртон очих болно.

Яг юуг ариусгах гээд байна? Бид одоогийн байдлаар тоолшгүй олон төрлүүдийн туршид хуримтлагдсан үйлийн үр болон өөрсдийн сөрөг бодол, сэтгэлийн хөдөлгөөн зэргийн эрхшээлд байж амьдардаг. Тохиолдоод буй азгүй явдлууд урьдын муу үйлийн эрхээр болоод байна гэж хүмүүс бодох нь маш ховор. Муу үйлийн үрийн нөлөө энгийн нүдээр харах боломжгүй нуугдмал зүйл учраас түүнийг бидний жаргах ба зовохын шалтгаан болоод байна гэдгийг таньж мэдэх аргагүй байдаг. Тиймээс бид шалтгаан үндэс нь юу бол гэж бодохоосоо илүүтэй түр зуурын азгүй тохиолдол хэмээн үздэг байна.

Цаашлах юм бол, бидний бодол сэтгэлдээ тээн яваа тодорхой үйлийн барилдлагууд үнэнийг олж мэдэн Бурханы номыг ойлгон ухаарах, авлага болгон дадлагажих зэрэгт биднийг саатуулан барьж, зөв ойлголтыг хөгжүүлэхэд хаалт болж байдаг гэж хэлж болно. Ялангуяа Очирт Зургаан Йог мэтийн гүнзгий замаар орохд бүр их саадтай нь үнэн билээ. Очирт Хөлгөний сургаалд заасанаар бол муу үйлийн хий энгийн үед бидний нарийн биеийн хүрднүүдэд зангилаа үүсгэсэн байдалтай байх бөгөөд бодол хүний хийн гүйдэлтэй нягт холбоотойн улмаас эдгээр зангилаануудыг задалж арилгахаас нааш сэтгэлийн гүн рүү орж далд ухамсартаа хүрэх боломжгүй ажээ. Тийм учраас бид Базарсадын дадлага гэдэг энэ өвөрмөц дүрслэлээр бүх сөрөг энергийг "угааж арилган" нарийн биеэ эмчлэн эдгэрүүлэх нь бидний гол дадлага байх зайлшгүй шаардлагатай.

Эдгээр үйлийн барилдлагуудыг ариусган цэвэрлэснээр ирээдүйд үр нь боловсрохоос сэргийлээд зогсохгүй сүсэг бишрэлийнхээ замаар амжилттай өгсөх итгэлийг бид олох болно. Ариусгалын *Дөрвөн Хүч* хэмээх дөрвөн хэсгээс бүрдэнэ:

1. **Шүтээний Хүч:** Бид өөрсдийгөө чадвар багатай хязгаарлагдмал гэдгийгээ хүлээн зөвшөөрч биднийг авралдаа багтаан зовлонгоос гэтэлгэх чадалтай нэгэн зүйлд түшиглэх хэрэг гарах нь зайлшгүй. Ерөнхийдөө Гурван

Эрдэнэ буюу Бурхан, Ном, Хувраг нар итгэл одуулах гол эх булаг мөн боловч яг энэ өвөрмөц дадлагын хувьд бол Базарсад хэмээх цагаан ядмын дүрээр үзэгддэг бурханы бусдын нүглийг ариусгах гайхамшигт хүч болоод өөрийн бурханлаг-чанарын ариунд итгэн түшиглэдэг заншилтай. "Важрасаттва" гэдэг нь үгчилбэл "гэгээн баатар" буюу "гэгээрлийн сарнишгүй хүчний биелэл болсон" гэсэн утгатай.

Энэ дадлагад бид Базарсад бурханыг олон тодотголтойгоор дүрслэх болно. Гол нь таны зүгээс түүнийг орой дээрээ үнэхээр заларч байна гэж итгэх ёстой. Та түүнийг таны багш ламтай нэгэн чанартай болохоор таны өөрийн мөн чанараас салшгүй нэгэн хэсэг мөн гэж бодох ба ингэж бодсоноор Базарсадтай хувийн барилдлагаа зузаалж байгаа хэрэг юм. Энэхүү барилдлагын дүнд таны нүгэл ариусан нимгэрч гэгээрлийн замдаа саадгүй урашлах болно. Тэгэхээр Базарсадад итгэх итгэл хүчтэй байхын хирээр таны ариусал мөн адил хүчтэй байх болно гэсэн үг.

2. **Гэмшлийн Хүч:** Базарсад Бурханыг гэрч болгон байж бүх нүглээ үл нууж үл хаацайлан, үнэнчээр илчилж наманчилна. Та өөрийн омог бардам байдлаа таягдан хаяж түүний өмнө бүх буруугаа илчлэх бөгөөд шунал, үзэн ядах сэтгэл болгоомжгүй мунхгаасаа болж энэ бүх муу үйлийн үрийг тарьсан бөгөөд үүнийхээ дунд яахын аргагүй муу заяанд унах нь гарцаагүй юм. Энэ бүх сөрөг үйлдлээ бодон ямар хөнөөлтэй хор залгичихаад байгаагаа ухаарах хэрэгтэй. Тиймээс хорыг биеэсээ зайлуулах чин хүслийг хүчтэй төрүүлэн байж өөрийгөө ариусгана.

Барууны соёлд бид үнэн гэмшил, буруугаа ойлгох сэтгэлийг өөрийгөө шүүмжлэх сэтгэлээс салгаж ойлгох хэрэгтэй юм. Ариусгалын утга нь бидний жинхэнэ унаган төрх бол хиргүй тунгалаг ариун зүйл бөгөөд хариу үл горьдох хайр энэрэл гэхчилэнгийн гэгээн чанаруудаар дүүрэн юм гэдгийг санахад оршиж байгаа билээ.

3. **Ерөндөгийн Хүч:** Асар их гэмших сэтгэлтэйгээр бид нүглийн эсрэг буянтай үйлийг үйлдэн ариусгана. Энэ дадлагад "ерөндөг" болж буй Базарсад Бурханы зуун үсэгт тарнийг чангаар уншин, Бурханы биеэс сүүн цагаан охь цацран гарч таны биеийг угаан цэвэрлэж байна хэмээн дүрсэлнэ. Тарни дүрслэл хоёр нийлээд танд төрөлхийн ариун байдлаа сэргээхэд туслах чадварлаг арга болдог билээ.

Нүглээ ариусгах энэхүү үнэн хүчтэй өвөрмөц аргыг хэрэглэхийн сацуу танд ерөндөг болгох зүйл мөн олон бий. Жишээ нь, бусдад тус дэм болох, сайхан сэтгэлээр хандах, хохироосон хүнээсээ уучлал гуйх, шүүмжлэлд тэвчээртэй хандах буюу бололцоотой бол өршөөл хүсэх зэрэг. Ямар ч ерөндөг хэрэглэсэн байлаа энэхүү буянаа сэтгэлийн ариусгалдаа зориулан ерөөхөө бүү мартаарай.

4. **Гэмээс Эргэн Буцахын Хүч:** Ариусгалын дадлагыг дахиад ийм зүйлийг хэзээ ч давтан хийхгүй гэсэн бодлыг хүчтэй төрүүлснээр төгсгөнө. Хэрвээ та алдаатай буруу үйлдэл хийсэн буюу тангарга сахилаа зөрчсөнөө тод мэдсэн даруй аминд тулсан ч ийм зүйл дахиад үйлдэхгүй гэсэн зорилгыг өөртөө зориуд тавих юм бол таны ариусгал хүчирхэгжин нүглээс бүрэн ангижрах боломжоо танд олдоно.

Гэвч аль нэг зуршлаа бүрэн орхиж чадамгүй мэт хэцүү санагдвал тодорхой хугацаанд түүнийг үйлдэхгүй гэж ам авсан ч бас болох билээ. Жишээ нь, "за би ирэх долоо хоногтоо лав дахиж үүнийг хийхгүй" ч гэх юмуу гол нь бага багаар ийн дасгасаар буянтай-бус үйлийг хийхэд хүргэсэн сөрөг талуудаа яваандаа бүрэн арилгана гэсэн хүслийг төрүүлэх ёстой.

Дээрх дөрвөн хүчийг үүсгэхийн тулд бидний хэлэлцэн буй энэ дадлага таны ариусгалыг хүчтэй бөгөөд үр дүнтэй болгоход тусгайлан зориулагдсан билээ. Базарсадын ариусгалыг ганцаарчлан салгаж үйлдэж болохоос гадна Бурханлагт Хүрэх Шат судрын уншлагад оруулан, өдөр тутмын дадлагынхаа нэгэн хэсэг болгон үйлдэж байх нь чухал.

БОГИНО ХЭМЖЭЭНИЙ БАЗАРСАДЫН АРИУСГАЛ БА ТҮҮНИЙ ТАЙЛБАР

Энэ дадлагад орохын өмнө та итгэл одуулан бодь сэтгэлийг төрүүлсэн байвал зохино. Тэгээд уг суурин дээрээ дадлагаа эхэлнэ.

Дүрслэл

Бид бодолдоо дүрслэл үүсгэснээр эхэлнэ. Дүрслэхийн өмнө эгэлийн үзэгдлийг хоосон чанарт уусгах:

УМ СУАБАВА ШУДДА САРВА ДАРМА СУАБАВА ШУДДО ХАМ

гэсэн тарнийг уншихад өөрийг оролцуулаад бүх юмс үзэгдэл хоосон чанарт урвана.

Энэ тарнийн зорилго нь бүх юмс үзэгдлийг хоосон чанарт нь буцааж оруулах буюу өөрөөсөө хэзээ ч үүсээгүй гэсэн туйлын үнэнийг харуулах явдал бөгөөд та өөрийн биеийг ч мөн бусад юмс үзэгдлийн хамтаар усанд туссан сарны тусгал мэт хоосон болсноор дүрсэлнэ.

Өмнийн огторгуйд миний зулайн чанх орой дээр \хагас метр орчим\ ПАМ үсэг урган гарч ирснээ найман дэлбээт цагаан лянхуа болон хувирлаа. Лянхуан дээр А үсэг тодорсноо тэргэл саран дэвсгэр болон хувирахад түүний дээр ХУМ үсэг тодорч таван талт цагаан очир болон хувирсанд очирын голд мөн ХУМ үсэг байх үзэгдэнэ.

Хоосон чанарт хувиргасан огторгуй аажуухнаар амилан толины тусгал мэт үзэгдэх ПАМ үсэг урган гарснаа цагаан бадам лянхуа цэцэг болох нь бурханлаг чанарын, зууралт үгүй, ариун чанарын бэлэгдэл буюу хорвоог огоорох сэтгэлийг үзүүлж байна. А үсгээр бүх Бурхдын зарлигийг төлөөлүүлж, тэргэл саран дэвсгэр бодь сэтгэлийг харин ХУМ үсэг бүх Бурхдын тааллыг төлөөлдөг. Очир зүйрлэшгүй билиг оюун ба сүсэг бишрэлийн сарнишгүй хүчийг илэрхийлж байдаг билээ. Очирыг голдуу төмөр металлаар хийсэн байх бөгөөд хоёр үзүүрт таван тал гаргаж хуваасан нь таван Бурханы аймгийг бэлэгдсэн байдаг.

Номын лагшин буюу бидний дотор оршдог язгуурын бурханыг гаргаж ирэхийн тулд бид буян хураах замаар харьцангуй түвшний хамаг саад бэрхшээлийг ариусгана. Лянхуа, очир хийгээд тарнийн үсгүүд буян хураахыг энд бэлгэдэж байгаа ба төрөх, амьдрах, үхэх, зуурд, дахин төрөлт гэх мэт өөр өөр төлвүүдийн ариусгалын явцыг мөн давхар төлөөлдөг байна.

ХУМ үсэгнээс гэрэл цацран орчлонг гэрэлтүүлж Хутагт бодьгалуудад хязгааргүй арвин тахилыг өргөөд дараа нь хамаг амьтны гийгүүлэн хилэнцийг ариусгалаа. Гэрэл буцаад ХУМ үсэгт шингэхэд таван талт цагаан очир гэрэлд бүрнээ уусан хайлав.

ХУМ үсэг бол бүх Бурхдын гэгээрсэн тааллын мөн чанар болохоор түүнээс гэрэл цацарч Хутагт бодгалиудад тахил өргөснөөр та бүх Бурхадын адиститыг хүртэж байна. Энэ адиститын гэрлийг өөртөө шингэлээ гэж дүрслэх нь таны бясалгалыг хүчтэй болгох дандарын зам билээ. Тэгээд та тэрхүү гэрлээр хамаг амьтны хилэнцийг арилгаснаар маш их буяныг хурааж байгаа юм. Тоогүй олон Хутагт бодгалиудад хэмжээлшгүй их тахилыг өргөх, хамаг амьтны хилэнцийг ариусгах зэрэг үйл нь Бурханы дүрст лагшинг олохын үндэс болдог ажээ. Ийм маягаар буян хишгээ нэмэгдүүлэхгүй бол төгс гэгээрэлд хүрнэ гэдэг боломжгүй асуудал билээ.

Бурханлаг чанарын ариуныг арга билгэ хослуулан үзүүлсэн
Базарсадын Яб-Юм

Гэрэл тэгснээ хоромхон зуурт цагаан лагшинтай, нэгэн нигур хоёр мутартай бөгөөд нэг мутартаа очир нөгөө мутартаа хонх болгоосон Базарсад бурхан болон хувирвай. Тэр өөрийн илбийн хос Важратопаг тэврэн арга билиг хослон суух үзэгдэнэ.

Арга билиг хосолсон Базарсад энэ бясалгалд гэгээрлийн дүрст лагшинг үзүүлж байгаа ба амьтны тусыг даруй бүтээе гэвэл хураах ёстой тэр бүх буяныг үүгээр төлөөлүүлэн үзүүлж байгаа ажээ.

Базарсад лагшин нь цагаан гэдэг нь залуу, гэрэлтсэн, харц булаам үзэсгэлэнтэй, биеийн төгс зохицолтой гэсэн тодорхойлолт цөм бүхий л нүгэл хилэнц барцдыг арилган ариусахын бэлэгдэл болдог. Тарнийн ёсонд очир хонх хоёр гэгээрлийн чанаруудтай таныг холбож өгөх тусгай арга болдог бөгөөд эдгээр зүйлс шүтэн барилдлагын зарчимд үндэслэн хэлбэрээ олдог байна.

Очир бол Бурханы тааллыг төлөөлөх бөгөөд хиртэшгүй сэвтэшгүй мөн бутаршгүй очир алмааз л гэсэн үг. Харин хонх Бурханы нигурын дүрийг агуулах ба тарнийн үсэг сийлсэн байдгаар гэгээрсэн зарлиг хийгээд лагшинг төлөөлдөг байна. Мөн очироор дээдийн амгалан болон аргын талын чанаруудыг түүн дотроо энэрэл нигүүлслийг харин хонхоор хоосон-дүрс буюу билиг оюун гэх билгийн талын чанаруудыг төлөөлүүлдэг байна.

Базарсадыг ганцаараа байгаагаар дүрслэж мөн болох хэдий ч түүнийг илбийн ханьд лугаа эвцэлдсэн дүрийг бодож бясалгавал илүү үр дүнтэй. Үүнийг Базарсадын Яб-Юм хэмээн нэрлэдэг бөгөөд аргын болон билгийн чанаруудын нэгдэл буюу туйлын үнэн бурханлаг чанарын илэрхийлэл энэ ажээ.

Важратопа лагшин цагаан бөгөөд баруун мутартаа махир хутга зүүн мутартаа гавлын ясан аяга болгоожээ. Тэд хоёул эрдэнэсийн болон ясан гоёл чимэгтэй, торгон хувцастайгаар лянхуа болон очирт завиллаар заларсан үзэгдэнэ.

Махир хутгаар хоёрдмол үзлийн төөрөгдлийг тасдан хаяхыг, гавлын ясан аягаар ариун бус бодлыг "залгих" билиг оюуныг илэрхийлжээ. Тэд хоёул таван төрлийн торгон хувцас найман төрлийн чимэг зүүлтээр гоёсон байна.

Таван торгон хувцаст: \1\хээтэй цэнхэр торгон ороолт, \2\таван өнгийн титмэн зүүлт, \3\цагаан торгон цамц, \4\доод биеийг халхалсан торгон хормой, \5\урт ханцуй эдгээрээр таван билгүүнийг илэрхийлжээ.

Найман чимэг зүүлтэнд: \1\титэм, \2\ээмэг, \3-5\хүзүүний богино, дунд, урт зүүлтнүүд, \6\мөрөвч, \7\бугуйвч, \8\шагайвч эдгээрээр ухамсарлахуйн найман хэлбэрийн ариуныг төлөөлүүлжээ.

Лянхуа болон очирт завиллаар суусан нь орчлон хийгээд нирвааны салшгүйг үүгээр бэлэгджээ.

Яб-Юмын духанд УМ, хоолойд А, зүрхэнд ХУМ, хүйсэнд ХО гэсэн тарнийн үсэгнүүд тодорлоо.

Яб-Юмын зүрхэн дэх ХУМ үсэгнээс гэрэл гадагш цацран арван зүгийг гийгүүлэхэд Бурхад бодьсадва нарын зүгээс нүглийг ариусгах чадалтай сүүн цагаан рашаан болон буцаж хураагдан байна.

Дух, хоолой, зүрхэн дэх УМ А ХУМ тарнийн үсгүүд Базарсадын лагшин, зарлиг ба тааллыг төлөөлж, харин хүйсэн дэх ХО ялагдашгүй язгуурын билиг оюуныг төлөөлж байгаа ажээ. Гэрэл цацарч Бурхад бодьсадва нарын адиститын хүчийг тээн, буцаж цацран Базарсадын зүрхийг хилэнц нүгэлийг ариусгах чадал бүхий Бурхадын хүчээр адислаж \түүнийг ариусгалын бурхан гэдэг\ байна. Энэ хүч гэрэл цацарсан, тунгалаг, сүүн цагаан охь хэлбэртэй дүрслэгдэнэ.

ЖА ХУМ ВАМ ХО

хэмээх тарнийн дуугаар цагаан рашаан Базарсад Яб-Юмын салигүй нэгэн хэсэг болон хувирвай.

ЖА гэх дуунаар рашаан Базарсадын зулай дээр ирж, ХУМ гэхэд Базарсад бурханд шингэн орж, ВАМ гэхэд Яб-Юмыг бүрэн дүүргэж, ХО гэхэд рашаан тэдний лагшны салшгүй нэгэн хэсэг болон хувирч байна. Үүгээр та *Шүтээний Хүчийг* үүсгэж дууслаа.

Ариусгалыг Гуйх Залбирал

Хослон гэгээрсэн Базарсад бурхан минь ээ \Базарсад Яб-Юмаа\, би хийгээд хамаг амьтны тэргүүлшгүй цагаас хураасан бүхий л барцад хилэнцийг арилган ариусгаж соёрх!

За одоо та Базарсадын Яб-Юмаар гэрчээ хийн байж *Гэмшлийн Хүчийг* үүсгэх болно. Энэ залбиралд та Яб-Юмаас хамаг хилэнц нүглээ ариусгаж өгөхийг гуйна. Та өөрийн бие хэл сэтгэл доторх бүхий л сөрөг сэдэл, буянгүй буруу үйлдэл, муу зуршил зэргээ сэргээн бодож тэдгээрийг үнэхээр бусдад хохиролтой үйлдэл байж гэдгийг таньж ухааран Базарсад бурханаас сэтгэл уярам их гэмшилтэйгээр ухамсрын урсалаас цэвэрлэн ариусгаж өгөөч хэмээн гуйж байгаагаа гүнзгий ухаарах ёстой.

Жинхэнэ Ариусгал

Ийнхүү гуйж залбирсан даруй Базарсад Яб-Юмын биеэс ариусгалын цагаан рашаан арьсны нүх сүв болгоноос хүчтэйгээр цацран гарч бороо юмуу эсвэл хүрхрээ адилаар дээрээс тань асгаран буулаа хэмээн дүрсэлнэ. Рашаан эхлээд зулайн хүрдэнгээр тань нэвтрэн яндангийн хөө угаах мэт бүх биеийг гадна дотногүй угаан доош урсана. Энэ зуартаа таны бүхий л өвчин эмгэг, сөрөг бодол, муу сэтгэлийг тань өөртөө шингээн доошилсоор таны доод сүвээр аалз, жоом, хилэнцэт хорхой юмуу өтгөн хар шингэн, цус нөж зэргийн аль муу хэлбэр дүрстэйгээр угаагдан гарч газрын хөрсөнд шингэлээ хэмээн дүрслэнэ.

Чадвал Базарсадын ариусгалын цагаан рашаан танаас давж өргөн хүрээг хамран хамаг амьтны нүглийг мөн ариусгаж байна хэмээн дүрсэлбэл бүр сайн. Тэгээд энэ дүрслэлээ бодолдоо тогтоон барьж Базарсадын зуун үсэгт урт тарнийг сүсэглэн уншина:

УМ ШРИ БАЗАР ХЭРУГА САМАЯ МАНУ БАЛАЯ\БАЗАР ХЭРУГА ДЭНОБА|ДИШДА ДИДХО МЭБАВА|СУТОКАЁ МЭБАВА|АНУРАГДО МЭБАВА|СУБОКАЁ МЭБАВА|САРВА СИДИ МАМЭ БРАЯЦА|САРВА ГАРМА СУЦАМЭ|ЦИТАМ ЦЭРЯН КУРУ ХУМ\ХА ХА ХА ХО\БАГАВАН БАЗАР ХЭРУГА МАМЭ МУНЦА\ХЭРУГА БАВА МАХА САМАЯ САДУ А ХУМ ПАД

Энэ тарнийг аль болох олох удаа унших хэрэгтэй. Тарнийн утгыг доор сийрүүлбэл:

Санскрит	Утга
УМ	Алдрыг магтья
Шри базар хэруга самая	эрхт догшин Базарсадын тангаргаа санан
Манубалая базар хэруга дэноба	сахилыг минь хамгаалаач
Дишда дидхо мэбава	надад зэлдэг зөөлөн хандаач
Сутокаёо мэбава	ашдын жаргалыг бэлэглээч
Анурагдо мэбава	хайр ивээлдээ багтаагаач
Супокаёо мэбава	буян хишгийг минь нэмэн
Сарва сиди мамэ браяца	увдис шидийг заяагаач
Сарва гарма суцамэ	тавилан заяаг минь үзүүлээч
Цитам цэрян куру	сэтгэлийг минь буянтай болгооч
ХУМ	\Базарсадын зүрхэн тарнийн гол үсэг\
Ха ха ха ха	цаглашгүй 4 сэтгэл, 4 авшиг, 4цэнгэл, 4 лагшин
Хо	\баярлан дуу алдах\
Багаван	Өө, хамаг Бурхадын биелэл
Базар хэруга мамэ мунца	намайгаа битгий орхиоч
Хэруга бава	Таван билгүүний шимийг үзүүлээч
Маха самая саду	Өө, аугаа их билиг оюун
А ХУМ ПАД	намайг өөртэйгөө нэгтгээч

Энэ шидэт тарни Базарсадын ариусгалын хүч та хоёрыг холбож өгөх учраас дан ганц дүрсэлснээр амжилт олохгүй билээ, тиймээс дөрвөн хүчийг цөмийг нь хамтруулахыг хичээн анхаарлаа нэгэн чигт бүрэн төвлөрүүлэх хэрэгтэй.

Энэ хэсэг бол бясалгалын гол хэсэг бөгөөд тарнийг унших байх зуортаа анхаарлаа чиглүүлэх өөр олон сонголт байж болно. Жишээ нь, та тарнийн утган дээр илүү анхааран алдаагаа бодож гэмшиж байж болно эсвэл дээрээс урсан ариусгаж буй рашаан биеийн эд эс болгонд тань шингэн орж ариусган байгаа дээр төвлөрсөн ч болно.

Хэрэв танд энэ бүхэн тогтоохын аргагүй хирээс хэтэрсэн мэт санагдаж байвал ядаж дөрвөн хүчийг нэгэнтээ сэргээн санаж Базарсад бурханыг дэргэдээ байгаагаар мэдрэхийг хичээн богино хэлбэрийн тарнийг мөн олон удаа давтан уншсан ч болно.

УМ БАЗАРСАДУ ХУМ

Энэхүү богино хэлбэрийн тарни нүгэл хилэнцийг хурдан арилгахад тустай байх нь гарцаагүй боловч хэрвээ та Базарсадын ариусгалыг Цагийн хүрдний бэлтгэлийн зэргийн нэгэн хэсэг болгон дадуулж байгаа тохиолдолд урт тарнийг тоолоход цаг заваа зарцуулбал зохилтой. Бидний зорилго багаар бодоход 100,000 удаа уртын тарнийг тоолох бөгөөд зохих ёсоор эрчимтэй дадуулбал гурван сарын дотор гүйцээдэг билээ. Ерөнхийдөө ариуссаны тодорхой шинж тэмдэг илрэх хүртэл хязгааргүй үргэлжлүүлэн дадуулбал зохино.

Нүгэл Хилэнцээ Наминчлах

Дадлагын гол хэсгийг дуусгаад та *Гэмээс Эргэн Буцахын Хүчийг* үүсгэснээр бясалгалыг төгсгөнө. Үүний тулд гэм нүглээ наминчлах сэтгэлээр доорх залбирлыг уншина:

> *Аугаа хамгаалагч минь ээ, мунхагийн харгайгаар би ариун сахилаа зөрчин дороитуулжээ. Энэрэлт лам Базарсад Яб-Юм минь ээ, бүхий л хилэнцийг ариусган ивээлдээ намайг багтаах ажаамуу. Очирыг баригч дээдийн бурхан, хамаг амьтны авраг, нигүүлсэхүйн их сан танд би бээр итгэлийг одуулмуй!*

Энэ залбирлын дунд өөрийн үйлдсэн гэм нүглийг нэмж оруулан тоочиж санаатай буюу санаандгүйгээр өөрийн тавьсан ам тангараг өчиг сахилаа дороитуулан алдсан бол түүнийгээ ч нуулгүй илчлэн наминчлах хэрэгтэй. Ялангуяа *ариун самая* буюу Очирт хөлгөний багшид өргөсөн сахил тарнийн ёсны тангаргад бүр ч их хамаатай. Эдгээр тангараг дотор номын багшаа хүндлэн бишрэх, бүхнийг ариунаар харах гэсэн зүйлүүдийг байнга сахиж явбал зохино. Эдгээр нь дандарын бясалгагч нарт онцгой хамааралтай бөгөөд Ангид гэтлэхийн санваар байна уу Бодь сэтгэлийн суртгаал байна уу хамаагүй таны ямар шатны ёс суртахууны түвшинд хүрэхээр зорин дадуулж яваагаас үл шалтгаалан хамаарах болно.

79

Залбирлын эхний хэсэгт та бүх хүчээ дайчлан байж хураасан муу үйлдээ гэмшинэ. Хоёрдугаар хэсэгт энэрэлт лам Базарсадыг дуудан шүтээний хүчийг үүсгэж түүнд итгэл одуулж байна. Үүний зэрэгцээгээр урьдын муу үйлийн эсрэг эерэг сэдэл зоригдлыг залбирал уншиж байхдаа сэтгэлдээ төрүүлж байгаа нь ерөндөгийн хүчийг үүсгэж байгаа хэрэг.

Би бээр үндсэн хийгээд гишүүн сахилын уналд орсон хийгээд бие, хэл, сэтгэлээр үйлдсэн нүгэл бүхнээ хүлээн наманчилнам. Төрөл тэргүүлшгүйгээс хураасан бүх барцад хилэнц, нүгэл түйтгэрүүдийг ариусган зайлуулж хайрла!

Энэ залбирал өмнөхтэй төстэй утгатай боловч энд бие хэл сэтгэлээр үйлдсэн бүх нүглээ үндсэн ба гишүүнт сахилаа цөмийг хамруулан наманчилж байна. Цагийн хүрдний тарнийн ёсонд арван дөрвөн зүйл бүхий үндсэн сахил, найман зүйл салбар сахил бий. Тарнийн ёсны тангараг өргөх эрхийг олж авахын тулд та Бодьсадвын сахилыг чанд сахиж дадсан байх ёстой ба энэ нь арван найман зүйл үндсэн сахил, дөчин зургаан зүйл салбар сахил байдаг ажээ.

Эцэст нь Базарсад бурханаас төрөл тэргүүлшгүй цагаас эхлэн хураасан бүхий л хилэнцээ ариутгаж өгөхийг дахин нэг удаа гуйж байна. Бид урт удаан хугацааны туршид тоолшгүй олон галваар хэвшүүлэн дадуулсан тэрхүү хүчтэй муу авьяасын хучлагыг буцааж хуулан, сөрөг сэтгэлийн хөдөлгөөн, хортой үйл, амласандаа үл хүрэх хэвшмэл хандлага болон бидэнд туйлын үнэнийг харуулахгүй халхалж буй тэдгээр түйтгэр болгоныг арилгахын тулд Базарсад бурханыг шүтэн биширч мөргөн залбирч байгаа билээ. Ийнхүү та гэмээ цаашид боомтлох хүчийг үүсгэн дахиад тэдгээрийг хэзээ ч дахин үйлдэхгүй гэдгээ амлах хэрэгтэй.

Дүрслэлийг Уусгах

Базарсадва Яб-Юм миний зүг тааламжтайгаар инээмсэглэн харснаа гэрэлд баясан хайлаад, саран биед минь шингэх мэт зулайн хүрдэнгээр уусан орлоо. Арга билиг нийлсэн Базарсадын лагшин, зарлиг ба таалал миний бие хэл сэтгэлийн салшгүй нэгэн хэсэг болон хувирлаа.

Харьцангуй түвшний ариусгалын энэхүү бясалгалыг гүйцэтгэж дуусахад Базарсад "сайн байна" гэж хэлэх мэт инээмсэглэн хараад таны биед уусан шингэж таны бие хэл сэтгэлийн нэгээхэн хэсэг болон хувирч байгаагаар гүнзгий түвшиндээ тэр бол таны өөрийн бурханлаг чанараас өөр юу ч биш болохыг ойлгуулж байгаа юм. Тэгээд та сэтгэл тань угийн хиргүй ариун байсныг таних болно.

Базарсадын тарнийг тоолж байх үедээ та дүрслэлийг үүсгэн, уусган бясалгахтай хавсруулбал илүү үр дүнтэй билээ. Нэг эрих уншаад дуусахдаа нэг удаа бүтэн дүрслэл үүсгээд уусгах гэх мэт. Ингэснээр та дүрслэлийн хоосон чанартайг өөртөө дахин дахин сануулж байх бөгөөд энэ нь юмс үзэгдлийн жинхэнэ бодит гэдэгт автах сэтгэлээс таныг хөндийрүүлэхэд тустай байх болно.

Зориулга Ерөөл

Доорх зориулга ерөөлөөр энэ удаагийн дадлагаа төгсгөнө:

Энэ буяны шимээр би нэн даруй гэгээрсэн Базарсад Яб-Юмын хутагт хүрч энэ орчлонгийн нэг ч амьтныг хоцроолгүй тэр мэт ариусгах болтугай! Энэ буяны шимээр хамаг амьтан буян хишиг, саруул оюуны чинадад хүрч гэгээрлийн хоёр лагшинг олох болтугай!

Энэ ерөөл өмнөх дадлагын зориулга ерөөлтэй төстэй боловч энэ удаад бид гэгээрлийн ариусгалд голлон ерөөлөө зориулах хэрэгтэй. Тийм ч учраас гэгээрсэн Базарсадын зэрэгт хурдхан хүрч хамаг амьтныг мөн тэр зэрэгт хүргэх юмсан хэмээн ерөөж байгаа билээ. Тэнд хүрсний дараа цөмөөрөө бурханы хоёр лагшин буюу номын лагшин, дүрст лагшин хоёрыг олох болно. Энэ хоёр лагшинг буян хишиг, билиг оюуны хоёр чуулганыг арвижуулсны дүнд олдог ажээ.

Мандал Өргөх

Мандал өргөх зан үйлийн зорилго нь өөрт байж болох хамгийн өгөөмөр сэтгэлээр элбэг дэлбэг тахилыг өргөн буян хураах явдал юм. Бидний мандлыг хүлээн авагч нь чухаг дээд Гурван Эрдэнэ билээ. Зөв сэдэлтэй зөв үйлийг хамтруулан байж мандал өргөх нь харьцангуй богино хугацаанд буян хишгээ асар ихээр арвижуулдаг үр дүнтэй арга юм.

Буян гэдэг нь сайн үйлийг үйлдсэний дүнд хуримтлагддаг эерэг энерги юм. Энэхүү эерэг энерги таны сэтгэлд буянтай үйлийг хийх хэвшлийг бий болгон ирээдүйд сайн сайхан аз жаргалтай учрахын суурийг тавьж өгдөг. Жишээ нь, хэрвээ та өглөгийг ихэд дадуулан үйлдвээс ирээдүйд их олз олж баян чинээлэг болох ба тэвчээрийг дадуулбаас үзэсгэлэн төгс дүр төрхтэй болох, гэгээрлийн үйлд өөрийгөө зориулбаас бодь хутгийн замд орох бүхий л нөхцөл боломцоог олж авах билээ. Тэгэхээр сайн чануудаа өсгөхөд буян шийдвэрлэх үүрэгтэй гэж хэлж болно. Ялангуяа Бурханы сургаалыг ойлгох, дадлага бясалгалаа хөгжүүлэх, замд тохиолдох саад бэрхшээлийг давах зэрэгт буян хураах маш их хэрэгтэй.

"Мандала" гэдэг санскрит үг орчлон ертөнцийг бэлгэдсэн тэмдгийг илэрхийлдэг. Бидний хэрэглэж заншсан газрын зургууд уртраг өргөргөөр голдуу үзүүлдэг бол энэ мандала хэмээх ертөнцийн дүрслэл бидний сэтгэлийг бүрэн хэмжээгээр хамардаг гэж болно. Энэ хамаагүй өргөн хүрээ бидний харах чадвараас илүүтэй өргөн уудам учир олон өнцгөөс харах боломцоог бидэнд олгодог. Бидний мандал гэдэг ерөнхий ойлголт хоёр хэмжээсээр үзүүлсэн зураг байх бөгөөд энэ нь мандлын цорын ганц тогтсон хэлбэр биш өөр олон янз байх боломжтой. Гурван хэмжээсээр үзүүлсэн болон элсээр бүтээсэн нь байх бөгөөд эдгээрийг хот мандал гэж нэрлэдэг. Өнөөдрийн бидний хэлэлцэн буй "Мандал Өргөх" үйлийн мандал бол тахил өргөхөд тусгайлан зориулагдсан, янз бүрийн эд юмс \эрдэнийн чулуу, талст, будаа тариа гэх мэт\ овоолон дүүргэж дээшээ өрөн давхарлах том жижиг цагариг хэлбэрийн сав зэргээс бүрдэх бөгөөд давхар болгоны цагираг тахилын эдээр дүүрэхэд дараагийн давхар өргөдөх жишээтэй. Хамгийн дээд үзүүрт хүслийг хангагч чандмань эрдэнэ оройд нь байрлуулдаг. Хамгийн энгийн хэлбэр бол "мандала мутра" гэж нэрлэгддэг гарын хөдөлгөөнөөр өргөх мандал байдаг.

Мандлын эд зүйлс манай ертөнц дээр байж болох хамгийн нандин тансаг зүйлсийг төлөөлж байна. Бидэнд хязгааргүй аз жаргал авчирдаг тэдгээр зүйлсийг

Уламжлалт тахил мандал

гэгээрсэн бодгалиудад өргөхөд тохирох эд хэмээн үзэж, янз болгоны гоёмсог цэцэгс болон өөрийн сэтгэл санаан доторх буянг хүртэл бидэнд таашаалтай сайхан мэдрэмжийг авчирдгийг нь бодон өргөсөн ч болох билээ.

Эдгээр мандлын эд зүйлсийг Авралын орон дахь буяны хотол чуулганыхан хийгээд биднийг гэгээрэлд хүрэхэд туслах тэдгээр багш, хувраг, бодьсадва гэх мэт гэгээрсэн бодгалиудад зориулан өргөнө. Тэдэнд тахил үнэхээр хэрэгтэй учраас бид өргөж байгаа биш, бидний олохыг хичээн буй гэгээрсэн чанаруудыг тэд төлөөлж байгаа учраас бид мандал өргөж байгаа юм. Тиймээс тэднийг хүндэтгэн, хамаг л сайхан гэснээ өргөн барьж үүгээр тэдний бурханлаг чанаруудыг бид биднээс мөн урган гарах тийм бат үйлийн барилдлагыг тэдэнтэй тогтоож байгаа юм.

Мандал өргөх дадлагын сүүлчийн алхам нь яагаад мандал өргөх болсноо сэргээн сануулах мөргөл байдаг билээ. Бид өөрсдийн тусын тулд буянаа арвижуулж байгаа биш юм. Бид эх болсон хамаг амьтны төлөө тахил өргөн буян хишгээ нэмэгдүүлэн чуулганыг хураахыг оролдож байна. Өөрөөр хэлбэл бодийн ариун сэтгэлээр үүнийг үйлдэж байгаа юм. Хамаг амьтан тоолох аргагүй олон учраас тэдний тусад зориулсан тахилаас хураах буян мөн хязгааргүй. Тийм учраас мандал өргөх нь маш үр ашигтай өгөөмөр хэрэг гэж тооцогддог.

МАНДАЛ ӨРГӨХ ДАДЛАГА БА ТҮҮНИЙ ТАЙЛБАР

Одоо бид Жонангийн урсгалын заншлаар мандал хэрхэн өргөхийг энд дүрслэн үзүүлэх болно. Их хөлгөний буддын сургаал ёсоор эхлээд итгэл одуулан хамаг амьтны тусын тулд гэгээрэлд хүрэх гэсэн сэтгэлийг төрүүлсэн байна.

Дүрслэл

Өмнийн огторгуйд өөрийн үндсэн лам багшаа хөх Очирдарийн дүртэй байгаагаар дүрслэн бодно. Түүнийг тойроод Гурван Эрдэнэ, ядам бурхад ба ханд дагинас цөм байцгаана. Тэд цөм хуурмаггүй үнэн бөгөөд сүрлэг жавхлантай үзэгдэнэ.

Эхний алхам бол урьд танилцсан ёсоор авралын орныг байгуулж итгэл одуулна. Энд хэсэг зуур тогтон саатаж дүрслэлийн бүхий л тодотголуудыг сэргээн санахыг хичээх хэрэгтэй. Тэднийг үнэхээр өмнөө байгаагаар мэдрэх нь бясалгалын гол шим гэдгийг бүү мартаарай. Энэ мэдрэмж таныг тэдний гэгээрсэн чанаруудтай холбож өгөх юм.

Буяны Хотол Чуулганы Заллага

Үүрийн цолмон адил хормын төдийд гэгээрүүлэх чадалтай эрдэнэ болсон энэрэлт Лам Очирдара багшийн лянхуан өлмийд сөгдөн мөргөмүү!

Дүрслэлээ тодорхой болгон тогтоомогцоо буяны чуулганд хандсан бишрэлийн сэтгэлийг төрүүлэх магтаал уншина. Чуулган дахь бүхнийг төлөөлөн бидний гэгээрэлд хүрэх замд хүний биеэр учран бидэнтэй холбогдож буй лам багш маань Гурван Эрдэнийн амьд биелэл болж байгаа тул бидэнд ном заан сүсэг бишрэлийн энэ замаар хөтлөн яваа ачийг нь онцгойлон санах ёстой юм. Бидний буян хүрэхгүйн улмаас Бурхан багш биеэр бидэнд газарчлах боломжгүй харин бидний лам багшийн дүрээр хувилан ирсэн нь энэ билээ. Яг энэ утгаараа лам багшийг хамаг Бурхадаас дээгүүрт тавьдаг байна. Үүр цаймагц гэгээ ордгийн нэгэн адилаар хормын төдийхөн бидний гэгээн гэрэлтэй учруулж чадах эглийн бодлыг хувирган сүсэг бишрэлийн олон гайхамшигтай учруулж чадах нэгэн гэж тэднийг үздэг. Бид нэг л ламыг хэлж байх мэт боловч эр эм ялгаагүй бүхий л багш нарыг тань адилхан төлөөлж байгааг санагтун. Таны гэгээрлийн замд тусалсан багш бүхэн энд багтах болно.

Лянхуан өлмий дор мөргөмүү хэмээн уран яруу үгээр хэлсэн нь нэг талаар ламын лагшинг асар үзэсгэлэнг агуулсан гэж үзэн нөгөө талаар тэднийг бидний дүрслэлд лянхуа цэцгэн сэнтий дээр суудаг учраас мөн тийнхүү магтаж байна. Буддын ёсонд өөрийн биеийн хамгийн орой \толгойгоо\ хэсгээ ламын биеийн хамгийн доод \хөлд\ хэсэгт хүргэх нь дээдийн азтай хэрэгт тооцогддог. Мөн энэрэлт Лам Очирдара багш хэмээн магтсан нь тэднийг гэгээрлийн үнэн лагшин буюу сэвтэшгүй ариун очирт лагшин эрхшээснийг илэрхийлжээ.

Мунхагийн харанхуйг гэгээрлийн үнэнээр арилгах саруул оюуны эндүүрэлгүй харах мэлмий, үл хувирах аугаа амгалангийн наран лугаа гийгүүлэгч лам тандаа хэмжээлшгүй талархан мөргөмүү!

Очирт хөлгөний ёсонд таны сүсэг бишрэлийн өсөлт лам багшдаа болон түүний заасан Номыг дадуулан үйлдсэнээр таны олж нээх "гэгээрлийн үнэн"-ий гэрэл гэгээнд баярлаж талархах сэтгэлээ хэрхэн илэрхийлж чадаж байгаагаас тань шууд хамааралтай. "Эндүүрэлгүй харах мэлмий" гэдгээр лам багш бидний дотор нуугдан буй дутагдалтай талуудыг олж илрүүлэн гаргах чадалтайг хэлсэн бол "наран адил" гэдгээр нар бүх гэрлийн эх үүсвэр болдгийн нэгэн адил бидэнд ч эргэн тойрноо харах боломжийг олгож буй гэрлийн эх үүсвэр нь лам багш хэмээн үзсэний ажээ.

Та бээр бидний эцэг, мөн эх билээ. Та бээр хамаг зүйл амьтдын багш, үнэн буяны садан билээ. Та бээр хамаг амьтдын тусад зүтгэсэн хамгаалагч билээ. Та бээр барцад саадыг булаан арилгагч аугаа аврагч билээ. Та бээр дээдэд заларсан, алив сайн чанар бүхэн гарахын орон, алдаа түйтгэр бүхнээс төгс ангижирсан нэгэн билээ. Та бээр өөрийг энхрийлэх сэтгэл хийгээд бусад зовлонгийн үндсийг таслагч, дордсыг хамгаалагч билээ. Та бээр эд баялгийн эх ундарга, хүслийг хангагч чандмань эрдэнэ, дайснаа дарсан Номын Эзэн тул би бээр танд ийнхүү итгэлийг одуулмуй!

Номын багш гэдэг сүсэг бишрэлийн тань цангааг тайлж энэрэл хайраар ханддагийн хувьд таны "эх" адил, цаашдын өсөлт хийгээд замнах замд газарч болон хамгаалж явдгаараа "эцэг" болдог билээ. Тэр "хамаг амьтдын багш" гэдгээр арьс өнгө нас хүйс сүсэг бишрэлээс үл хамааран хэнд ч ялгалгүй номоо айлддагийг нь нэрлэжээ. Харин "буянт нөхөр" гэдгээр Бурханы нандин сургаалыг тантай хуваалцан хариу үл горьдон хайрлан дэмжиж гэгээрэлд хүрэн хүртэл халамжлан явагч гэдгийг хэлсэн байна. Цаашлаад багш таныг хорвоогийн зовлонгоос авран хамгаалж гэгээрсэн чанарууддаа хэрхэн хүрэхийг үзүүлэгч билээ.

Дараа нь "барцад саадыг булаан арилгагч" гэдгээр хамаг дутагдалтай талуудаа даван гарч эцсийн зорилго Бурханы хутагт хүрэхийн тулд түүний сургаалыг даган явах цорын ганц зам гэдгийг хэлж байна. Хүний төрхөөр бидэнд үзэгдэж буй Бурхан гэдгээрээ лам багш "аугаа хамгаалагч" болон өөрийгөө энхрийлэн барих үзлээс үүсэн гарах бүхий л зовлонгоос хамаг амьтныг хамгаалан тэдний тусын тулд гэгээрэлд хүрсэн нэгэн билээ. Эцэст нь "хүслийг хангагч чандмань эрдэнэ" гэдгээр түүний амьтны тусад зориулан хязгааргүй дүрд хувилан үзэгдэх чадлыг нь хэлсэн ажгуу.

Дайснаа дарсан Номын их Эзэн, гурван цагийн хамаг Бурхадын биелэл, гэгээн төгөлдөр язгуурын Ламдаа итгэл одуулан мөргөмүү!

Өмнөх залбирлуудын оронд энэ айлтгалыг бурханы сургаалын аль ч дадлагын үндэс болсон Гурван Эрдэнэ дор аврал одуулах бясалгалыг орлуулан дангаар нь уншсан ч болно. Энд лам багшдаа аврал одуулах нь Гурван Эрдэнэд аврал одуулсантай тэнцэх бөгөөд лам багшаа эдүгээ, өнгөрсөн, ирээдүй гурван цагийн хамаг Бурхадын биелэл мөн гэж үзэж байна. Өнгөрсөн цагийн хамаг Бурхад цөм л өөрсдийн багшийн авралд багтан байж гэгээрэлд хүрцгээсэн, эдүгээ цагийн хамаг Бурхад бидний багшийн дүрээр бидэнтэй учирсан, ирээдүйд залрах Бурхад ч мөн Номын багшаараа л заалгуулан ирцгээх ажгуу. Тиймээс танд ариун Номыг сонсгон буй лам яахын аргагүй гэгээн төгөлдөр хэмээн үзэгдэх нь ойлгомжтой билээ.

Мандал Өргөх Дундаж Хэмжээний Залбирал

УМ БАЗРА БУМИ А ХУМ

Алтан өнгөт ариун шороон суурьтай.

Бид одоо Жонангийн урсгалын заншлаар мандал өргөх дунд хэмжээний мөргөлийг толилуулна. Үүнд буяны хотол чуулганд өргөх манай ертөнцийг төлөөлүүлсэн есөн хив эрдэнийн чулуу эсвэл будаа тариа бүхий мандал бидэнд хэрэг болно. Энэ нь гучин долоон хив бүхий мандал өргөдөг заншилтай харьцуулах юм бол урт биш гэсэн үг.

Эхлээд "УМ БАЗРА БУМИ А ХУМ" гэсэн тарнийг хэлээд мандлын суурийг алтан шаргал шороон газар дэлхий болгон бодитоор болон санаандаа давхар дүрслэн бодно. Суурийг орлох ёстой дугуй тавгийг мандалаа өргөж эхлэхийн урьд нэг гартаа авч нөгөө гарын бугуйгаар цагийн зүүний дагуу хэдэн удаа шудран арчина.

УМ гэдэг нь биднийг төгс төгөлдөрт хүргэхэд зуучлах аливаа үйлийг эхлэхэд хэлдэг заншилтай "эрхэм дээд" гэсэн утгатай хүндэтгэлийн үг. *БАЗРА* гэдэг нь "сэвтэшгүй" гэсэн утгатай. *БУМИ* гэдэг нь "газар, суурь", *А* гэдэг нь "гарал үндэс" эсвэл "хоосон" гэдэг утгыг илэрхийлсэн бол *ХУМ* гэдэг нь "дүүрэн", "чухал" гэсэн үг ажээ. Бүгд цуттаа нийлээд энэ тарни бидний хийж буй үйлийг эрхмийн дээдэд хүргэж дараа нь гэрээрэлд хүрэхэд туслах юм.

Бидний энд ертөнцийг төлөөлүүлэн хэрэглэж байгаа загвар шинжлэх ухаанд бидний үзэж дадсан загвараас хэлбэрийн хувьд машид ялгаатай. Цагийн хүрдний дандарын ёсонд орчлон ертөнц хамаг амьтдын нийтлэг үйлийн үрийн барилдлагаар бүтсэн дөрвөн махбодын нэгдлээс тогтдог ажээ. Огторгуйгаас хар өнгөтэй хий махбод эхэлж урган, улаан өнгөтэй гал махбод дараа нь, цагаан өнгөтэй усан махбод, шар өнгөтэй шороон махбод урган гардаг байна. Махбод бүр диаметрээрээ нэг нь нөгөөгөөсөө багассан цагариг хэлбэрийг үүсгэн дээр дээрээ давхарлан байрладаг ба гялалзсан дугуй таваг суурь махбодыг бэлгэддэг байна.

УМ БАЗРА РЭГХЭ А ХУМ

Аугаа төмөр хашаа мэт гадаад уулсаар хүрээлэгдсэний голд уулсын хаан Сүмбэр уул.

Ийн уншихдаа шороон махбод суурины голд Сүмбэр уул байгаагаар дүрслэх бөгөөд эргэн тойрон ертөнцийн гадаад хилийг тойруулан төмөр хашаа мэт сүрлэг уулс хүрээлсэн байна. Сүмбэр уул хэлбэрийн хувьд дугуй бөгөөд түүний орой нь таван давхар үетэй. Энэ давхруд цөм өөр өөр амьтдын ухамсрын ялгаатай оршихуйнуудыг илэрхийлнэ. Жишээ нь Сүмбэр уулын суурь хамгийн бүдүүн хэлбэрийн амьтдын оршихуйг төлөөлөн дээшлэх тусам улам нарийн түвшний оршихуй болон үргэлжилнэ.

87

Энэ бүгдийг дотроо дүрслэн байх зуртаа мандал өргөхөд зориулсан хэрэгслийхээ хамгийн том цагаригийг авч төмөр тавган дээр байрлуулна. Тэгээд тахилын эд зүйлсээс атгаараа авч \будаа тариа, чулуу, эрдэнэс гэх мэт\ нэг хив тавагны голд Сүмбэр уулыг төлөөлүүлэн байрлуулна.

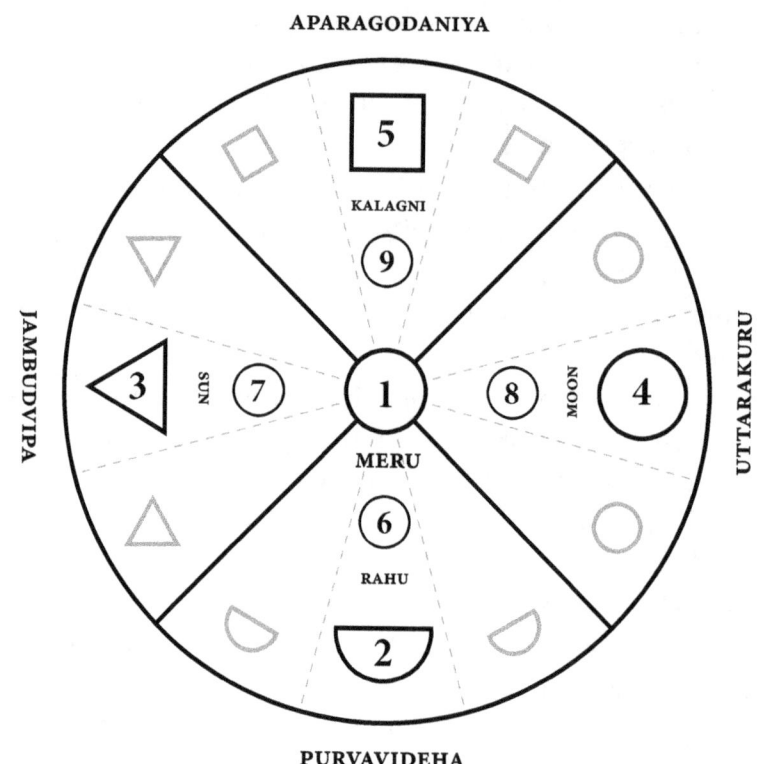

Цагийн хүрдний зурхайн Есөн хив бүхий мандал

Дорно зүгт Үлэмж Биетэн, өмнө зүгт Замбуу Тив, умар зүгт Муу Дуут, өрнө зүгт Үхэр Эдлэгч.

Эдгээр дөрвөн тив Сүмбэр уулыг тойрон байршжээ. Зүүн зүгт Пурвавидэха \утга нь "биеийн сүр хүч үлэмж төгс"\ хэмээх тойрог хэлбэртэй гурван арал хүрээлэн байна. Өмнө зүгт Замбудвиба \"далайд модны навчис унах мэт чимээтэй төстэй *Зам* хэмээх дууны орон" гэсэн утгатай\ хэмээх тив гурвалжин хэлбэрийн гурван арлаар хүрээлүүлэн оршино. Энд манай энэ дэлхий ертөнц буй гэдэг. Хойд зүгт Уттаракуру \"нууц мэдээ, муу чимээ" гэсэн утгатай\ хэмээх тив хагас дугуй хэлбэрийн гурван аралтайгаар оршино. Эцэст нь баруун зүгт Апарагодания \"эдийн сүр хүч төгс" гэсэн утгатай\ хэмээх дөрвөлжин хэлбэрийн гурван аралтай оршдог ажээ. Эдгээр дөрвөн "тивүүд" болон "арлууд" гэдэг газар зүйн холбогдолтой бодит газар орон арал биш гэдгийг ойлгох нь чухал. Тэд бол нарийн бүдүүн сэтгэлийн төлвүүдэд буй өөр өөр мэдрэмжийн орнууд юм.

Бидний өнөөдрийн мэдэж байгаа дэлхий ертөнц гэдэг ойлголт орчин цагийн шинжлэх ухааны зүгээс тайлбарласан Замбуутивийн нэг л арлын дүрслэл юм шүү дээ. Бид өөрсдийгөө хааш хаашаа бидний бодож байгаагаас хамаагүй том гариг эрхэсийн нэгэн өчүүхэн хэсэг гээд бодохоор Буддын гүн ухаанд одон орон ямаршуухан өргөн хүрээг хамардгийг та аяндаа ойлгож эхэлнэ.

Сэтгэлдээ дүрслэл үүсгэн байхын хажуугаар хивээ уншлагад заасны дагуу дараалалтайгаар дөрвөн зүгт бага багаар асгах маягаар байрлуулна. Мандал өргөх явцдаа зүүн зүгийг өөрт хамгийн ойр байгаа тавагны ирмэг гэж тооцоорой. Тэгэхээр бид Зүүн зүгт нэг хэсэг, тэгээд Өмнө зүгт \тавагны зүүн талын ирмэг гэсэн үг\, Хойд зүгт \тавагний баруун ирмэг\, эцэст нь Баруун зүгт \тавагны танаас хамгийн хол байгаа ирмэг\ мөн тус бүр нэгэн хэсэг хивийг байрлуулна.

Раху, Нар, Сар ба Калагни. Тэдгээрийн голд тэнгэр хийгээд хүний ертөнц дэх эдийн дээд тансаг бүхний гайхамшиг цог учралт бүхэн төгс цогцолсон.

Бид одоо бидний мэдэх энэ ертөнцийг бүрдүүлж буй эрхэсүүд рүү анхаарлаа шилжүүлэх болно. Цагийн хүрдний тарнийн ёсонд манай дэлхийн одон орон нар, сарнаас гадна раху, калагни гэх өөр хоёр гаригаас бүрддэг ажээ. Эдгээр дөрвөн эрхэсийн хөдөлгөөн хамаг амьтны амьдралын эргэлтэнд голлох үүргийг гүйцэтгэдэг байна. Тэдгээрээс бидний сэтгэлд үзүүлдэг нөлөөлөл нь сүсэг бишрэлийн болон зурхайн элдэв үзэгдлүүд болдог учиртай байна. Раху гариг \хар дугуйгаар төлөөлүүлдэг\ хойд зүгт давхцах сарны хиртэлтийг харин Калагни гариг гэж \шар өнгийн дугуйгаар төлөөлүүлдэг\ өмнө зүгт тохиосон нарны хиртэлтийг хэлдэг байна. Энэ дөрвийн байгаа зүгт мөн дөрвөн хэсэг хивийг байрлуулна.

Эртний уламжлалт одон орны байршлыг мэдэж аван дүрслэхдээ мөн өөрийн сэтгэн бодох чадварыг бясалгалдаа нэмэн ашиглаж, тэнгэр хийгээд хүний ертөнцийн хамаг тансгийн дээд юу байж болох вэ тэр болгоныг санаандаа ургуулан мод, ой, нуур, уулс, ордон харш, эрдэнийн зүйлс уран зураг таатай сайхан гэж санагдсан болгоноо дутуу дундгүй төгс цогцолсон байна хэмээн дүрслэх хэрэгтэй. Мөн Ази, Африк, Европ, Өмнөд ба Хойд Америк, цэцэрлэгт хүрээлэн, үндэсний парк, хүрхрээ, мөнгө төгрөг, нисдэг хивс, гар утас, банк юу л таны сэтгэлийн нандин утсыг хөнддөг вэ тэр бүхнийг эсвэл янз бүрийн буяны үйл, өөрийн хүрсэн ухамсарлахуйн түвшнийг ч багтаасан болно. Санаандаа орсон сайхан болгоныг овоолон тахилд өргөж байна хэмээн дүрслэн эхний цагирагийг дүүргэнэ. Таны тахил цөм үнэтэй нандин үзэсгэлэнтэй зүйлс байна гэдгийг санахын хажуугаар заавал өөрт байгаа зүйлийг тахилд өргөнө гэж хязгаарлах хэрэггүй. Таны юм таных л байна тэгээд ч тахилд өргөж буй зүйлс танд бодитойгоор заавал байх албагүй билээ.

Энэ бүх эд баялгыг эрхмийн дээд язгуур хийгээд дамжлагын лам нар, ядам Бурхад, бодьсадва, шарвага, брадигабуд, ханд дагинас хийгээд бүхнийг харагч билгийн мэлмийт Номын сахиус нугуд дор бишрэнгүйгээр өргөмүү!

Дараа нь дараагийн цагаригийг давхарлан тавьж илүү тансаг сайхан бүгдийг өргөж байна гэсэн сэтгэлийг үүсгэн тахилын зүйлсээр дүүргэж эхэлнэ. Энэ зууртаа будаа тариа яг л танд бодол урган гарч уусан алга болдгийн адилаар хурдтай нэмэгдэхийг ажиглан дээр дээрээс нэмэх тусам улам ихийг мэдэрч байгаагаар төсөөлөөрэй. Ийнхүү үргэлжлүүлсээр цагаригийг дүүргэж дуусна.

Дараа нь дээрээсээ хоёр дахь цагаригийг давхарлан хив овоолон асгах болгондоо та өөрийн ухамсрын өөр өөр түвшний мэдрэмжээ өргөл болгон өргөж байгаагаар төсөөлөлдөө ургуулна. Үүнд тэргүүлшгүй цагаас хураасан хишиг буян, буянт үйлийн үр, хөгжүүлсэн буянтай чанарууд зэргийгээ багтааж болох бөгөөд та хүнийхээ хувьд ямар сайн чанаруудыг агуулсан байна түүнийгээ мөн тахил болгон өргөж болно.

Сүүлчийн цагираг дүүрсний дараа хүслийг хангагч чандмана эрдэнэ орой дээр нь байрлуулснаар зорилгодоо хүрч төгс гэгээрэхийг бэлэгдэж байна. Ирээдүйд хичнээн олон амьтны тусыг бүтээж чадахав тэр буянаа мөн мандалдаа нэмэрлэн өргөж болно. Мандлын зүйлс бүрэн дүүрэн төгс болмогц та түүнийгээ дээш өргөн Авралын хотол чуулган дахь өөрийн язгуур ба дамжлагын лам нар болон гэгээрсэн бодьгалуудад бүгдэд нь зориулан бишрэлт сэтгэлээр өргөж байгаагаа илэрхийлнэ.

Аугаа их энэрэхүй бээр амьтны тус дор энэхүү эрдэнийн мандлыг аван соёрх, авснаар намайг адислан соёрх!

Энэ мандлыг тахил болгон бүтээгээд одоо түүнийгээ хүлээн авна уу гэж Хотол чуулганд айлтгал өчиж байна. Бурханы ивээл хязгааргүй учраас ийн мандал өргөхөд адислал нь аяндаа ундран гарна гэдэгт эргэлзэх хэрэггүй. Орчлон ертөнцийг тэр чигээр нь мандал болгон өргөхдөө хамаг амьтдын хураасан буяныг болон хамаг гэгээрсэн бодьгалуудын хураасан буяныг хүртэл энд хамруулж болно. Ингэснээр хамаг амьтны буян хурдтай арвижин гэгээрэлд хурдан хүрэх магадтай, эцсийн эцэст тэдний тусын тулд л мандал өргөж байгааг санагтун.

Би хийгээд хамаг амьтны бие хэл сэтгэлээр гурван цагийн туршид хураан хуримтлуулсан буянаар бүтсэн энэхүү эрдэнийн мандлыг Самандбадрын тахилын хамтаар, бодитоор бүтээсэн болон бодолдоо ургуулсан аль алинийг нь цугт нь лам Гурван Эрдэнэ дор өргөмүү. Энэрэх сэтгэлээр хүлээн авч намайг адислан соёрх!

Гурван цагийн туршид хураасан буян гэдэг тэргүүлшгүй цагаас эхлэн бие хэл сэтгэлээрээ хураасан, энэ насандаа одоо хурааж байгаа, ирээдүйд гэгээрэлд хүрэн хүртлээ мөн хураасаар байх буянаа оролцуулан хэлж байна. Өмнө дурдсан ёсоор лам Гурван Эрдэнээр төлөөлүүлэн авралын хотол чуулганаас мандлыг минь хүлээн авна уу хэмээн айлтгасаны дунд таны сэтгэлд адистит нь шингэн орж бясалгал номын тань хүч нэмэгдэн өсөх болно.

Энэ бол дундаж хэмжээний мандал өргөх үйлийн төгсгөлийн залбирал билээ. Хүсвэл та эдгээрийг давтан давтан хийснээр буянаа арвижуулж болно. Гэвч буян арвижуулахад чиглүүлж мандлаа өргөж байгаа хүмүүс доор тайлбарлах богино хэлбэрийн есөн хив бүхий мандлыг голдуу ашигладаг юм.

Мандал Өргөх Богино Хэмжээний Залбирал

Сүрчигийн үнэртэй цэцгэн бүрхүүлт газар шороотой. Түүний голд Сүмбэр уул дөрвөн тив хийгээд Нар, Сараар хүрээлүүлсэн энэхүү бурхадын-орныг хамаг амьтны таалалд зориулан өргөмүү!

Богино хэлбэрийн мандал өргөх залбирлыг буян арвижуулах зорилгоор голдуу хэрэглэх боловч дунд хэмжээний мандал өргөх залбирлыг үүний өмнө уншсан байвал тохиромжтой. Энэ дадлагад мандлын суурь болон есөн хив өглөгийн зүйлс байхад л хангалттай.

Тахилын суурь болгон буй алтадмал төмөр тавгийг мөн гарын бугуйгаар нар зөв шудран хэдэнтээ арчаад хүсвэл сайхан үнэртэй ус жаахныг сүрчсэн ч болно. Үүгээр хөрст дэлхийг анхилуун үнэрт сүрчигээр ариулан цэцгээр бүрхсэн байна гэдгийг бэлэгдэнэ. Дараа нь нэгэн хив тариа будааг Сүмбэр уулыг төлөөлүүлэн голд нь байрлуулж араас нь зүүн, өмнө, хойд, баруун талуудад тус бүр нэгэн хивийг байршуулснаар ертөнцийн дөрвөн өнцөг буюу дөрвөн тивийг төлөөлүүлнэ. Үүний дараагаар үргэлжлүүлэн мөн дөрвөн хивийг төв ба зүүн ирмэгийн голд, төв ба урд ирмэгийн голд, төв ба баруун ирмэгийн голд, төв ба хойд ирмэгийн голд гэхчилэн байрлуулна. Эдгээрээр раху, нар, сар, калагниг төлөөлүүлж байгаа ажээ.

Дүрслэл ерөнхийдөө түрүүчийн дадлагад үзүүлсэнтэй ойролцоо. Ялгаа нь гэвэл мандлын суурь алтан шаргал өнгөтэй, энэ дэлхийн хөрсөнд ургаж дэлгэрсэн олон зүйл цэцэг ургамалыг бэлэгдэн байгалийн сайхан үнэртэн цацаж ариулсан байх хэрэгтэй. Үүний дараагаар өөр олон сайхан эд эрдэнэс, болор, эмийн өвс ургамал, буудай тариа түүнчлэн нар, сар, гол мөрөн, төрөл бүрийн эрдэс минерал, янз бүрийн хэлбэр хэмжээ бүхий адгуус амьтан байгалийн гоо үзэсгэлэн зэргийг төсөөлөн санаачлагатай хандах хэрэгтэй. Эцэст нь энэ бүх дүрслэлээ гэгээрсэн амьтдын оршдог Бурханы ариун орон болгон хувиргаж бидний итгэл одуулах дадлагадаа дүрсэлдэг шиг сайхан ордон шилтгээн дотор гайхамшигтай мод зэрэг дутуу дундгүй бүрэн байгаагаар дүрсэлнэ. Энэхүү Бурханы орон хамаг амьтны тусыг тоолшгүй олон замаар бүтээх тул та ч мөн үүнийг хамаг зүйл амьтны таалалд зориулан өргөнө. Илүү бэлэг дэмбэрэлтэй барилдлага үүсгэхийн тулд Шамбалын ариун орныг болгон дүрслээд хамаг амьтан тэнд төрөх азтай тавилантай учраасай хэмээн төсөөлсөн ч болох билээ.

ГҮРҮ ЯДАМ РАДНА МАНДАЛА ХАМ НИРЯ ТАЯАМИ

\тарнийг уртаар дуудан мандалаа өргөнө

Мандал өргөх болгондоо энэ тарнийг дуудан мандлаа өөрт шингэн орж байгаагаар дүрслэн төгсгөнө. Тэгээд хэдэн хором саяын мандал өргөсөн сэтгэлийн төлөвтөө төвлөрөн байгаад дараа нь мандлын тавгийг цэвэрлэж дахин эхнээс нь бүгдийг давтан дараагийн мандалд өргөх есөн хив тариа будааг байршуулна.

Буянаа арвижуулан чуулганыг хураах зорилгоор мандал өргөж байх тохиолдолд энэ дадлагыг маш хурдтайгаар олон удаа давтан хийх буюу хамгийн хурдан арга бол тарнийг дангаар нь зогсолтгүй үргэлжлүүлэн унших зуурдаа мандлаа бүтээгээд дараа нь уусгаад байх хэрэгтэй. Ийм хялбаршуулсан байдлаар мандлыг өргөж байх тохиолдолд бясалгалынхаа утга санаанд байнгын төвлөрөлтэй байх шаардлагатай бөгөөд эс тэгвээс хоосон ашиггүй үйлдэл болон хувирах болно гэдгийг санах хэрэгтэй. Мөн богино хэлбэрийг дундаж хэлбэрийн мандал өргөх залбиралтай хослуулан хэрэглэж болно, жишээ нь хорин нэгэн удаагийн богино хэлбэрийн мандал өргөснийхөө дараагаар дунд хэлбэрийн мандал нэгэнтээ өргөх нь ашигтай.

Даш Чойдан хийдийг байгуулагч, Цагийн хурдний
Очирт Багш Жавжэ Лама Лубсан Принлэй

Багшийн Егүзээр

Цагийн хүрдний тарнийн ёсны бэлтгэлийн зэргийн тавдугаар бясалгал болох Багшийн Егүзээр хэмээх бясалгалын гол зорилго нь өөрийн сэтгэлийг лам багшийхаа гэгээрсэн таалалтай холбоход оршино. Харьцангүй утгаараа та янз бүрийн залбирал мөргөлийг унших замаар урин залах, адислалыг айлтгах, авшиг хүртэх зэргээр сэтгэл зүрхээ нээн багшийг дээдлэх бишрэлээ хүчтэй төрүүлэх зорилготой болович туйлын утгаараа жинхэнэ багш гэдэг таны өөрийн билиг оюунаас өөр юу ч биш гэдгийг таньж мэдэхэд чиглэдэг. Тиймээс багш гэдэг таны амьдралд чухал хэрэгтэй хүн болоод зогсохгүй мөн таны хувийн "гэгээрэлд хүрэх замч" болдог байна. Гэгээрсэн бодгалиудтай шууд харьцах тийм буян бидэнд одоогоор бүрдээгүй байгаа учраас Бурханы гэгээрсэн таалалтай биднийг холбож өгч чадах тийм хүнд бид найдахаас өөр аргагүй билээ. Таны хар амиа хичээх сэтгэл, омог бардам зан зэргээсээ салахад туслуулахаар сонгож авсан хүн бол таны гадаад гүрү багш юм. Түүнийг өөртөө уусгах бясалгалыг дадуулан үйлдсэнээр өөрийн гэгээрсэн билиг оюун буюу дотоодын гүрү багшаа нээж илрүүлэх болно. Тарнийн ёсонд сэтгэл шулуудан орсон хүний хувьд гүрү йог зайлшгүй дадуулах ёстой бясалгалын нэг мөн, яагаад гэвэл багш ламын адислалыг ийн хүртсэнээр танд бүхнийг ариунаар харах чанар дадал болон хөгжиж гүнзгий ухамсарлахуйд хүрэх хаалгыг эцэстээ нээж чадах болно.

Хэрэв та юманд итгэхдээ муу сэжигч хүн бол гүрү йогийн алхам бүр танд нэг л биш, хуурамч ч юм шиг эсвэл ардчилсан бус мэт санагдаж болно. Бурханы шашин хамгийн суурь шатандаа сонсогч хүнд зөв зүйтэй сонсогдох, амархан туршаад үзчиж болохоор бясалгал зэргийг голлон анхаардаг. Энэ нь машин барьж сурахад шаардагддаг шиг анхан шатны гарын авлага юм. Гэвч буяны садан багшийг шүтэх багшийн егүзэрийн дадлага бол үүнээс хамаагүй дээгүүр шат гэж хэлж болно. Жолооны дадлага хийж байхдаа багшаасаа дуулдаг тэдгээр хувийн үнэтэй зөвлөмжүүд л гэсэн үг. Энэхүү зөвлөгөө танд эртний урсгалын мастеруудаас уламжлан үеэс үед дамжин ирсэн туршлагаас урган гарах тийм ховор нандин мэдлэгийг олгоно. Зохих ёсоор бясалгахын нууц нь энэ мэдлэгт л тулгуурлаж байгаа юм шүү дээ.

Гүрү йогийн бясалгалд орон багшийгаа залж мөргөх үедээ гэвч дан ганц сохор бишрэлээр үүнийг бүү үйлдэгтүн. Залбирлын үгс таны ой тойнд гүнзгий нэвчин орж үг болгоных нь цаана байгаа, үгээр илэрхийлж санаанд багтаахын аргагүй тэр утгыг ухаарахад чиглүүлэхээр зохиогдсон учраас тэр дагуу дадуулан гүйцэтгэвэл зохино. Гүрүг дээдлэх үнэн сэтгэл гэдэг зүгээр онолын асуудал ч юмуу эсвэл дарангуйлах үзэл бол бүр ч биш харин гэгээрлийн замд хамт зорчихдоо үгийг нь даган хүндэтгэл үзүүлэх харилцан зөвшилцөл гэж ойлгох хэрэгтэй.

Лам багшаас бидний хүртэх адислалын хэмжээ багшдаа хандаж буй бидний бишрэл хандлагаас шууд хамааралтай. Жишээ нь, бид түүнийг Бурхан ч юмуу Архад, энэрэл буянтай нэгэн гэж хандвал бидний хүртэх адислал Бурханы адислал, Архадын адислал, энэрэл буянт нэгний адислал болох билээ.

Дандарын ёсонд бид багшийгаа Бурхантай салшгүй нэгэн болгож харах бүхнийг ариунаар үзэх үзлийг хөгжүүлэх болно. Эхлээд бид багшийн гадаад байдалд төвлөрнө, дараа нь шүтэн бишрэх сэтгэлийг төрүүлэхийн тулд Гүрү багшийн дотоод ухамсрыг бурханы чанартай салшгүй нэгэн юм гэдэг дээр төвлөрөх хэрэгтэй. Эцэст нь бид өөрсдийн бурханлаг чанарыг багшийхаас салшгүй холбоотой болохыг ухаарснаар гүрү гэдэг "биеэс гадна" хаа нэгтээ байгаа зүйл биш юм гэдгийг ойлгох болно. Бясалгалын гол шим нь энэ хувиргалтад оршиж байгаа билээ. Яг одоогийн байдлаар бид энд, бурханлаг чанар маань тээр тэнд хаа нэгтээ байгаад байна. Тэгвэл бид Гүрүтэйгээ тулж ажилласнаар далд ухамсартайгаа холбосон гүүрийг бий болгож тэнд хоригдон буй хязгааргүй их чадамжийг суллан гаргах болно.

БЯСАЛГАЛ БА ТҮҮНИЙ ТАЙЛБАР

Одоо бидний суралцах бясалгал бол Жонангийн урсгалаар уламжлан ирсэн гурван багшийн егүзэрийн дадлагын нэг дэх нь юм. Бясалгал бүр таныг урсгалын лам нартай барилдлагаа зузаатгахад туслах өөр хоорондоо бага зэргийн ялгаатай байдлаар явагдана. Багшийн Егүзэрийн энэ бясалгалд өөрийн үндсэн гүрү багшаа хөх Очирдарын дүртэй салшгүй нэгэн болгож дүрсэлнэ. Энэ номын төгсгөлд гарах нэмэгдэл хоёр Багшийн Егүзэрийн бясалгал энэ урсгалын хамгийн нөлөө бүхий томоохон хоёр лам болох Гүнчэн Долбуба, Жэвзүн Дарнат хоёр дээр төвлөрөх юм. Энэ гурван дадлага цөм үндсэн бүтэцийн хувьд ижил бөгөөд дүрслэл үүсгэх, лам багшаа \буюу авралд нь багтаж буй нэгнийгээ\ залах, дөрвөн хүрдний авшиг хүртэх ба өөрийн сэтгэлийг багшийн сэтгэлтэй нэгтгэн уусгах гэсэн дараалалтайгаар хийгдэнэ.

Дүрслэл

Өөрийгөө нэгэн ариун газрын төвд орших үзэсгэлэнт шилтгээн дотор байгаагаар дүрсэлнэ. Таны багш өмнийн огторгуйд Очирдара Эзний дүрээр ургалаа. Тэрбээр лянхуа цэцгэн суудалд нар, сар, раху, калагнийн дөрвөн давхар дэвсгэр бүхий арслан сэнтийдээ заларчээ.

Очирт багшийн лагшин хөх, нэг нигур хоёр мутартай, очир хонх хоёрыг зүрхэн тус газартаа зөрүүлэн болгоожээ. Тэр бүтэн лянхуа завилгаагаар заларсан байна. Торгон хувцас чимэг зүүлт сэлттэйгээр Бурханы бүхий л тэмдэг найргийг төгс агуулсан түүний лагшингаас туяа татан гэрэлтэж үзэгдэнэ. Тэр таны зүг тааламжтай харан мишээх аж.

Очирдара эзнийг тойроод бусад дөрвөн Дандарсын аймгийн ядмууд, дамжлагын лам нар, Бурхад бодьсадва, шарвага брадигабуд, ханд дагинас хийгээд Номын сахиуснууд хотол чуулганаараа хүрээлэн байцгаана. Тэднийг өмнөө яг иймбайдалтай заларсан байна гэдэгт итгэлтэй байгтун.

Гүрү йогийн дадлага бүрд Очирт багшийгаа бүх урсгалын лам нар болон хамаг Бурхад бодьсадва нарын биелэл болсон Очирдарь Эзний дүрээр залах байдлаар эхэлдэг. Итгэл одуулах дадлагын нэгэн адил эгэл юмс үзэгдлийг хоосон чанарт уусгаад тэндээ нуурын усанд туссан төгрөг саран мэт ариун газар орныг гоёмсог шилтгээний хамтаар дүрсэлнэ. Тэгснээ багш лам огторгуйд язгуурын Бурхан Очирдарийн дүрээр арслан суудал дээр лянхуа, нар, сар, раху, калагнийн дэвсгэр бүхий сэнтийд залраад таны зүг сайшаасан байдлаар харж мишээх нь тантай хувийн дотно барилдлагатай болохыг илэрхийлнэ. Хотол чуулганы үзэгдэх байдал болоод тэнд буй гэгээрсэн бодгаль нэг бүрийн тодотголууд итгэл одуулах бясалгалд дүрслэгдсэнтэй ижил боловч энэ дадлагад хотол чуулганаараа таны үндсэн лам багшийг хүрээлэх хэлбэрээр тойрон байцгаана.

Дүрслэл тодорхой бөгөөд амьд, хурц тод өнгөтэй мөртлөө төсөөлөлд багтаж байгаа үзэгдлийн аль нь ч гадаад ертөнцөд жинхнээр хэзээ ч үл орших тийм зүйлийн толинд туссан тусгал мэт байх ёстой. Хэрвээ та мэдэж байх юм бол аль нэг ламын амьдралын түүхийг сэргээн санаж дүрслэлдээ багтаан амьдруулж бас болно. Аль ч дүрслэлийн дадлагад өөрийн хамгийн сайн дүрсэлж чадах зүйлээ ашиглавал сайн. Гэхдээ бясалгалын цаад ерөнхий утга гол болохоос жижиг сажиг зүйлс гол биш гэдгийг сана.

Буяны хотол чуулганыг өмнөө үүсгэсний дараагаар бодитоор болон бодолдоо ургуулсан элбэг дэлбэг тахилыг өргөнө. Бясалгалыг эхлэхээс авахуулаад өөрт бурханлаг чанар буй хэмээн бүрэн итгэлтэй байж удахгүй багш ламаа чин сэтгэлээр биширэн шүтсэний дүнд тэр маань илрэн гарч ирэх болно гэдэгт эргэлзэхгүй байх ёстой.

Буяны хотол чуулганыг дүрслээд Очирдарь лам ба бусад гэгээрсэн бодгалиудад хэмжээлшгүй их тахил өргөлөө хэмээн бодно. Та жишээ нь, бурхан тахилынхаа өмнө тахилын зүйлс бодитоор өргөж болох бөгөөд бүр илүү бодитой болгоно гэвэл өөрийн багш ламд цаг заваа зориулах, үйлчилгээ, санхүүгийн тусламж үзүүлэх зэргээр бололцоогоороо янз болгоны байдлаар тахил өргөж болох билээ.

Гүрү Очирдара

Бясалгалыг эхлэхдээ сонгосон замдаа гүйвшгүй итгэсэн чин сэтгэлийг өөрлөсөн байх нь маш чухал бөгөөд өөрийн бурханлаг чанар, түүний байгаа гэдэгт болон удахгүй илчлэгдэх нь гарцаагүй юм гэдэгт бүрэн итгэлтэй байх ёстой. Учир шалтгаан ба үр дагаврын хуулиар явагдаж буйд итгэх итгэлийг үндсэндээ бишрэл хэмээн нэрлэж байгаа юм. Бялуу жигнэх гэж байгаа хүн хэрэгтэй зүйлс цөм бүрдсэн үед итгэлтэй байдгийн адил тодорхой нөхцөлүүд бүрдэж байж та гэгээрлийн замдаа итгэл дүүрэн байх бололцоотой. Эдгээр нөхцлүүд гэдэг маань хорвоог огоорох сэтгэл, энэрэл хайр, бишрэл эцэст нь хамгаас чухал өөрийн бурханлаг-чанарыг эзэмшсэн гэдэгтээ итгэх итгэлийг хэлж байгаа билээ.

Дамжлагын Лам нарт Мөргөх

Энэрлийн дээд эрхэм багш таны гэгээн тааллаас сансар нирвааны үзэгдэл бүхэн ургамуй. Хүслийг хангагч чандмань эрдэнэ, авралын дээд багш танаа зүрхний угаас бишрэнгүйгээр мөргөмүй!

Очирт хөлгөний ёсонд багш ламыгаа хамаг Бурхдаас салшгүй чанартай ба санаанд багтах бүхий л тустай буянтай болгоны эх булаг хэмээн үзнэ. Тэрбээр оюун ухааныхаа хувьд хамаг Бурхадтай эн тэнцэх боловч таны өмнө багш дүрээр үзэгдэн байгаагаараа хамаг Бурхадаас ч илүү сайхан сэтгэлтэй гэж бодох хэрэгтэй. Таны амьдралд учирч үзэгдэж ном сонсгож байгаа нь энэ л лам багш билээ. Түүний энэ өгөөмөр сайхан сэтгэлийг номлосон ном, заасан болгоныг нь, түүнчлэн өөр бусад өчүүхэн төдий ч түүний үзүүлсэн энэрэл хайрыг нь санан байж чин сэтгэлийн угаас сөгдөн мөргөж байна. Ингэснээрээ та өөрийн сэтгэл дэх саруул билгүүний талыг урин залж байгаа гэсэн үг юм.

Дээд амгалангийн үнэн лагшин, Агнэстийн орондоо морилон саатсан язгуурын Бурхан Очирдара дор мөргөмүү!

Төгс жаргалант лагшин Цагийн хүрдэн дор мөргөмүү!

Хувилгаан лагшин Шагжаан дээд Бурхан Багш дор мөргөмүү!

Бурханы дөрвөн лагшингийн биелэл язгуурын лам багшдаа мөргөмүү!

Таны язгуурын багшийн төлөөлж байгаа урсгал язгуурын Бурхан Очирдараас эхэлдэг. Тэр бол өөрийн гэх хэлбэр дүрсгүй, хэзээ ч өөрчлөгдөшгүй гэгээрлийн үнэний номын лагшинг төлөөлдөг. Агнэстийн орон гэдэг нь "дээдийн дээд" гэсэн утгатай үг бөгөөд энэ залбиралд Бурханы номын лагшний орших газар буюу Очирдарын орныг хэлсэн байна. Гэгээрлийн төгс жаргалант лагшинг Цагийн хүрдэн, хувилгаан лагшинг Шагжаамүни Бурхан Багш төлөөлдөг. Тэд хамтдаа амьтны тусын тулд гэгээрсэн хүчний хайр энэрлийн биелэл болон үзэгддэг билээ. Бид багш ламыгаа дөрвөн лагшингийн биелэл хэмээн нэрлэсэн нь дээр дурдсан гурван лагшин дээр нэмэгдээд энэ гурвын нэгдэл болох \суабавикакая\ язгуурын билгүүний лагшинг хэлсэн ажгуу.

Номын Их Хаад, орчуулагчид, бандида нарт мөргөмүү!

Дайснаа дарагчдын хувилгаад ба Шамбалын гучин-таван Хаад дор мөргөмүү!

Том Жижиг хоёр Калачакрападад хийгээд дээр үгүй эрдэмт Налэндава Соманата нарт мөргөмүү!

Энэ мөргөлийн бадаг биднийг Жонан-Шамбалын урсгалын хамгийн чухал мастеруудтай холбож өгч байна. Номын Хаад, орчуулагчид, бандида нар гэдэгт: Цагийн хүрдний сургаалыг Шамбалын оронд танилцуулсан ба заасан мөн заах гучин таван хаадыг хэлж байна, хоёр Калачакрапад гэдгээр Цагийн хүрдний сургаалыг хүний ертөнцөд анх авчирсан хоёр бандидаг, хоёр эрдэмтэн гэдгээр уг сургаалыг сурталчлан дэлгэрүүлэх үйлсэд голлох нөлөөг үзүүлсэн Наланда хийдийн хоёр алдарт эрдэмтэн мастеруудыг хэлжээ.

Дээд шидийг олсон гурван лам: Хамаг амьтныг энэрэн хамгаалагч Гончигсүм, алдарт бясалгагч Дортон Намсэг, Бурханы номыг дэлгэрүүлэгч аугаа Дүвчэн Юмо дор мөргөмүү!

Одоо бид лам нарыг гурав гурваар нь бүлэглэн тэдний алдрыг магтан мөргөж эхэллээ. Шидтэн \Дүвчэн\ гэдгээр ухамсарлахуйн маш гүнзгий түвшинд хүрсэн бясалгагч нарыг нэрлэдэг. Гончигсүмийн нөгөө нэр нь Лама Лхажэ Гомбо гэх ба дандарын бясалгагч хар хүн байсан гэдэг. Тэр Цагийн хүрдний сургаалыг өргөн дэлгэрүүлж ер бусын увдис шидийг үзүүлэхээс гадна олон гэгээрсэн бодьгалуудтай шууд барилдлага тогтоосон байсан гэдэг. Дүвчэн Юмо Чойжи Рэчин гэдэг бүрэн сахил хүртсэн лам байсан бөгөөд олон ер бусын увдисыг эзэмшсэн алдартай махасиддха байжээ.

Авралын гурван гайхамшигт эх булаг: ачит хүү хувилгаан Дармэшвара, аугаа эрдэмт Жива Намхай Осэр, агаарт хөөрөх хийгээд бусад олон шидийг үзүүлэгч Сэмочэ дор мөргөмүү!

Сичог Дармэшвараг Манзушри бурханы хувилсан дүр хэмээн үздэг бөгөөд Дүвчэн Юмогийн төрсөн хүү ажээ. Жива Намхай Осэр бол өөлөх аргагүй төгс эрдэмтэй нэгэн бөгөөд Асангагийн сургаалыг болон тарнийн ёсыг ч бүрэн судалсан нэгэн гэдэг билээ. Сэмочэ Очирт Зургаан Йогийн бясалгалд орсныхоо дараа агаарт хөөрөх мэтийн олон шидийг үзүүлэх болсон гэдэг.

Аврагч гурван дээдэс: мунхагийн харанхуйг арилгагч Жамсар Шэйрав, бүхнийг машид мэдэгч Гүнчэн Чойжи Осэр, үл урвахын амгаланг төгөлдөржүүлэгч Гүмбэн Түгжэ Зундуй дор мөргөмүү!

Жамсар Шэйрав буюу Чойжэ Жамъян Сарма далд ухамсрынхаа ер бусын түвшинд хүрсэн нэгэн уртын бясалгалд орох замаар архаг өвчнөө эдгэрүүлж байжээ. Чойжи Одэр бол судар тарнийн ёсонд нэвтэрхий байснаараа бүхнийг мэдэгч мэргэн гэдэг нэрийг хүртсэн аугаа эрдэмтэн-егүзэр хүн байжээ. Гүмбэн Түгжэ Зундуйг Шамбалын Ригдэн хааны хойд дүр гэж үздэг бөгөөд Төвөд дэх шашний олон салбар урсгалуудыг амжилттай нэгтгэж чадсан төдийгүй Очирт Зургаан Йогийн бясалгалын замаар дээдэд үл урвахын амгаланг төгс эзэмшсэн нэгэн гэдэг.

Зүйрлэшгүй дээдийн гурван лам: Эрдэм бүгдийг гүйцээсэн Жансэм Жялва Еэшэ, аугаа чанарын далай Жэвзүн Самбуу, гурван цагийн мэргэн Будда Долбуба дор мөргөмүү!

Балчир ахуй цагтаа ном эрдмээр тарчигхан өссөн ч Жалва Иш тарнийн ёсонд орж Түгжэ Зундуйгийн удирдлаган дор бясалгаснаар маш их амжилт олжээ. Жэвзүн Самбуу \мөн Жэвзүн Ёндон Жямц гэдэг\ ёс суртахууны олон сайн чануудыг эзэмшсэний дээр маш өндөр зэрэглэлийн бясалгалд их амархан хүрсэн гэдэг билээ. Жонангийн алдарт мастер Долбуба бол Цагийн хүрдний тарнийн ёсыг Шандон үзлийн судрын ёстой уялдуулан холбож чадсан нэгэн бөгөөд түүнийг Бурхан Багшийн өөрийнх нь хувилгаан мөн гэж үздэг билээ. Түүний сургаалууд эрдэмтний ч хувьд хувирагийн ч хувьд ялгаагүй маш гүнзгий холыг харсан байдаг.

Бурханы номыг амьдруулагч гурван үндэс: Цог хийморьт Чоглэ Намжял, цэнгэл баяслын уурхай Нябонва, мэдлэг ба энэрэхүйн их сан Гунгаа Лодой дор мөргөмүү!

Чоглэ Намжял мэтгэлцээн болгонд ялан гардаг "үл үзэгдэгч" гэдэг нэртэй хийморьтой хүн байсан гэдэг. Нябонва \мөн Чимэд Нябон Гунгаа\ их хүндэтгэл хүлээсэн багш байсан бөгөөд түүний сургаалууд хаа хүрсэн газартаа баяр цэнгэлийн их уурхай болон хувирдаг байжээ. Гунгаа Лодой багаасаа номд шамдан суралцаж эрдмийн их сан болоод хожим хорвоог огоорохын гайхамшгийг үзүүлэн аугаа энэрхүй сэтгэлт егүзэр мастер болсон гэдэг билээ.

Гайхамшиг болсон гурван лам: Гурван Эрдэнийн биелэл Принлэй Самбуу, өргөн хийгээд гүнзгий сургаалыг сахигч Ниэтон Дамчаа, судрын хийгээд тарнийн ёсны аугаа мастер Намхай БалСамбуу дор мөргөмүү!

Принлэй Самбуу \мөн Жамъян Гончиг Самбуу\ бүхий л урсгалын маш олон хийдэд суралцаж төгсгөсөн болохоор Гурван эрдэнийн сургаалын биелэл болсон нэгэн ажгуу. Ниэтон Дамчаа \мөн Дэмчиг Намхай Цэчан\ Очирт зургаан йогийн бясалгалын дүнд нэн гүнзгий ухамсарлахуйд хүрч чадсан бөгөөд хоёр их хийдийн хамба байснаараа Цагийн хүрдний өргөн хийгээд гүнзгий сургаалыг сахин хамгаалагч хэмээгдэх болжээ. Намхай БалСамбуу \буюу Банчэн Намхай Халзан\ уг нь Сажаагийн урсгалаар бэлтгэгдэн гарч ирсэн боловч судар тарнийн ёсыг гүнзгийрүүлэн судалж Цагийн хүрдний сургаалд онцгойлон нэвтэрхий болсон гэдэг билээ.

Амьтны тусыг бүтээсэн гурван лам: алдарт орчуулагч Раднабадра, баяр цэнгэлийн эх булаг Лама Гунгаа Долчог, эс төрсөн үнэний утгын гэрч Лүндэг Жямц дор мөргөмүү!

Раднабадра зэтгэрийг номхотгох чадвар, олон ядмууд ялангуяа Махагал ядамтай ойр холбоотой байснаараа олон амьтны тусыг бүтээсэн гэдэг. Гунгаа Долчог бол Нигума дагинатай ойрын холбоотой байсан алдарт Римэ мастер ба өөрийн сургаалаар олныг баярлуулж явсан байна. Лүндэг Жямц Очирт Зургаан Йогийн өндөр зэрэгт хүрч зүүднийхээ эзэн болсон гэдэг бөгөөд үүгээр нь эс төрсөн үнэний утгын гэрч хэмээн нэрлэжээ.

Зүйрлэшгүй сайхан сэтгэлт гурван лам: Аугаа чөлөөлөгч Долби Гомбо, далай мэт чанарын ундрага Гунгаа Ринчен, ариун болгоны биелэл Хайдүв Намжял дор мөргөмүү!

Долби Гомбо \буюу Дарнат, мөн нөгөө нэр нь Гунгаа Нинбуу\ суут зохиолч,

Жонангийн урсгалыг дахин сэргээсэн нэгэн бөгөөд Бурханы сургаалыг өргөн дэлгэр номлосноороо аугаа чөлөөлөгч яах аргагүй мөн билээ. Гунгаа Ринчен \ мөн Онжан Ринчен Жямц\ бол маш их эрдэмтэй, зузаан судруудыг ч ядах юмгүй цээжилчихдэг байснаараа алдартай бөгөөд урд насандаа гаргаж байсан амжилтууд нь түүнд далай их оюунлаг чануудыг авчирсан гэдэг билээ. Хайдүв Лодой Намжял бол Долбубагийн ээжийн хойд дүр гэгддэг бөгөөд аливаа зан үйл хийх болгонд нь бэлэгтэй сайхан шинж тэмдгүүд илэрдгийн улмаас ариун болгоны биелэл хэмээн нэрлэсэн байна.

Ариун сургаалын санг баригч гурван лам: Үг ярианы мастер Түгиэ Принлэй, дайснаа дарсан Данзан Чойжур, чимэг болсон бясалгагч Агваан Чойжор дор мөргөмүү.

Агваан Түгиэ Принлэй \мөн Чалонва\ модон морин жилд Чосан аймагт төржээ. Тэр бага наснаасаа зэтгэрийг номхотгох гэх мэтийн олон шидийг эзэмшсэн байв. Тэрбээр Банчэн Лам Лувсан Чойжин гэх мэтийн олон багшаас ном сонссон бөгөөд Цагийн хүрдний Очирт Зургаан Йогийг Чойжэ Гүнсэн Ванбогоос дамжуулж авсан байна. Голог аймгаас Зука Та Цэ хүртэл олон дагалдагч нартай болсон гэдэг билээ. Данзан Чойжур \мөн Агваан Данзан Намжял\ очирт тарнийн ёсоор явж олон шатыг гүйцээснээр дайснаа дарсан ялагч хэмээн нэрлэгдсэн бол Агваан Чойжор \мөн Агваан Жэвзүн Даржээ\ бясалгалын өндөр шатанд хүрч зүүдэндээ олон шид увдисуудыг эзэмшсэнээр зогсохгүй гэгээн гэрлийн туяанд уусаад тэндээ өнө удаан саатан бясалгаж чадах болсноороо чимэг болсон хэмээн нэрлэгдэх болсон ажээ.

Ариун үйлсийг аяараа үйлдэгч гурван лам: төгс ёс суртахууны чимэг Принлэй Намжял, Номын их сан шидийг үзүүлэгч Чойжи Балжор, оньсон түлхүүрийг төгс атгагч Жалва Цэнчан дор мөргөмүү.

Олон янзын багш нараар ном заалгасан Принлэй Намжял Очирт хөлгөний бясалгалаар гүнзгий ухамсарлахуйд хүрснээр барахгүй ёс суртахууны болон өөр олон сайн талуудаараа алдаршин үлджээ. Чойжи Балжор зургаан йогийн сургаалыг Жэвзүн Даржээгаас дамжуулан авсан бөгөөд удалгүй жинхэнэ мөн чанартаа хүрч Цагийн хүрдний төгсгөлийн шатыг төгөлдөржүүлснээр энэ урсгалын уламжлалыг хадгалагч лам болсон байна. Түүнийг мөн Шаюул Чойгор хэмээн дууддаг байсан ба агаарт хөөрөх, бусдын бодлыг унших зэргийн олон шидийг эзэмшсэн байсан гэдэг. Жялва Цэнчан \мөн Нүдэн Лхүндүв Жямц\ Зука Ягдо аймагт төрсөн, Занва Агваан Принлэйгийн хойд дүрээр тодорсон. Тэрбээр Ягдо дахь ордонд суух болсноор барахгүй олон газарт өндөр хүндлэл хүлээсэн багш болон залардаг байсан ба Ажион хаанаас шашны тэргүүн цол хүртэж явжээ.

Харах хийгээд сонсох төдийд амьтныг чөлөөлөгч гурван лам: Гурван эрдэний
охь Жигмэ Намжял, аврагч баатруудын биелсэн дүр Чойпэл Жямц, хослон
гэгээрлийг биеэр үзүүлсэн Чойжин Жямц дор мөргөмүү.

Хайдүв Лодой Намжялын гуравдугаар дүрийн хувилгаан гэгддэг Жигмэ Намжял
өөгүй чармайн суралцах хийгээд бясалгасаныхаа дүнд ер бусын увдисуудыг
эзэмших болсон гэдэг. Чойпэл Жямц мөн агаарт хөөрөх мэтийн олон шидийг
үзүүлж насан өөд болохдоо солонгон биед хувилсан нь түүний хүрсэн ухамсрын
өндөр түвшний илэрхийлэл байсан билээ. Чойжин Жямц бол Акашагарба
бодьсадвын дүрийн хувилгаан гэж тооцогддог байсан ба хана нэвтлэн гарах гэх
мэт увдисыг эзэмшин Шамбалын ариун орноор аялж тэндээс Төвөдөд сургаал
зөвлөгөө авч ирэн дэлгэрүүлж байсан гэдэг.

Ариун Номын гурван чимэг: алтан үсэгт Номыг дэлгэрүүлэгч Дамба Равжаа,
ариун үйлсийн зүйрлэшгүй оюун Лувсан Принлэй, Манзуширийн саруул ухааныг
тив даяар цэцэглүүлэгч Жамбал Лодой дор мөргөмүү.

Агваан Чойжингоос тарнийн ёсны сургаалыг дамжуулан авсан Дамба Равжаа
түүнийгээ төгөлдөржүүлсний олон шинжийг бясалгалынхаа үеэр үзүүлсэн гэдэг.
Тэрбээр даруу төлөв амьдралаар амьдарч далан-зургаан насандаа өөд болохдоо
гэгээн гэрлийн туяанд зургаан хоногоор саатсан гэдэг. Лувсан Принлэй мөн
Цагийн хүрдний сургаалд идэвхийлэн суралцаж, гуч орчим насандаа архаг өвчин
илэрсэнд таван жил үргэлжилсэн уртын бясалгалд суун бүрэн илааршуулсан
гэдэг. Тэрбээр Их хөлгөн, Очирт хөлгөний ёсыг ариун хэлбэрээр нь сэргээхийн
тулд цуцахыг мэдэхгүй зүтгэж байсан ажээ. Жамбал Лодой бол урд төрөлдөө
Цагийн хүрдний ауга мастер Чойжин Жямц байсан Гэцэ Ханбрүлийн хойд дүр
юм. Тэрбээр арван нэгэн хийдэд дамжин суралцахдаа Төвөдийн бурханы шашны
таван гол урсгалын сургаалыг цөмийг судалж дараа нь Энэтхэг рүү аялж ариун
дагшин газруудад бясалгал бүтээл үйлдээд эцэст нь Австралид очиж суурьшин
Бурханы сургаалыг англи хэл дээр заах үйлсэд бүхий л амьдралаа зориулан яваа
багш минь билээ.

Долоон-Гишүүнт Мөргөл

Би бээр эгнэгт үл алдрах үнэн итгэлийг одуулан байж

Бие хэл сэтгэл гурваар сөгдөн мөргөмүү.

Би бээр бодитоор болон бодолдоо ургуулсан үүлс шиг арвин тахилыг өргөмүү.

Долоон-гишүүнт тахил энэ мөрүүдээр эхэлнэ. Төвөдийн Буддын шашны
уламжлалд долоон-гишүүнт тахилыг олон бясалгалын өмнөх бэлтгэлийн зэрэгт
оруулан унших нь элбэг бөгөөд өөр өөр ялгаатай хувилбаруудыг хоёр чуулганыг
хураах зорилгоор өргөн хэрэглэдэг билээ.

Эхний гишүүн мөргөлийг уншихдаа итгэл одуулах үйлийн дагуу бие хэл сэтгэлээрээ хамаг амьтныг хорвоогийн зовлонгоос гэтэлгэх чадвартай Лам Гурван Эрдэнэ дор хэзээд үл доройтох мөнхийн *итгэлийг* одуулан хүндэтгэх сэтгэлээр сунаж мөргөж байна хэмээн дүрсэлнэ. Үүний ачаар бидний омог дарагддаг тул бардам дээрэнгүй зангийн эсрэг ерөндөг болдог ажээ. Хоёрдугаар гишүүн мөргөлд буянаа арвижуулах гол арга болсон үүлс шиг их арвин *тахилыг* бодитойгоор буюу бодолдоо үүсгэснээр өргөнө. Үүнийг хэлж байхдаа буяны хотол чуулганыг өмнөө байна гэж төсөөлөөд та болон таны ард хамаг амьтан мөн адилхан мөргөж мандал өргөж байна хэмээн дүрсэлнэ. Энэ нь харамч хахирган зангийн эсрэг ерөндөг болдог.

Би бээр тэргүүлшгүй цагаас хураасан бүхий л нүгэл хилэнцээ илчлэн намачилмуу.

Би бээр сансар нирваагийн буян бүгдэд даган баясмуу.

Багш та Номын хүрдийг тасалдуулалгүй эргүүлсээр байыг айлтган сануулмуу.

Долоон-гишүүний гуравдугаар гишүүн мөргөл Лам Гурван Эрдэнийг гэрчээ болгон байж хамаг л нүгэл хилэнцээ тэдний өмнө илчлэн *намачилж* байна. Базарсадын ариусгалд байдагтай адилаар дөрвөн хүчийг энд үүсгэвэл зохимжтой. Лам Гурван Эрдэнээ шүтээний хүч болгон, үхлийн хор залгисан мэт бие хэл сэтгэлээр үйлдсэн бүхий л хилэнц нүгэлдээ гэмших гэмшлийн хүчийг үүсгээд, хойшид дахин хэзээ ч давтахгүй боомтолж үйлдэе хэмээсэн гэмээс эргэн буцахын хүчийг мөн үүсгэнэ. Ерөндөг болгон Гурван Эрдэнийн зүгээс гэрэл цацран хамаг нүгэл хилэнцийг ариусгахад тэдгээр хилэнц нүгэл цөм нийлж бөөн хар зүйл болон хэлний үзүүрт цугларлаа гэж төсөөлнө.

Наманчиллын дараагаар дөрөвдүгээр гишүүн тахилд өөрийн болоод хамаг амьтны, ердийн хийгээд гэгээрсэн амьтдын ч хураасан орчлон нирваагийн хамаг л буянд *даган баясаж* байна. Үүгээр таны буян хишиг ихээр арвижин дэлгэрэхээс гадна атаа хорсолт сэтгэлийн эсрэг ерөндөг болдог ажгуу.

Тавдугаар гишүүн мөргөлд лам Гурван эрдэнээс *Номын хүрдийг үргэлжлүүлэн эргүүлсээр* байхыг дурдатган сануулж байна. Хэрэв бидэнд Ном заах хүн үгүй бол цөлд хаягдсан сохор хүн адил хоцорч орчлонгоос чөлөөлөгдөх бололцоо яагаад ч үгүй болох билээ. Будда анх гэгээрэлд хүрчихээд бусдад номоо заахгүй хэмээн шийдсэн гэдэг. Гэвч Эсруа, Хурмаст тэнгэрүүд түүнд тахил өргөн Номын хүрдийг эргүүлнэ үү хэмээн айлтгасны дараа тэр бодлоо өөрчилсөн гэдэг билээ. Энэ ёсоор Бурханы сургаалыг эзэмшсэн хэн бүхэнд бидний зүгээс айлтгал байх хэрэгтэй бөгөөд энэ нь төөрөгдсөн сэтгэлээс салах ерөндөг болдог ажээ.

Багш та нирваанд орох хэмээн яаралгүй бидэнтэй үүрд саатан үлдэж соёрх.

Хураасан энэ чуулган бүгд би хийгээд хамаг амьтны гэгээрлийн дээд хутагийг олохын төлөөнөө зориулагдах болтугай.

Лам Гурван Эрдэнээс Номын хүрдийг эргүүлнэ үү хэмээн айлтгал талбисны дараагаар зургаадугаар гишүүн мөргөлд орчлонд саатан үлдэж нирваан дүрийг олох гэж бүү яараарай хэмээн гуйж мөргөнө. Нирваан дүр гэдэг нь бүхий л зовлонгоос ангижирсан төлөвт орохыг хэлдэг. Бурхан хэдийгээр үхэл амьдралын аль алинаас ангижирсан ч гэлээ бид өөрсдийн буяны их багаас шалтгаалан өөр өөрөөр түүнийг олж үзэх тул ингэж айлтгаснаараа бид түүний сургаалыг цаашид хүртсээр байх тийм буян заяа олдоосой хэмээн залбирч байгаа хэрэг юм.

Долоодугаар буюу сүүлчийн гишүүн мөргөлд энэ бүх буян хишиг билиг оюуны чуулганыг хураасны шимээр хамаг амьтан хийгээд би өөрөө ч гэгээрлийн дээд хутагт хурдан хүрэх болтугай гэж ерөөн зориулж байгаагаа илэрхийлжээ. Өмнөх бүлэгт бидний ярилцсан зориулга ерөөлийн нэгэн адилаар та зөвхөн өөрийн биш хамаг амьтны өнгөрсөн одоо ирээдүйн бүхий л буяныг хамтатган зориулах хэрэгтэй бөгөөд ийм арвин зориулга ихээхэн том үр дүн авчрах нь гарцаагүй юм.

Хамаг Бурхадын биелэл, Номын их эзэн, сүр жавхлант лам тандаа сөгдөн мөргөмүү.

Бурханы дөрвөн лагшинг эзэмшигч, Номын их эзэн, сүр жавхлант лам тандаа сөгдөн мөргөмүү.

Энд мөн л Очирт хөлгөний ёсонд багш лам гэдэг авралд нь багтах хамгийн үнэтэй чухаг нандин зүйл байдгийг дахин илтгэж байна. Хамаг Бурхадын биелэл болсон түүний амьд холбоогоор дамжиж бид гэгээрэлд хүрэх хүчийг олж авах ёстой. Лам багшийгаа Бурханы дөрвөн лагшинг эзэмшсэн хэмээн харснаар бид өөрсдийн доторхи дөрвөн лагшинг илрүүлэх зам байна гэдгийг олж харж байгаатай адил билээ.

Эгнэшгүй туйлын авралт, Номын их эзэн, сүр жавхлант лам тандаа сөгдөн мөргөмүү.

Эгнэшгүй туйлын гэтэлгэгч, Номын их эзэн, сүр жавхлант лам тандаа сөгдөн мөргөмүү.

Лам багш гэдэг Гурван Эрдэнийн биелэл учраас авралдаа биднийг багтаах, зовлонгоос биднийг гэтэлгэх эгнэшгүй нэгэн мөнөөсөө мөн бөгөөд бидэнд харьцуулшгүй үнэн алдаагүй замыг санал болгон тэр замыг дагаснаараа бид орчлонгийн хүлээснээс ангижран төгс гэгээрэлд хүрч гэтлэх билээ.

Гэтлэхүүн дээдийн замыг соёрхогч, Номын их эзэн, сүр жавхлант лам тандаа сөгдөн мөргөмүү би.

Гүнзгий ухамсарлахуйн бүхий л эх сурвалж, Номын их эзэн, сүр жавхлант лам тандаа сөгдөн мөргөмүү би.

Мунхгийн харанхуйг үлдэн арилгагч, Номын их эзэн, сүр жавхлант лам тандаа сөгдөн мөргөмүү би.

Энд бид багш ламдаа хязгааргүй талархах сэтгэлээ илэрхийлэн тэр бидэнд гэтлэхүйн замыг заадаг шүү гэдгийг өөрсөндөө давтан сануулж, бурханлаг чанараа илрүүлснээр олон увдист шидийг эзэмшин Бурхантай биднийг холбож өгөхөөс гадна бидний гэгээрэлд хүрэх замыг халхалж буй мунхаг сэтгэлийг арилгаж өгдөг ачтан хэмээн магтан мөргөж байна.

Ариун авшигаа хүртээн соёрх!

Үлдсэн амьдралаа бясалгал номонд төгс зориулах хүчийг надад заяан соёрх!

Одоо бид түүнээс авшиг хайрлахыг гуйж байна. Энэ бол түүний гэгээрсэн оюунтай холбогдох заншил болсон үйл билээ \дараагийн бүлэгт дүрслэгдэх болно\. Их хөлгөний ёсонд сэтгэлийн хоосон чанарыг гүн ухааны ба нягталж тунгаасан дүгнэлтийн үндсэн дээр тулгуурлан тайлбарладаг тул сэтгэл эхлээд хоосныг ойлгож дараа нь илрүүлдэг байна. Авшиг хүртэх замаар \самгард. абшека\ зөвхөн сэтгэл төдийгүй бие, хэл хүртэл бидний бурханлаг чанарын илрэл болон "танд энэ бий шүү" гэж хэлэх мэт танигддаг байна. Бид гаднаас ямар нэгэн зүйл авч байгаа бус өөрийн дотор байгаа зүйлээ идэвхжүүлж байгаа гэж ойлгож болно.

Мөн бид Бурханы номд бүхий л цаг завaa төгс зориулах хүчийг гуйж мөргөж байгаа нь эртний нандин сургаалыг анхааран авлага болгоход хэрэгтэй нөхцөлийг буй болгоход тусалдаг билээ.

Бясалгал номд бүхнээ зориулахад тохиолдох саад бүхнийг арилган соёрх.

Дадлага номын шимийг надад хайрлан соёрх.

Сүсэг бишрэлийн замд тохиолдох саад бэрхшээлд санхүүгийн асуудал, ойр дотныхны эсэргүүцэл гэх мэт гадаад бэрхшээлээс гадна сэтгэлийн зовлон гансрал, тачаал гэх мэт сэтгэл алгасруулсан саадууд багтдаг. Мөн бид дадлага бясалгалынхаа шимийг хүртэхийг мөрөөсөн залбирч байгаа нь ойлгож мэдлэг олж авах төдий бус харин сэхээрч сэрэх гэснийг зөв ойлгох хэрэгтэй.

Бясалгал хичээл маань төгс төгөлдөрт хүрэх болтугай.

Сэтгэл зүрх минь хайр энэрэл, Бодийн сэтгэлээр аяндаа дүүрч байх болтугай.

Бурханы Номын бясалгал дадлага амжилттай болохын үндэс нь уг сургаалыг бишрэх сэтгэл, бүхнээ зориулах хүсэл, нэгэн үзүүрт төвлөрөл зэрэг мөн. Бусдыг хайрлан энэрэх хийгээд бусдын төлөө гэсэн сэтгэлийг хөгжүүлснээр бидний зан араншингийн нэгээхэн хэсэг болон хувирч сүүлдээ цаанаасаа хар аяндаа төрөн гардан болдог билээ.

Онцгой төвлөрөл дотоод шинжлэл хоёрыг нэгтгэх болтугай.

Бурханы Номын дээдийн ухамсарлахуй, илт мэдэлд хүрэх болтугай.

Бид бурханлаг-чанараа илрүүлэхэд бидний бодлын төөрөгдөл бүрэн арилж төгс төвлөрөл зөн билиг хоёроо нэгтгэх боломжтой болдог. Тэндээс бид тогтоох бясалгал шамата-д хүрч нэгэн үзүүрт сэтгэлээр гэрлийн тусгал мэт ганц зүйлд бүрнээ төвлөрөн бясалгах чадвартай болно. Цаашлаад шинжлэх бясалгал випашьаанад-г хөгжүүлэн энэ хоёрын нэгдлээр гэгээн гэрлийн туяа буюу туйлын үнэнийг илрүүлэх болно.

Очирт хөлгөний гүнзгий замыг төгс дадуулан үйлдэх болтугай.

Увдис шидийг эзэмшээд ханьцашгүй дээдийн амгаланд энэхэн насандаа хүрэх болтугай.

Эцэст нь бид бясалгал дадлага маань амжилттай явж төгсөхийн төлөө залбиран гуйж мөргөлөө. Цагийн хүрдний төгсгөлийн шат нь Жонангийн урсгалаар уламжлагдан ирсэн Очирт Зургаан Йог хэмээх ер бусын гайхамшигт аргуудыг агуулсан сургаалыг энд хэлж байгаа билээ.

Дөрвөн Хүрдний Авшиг Хүртэх

Дөрвөн хүрдний авшгийн дүнд бид лам багшийхаа бие, хэл, сэтгэл, билгүүн гэсэн ариун чанаруудтай холбогдох бөгөөд энэ нь үнэн хэрэгтээ бидний өөрийн Бурханлаг чанарын үзэгдэх байдал ажгуу. Энд "бие, хэл, сэтгэл" гэдгээр бид янз бүрийн түвшинд янз бүрийн утгыг танилцуулж болно. Гэвч энгийнээр тайлбарлахад бид нарийн бие \хүрд ба судлууд\, нарийн хэл \буюу дотоод хий\, нарийн сэтгэл \буюу дусал\ эцэст нь эдгээр гурвын нэгдэл болох язгуурын билиг билгүүн \буюу язгуур ухамсар\ зэргийг ариусгаж байгаа хэрэг юм. Цагийн хүрдний системын дагуу дөрвөн авшгийг нууц билгийн ханьтай хослон байж хүртэх ёстой бөгөөд энд тэрхүү гүнзгий түвшний бясалгалыг бэлэгдсэн бэлгэдлийн чанартай авшгийг бид одоо хүртэх болно.

Их Очирдарийн дүрт үндсэн гүрү багшийн духанд УМ үсэг тодорч цагаан өнгийн гэрэл түүнээс цацран миний духны хүрдэнд уусан орж бие махбодын сөрөг бүхнийг ариусгалаа. Би бээр бумбын авшгийг ийнхүү хүртсэнээр гэгээрсэн лагшингаар адислагдах болтугай.

Эхний авшгийг *бумбын авшиг* хэмээн нэрлэх ба ламын духанд тодорсон тарнийн үсэгнээс цагаан гэрэл цацарч хоёр нүдний голд хамрын угаас нэг сантиметр орчим дээр орших таны духны хүрдэнд орж уусан бие дэх бүхий л хилэнцэт муу саадыг арилгалаа гэдэгт хулгай хийх буюу бусдыг хохироосон бие махбодын үйлдүүд багтана. Авшиг эдгээр хилэнцийг ариусгах бөгөөд хүрд судлуудыг мөн нээж өгдөг билээ. Та үүгээр Очирт-Лагшингаар адислагдан дүрслэл үүсгэх дадлагад хүлээн авагч хэрэгсэл буюу сав болох боломжтой болж, Бурханы хувилгаан лагшинг улмаар олох үйлийн барилдлагыг үүсгэлээ гэсэн үг.

Лам багшийн хоолойд А үсэг тодорч улаан өнгийн гэрэл цацран миний хоолойн хүрдэнд уусан орж хэл ярианы бүхий л хилэнцийг ариусгалаа. Би бээр нууцын авшгийг ийнхүү хүртсэнээр гэгээрсэн зарлигаар адислагдах болтугай.

Хоёр дахь авшгийг *нууцын авшиг* хэмээх бөгөөд улаан гэрэл ламын хоолойноос цацарч төвөнхнөөс ялигүй дээхнэ орших таны хоолойн хүрдэнд уусан орж худал үг, ширүүн үг мэтийн хэлээр үйлдэх хилэнц нүглийг ариусган мөн дотоод хийг чөлөөлж өгч байна. Та ийнхүү гэгээрсэн Очирт-Зарлигаар адислагдан тарни тоолох дадлагад сав болох чадлыг эзэмшин, Бурханы төгс жаргалангийн лагшинг ирээдүйд олох үйлийн барилдлагыг үүсгэлээ гэж бодох хэрэгтэй.

Лам багшийн зүрхэнд ХУМ үсэг тодорч хар хөх өнгийн гэрэл цацран миний зүрхний хүрдэнд уусан орж сэтгэл доторхи бүхий л хилэнцийг ариусгалаа. Би бээр оюуны авшгийг ийнхүү хүртсэнээр гэгээрсэн тааллаар адислагдах болтугай.

Гурав дахь авшгийг *оюуны авшиг* гэж нэрлэх ба хар хөх өнгийн гэрэл ламын зүрхнээс цацарч цээжний төвд байрлах таны зүрхний хүрдэнд уусан орж шунал, үзэн ядалт гэх мэтийн сэтгэлээр үйлдэх хилэнц бүгдийг ариусгаад мөн дотоод биений дуслуудыг чөлөөлж өгч байна. Та ийнхүү гэгээрсэн Очирт-Тааллаар адислагдан дотоод хий судлуудыг хамардаг бясалгал \туммо\-ын үед сав болох чадвартай болж Бурханы номын биеийг олох үйлийн барилдлагыг үүсгэлээ.

Ламын хүйсэнд ХО үсэг тодорч шар өнгийн гэрэл цацран миний хүйн хүрдэнд уусан орж хилэнцэт бодол болон шунан зуурах сэтгэлийн нүглийг ариусгалаа. Би бээр дөрөв дэх ариун авшгийг ийнхүү хүртлээ. Бурханы дөрвөн лагшин биед минь оршсоноор ханьцашгүй билиг билгүүнээр адислагдах болтугай.

Дөрөв дэх авшгийг *үгний авшиг* гэж нэрлэдэг. Ламын хүйснээс шар өнгийн гэрэл цацарч, хүйснээс доош дөрвөн хуруу зайд орших таны хүйн хүрдэнд уусан орж бодол доторх хилэнц, шунал зэрэг сэтгэлийн бүхий л түйтгэрийг ариусгаж байгаа нь суурь ухамсарт хураагдан үлдсэн мэдэгдэхүүний түйтгэр зэрэг "бүхий л үйлийн ёзоорыг" ариусгана. Мөн дээр дурдсан гурван хорин ул мөр, үлдэгдлийг арилгаж өгдөг билээ. Та ийнхүү ханьцашгүй Очирт-Билиг билгүүнээр адислагдан туйлын үнэнийг илт онохуй бясалгалын үед сав болох чадвартай болж Бурханы дээд язгуурын лагшинг олох үйлийн барилдлагыг үүсгэлээ.

Өөрийн Сэтгэлийг Ламын Сэтгэлтэй Нэгтгэх

Багш лам гэрэлд хайлан уусаж дараа нь надад шингэлээ. Миний сэтгэл багш ламын гэгээн тааллаас салшгүй нэгэн болж хувирвай. Би бээр бодол үгүй, хөдөлгөөн үгүй сул чөлөөт энэ байдлаа удаанаар хадгалан үлдэх болтугай.

Аль ч бясалгалын адилаар Багшийн Егүзэрийн бясалгал ч мөн дүрслэлээ тэр чигээр нь уусган шингээж, өөрийн сэтгэлийг багшийн сэтгэлээс салшгүй нэгэн зүйл юм гэдгийг ажиглан шинжилж ойлгосноор төгсөнө. Лам гэрэлд хайлж дараа нь танд шингэн орно. Ингэснээр таны сэтгэл ламын сэтгэлээс салшгүй болох ёстой. Гэвч танд мөн л "би" болон багш лам гэсэн саланги хандлага байгаад байвал санаа зовох хэрэггүй харин будаа тариа хоёр холилдсон хирнээ салгаж болохоор байдаг шиг л санах хэрэгтэй. Удаан дадуулан үйлдсэний дараагаар энэ хандлага тань арилж ялгагдахаа болино. Усанд ус юүлэх мэт тэд нэгэн зүйл болон хувирах болно. Тэгэхэд та энэ хоёр хэзээ ч салангид байгаагүй юм, багшийн сэтгэл миний өөрийн бурханлаг чанараас өөр юу ч биш байж гэдгийг ухаарах болно. Та өөрийн ганц сэтгэлийг дангаар нь ламыхтай нэгтгэж байгаа хэрэг бас биш, бие хэл хоёр мөн хамрагдах боловч тэд хэзээ ч салангид байгаагүй болохоор нэгтгэх зүйл үнэндээ огт үгүй билээ.

Та өөрийн сэтгэлийг ламыхтай чадлынхаа хирээр нэгтгэсний дараагаар юу ч бодохгүй сул чөлөөтэй байдалдаа аль болох удаан саатахыг хичээх хэрэгтэй. Тэгээд нэгэн хүн гэсэн энэ сэтгэгдэл алдагдаад ирэхийн цагт ерөөл уншиж лам багшийг өөртөө дахин нэг уусгаад ямар ч санаа бодолгүйгээр хоосныг ширтэн нэг хэсэгтээ амрагтун.

Энэ бясалгалыг ойлготлоо нилээд удаан давтах шаардлага гарч болно. Тэр дороо юу ч мэдрэхгүй байлаа гээд шантарч орхиж болохгүй. Амжилтын үндэс нь илгээгч багш хүлээн авагч сав хоёрын хоорондын барилдлага зэрэг бүрдэх ёстой олон нөхцөл байдлаас шалтгаалдаг. Авшиг хайрлагч ламын зүгээс эртний ариун урсгалтай холбогдсон цэвэр дамжлагаас гаралтай байх хэрэгтэй. Бидний зүгээс харин тийм бишрэл дүүрэн нандин холбоог тогтоохуйц сайн үйлийн үр, буян заяатай байх эсвэл тийм ламтай үйлийн тусгай барилдлагаар холбогдсон байх гэх мэт нөхцөлүүд бүрдсэн байх хэрэгтэй билээ.

Зориулга Ерөөл

Би бээр сүр төгөлдөр язгуур дамжлагын лам нар лугаа адил болох болтугай.

Намайг дагагсад, насны хэмжээ, цол хэргэм, арилсан орон цөм та бүгдийн нэгэн адил болох болтугай.

Багшийн Егүзэрийн дадлагад бид язгуур дамжлагын лам нарыгаа даган дуурайх гэсэн хүсэлдээ энэ бясалгалынхаа буяныг зориулдаг. Яагаад гэвэл бид буян хүрээгүйн улмаас харж чадахгүй байгаа болохоос биш тэд үнэндээ төгс гэгээрсэн Бурхан Будда мөн юм. Тиймээс бид тэдний жишээг дагаж байж бурханлаг чанараа илрүүлэх хэрэгтэй.

Дараагийн мөрөнд ламынхаа гэгээрсэн чануудыг эзэмших хүслээ хөгжүүлж байна. "Дагагсад" гэдгээр гэгээрлийн зорилгод хүрэхийн тулд орчин тойрныхондоо гэгээрсэн арга замаар нөлөөлөх чадал бидэнд бий гэдгийг харуулж байна. Энэ нь бидний буянаас хамаардаг. "Насны хэмжээ" гэдгээр хамаг амьтанд аль болох л тустай байхын тулд урт насыг бэлэгдэж байна. "Цол хэргэм" гэдгээр бусдын тусын тулд бид хэрхэн үзэгдэх боломжийг өөрөөр хэлбэл Шамбалын Ригдэн хаан байна уу жирийн бадар барьсан хувраг байна уу хамаагүй гэдгийг хэлж буй билээ. Эцэст нь "арилсан орон" гэдгээр ламын гэгээрэлд хүртлээ хураан хуримтлуулсан буянаар бүтсэн ариун газар орныг дурдсан бөгөөд зүйрлэх юм бол Аминдава Бурхан, нөгчих үедээ миний нэрийг санасан хүн байвал миний ариун диваажингийн орон Сугваадид төрөх болно хэмээн далай их буянаа түүнд зориулсан гэдэгтэй ижил билээ.

Миний энэ залбирлын хүчээр өвчин ядуурал, тэмцэл будилаан намжин амирлах болтугай.

Бурханы ариун Ном хийгээд бэлэг дэмбэрэлт бүхэн орчлон даяар дэлгэрэх болтугай.

Энэ мөрүүдээр бид хураасан буянаа дэлхий даяар өвчин ядуурал арилж бэлэг дэмбэрэлтэй бүхэн дэлгэрэх үйлсэд зориулан ялангуяа Бурханы Ном орчлон хорвоогоор цэцэглэн дэлгэрч амьтан бүхэн гэгээрлийн хутгийг олон мөнхийн жаргаланд хүрэхийн төлөөнөө зориулна.

***

Дараагийн бүлэгтээ бидний танилцах *Өвөрмөц Бэлтгэлийн Зэрэг* бол Цагийн хүрдний авшиг хүртэж тангараг сахилыг авсан хүмүүст тусгайлан зориулагдсан билээ. Хэрвээ та энэ мөчид зохих ван авшгийг хүртээгүй байгаа бол, Гүрү Йогийн дадлагын төгсгөлд хүрээд яг одоо энд зогсох хэрэгтэй. Хожим нөхцөл бололцоо бүрдсэн цагтаа эрх авшгаа хүртэсний дараагаар хориг саадгүйгээр дадлагаа үргэлжлүүлэгтүн.

Өвөрмөц Бэлтгэлийн Зэрэг ба Түүний Гол Дадлага

Дотоод Цагийн хүрдэн Вишваматагийн нэгдэл буюу
Дүйнхорын Яб-Юм

ЕСДҮГЭЭР ХЭСЭГ

Өөрийн Үүсгэл

Дараагийн энэхүү дадлагадаа бид өөрсдийгөө хоёр мутарт Дүйнхор ядам буюу Цагийн хүрдэн болгон дүрслэх Цагийн хүрдний өөрийн үүсгэл хэмээн нэрлэгддэг дадлагыг судална. Энэ бол Жонангийн урсгалд хэрэглэгддэг Очирт Зургаан Йогийн хоёр өвөрмөц бэлтгэлийн зэргийн нэгдүгээрх нь бөгөөд ханьцашгүй дандарын үүсгэлийн зэрэгт багтдаг. Бид дээд тарнийн ёсны авшгийг Цагийн хүрдний урсгалын заншлын дагуу заавал хүртсэн байжийж л энэхүү бясалгалд орох ёстой юм. Жонангийн урсгалд бид үүсгэлийн зэргийг Очирт Зургаан Йогийн төгсгөлийн зэрэгт орох урьдчилсан бэлтгэл болгон хэрэглэдэг. Тиймээс та энэ дадлагыг үзэж судлахаасаа өмнө зохих ван авшгийг заавал хүртсэн байх зайлшгүй шаардлагатайг дахин давтан хэлье.

Бид өөрсдийгөө гэгээрсэн ядам болгон "үүсгэнэ" гэдэг нь хуурамч дүр зохиогоод түүнийгээ өөртөө итгүүлэх гэж дэмий оролдохыг хэлж байгаа бус ер бусын мэргэн аргаар туйлын үнэнд буюу өөрийнхөө язгуур мөн чанартаа ойртож очино гэсэн утгатай юм. Энэ дадлагаар та юмс үзэгдлийг цөмийг нь ариун болохыг мэдэж, хамаг амьтдыг хэдийгээр дутагдал төөрөгдлөө арилган давж гарч чадаагүй хичнээн эгэл жирийн харагдлаа ч тэд цөм гэгээрсэн бодгалиуд юм гэж үзэж сурах болно. Энгийн нүдэнд харагдах үнэний байдлаар дамжуулан гэгээрлийн үнэнийг тэвэртээ багтаан харснаар бүхий л түвшний туйлын мөн чанарыг хамаагүй тод бөгөөд энэрэнгүй сэтгэлээр харах чадвартай болно.

Одоогоор бид янз болгоны алагчлах ялгаварлах үзэл, сөрөг сэтгэлийн хөдөлгөөн зэрэгтэйгээ зууралдан гацчихаад байгаа билээ. Өөрийгөө ядам болгон харснаар ялгаврын хязгаараас ангид Бурханы ариун орныг өөртөө нээж таниулан, төөрөгдлийн занганаасаа мултран гарах боломжтой. Энэ нь таныг бүх зүйл анхнаасаа л ариун байсан байна шүү дээ гэдгийг ойлгох хүртэл таны бүхий л бохир муухай гэсэн зүйлсийг ариун болгон хувиргах бясалгал юм. Бүхнийг ариунаар харах нь хоосон чанарыг мэдэрнэ гэсэн үг хараахан биш боловч үнэний илүү гүнзгий түвшин рүү хөл тавих шатны гишгүүр болох болно. Та бүхнийг ариунаар харах энэ бясалгалыг бүрэн танимагцаа эгэлгүй хоосонд шууд нэвтрэн бясалгах төгсгөлийн шатны дадлагыг судлах эрхтэй болно гэсэн үг.

Та өөрийгөө гэгээрсэн Дүйнхор ядам болгон харахдаа орчин тойрноо гариг эрхсийг бүхэлд нь хамарсан сав ертөнц буюу Гадаад Цагийн хүрдэн, түүн дотор амьдарч буй шим ертөнц буюу Дотоод Цагийн хүрдэн, тэдгээрийн гэгээрлийн

113

үнэн болох Бусад Цагийн хүрдэн гурвын хоорондын гүнзгий харилцааг илэрхийлсэн Цагийн хүрдний хот мандал болгон хувиргах ёстой. Дүрслэлийг тарнийн хамтаар дадал болоод ирэхийн цагт ялангуяа эрчимт бясалгалд орж суух цагтаа энэхүү хот мандал дотор буй амьтай болгон Цагийн хүрдний гэгээрсэн ядмууд болон хувирах бөгөөд сонссон бүхэн Дүйнхор Бурханы зарлиг мэт сонсогдон, төрсөн бодол бүхэн Цагийн хүрдний гэгээрсэн тааллын эс төрсөн оронд уусан шингэж байгаад итгэх болно. Тэгээд таны хаа явсан газарт бүхий л ертөнц Цагийн хүрдний шимээр бялхан байхыг та мэдрэх болно.

ЦАГИЙН ХҮРДНИЙ ӨӨРИЙН ҮҮСГЭЛИЙН БОГИНО ХЭМЖЭЭНИЙ БЯСАЛГАЛ БА ТҮҮНИЙ ТАЙЛБАР

Их хөлгөний аль ч ёсонд байдагчлан бид эхлээд итгэл одуулж бодь сэтгэлийг төрүүлнэ. Та дадлагаа дүрслэл үүсгэж тарни унших байдлаар эхэлнэ. Дүрслэл үүсгэх дадлага гурван гол үзүүлтийг баримтална: \1\ илтэд мэдрэх, \2\тодхон харах, \3\ариунаар үзэхүй эдгээр юм. *Илтэд мэдрэх* гэдэг нь Бурханлаг омог буюу дүрсэлж буй зүйлтэйгээ сэтгэл мэдрэмжээрээ холбогдох хүчийг хэлнэ. *Тод харах* гэдэг нь дахин дахин дадуулсаар тодотгол бүтдийг ой тойндоо сайтар хадаж аван, тэдгээрийгээ детальчлан санаж байхыг хэлж байна. *Ариунаар үзэх* гэдэг нь дүрслэн буй зүйлийхээ юуны бэлэг тэмдэг болж байгаа жинхэнэ цаад утгыг нь ойлгож байхыг хэлж байна.

Дүрслэл

УМ ШУНЯАТА ЖАНА БАЗРА СУАБАВА АТМАКО ХАМ

УМ, би хоосон чанарын ухамсарлахуйн очирт язгуурын төлөвт умбах авай.

Тарнийг унших зууртаа өөрийгөө болон орчны түр зуурын бүх үзэгдлийг бодолгүйн хоосон агаарт хурдан уусгаж дүрсэлнэ. Энэ байдлаа нэг хэсэгтээ хадгалан юу ч бодолгүй сууна. Та: "Би бол бодит ба хийсвэрийн хүрээнээс хэтийдсэн туйлын үнэний язгуурын мөн чанар" гэж бодон өөртөө бүрэн итгэлтэй болох хэрэгтэй. Энэ байдалдаа саатан өөр зүйл бодохгүйг чадлаараа хичээгтүн.

Гэнэт хоосон огторгуйгаас би өөрөө аяндаа Дүйнхор болон төрлөө. Би лянхуа, сар, нар, раху, калагнийн дэвсгэр дээр зогсох бөгөөд тэр нь дөрвөн махбод хийгээд Сүмбэр уулын орой дээр байрлах ажгуу. Миний лагшин хөх өнгөтэй, нэгэн нигур хоёр мутартай, гурван мэлмийтэй, илбийн хос Вишваматаг тэврэн, хонх очир хоёрыг цээжиндээ зөрүүлэн болгоосон байна.

Бодол үгүй хоосон чанарын агаараас, бодийн сэтгэлээр бялхан байгаад та өөрөө гэнэт Дүйнхор ядам буюу Төвдөөр "Духор Ланжи" болон хувирна. Гэгээрсэн сэтгэлт Дүйнхор ертөнцийг үүсгэгч дөрвөн махбодын дэвсгэр дээр \дороосоо дээш\ буюу хамгийн том хий мандал, дараа нь гал мандал, усан мандал, шороон мандал дээр зогсоно. Шороон мандлын голд Сүмбэр уул урган түүний дээр олон өнгөт бадам лянхуа, цагаан сар, улаан нар, хар раху, шар калагнийн дэвсгэр ургана. Лянхуа огоорлын ариун сэтгэлийг, саран дэвсгэр бодь сэтгэлийг, наран дэвсгэр хоосон чанарыг онохын бэлэгдэл, раху үл урвахын амгаланг, калагни дэвсгэр хоосон дүрсийг илэрхийлж байдаг.

Би Дүйнхор ядам болон тэдгээрийн дээр сүр хүчин төгөлдөр зогсох ба түүний лагшинг хөх гэдгээр гол судлын туйлаасаа ариуныг бэлэгдэн, нэг нигур нь юмс үзэгдлийн ганц үнэмлэхүй үнэнийг, хоёр мутар нь арга ба билиг оюун буюу дээдийн амгалан хийгээд хоосон дүрсний салшгүйн илэрхийлэл болдог. Түүний гурван мэлмийгээр өнгөрсөн эдүгээ ирээдүйг илтэд болгоосныг илэрхийлж, Вишваматаг тэврэн хонх очир хоёрыг цээжиндээ зөрүүлсэн гэдгээр гэгээрлийн аргын болон билгийн талын бэлэгдэл болсон амгалан хоосон ялгалгүйн билиг билгүүн ургахыг илэрхийлсэн байна.

Миний хүзүү гурван өнгөтэй-гол нь хар хөх, баруун нь улаан, зүүн нь цагаан— *Гурван Гунаа* буюу \1\тама, \2\ража, \3\саттва хэмээн нэрлэгдэг гурван чанарыг үгүй хийхийн бэлэгдэл болдог байна. Эдгээр гурван чанар Цагийн хүрдний ёсонд \1\мунхаг, \2\шунал, \3\уур хилэн гэх Гурван Хорыг хэлдэг билээ. Хиндугийн Самкяа системийг даган шүтэгчид эдгээр нэршлийг сайн мэддэг бөгөөд тухайн чиглэлээр бясалгаж буй шүтлэгтнүүдэд зөв замдаа ороход нь тустай байдаг ажээ.

Миний зүүн цагаан өлмий бүтээлийн тэнгэрийн зүрхийг дэвслэн нугарсан байдалтай, баруун улаан өлмий мөрөөдлийн тэнгэрийн зүрхийг няцлан сунгасан байдалтай үзэгдэнэ. Миний тэргүүнд хавирган сар үзэгдэхээс гадна хүслийг гүйцээгч чандмань эрдэнийн чимэгтэй, өтгөн үсээ дээр зангидсан байна.

Дүйнхор ядам хоёр өлмийгөөрөө Хиндугийн шашинтай холбоотой орчлон нирваан хоёрын бэлгэдэл болсон хорвоогийн хоёр тэнгэрийг гишгэн дэвсэлж байгаагаар дүрсэлнэ. Цагаан өнгөтэй зүүн хөлөө өвдгөөрөө ялигүй нугалан Ишвара хэмээх догшин төрхтэй нэг нүүр гурван нүдтэй барын арьсан хувцас өмсөж могойн арьсан гоёл зүүсэн бүтээлийн цагаан тэнгэрийн цээжийг няц гишгэн, тэр нь дээш харан ухаан алдан хэвтэх аж. Үүгээр лалана хэмээх зүүн судлыг хувиргахыг бэлгэдэнэ. Зүүн судал дөрвөн муу сэтгэлийг \шунал, уур хилэн, мунхаг, бардам омог\ агуулдаг байна. Улаан өнгөтэй баруун хөлөө жийсэн нь Кармадэва хэмээгч амирлангуй төрхтэй хоёр гартай, эрдэнийн чимэг гоёлтой хүслийн тэнгэрийн цээжийг няцлан , тэр нь дээш харан ухаан алдсан хэвтэх үзэгдэнэ. Үүгээр разана хэмээх баруун судал, *дөрвөн Мара буюу Шимнус* \бүрдэл цогцын, түйтгэрийн, эрлэгийн эзний ба тэнгэрийн хөвгүүний мараг\ устгахыг бэлэгдсэн байна.

Дүйнхор ядам өтгөн үсээ боож толгойн оройд зангидаад үлдсэн хэсэг нь түүний нурууг даган туг тугаар сул унжсан байх бөгөөд үнэтэй эрдэнийн чулуугаар чимэглэсэн торгон тууз доош хөврөн унжсан үзэгдэнэ. Оройд зангидсан үсний урд талд олон өнгөтэй бөгөөд зөрүүлэн байрлуулсан хос очир *Бурханы дөрвөн дээд хүчийг* илтгэх нь: \1\амирлуулах, \2\арвижуулах, \3\эрхэнд хураах, \4\хатуу үйлээр номхотгохыг бэлгэддэг байна. Хос очирын дээхнэ мөнхийн таашаалын илэрхийлэл болсон хавирган сар үзэгдэнэ.

Би очирт чимэглэлээр гоёсон байх ба биеийн доод хэсгийг барын арьсан хувцсаар халхалсан байна. Миний мутар бүгд өөр өнгө бүхий хуруунуудтай бөгөөд хурууны үенүүд мөн өөр өнгөтэй ажээ. Титэмний минь орой дээр Базарсад бурхан заларсан байх ба миний лагшин таван өнгийн галан цагариг хүрээн дотор нигуртаа хилэн таашаал хоёрыг зэрэг тодруулсан зогсоно.

Дүйнхор сэвтэшгүй очир алмаазаар урласан ээмэг, хүзүүний зүүлт, бугуйвч, бүс, шагайвч зэрэг олон янзын очирт гоёл чимэг гялалзуулан байх бөгөөд торгон ороолт нь сарнишгүй мөнхийн амгаланг илтгэн, доод биедээ өмссөн барын арьсан хувцсаар бардам омгоо төгс дарсныг илтгэн байх ажгуу.

Баруун зүүн гарын таван хурууд таван өнгөтэй нь: \1\шар эрхий, \2\цагаан долоовор, \3\улаан дунд, \4\ хар хөх ядам, \5\ногоон чигчий хуруу. Эдгээр нь лалана хэмээх зүүн судлын *таван махбодыг* ариусган *таван билгүүнийг* буюу: \1\бүхнийг болгоогч билгүүн, \2\толин тусгал мэт билгүүн, \3\тэгш сэтгэлийн билгүүн, \4\ ялгамжаат билгүүн ба \5\үнэнхүү төгсгөсөн билгүүн зэргийг эзэмшихийн бэлэгдэл болдог. Гарын алган талын хурууны үеүд мөн гурван өөр өнгөтэй: \1\үзүүр талын үе цагаан, \2\голын үе улаан, \3\эхний үе хар хөх байх нь разана хэмээх баруун судлыг ариусган эгнэшгүй очирт \1\лагшин, \2\ зарлиг, \3\ таалыг олохын билэгдэл болдог ажгуу. Титмэн дээр нь хөхөмдөг лагшинт Базарсад Бурхан залрах нь Дүйнхор ядам язгуураасаа Базарсад Бурханы аймагт хамааралтайг илтгэх ажээ.

Биеийн уртын дагуу таван өнгийн гэрэл цацарч галан цагариг үүсгэн хүрээлж, гэрэл ба дөл нь гадагш дүрэлзэн сүртэй ээ үзэгдэнэ. Түүний царайд хүч чадал догшин хилэгнэл тодорч дээд ба доод соёогоо аймшигтайгаар зуусан бөгөөд цус хурсан гурван мэлмийгээ эргэлдүүлнэ. Царай төрх эндүүрэхийн аргагүй догшин хилэн ба сэтгэл ханасны ариун таашаал хоёрыг нэгэн зэрэг илэрхийлсэн нь энэрэнгүй сэтгэл хийгээд дээдэд үл урвахын амгалангийн салшгүй нэгдлийг харуулах ажгуу.

Би Вишваматаг тэвэрсэн байх ба түүний лагшин алтан шаргал өнгөтэй, нэг нигур хоёр мутартай, гурван мэлмийтэй. Баруун мутартаа махир хутга зүүн мутартаа гавлын ясан аяга барьсан байх ба зүүн өлмийгөө жийж баруунаа бохирон, надтай хослон орохуйн байдалтай эвцэлдсэн үзэгдмүй. Түүний лагшин нүцгэн агаад ясаар урласан таван төрлийн чимгээр гоёсон, үсний талыг зангидан үлдсэнийг нь сул унжуулсан байх ажгуу.

Дүйнхор өөрийн илбийн хань Вишваматаг тэврэн зогсох нь тэдний салшгүй нэгдлийг \Калачакра Яб-Юм гэж нэрлэнэ\ илэрхийлжээ. Вишвамата лагшин нь алтан шар өнгөтэй бөгөөд нэг нигур хоёр мутартай гурван мэлмийтэй, баруун мутартаа махийлгаж ирлэсэн хутга барин Дүйнхорын хүзүүгээр тэвэрсэн байдалтай зогсож зүүн мутартаа гавлын ясан аяга барьсан нь ариун рашаанаар Дүйнхорт тахил өргөж байгааг илэрхийлнэ. Тэр баруун хөлөө бохирч зүүн хөлөө жийн Дүйнхортой арга билиг эвцэлдсэн зогсоно. Лагшин нь нүцгэн байх бөгөөд алтан хүрд толгойдоо чимэг болгон зүүснээс гадна ясаар урласан таван гоёл: \1\ясан ээмэг, \2\бугуйвч, \3\шагайвч, \4\бүс, \5\хүзүүний зүүлт зүүсэн байна. Үснийхээ талыг зангидаж зулай дээрээ овоолоод үлдсэн хагасыг нь нуруугаа дагуулан сул унжуулсан нь бүхий л юмс үзэгдлийн туйлаасаа хоосон чанартайг үүгээр илэрхийлжээ.

Яб-Юмын духанд тарнийн УМ, хоолойд А, зүрхэнд ХУМ, хүйсэнд ХО, нууцын эрхтэнд СУА, зулайд ХА үсэг тус тус тодорлоо.

Дүйнхорын Яб-Юмын духанд \1\цагаан өнгийн УМ үсэг тодрох нь усан махбодын ариун чанар, Аминдава бурханыг болон хамаг Бурхдын очирт лагшинг, \2\хүзүүнд тодорсон улаан А үсэг гал махбодын ариун чанар, Раднасамбава бурханыг ба хамаг Бурхадын очирт зарлиг, \3\зүрхэн тус газарт тодорсон хар хөх ХУМ үсэг хий махбодын ариун чанар, Амгаасид бурхан болон хамаг Бурхадын очирт тааллыг илэрхийлнэ. Мөн \4\хүйсэнд тодорсон ХО үсэг шороон махбодын ариун чанар, Бирузана бурхан, хамаг Бурхадын ханьцашгүй билгүүнийг илэрхийлнэ. \5\Нууцын эрхтэнд тодрох СУА үсэг язгуурын билгүүний махбодын ариун чанар, Базарсад бурхан, Бурхадын язгуурын билиг билгүүны туйлын шижир ариуныг илэрхийлж байна. \6\Эцэст нь зулайд тодорсон ХА үсэг огторгуй махбодын ариун чанартайг болон Агчобяа бурхан мөн хамаг Бурхдын очирт үйлсийн илэрхийлэл тус тус болох ажгуу.

Эдгээр тарнийн зургаан үсгийг дүрслэх нь биеийн аль нэг хэсгийг адислах гэсэн хэрэг огт биш харин Дүйнхор Вишвамата хоёр сансар хорвоогийн зургаан зүйл амьтны биелсэн үзэгдэл бөгөөд таны өөрийн бурханлаг чанараас огт үл хагацах шинжтэйг ойлгуулахын тулд юм.

Миний зүрхнээс гэрэл гадагш цацарч ертөнцийг бүхлээр нь Бурханы орон болгон хувиргахад хамаг амьтад Цагийн хүрдний хот мандал дахь тоолшгүй олон Ядам Бурхад болон хувирлаа.

Дараа нь Дүйнхорын зүрх болон тарнийн зургаан үсгнээс зургаан өнгийн гэрэл гадагш цацарч орчлонгийн зургаан зүйл амьтныг гийгүүлсэнд сансрын оршихуй тэр чигээрээ Цагийн хүрдний хот мандал дахь Бурханы орон болон хувирч, хамаг амьтад Цагийн хүрдний хот мандал дахь Ядам Бурхад болон хувирлаа хэмээн сэтгэнэ.

Өөрийгөө арга билиг эвцэлдсэн Цагийн хүрдэн ба Вишвамата гэдэгт бүрэн итгэлтэйгээр дүрслэлээ хурц тод, өнгө алагласан бөгөөд жирийн уран зураг баримал зэрэг шиг амьгүй биш солонго адил тунгалаг дүрслэх хэрэгтэй. Энэ байдалдаа хүссэнийхээ хирээр удаан сааташ болно.

Тарни Тоолох хийгээд Дүрслэлээ Уусгах

УМ ХАМ ЧА МА ЛА ВА РА ЯАН \СУХА\

\Энэ тарнийг аль болох олонтаа уншина\

Дүйнхорын өөрийн үүсгэлийг дүрсэлж тогтоомогцоо Цагийн хүрдний тарнийн бэлэг тэмдгийг зүрхэн тус газартаа байгаагаар дүрсэлж тарнийг уншиж эхэлнэ. Тарни тоолох хамгийн үр ашигтай арга бол Арван Үсэгт Хүчирхэг тарнийн бэлэг тэмдгийг сэтгэлдээ дүрслэн харж түүний олон давхар утгыг сэргээн бодохтой хамтруулах хэрэгтэй юм. Тарнийг чангаар буюу чимээ гаргалгүй дуудаж болох бөгөөд аль ч тохиолдолд үсэг бүрийг тодорхой тогтсон авиагаар хэлэх нь чухал. Тийм ч чанга бус шивэгнэх маягтай унших нь хамгаас тохиромжтой билээ.

Ертөнцийн бэлэг тэмдгийг \мөн Арван үсэгт Хүчирхэг тарни гэж нэрлэдэг\ дүрслэхдээ зүрхэндээ лянхуа цэцэг төрж, түүн дээр сар, нар, раху, калагнийн сэнтий давхарласан байгаагаар дүрсэлнэ. Тэдгээрийн дээр тарнийн бэлэг тэмдэг болох нэг нэгэндээ холбогдсон өнгийн үсэгнүүд гарч ирж байгаагаар дүрсэлнэ. Хийж буй бясалгалаасаа шалтгаалж үсэг бүр янз бүрийн өнгөтэй байх боломжтой. Жонангийн урсгалын дагуу Цагийн хүрдний үүсгэлийн зэрэгт бол уг тарнийн бэлэг тэмдгийг доорх байдлаар дүрсэлдэг \дээрээс доошоо чиглэсэн\: \1\тарнийн цэнхэр ХАМ үсэг, \2\ ногоон ЧА, \3\олон өнгөт МА, \4\шар ЛА, \5\цагаан ВА, \6\ улаан РА, \7\тэгээд хар ЯА, \8\оройд нь улаан хавирган сар, \9\цагаан дусал, \10\ хар хөх наду \буюу жижиг дөл\ дусалнаас ургасан байна.

Тарнийн үсэгнүүд олон давхар утгуудыг илэрхийлэн Гадаад, Дотоод, Бус Цагийн хүрдний бүгдээрэнгийнх нь бэлэг тэмдэг болдог байна. Ерөнхий утгаараа их бага гурван хөлгөнийг хамруулан Бурхан багшийн 84000 сургаалын цогц болдог билээ. Тарнийн зургаан үсэг эглийн үзэгдлийн зургаан махбодыг мөн илэрхийлэх ба \1\хийг ЯА, \2\галыг РА, \3\усыг ВА, \4\шороог ЛА, \5\ мэдрэхүйг МА, \6\огторгуйг ХА үсэг тус тус илэрхийлнэ. Эдгээр махбодууд нь гэгээрлийн замын зургаан талыг харуулах ба мөн гэгээрлийн эцсийн дүн болох зургаан Бурханы аймгийг давхар илэрхийлдэг байна. Үүнээс гадна ногоон ЧА үсэг язгуурын билиг оюуны махбодыг, хавирган сар улаан дусал болон баруун судлыг илэрхийлдэг бол дуслаар цагаан дусал ба зүүн судлыг, надугаар харин төв судлыг төлөөлүүлсэн байдаг ажгуу.

Арван Үсэгт Хүчирхэг тарни - Ертөнцийн бэлэг тэмдэг

Тарни Тоолох Бусад Бясалгалууд

Ертөнцийн бэлэг тэмдгийг дүрслэхэд олон тодотголууд хэтэрхий будилаантай санагдвал ногоон өнгөөр бүгдийг төлөөлүүлэн зүрхнийхээ голд ногоон цэг байгаагаар дүрслэх боломжтой гэж Жэвзүн Дарнат сургасан байдаг. Үүнээс гадна доор үзүүлэх дүрсэллүүдээс аль өөрт сайн тохирч байгааг сонгон авч бясалгалаа үргэлжлүүлнэ. Тарнийг уншиж байхдаа бодлоо төвлөрүүлэн тодотгол болгоныг сэтгэлдээ дүрслэхэд анхаарах хэрэгтэй. Энэ бясалгалын хүчээр бүхий л дуу чимээг тарни болгон сонсож, үзэгдсэн бүгдийг ядам болгон харж, бодогдсон болгоныг номын лагшиныхаа билиг оюун хэмээн сэтгэх хэрэгтэй.

Цагийн хүрдний Хот Мандлыг Бясалгахуй

Цагийн хүрдний тарнийн бэлэг тэмдгийг зүрхэндээ агуулан дүрслэхэд түүнээс тоолшгүй олон гэрэл түмэн зүгтээ цацарч Бурханы төгс жаргалант орныг даяар гийгүүлэн Цагийн хүрдний хот мандал дахь 636 ядам бурхдыг болон бусад дөрвөн дандарсын аймгийн ядмуудын хамтаар урин залж ируулээд Дүйнхорын Яб-Юм тэдгээрийг цөмийг биедээ шингээн авснаар тэр бүх гэгээрсэн бодгалиудын биелэл болж хувирлаа хэмээн бясалгана.

Үндсэн Багшаа Бясалгахуй

Эхлээд өөрийгөө хослон орохуйгаар эвцэлдсэн Дүйнхорын эцэг эхийн лагшинд бүтээж, тарнийн хураангуй бэлэг тэмдгийг зүрхэндээ байгаагаар дүрсэлсний дараагаар таны цээжнээс хурц гэрэл түмэн зүгтээ цацарч өөрийн язгуурын гүрү багшийг өмнийн огторгуйд залан авчирлаа. Багш танд дөрвөн хүрдний авшиг хүртээгээд титмэн дээр тань заларсан хөхөмдөг лагшинт Базарсад бурханд уусан орсноор тантай салшгүй нэгэн хэсэг болон хувирлаа.

Номын Багш Нараа Бясалгахуй

Өөрийгөө Дүйнхорын Яб-Юм болгон дүрслээд зүрхэн дэх тарнийн тэмдэгнээс хурц гэрэл түмэн зүгтээ цацарч танд Ном заасан номын барилдлагатай бүхий л багш нарыг өмнийн огторгуйд залж ирүүлсэнд тэд цөм таны язгуурын Гүрү багшид уусан орж, оройд заларсан Базарсад бурханд шингэж салшгүй нэгэн болж хувирлаа.

Гэгээрсэн Бодьгалуудад Тахил Өргөхүй

Өөрийгөө Дүйнхор Вишвамата хоёр эцэг эхийн лагшинд бүтээсний дараагаар зүрхэн дэх тарнийн тэмдэгнээс бүх Бурхадын орон даяар гэрэл хязгааргүй цацарч Гадаад, Дотоод, нууцын оршихуй болгоныг гийгүүлсэнд гэрлийн туяа далай их тахилын зүйлст хувирч хамаг Бурхадын ариун тааллыг таашаал ханамжаар бүрэн дүүрэн бялхтал тахил өргөн байна. Түүний сацуу буян хишгийг ч далай ихээр хураалаа. Гэрлийн цацраг хамаг Бурхадын лагшин, зарлиг, тааллын адислалыг янз болгоны дүрс, тарни, тэмдэг хэлбэртэйгээр буцаан хурааж авчирахад тэр бүхэн Дүйнхорын Яб-Юмд уусан шингэлээ. Тийнхүү та хамаг Бурхадын лагшин, зарлиг тааллын хүчийг оллоо.

Ариун-Бус Орнуудыг Ариусгахуй

Өөрийгөө Дүйнхорын Яб-Юм болгон бүтээсний дараагаар зүрхэн дэх тарнийн тэмдэгнээс хурц гэрэл хязгааргүй цацарч хамаг ариун бус ертөнцүүдийг гийгүүллээ. Гэрлийн цацраг хүрсэн ертөнц тэр дороо сайн сайхнаар дүүрсэн Бурханы ариун орон болон хувирахад тэндхийн хамаг амьтад Цагийн хүрдний ядам Бурхад болон хувирцгааж байна. Тэгснээр цацраг буцаж цацран Дүйнхорын Яб-Юмд уусан орлоо. Энэ бол ариун бус ертөнцийг ариусгах хэмээгч бөгөөд ариун газрын дадлага гэдэг Бодьсадвын бясалгалтай тэнцэхүйц хэмжээний бясалгал юм. Энэ дадлага хамаг хураасан буяны үндсээ Бурханы орныг байгуулахад зориулаад тэнд өөрөө гэгээрэх юм гэсэн утгатай билээ. Их хөлгөний судрын ёсонд энэ бясалгалыг олон галавын туршид дадуулан үйлдэж байж хүрдэг бол Очирт хөлгөний бясалгагч нар үүнийг харьцангуй богино хугацаанд гүйцэтгэж дуусгадаг билээ.

Галт Тамганы Тарни

Дараачийн хоёр бясалгалыг Дээд Дандарын бүх ёсонд адилхан хэрэглэдэг. Эхлээд өөрийгөө Дүйнхорын Яб-Юм болгон хувиргаад Дүйнхорын тарнийн бэлэг тэмдэг зүрхэндээ байгаагаар дүрслэхдээ юмс үзэгдлийн хоосон чанартайг өөртөө сануулна. Хорвоогийн хийгээд гэгээрлийн бүхий л үзэгдэл Дүйнхорын Яб-Юмын үзэгдэх байдлаас өөр юу ч биш юм. Ийм бат итгэлтэйгээр Дүйнхорын зүрхэн тарнийн арван үсэг УМ ХАМ ЧА МА ЛА ВА РА ЯАН гинжин хэлхээ лугаа гэрэл цацруулан урсаж Дүйнхорын амнаас доошлон зүрх рүү түүнээс цаашлан лагшний дагуу уруудаж очирт нуусын эрдэнэд хүрээд түүгээр цэнгэлийн эгшиг хадаан дамжиж Вишваматагийн нуусын лянхуа цэцгэнд шингэлээ хэмээн сэтгэнэ. Тэгээд тарнийн урсгал Вишваматагийн гол судлаар дээш урсан түүний амнаас Дүйнхорын аманд орж улмаар зүрхэнд очиж шингэлээ. Шинэ тарни эхлэх болгонд ийм урсгалаар тасралтгүй хөвөрнө.

Галт Тамганы Тарний Эсрэг Урсгал

Дараачийн бясалгалд мөн өөрийгөө Дүйнхорын Яб Юм болгон бүтээгээд тарнийн тэмдгийг зүрхэндээ байгаагаар дүрслэнэ. Юмс үзэгдлийн өөрөөсөө хэзээ ч үүсээгүй хоосон чанартай оршдогийг өөртөө дахин сануулаад орчлон хийгээд гэгээрлийн хамаг үзэгдэл бол хослон гэгээрсэн Дүйнхорын Яб-Юмаас өөр юу ч биш гэсэн бат итгэлтэйгээр Дүйнхорын зүрхэн тарни УМ ХАМ ЧА МА ЛА ВА РА ЯАН энэ удаад Дүйнхорын амнаас гинжин хэлхээгээр урсан гарч Вишваматагийн аманд ороод түүний гол судлаар доошлон нуусын лянхуагаар цэнгэлийн эгшиг хадаан нэвтэрч Дүйнхорын нууц очир эрдэнэд хүрээд түүнээс дээшлэн урсаж зүрхэнд нь очиж шингэлээ хэмээн дүрсэлнэ. Шинэ тарни эхлэх бүрд энэ урсгалаар тасралтгүй хөвөрнө.

Зөгий Дүнгэнэх Мэт Тарни Тоолох

Энэтхэг Төвөдийн олон мастеруудын хэрэглэсээр ирсэн бас өөр хоёр төрлийн бясалгал бий. Эдгээр нь Дээд Дандарын ёсны бясалгалчдын хэрэглэдэг маш хүчирхэг аргууд юм. Мөн эдгээр нь Цагийн хүрдний төгсгөлийн зэрэгт орох бэлтгэл болоод зогсохгүй тарнийн гол дадлага ч мөн болдог билээ. Яагаад гэвэл тэдгээрээр дамжиж бид ханьсашгүй дээдийн амгалан хийгээд хоосон дүрсний салшгүй нэгдэлд хүрэх юм.

Эхний дадлагад та өөрийгөө Дүйнхорын Яб-Юм болгон дүрслээд арван үсэгт тарнийн хураангуй бэлэг тэмдгийг зүрхэндээ үүсгэн энэ удаад арван зүгийн хамаг Бурхад бодьсадва нарыг гэнэт цөм Дүйнхор ядам болон хувирлаа гэж бодно. Тэд цөмөөрөө Дүйнхорын зүрхэн тарни УМ ХАМ ЧА МА ЛА ВА РА ЯАН-г зэрэг зэрэг дуудах тул танд үүнээс өөр юм сонсогдохгүй, бүх дуу чимээ тарни болон сонсогдох болно. Нэгэн үзүүрт бодлоор төвлөрөн байж: УМ ХАМ ЧА МА ЛА ВА РА ЯАН гэсэн тарнийг л ганц давтцаар байна. Нэгэн Энэтхэг мастер хэлэхдээ: "Таны тарни тоолох ба бусад бясалгалд буян хишиг бүхэн тэр тоогоор үржин арвидах болно" гэжээ.

Гайхамшигт Дөрвөн Үйл

Хоёр дахь дадлага бол дандарын бясалгагчдын бусдад зориулан бэлтгэсэн гайхамшигт дөрвөн ер бусын үйл хэмээх бясалгал юм. Эдгээр дөрвөн үйлдэлд: амирлуулах, арвижуулах, эрхэнд хураах, хатуу үйлээр номхотгох үйлс багтдаг бөгөөд тус бүрдээ өөр өөр өнгөөр дүрслэгдэн ганц ганцаараа нь юмуу эсвэл бүгдийг нь хамт бясалгасан ч аль аль нь боломжтой билээ.

Дахин өөрийгөө хослон гэгээрсэн Дүйнхор Вишваматагийн Яб Юм болгон дүрслээд хүчирхэг тарнийн тэмдгийг зүрхэндээ үүсгэнэ. Тарнийн бэлэг тэмдгээс гадагш ихэд хол цацарсан хурц туянд энэ удаа ядмууд гарч ирж үзэгдэнэ. Гэрлийн туяа тарнийн үсэг тус бүрээс цацрах ба: \1\цагаан гэрлээс цагаан өнгийн ядмууд төрөн гарч өвчин, ядуурал, бэрхшээлийг намжаан амирлуулах үйлийг газар сайгүй түгээнэ, \2\шар гэрлээс шар өнгийн ядмууд төрөн гарч урт нас, буян хишиг, эд хөрөнгө сайн бүхнийг арвижуулах үйлийг хамаг амьтанд зориулан үйлдэнэ, \3\улаан өнгийн гэрлээс улаан ядмууд төрөн гарч хамаг амьтны тусад нөлөө бүхий сүр хүч, эрх мэдэл, бусдыг эрхэнд захирах чадал хүчийг түгээн байхад, \4\эцэст нь хар хөх гэрлээс хар хөх өнгийн ядмууд төрөн гарч хамаг амьтны гэгээрэлд хүрэх замд садаа бологч мара хэмээх шулмасыг болон бусад гай зэтгэрийг номхотгон дарах хатуу үйлийг үйлдэх ажээ.

Гэрлийн туяа болон ядмууд цөм буцаж танд шингэснээр таны гэгээрлийн замд учрах элдэв саад бүхэн ариусана. Ингээд таны ухамсарлахуй улмаар гүнзгийрэн дотоод хий болон хүрднүүдээ бүрэн захирах чадварыг олсноор хамаг мунхаг төөрөгдөл тань ариллаа хэмээн сэтгэнэ.

Энэ хоёр бясалгалыг ээлжлэн үйлдэж дадуулах зуур тарниа тасралтгүй тоолсоор, хэсэг болгоны дараа тарниа унших буюу дүрслэлээ бүтнээр нь үүсгэж дуусгаад тарниа уншсан ч болно.

Уусгахуй

Дүрслэл бүхэлдээ гэрэл болон уусаад надад шингэн орлоо.

Дүрслэлийг уусгаснаар дадлага төгсөх бөгөөд газар орон, ядам бурхадыг хот мандалтай нь тэр чигээр нь Дүйнхорын Яб-Юмд уусгаж дараа нь Вишвамата Дүйнхорт уусаж, Дүйнхор захаасаа гол руугаа хумигдан хайлснаар цээжний голд байх тарнийн бэлэг тэмдэг ганцаар үлдэнэ. Тэгснээ ертөнцийн бэлэг тэмдэг дороосоо эхлэн арилж дээшилсээр эцэст нь наду хоосонд ууссанаар энэхүү уужим задгай огторгуйн төлөвт та хүсэхийн хирээр удаан саатан оршиж болно.

Энэ маягаар дүрслэл бүхлээрээ усанд ус холих мэт танд уусан орсноор бясалгал төгсөнө. Дүрслэлийн явцад Дүйнхор ба түүн лугаа эвцэлдсэн Вишвамата хоёр хоёулаа үндсэндээ та өөрөө гэдгийг тодхон санаж байх ёстой. Үзэгдэл уусан арилсны дараагаар тэрхүү байдлаасаа үл салан аль болох удаан оршихыг хичээнэ.

Зориулга Ерөөл

Энэ буяны шимээр би нэн даруй Дүйнхор ядам бурханыг бүтээн үйлдээд энэ орчлонгийн нэг ч амьтныг хоцроолгүй Цагийн хүрдний гэгээрэлийн замд хөтлөх болтугай!

Урьд бүлгүүдэд судалсан дагуу бид Очирт Зургаан Йогийн дадлагаар дамжин Дүйнхор ядам Бурханыг бүтээн үйлдэх явдалд буянаа зориулснаар энэ удаагийн дадлагыг төгсгөнө. Таны цаашдын зорилго бол дүрст лагшинг олж хормын төдийд тоолшгүй олон амьтны тусыг бүтээж чадах ба тэр ёсоор хамаг амьтныг Цагийн хүрдний гэгээрлийн замд хөтлөх явдал билээ.

(Долби Гомбо буюу Дарнатын "Бурханлагт Хүрэх Шат – Цагийн хүрдний Очирт хөлгөний Гүнзгий Сургаалын Урьдатгал болон Ерөнхий гарын авлага" судрыг сая толилуулсан бөгөөд Жонангийн урсгалын аугаа мастерууд болон тэдгээрийн тааллын хөвгүүд хэрхэн авлага болгон дадуулсан тэрхүү сургаалын шимийг ариун дамжлагын уламжлалт зааварчилгаануудын хамтаар энд агуулсан болой.)

Энэ судрыг зохиосон Жэвзүн Дарнат бол 17-р зууны үеийн Жонангийн урсгалын алдарт мастер, ухамсарлахуйн маш гүнзгий түвшинд хүрсэн гарамгай эрдэмтэн билээ. Энэ сударт тарнийн ёсны мастеруудаас тааллын шавь нартаа үеэс үед дамжуулан өвлүүлж ирсэн нандин сургаалын шим болсон зааварчилгааг эмхэтгэн оруулсан билээ. Аугаа бясалгагч нар энэ л аргаар дадуулан үйлдэж амжилтанд хүрцгээсэн учраас тэдний араас шил даран явах гайхам ховор завшаан тохиолдсонд бид талархаад баршгүй билээ. Гол хэсэг энд хүрээд өндөрлөж байна.

Очирт Зургаан Йогт Төгөлдөржихийн Ерөөл

Үүсгэлийн зэрэг дэх Дүйнхорын Өөрийн үүсгэлээр бид бурханлаг чанараа илрүүлэхэд ихээхэн тустай бүхнийг ариунаар харах чадвараа хөгжүүлж эглийн үзэгдлээс салах учиртай. Үүн дээрээ үндэслээд одоо төгсгөлийн зэрэг буюу Очирт Зургаан Йог хэмээх гол дадлагадаа ороход бэлэн болно.

Эдгээр гүнзгий аргуудад суралцахын өмнө танд *Дээд Дөрвөн Авшигийг* шаардлага хангасан Очирт багшаас хүртсэн байх шаардлага тавигдана. Мөн эдгээр техникүүдийг зөв эзэмшихийн тулд танд өөрмөц оньсон түлхүүр хэрэгтэй болно. Ийм учраас уг оньсон түлхүүрийг хадгалсан дамжлагын уламжлалыг атгагч гүрү багштай сүсэг бишрэлийн барилдлага тогтоох нь үүнд хүрэх цорын ганц арга мөн билээ. Тэдэнгүйгээр энэ замаар урагшлах өчүүхэн ч бололцоо бидэнд үгүй юм.

УМ А ХУМ ХО ХАМ ЧА

Жонан-Шамбалын урсгалын уламжлал ёсоор бол төгсгөлийн зэргийг нэлээд өөрмөц аргаар заах ёстой. Энэ нь шавь эхлээд зохих зааварчилгаануудыг багшаасаа авч дараагаар нь бясалгалыг төгс эзэмших хүртлээ бясалгах явдал юм. Шавь ухамсарлахуйн тодорхой түвшинд хүрч байж л Очирт багшаас дараагийн зааварчилгааг хүртэх эрхтэй болно. Ийм алхам алхмаар урагшлах хэлбэрээр зорьсон түвшиндээ хүрч очих юм.

Энэ бол хамгийн уламжлалт аргаас гадна гурван жилийн эрчимжүүлсэн бясалгалд орох үеэр зургаан йогийг бүгдийг нь дадуулахад энэ аргыг өргөн хэрэглэдэг. Жонангийн олон бясалгагчид ийм бясалгалд эрт орох тул тарнийн ёсны замд шаардлагатай барилдлагыг ийм аргаар тогтоож авдаг байна. Эдгээр аргуудыг сайтар дадуулж авмагцаа тэд уртын бясалгалд орох юмуу эсвэл энэ дадлагаа цааш үргэлжлүүлэхийн аль нэгийг сонгодог байна.

Бидний хувьд ийм эрчимтэй бясалгалд орох бололцоо нөхцөл бүрдтэл Очирт Зургаан Йогийн дадлагад орох бололцоо олдоосой хэмээн залбирч ерөөл тавихад гол анхаарлаа хандуулах хамгаас ашигтай. Доор толилуулах ерөөл бол бидний энэ замд орох сайн үйлийн барилдлагыг бататгах, мөн дадлагын ерөнхий бүтэцтэй танил болох зэрэгт тусгайлан зориулагдсан ерөөл билээ.

НИЙТЛЭГ-БУС БЭЛТГЭЛИЙН ЗЭРЭГ БУЮУ ГУРВАН АГЛАГ

Төгсгөлийн зэргийн зохих авшгийг хүртсэний дараагаар хамгийн түрүүн *Гурван Хумилт* хэмээх нийтлэг бус бэлтгэлийн зэргийн дадлагад ордог \Төвөд.Вэн Сум\. Энэхүү дадлага бодолгүйн төлөвт хүрэх зорилгоор тусгайлан бэлтгэсэн харанхуй өрөөнд явагддаг бөгөөд Очирт Зургаан Йогт орохд маш чухал нэгэн үзүүрт төвлөрлийг дадуулахад зориулагдсан билээ. Гурван Хумилтын бясалгалын зааварчилгааг та ямар ч номоос хайгаад олохгүй бөгөөд зөвхөн Очирт багшийн амнаас шавьд сонсгодог учиртай ажээ. Одоо бид энэхүү дэвшилтэт шатны дадлагын ерөнхий хэлбэр ба зорилго, зохион байгуулалттай товч танилцах болно.

Гурван хумилт бол *тогтоох бясалгал* гэж нэрлэдэг нэгэн үзүүрт төвлөрлөөр бясалгах чадварыг хөгжүүлэх хамгийн үр дүнтэй арга мөн. Яагаад гэвэл *Махамудра* юмуу эсвэл *Зогчэн* зэрэг бусад дандарын ёсонд хэрэглэдгийн адил гүнзгий бясалгалыг биеийн нарийн сэтгэлтэй шууд холбож өгдөг өвөрмөц байрлалтай хослуулан дадуулна. Энэ хоёр тал хослохоороо бясалгагчийн бие хэл сэтгэлийг дор нь хумьж өндөр шатны Егүзэрийн Бясалгалд орохд бэлтгэн уян хатан болгож өгч тусалдаг байна. Дадлагын үр дүнг доорх байдлаар ойлгож болно:

1. **Биеийн Хумилт:** Бирузана Бурханы бясалгалын долоон-зүйлт өвөрмөц суудлаар суусны дүнд нарийн биеийн хий биеэр нэлдээ жигд тархаж улмаар гол судалд цугларан урсаж эхэлнэ. Ингэснээр бие уян хатан болж урт хугацаагаар бясалгал хийхэд ядрахааргүй болдог. Физик бие таагүй мэдрэмж төрүүлэхээ болимогц бясалгагч хүн сэтгэлээ бодолгүй ахуйд бүрэн оршоох бололцоотой болно.

2. **Хэл Ярианы Хумилт:** Бид энгийн өдөр тутмын хэлц ярианд оролцох буюу татагдаад байх тусам нарийн биеийн хий баруун зүүн судлуудаар салан гүйж эхэлнэ. Энэ хөдөлгөөн бодол үүсэхэд нөлөөлснөөр бидний бурханлаг чанарыг далдлан хучих үүргийг гүйцэтгэх болдог байна. Биднийг чимээ анаргүй байдалд орохд хийн урсгал удаашран улмаар бодлын урсгалыг дарангуйлснаар бодолгүйн төлөв дэх амгалантай байдал урган гарч үзэгдэх боломж бий болно. Бид энэ бясалгалыг дадуулан үйлдэх тусам амьсгаа улам аниргүй, үл мэдэгдэм болж бид өчүүхэн ч уйтгар юмуу төвөггүйгээр хэчнээн л бол хэчнээн дуугүй байж чаддаг болно.

3. **Сэтгэлийн Хумилт:** Бид эглийн хоёрдмол үзлээр бодолд автаад байх тусам дотоод хийгээ удирдах бололцоо улам алдагдаад л байна гэсэн үг. Сэтгэлээ бүх төрлийн зууралт шунал зэргээс чөлөөлөн чөлөөлөх тусам л үргүй дэмий бодол төрөөд байх тэжээлийг өгөхөө зогсоож байна гэсэн үг юм. Ингэснээр бидний нарийн биеийн хий дээдийн амгалант цаглашгүй

ахуйн шижир тунгалаг ухамсарлахуйд хүрэн хүртлээ улам бүр нарийсаар байх учиртай.

Энэ гурван хумилт хоорондоо нягт уялдаатай бөгөөд тэдгээртэй нэгэн зэрэг тулж ажилласнаар харьцангуй богино хугацаанд маш өндөр түвшний төвлөрөлд хүрэх ч бололцоотой. Хүссэн түвшиндээ хүрэхийн тулд голдуу хоёр сар орчим эрчимтэй дадуулах хэрэгтэй байдаг. Гэхдээ бясалгагч урьдчилсан бэлтгэлийн зэргийг хир сайн бясалгаж сэтгэлээ бэлтгэснээс энэ хугацаа шууд хамаардаг гэж хэлж болно. Хэрвээ тэд шаардлагатай тэвчээр, шамдал зэргийг сайтар хөгжүүлж чадсан бол тэдний сэтгэл удалгүй доорх дөрвөн шатаар хөгжиж эхлэх болно:

1. **Мэдрэмж:** Энэ шатанд сэтгэл машид нарийсах боловч нэгэн үзүүрт төвлөрөлд хүссэний хирээр удаан байж чадах хэмжээнд хүрээгүй байдаг.

2. **Хэвшил:** Энэ шатанд бодол төрсөн ч аяндаа замхран сарних болж сэтгэл нэгэн үзүүрт төвлөрөлд ядах юмгүй саатдаг болж хэвшинэ.

3. **Тогтворжил:** Бясалгалаа цааш үргэлжлүүлэн үйлдсэнээр бодол бараг л төрөхөө больсноор төвлөрлийг сарниулах зүйл хойшид үгүй болно. Хааяа бодол ургалаа ч аажуухан сарнин алга болно.

4. **Төгс Тогтворжил:** Энэ шатанд сэтгэл нэгэн үзүүрт төвлөрөлд аяндаа умбадаг болж тэндээ хүссэний хэрээр удаан саатан оршиж чаддаг болох буюу эсвэл нэгэн сэдэв дээр сатааралгүй төвлөрөн шинжилж чаддаг болно.

ОЧИРТ ЗУРГААН ЙОГИЙН ГОЛ ДАДЛАГА

Очирт Зургаан Йогийг бясалгасны дүнд та өөрийгөө болон орчноо хоёргүй үзлийн хоосон-дүрсээр харж эхлэх болно. Харанхуй өрөөнд хийх бясалгал таныг эдгээр хоосон-дүрстэй дасал болгоход чиглэдэг бөгөөд йогийн тусгай дасгал хөдөлгөөнөөр хоосон дүрс мэдрэхүй, ухамсар болон дотоод хий гурваа нэгтгэж мэдрэх боломжийг олж авна. Энэ гурван тал бие биенээ бүрэн дэмжих болсон тэр үед тэдгээр хийг гол судландаа хурааж, улмаар нарийн биеийн тодорхой цэгүүдэд байрласан дуслуудыг уусгахын суурийг тавьж өгөх болно. Эдгээр нарийн биеийн дуслууд сэтгэлийг маш нарийн төвлөрөлтэй болгож байдаг. Энэ бясалгалын үр дүнд бид дотоод хийн бүх урсгалыг бүрэн зогсоож эцэст нь, гэгээрэлд хүрэх цэг буюу зэрэглээ мэт үзэгдэх солонгон биеийг олох хүртлээ материаллаг биеийг бүрэн уусгах болно.

Очирт Зургаан Йогийн бясалгалын бичигдсэн тайлбар энэ дэлхий дээр хаа ч байхгүй бөгөөд түүнийг багшийн амаар шавьд сонсгодог заншилтай. Эдгээр бясалгалын туйлын дээд шатных болохыг ойлгохын хэрээр өөрийн дотоод нарийн биеийн хийн урсгалыг захиран жолоодож чадах тийм цаг ирдэг болоосой хэмээх хүслээ бататган ерөөл тавьж байх зайлшгүй шаардлагатай эсвэл таны Очирт мастер таныг ийм бясалгалд ороход бэлэн боллоо гэж итгэсэн байх ёстой.

УМ А ХУМ ХО ХАМ ЧА

Бурханлаг чанарын хүчээр бодлын урсгалыг таслан зогсоож, гэгээн гэрлийн туяаны арван шинжийг үзэж, Ангижрахуйн Йогт хүрэх болтугай. Аврагч лам багш хийгээд ариун урсгалыг залгамжлагч бүхний гэгээн адислал дор миний энэ ерөөл биелэгдэх болтугай!

Энэ бүлгийн эхэнд буй зургаан үсэгт тарни бол зургаан хүрд ба зургаан йогийн шатны аль алинийх нь бэлэг тэмдэг болдог. Бурханлаг чанарын хүч гэдгээр "Татагатагарба"-г хэлж байгаа бөгөөд язгуурын Бурханы оршдог суурь гэх юмуу бүхий л гэгээрсэн чанаруудыг эзэмшсэн хамаг амьтны ухамсрын үргэлжлэл гэж хэлж болно.

Дараачийн мөрүүд Очирт Зургаан Йогийн эхнийх болох *Ангижрахуйн* йогийг дүрсэлжээ. Үүнд харанхуй өрөөнд нүдээ том харан байж үйлддэг шөнийн бясалгал, цэлмэг хөх тэнгэрийг ширтэн бясалгадаг өдрийн бясалгал хоёр багтдаг. Эдгээр бясалгалуудын дүнд сэтгэл доторхи бодлын хөдөлгөөнийг таслан зогсоож, нарийн биеэр гүйж байдаг дотоод арван хийн урсгал гол судалд нэгдэнэ. Арван төрлийн шинж тэмдэг илэрч гэгээн гэрлийн туяаг үзэх бөгөөд улмаар хүчирхэг, тод хийгээд тогтвортой болж ирнэ. Эдгээрийн шинжүүдийн дөрвийг шөнийн бясалгалын үед, үлдсэн зургаан шинж тэмдгийг өдрийн бясалгалын үед үзэх болно. Арван шинжийг мэдэрсний үндсэн дээр гадаад ертөнцөөс дутуугүй бие даасан "дотоод ертөнц" гэгч бий болон хөгжиж эхэлнэ. Энэ шатанд гэвч эдгээр шинжүүд мөн л бодлын хийсвэр ухамсраас салангид мэдрэгдсэн хэвээр байх болно.

Эцэст нь энэ хүсэн залбирч байгаа ерөөл учраас авралт лам хийгээд ариун урсгалын залгамжлагч нараас миний хүслийг болгоон адислаарай хэмээн айлтгаж байна. Тэдний холбоо болон багшийг шүтэх сэтгэл байсан цагт л дадлага амжилт олдог учиртай билээ.

Бурханлаг чанарын хүчээр миний ухамсар, хэл яриа, дотоод хий гурав тогтворжих болтугай. Саруул билгүүн нэмэгдэж, дотоод шинжлэлийн амгалан хийгээд цэнгэл арвидсанаар Тогтворжихуйн Йогт хүрэх болтугай. Авралт лам багш хийгээд ариун урсгалыг залгамжлагч бүхний гэгээн адислал дор миний энэ ерөөл биелэгдэх болтугай!

Энэ бадагт Очирт Зургаан Йогийн хоёрдугаар шат *Бясалган Тогтворжихуйн* йогт хүрэхийг ерөөж байна. Энэ шатанд өмнөх шатанд мэдэрсэн хоосон-дүрс дотоод ухамсартай салшгүй холбогдон хүний хэл яриа, дотоод хий, мэдрэхүй гурав тогтворжиж ирнэ. Эхний йогт арван шинжийн хоосон-дүрсийг бодлын нэгэн объект хэмээн мэдэрч байсан бол хоёрдугаар йогт бясалгагч энэхүү шинжүүдийг дотоод шинжлэлийн баяр хөөрт мэдрэмжтэйгээ болон ухамсартайгаа холин нэгтгэж чадах болно. Үүний өмнөх шатанд харагдах хэлбэр ба нүдний мэдрэмжээр бясалгаж байсан бол энд бүх таван мэдрэхүйгээр тэдгээрийн тус бүрийнх нь объектоор – дуу, үнэр, амт, хүрэлцэх зэргээр тус тусад нь бясалгаж чадах болно. Энэ шатанд харанхуй өрөө мэт тусгай нөхцөл шаардлагагүй болдог.

Бурханлаг чанарын хүчээр миний дотоод арван хий, баруун зүүн хоёр судал гол судал авадутид орж нэгдэх болтугай. Дотоодын улалзсан гал туммог асааж зулайн хүрдний охь ХАМ үсгийг хайлуулснаар Амин Хүчний Йогт хүрэх болтугай. Авралт лам хийгээд ариун урсгалыг залгамжлагч бүхний гэгээн адислал дор миний энэ ерөөл биелэгдэх болтугай!

Очирт Зургаан Йогийн гуравдугаар нь *Амин-Хүч* хэмээн нэрлэгддэг. Өмнөх шатанд хоосон-дүрс ухамсартай өөртэй нь холилдсон бол одоо энэ хоёр дотоод хийтэй нэгдэж энэ гурав салшгүй нэгэн зүйл болон хувирна. Баруун зүүн судлаар \лалана ба разана\ урсдаг арван хий одоо гол судланд \авадути\ ирж нийлснээр баруун зүүн судал гэж байхаа болино. Үүнийг хүйн хүрдэндээ анхаарлаа төвлөрүүлэн туммо гэх улалзсан галыг \зандаалын гал гэж мөн хэлдэг\ хэвлийдээ өрдсөнөөр гүйцэлдүүлнэ. Гол судлаар хий эрчимтэй урсаж халуун хий түүгээр дээш өгсөж зулайн хүрдэнд дүрслэгдэх ХАМ үсгийг хайлуулсны дараагаар дуслууд хайлж доош дуслах үед бясалгагч маш хүчтэй таашаалыг амсдаг байна.

Бурханлаг чанарын хүчээр миний цагаан дуслууд хураагдан духны хүрдэнд ирж тогтворжих болтугай. Дуслууд хайлахын цагт үл урвахын амгаланг амсан Хураахуйн Йогт хүрэх болтугай. Авралт лам багш хийгээд ариун урсгалыг залгамжлагч бүхний гэгээн адислал дор миний энэ ерөөл биелэгдэх болтугай!

Энэ бадагт Хураахуй хэмээх дөрөвдүгээр йогт хүрэх хүслээ илэрхийлжээ. Өмнөх шатуудад бясалгагч дотоод биеийн дуслуудыг хураан хоосон-дүрс, ухамсар, хий гурвыг нэгтгэсэн бол энд энэ гурван элемент зургаан хүрдэнд байрласан нарийн биеийн дуслуудтай нэгэн хэмнэлээр ажиллаж эхлэх болно. Эхлээд цагаан дусал духны хүрдэнд татагдан ирж цугларахад бясалгагч тэднийг бусад бүх хүрднүүдээр дамжуулан гол судлаар доош чиглүүлэн урсахыг удирдаж чаддаг болдог. Ингэснээр тэр аугаа таашаал мэдэрч эхлэх болно. Нарийн биеийн дуслууд үргэжлэн хайлсаар байх хооронд хүний эдлэх цэнгэл улам арвидсаар эцэст нь цэнгэлийн арван зургаан шинж урган гарч ирдэг билээ.

Бурханлаг чанарын хүчээр миний бүх хүрднүүд болон судлууд аугаа амгалангийн шижир охиор дүүрч, үзэсгэлэн гуа гурван ханийг төгс эзэмшсэнээр Эргэн Цуглуулахуйн Йогт хүрэх болтугай. Авралт лам багш хийгээд ариун урсгалыг залгамжлагч бүхний гэгээн адислал дор миний энэ ерөөл биелэгдэх болтугай!

Очирт Зургаан Йогийн тавдугаархыг Эргэн Цуглуулахуй хэмээнэ. Энэ шатанд бясалгагч дотоод дуслуудаа чөлөөтэй залах болж бүх зургаан хүрднүүдээ амгалан цэнгэлийн ариун охиор төгс дүүргэнэ. Хамгийн хүчтэй төвлөрлийг олохын тулд нарийн бүдүүн бүхий л дуслууд гол судлын доод үзүүрт цугларах ёстой. Үүнийг гурван ханийн тусламжтайгаар гүйцэлдүүлдэг бөгөөд: бодит, төсөөллийн болон хоосон-дүрсний Их Хань эдгээр юм. Эхний хоёрын туслалцаатайгаар гурав дахь их хань гарч үзэгдэх учиртай бөгөөд тэр л ганцхан ханьцашгүй дээдийн амгаланд хөдөлгөөнгүйгээр саатан оршиход тусалж чадах ажгуу.

Бурханлаг чанарын хүчээр миний нарийн биений зургаан хүрднүүд ханьцашгүй дээдийн амгалан таашаалаар дүүрээд, хоёргүйн ухамсрыг илтэд оносноор Уусгахуйн Йогт хүрэх болтугай. Аврал лам багш хийгээд ариун урсгалыг залгамжлагч бүхний гэгээн адислал дор миний энэ ерөөл биелэгдэх болтугай!

Очирт Зургаан Йогийн эцсийн шат Бясалган Уусгахуй хэмээн нэрлэгддэг. Хувиршгүй дээдийн амгаланд баттай оршоод түүнийгээ хөгжүүлсний дараагаар бясалгагч бодьсадвын арван хоёр шат бүхий уусахуйн замаар орох болно. Энэ үйл явцын эхэнд анх удаагаа нэгэн үзүүрт төвлөрөлд төгс орон, дээдийн хоосны хоёргүй мөн чанарыг илтэд онож үзэхүйн мөрд хүрдэг. Яг энэ цэгт хүрмэгцээ бясалгагч гэгээрсэн ядмын жинхэнэ дүр Дүйнхор ядам биеэрээ болон амилна. Энэхүү уусахуйн байдалдаа саатан оршсоноор зургаан хүрд хувиршгүй амгалангийн цагаан дуслаар дороосоо улаан дуслаар дээрээс дүүргэгдэнэ. Уг явц цаашлах тусам хүн дасган дасгасаар нийт 21,600 хормын аугаа амгалан таашаалыг эдлэхдээ 21,600 зөрчлийг ариусган, дотоод хийг уусган уусгасаар материаллаг бие махбод эцэстээ бүрэн үгүйрнэ. Бүхий л нисваанис хийгээд мэдэгдэхүүний түйтгэрүүд энд ул мөргүй бүрэн арилж төгс амилсан Дүйнхор ядам бурханыг бүтээж төгссөнөөр та бурханы хутагт ийнхүү хүрэх нь энэ болой.

Бурханлаг чанарын хүчээр би йогийн энэ байрлалаас хэзээд бүү салах болтугай. Миний сэтгэл оюун, алдаагүй үнэн Номын оньсон түлхүүр сургаалуудаас хэзээд үл хагацсанаар Очирт Зургаан Йогийн замыг гүйцээх болтугай. Аврал лам багш хийгээд ариун урсгалыг залгамжлагч бүхний гэгээн адислал дор миний энэ ерөөл заавал биелэх болтугай!

Энэ бол Очирт Зургаан Йогийн замыг гүйцээх эцсийн ерөөл. Та энэ байрлалаа битгий алдаасай, оньсон түлхүүр болсон сургаалыг хайрлагч ламаасаа бүү хагацаасай хэмээн чин сэтгэлээс ерөөнө. Энд дурдсан оньсон түлхүүр гэдгээр бясалгалыг хийж гүйцэтгэх үеийн йогийн байрлал техникүүдийг хэлсэн бөгөөд түүнийг бичиж үлдээдэггүй харин багшийн амаар дамжуулан хүртэх ёстой билээ.

Зориулга Ерөөл

Энэ буяны шимээр хамаг амьтан хорвоогийн утгагүй бодлыг эгнэгт орхин, очирт хөлгөний утга төгөлдөр замаар орон бясалгаж Цагийн хүрдний гэгээрэлд хүрэх болтугай!

Бид Цагийн хүрдний дадлагаа энэ хорвоогийн хамаг амьтан утгагүй амьдралын тухай бодлоо орхин гэгээрэлд хүргэх энэ нандин боломжийг оронд нь ашиглаасай гэсэн зориулга ерөөлөөр төгсгөх болно. Ялангуяа энд толилуулсан бүхнээс утга төгөлдөр очирт хөлгөний замтай холбогдон Очирт Зургаан Йогийг бясалгах боломжийг олоосой, тэгээд үтэр түргэн Дүйнхор Бурханы төлөвт хүрээсэй хэмээн ерөөнө.

Энэ буяны шимээр би нэн даруй Очирт Зургаан Йогийг төгөлдөржүүлэн энэ орчлонгийн нэг ч амьтныг хоцроолгүй Цагийн хүрдний гэгээрэлд хөтлөх болтугай!

Ерөөлийн хоёр дахь хэсэгт Очирт Зургаан Йогт төгс хүрэх өөрийн хүслээ тодотгон ганц өөрийн төлөө бус хамаг амьтныг мөн тэрхүү хутагт хөтлөн хүргэхийг хүсэж байгаагаа илэрхийлсэн байна. Хамаг амьтныг гэгээрэлд хүргэх хариуцлагыг өөртөө хүлээж байгаагаар Очирт Зургаан Йогийг Их Хөлгөний ёсонд хамаардгийг мөн өөртөө давхар сануулж байгаа юм. Энэ сэдэл л танд дадлагаа төгөлдөржүүлэх урам зоригийг өгөх ёстой билээ.

Энэ буяны шимээр хамаг амьтан буян хишиг билиг оюуны чинадад хүрч Бурханы хоёр лагшинг олох болтугай!

Эцэст нь буян хишиг ба саруул билгүүний чуулганыг хурааж төгсгөөд номын лагшин, дүрст лагшин хоёрыг олох болтугай гэдгээр гэгээрэлд хүрэхийг хэлж байна. Дүрст лагшин бусдын төлөө бүтдэг бөгөөд энэ тохиолдолд Дүйнхор ядмын хэлбэртэйгээр бүтэх нь энэ болой.

Нэмэгдэл Хоёр Багшийн Егүзэр

Цогт Жонангийн Номын Хаан Гүнжин Долбуба Шэйрав Жанцэн

Долбубагийн Гүрү Йог –

Очирт Урсгалын Зургаан Йогт зориулсан Адислалын Хур

Жонангийн урсгалд уламжлалт гурван жилийн бясалгалын үеэр хэрэглэдэг гурван төрлийн Багшийн Егүзэр бий. Үүнд урьд бидний үзсэн Язгуурын Гүрү Йог дээр нэмэгдээд Долбубагийн Гүрү Йог болон Дарнатын Гүрү Йог багтдаг билээ. Энэ гурван дадлага бол Долбуба, Дарнат хоёрыг Цагийн хүрдний Жонан-Шамбалын урсгалын хамгийн их нөлөөтэй ер бусын бодгалиуд хэмээн үздэг тэр ариун урсгалтай барилдлага тогтооход туслах маш хүчирхэг бясалгалууд юм.

Уртын бясалгалын үед Багшийн Егүзэрийн дадлагыг дээд тал нь гурван долоо хоногт дадуулж дуусгадаг. Эхний долоо хоногт Долбубагийн Гүрү Йог, хоёр дахь долоо хоногт Дарнатгийн Гүрү Йог, гурав дахь долоо хоногт Үндсэн Гүрү Йогийг дадуулан үйлддэг билээ. Эдгээр гүнзгийрүүлсэн бясалгалууд зөвхөн бэлтгэлийн зэргийн дадлага төдий биш юм. Очирт Зургаан Йогийн дадлагад ч мөн голлох үүргийг гүйцэтгэх бөгөөд бэлтгэлийн зэрэг ёсоор Багшийн Егүзэрийг дадуулж дууссаны дараагаар нэг нэгээр нь өдөртөө хэд хэдэн удаа давтах зэргээр өдөрт дөрвөн удаагийн дадлага байхад дадлага бүгдэд нэгийг нь унших маягаар үргэлжлүүлдэг. Эхний дадлагад Долбубагийн Гүрү Йог, дараагийнхад Дарнатын Гүрү Йог, хамгийн сүүлд Язгуурын Гүрү Йогийг уншина. Гурвуулыг дуусгамагцаа дахиад эхнээс нь давтах жишээтэй явагддаг.

ДОЛБУБАГИЙН ГҮРҮ ЙОГИЙН БЯСАЛГАЛ БА ТҮҮНИЙ ТАЙЛБАР

Долбубагийн Гүрү Йогийн нэр нь "Багшийн Егүзэр - Очирт Урсгалын Зургаан Йогт зориулсан Адислалын Хур" гэдэг. Үүнийг мөргөлийн уншлага маягаар бичигдсэн хур мэт арвин адислал хэмээн үздэг бөгөөд Долбуба болон урсгалын бусад лам нарыг урин дуудаж байгаагаараа бидний эглийн бодлоосоо давж гарахад хүргэх зорилготой билээ. Энэ дадлагын дунд уг урсгалаар дамжуулан Очирт Зургаан Йогийн дээд шатны бясалгалд орох боломжийг олгосноор бурханлаг чанараа илрүүлэх хаалгыг бидэнд онгойлгож өгч байгаа хэрэг юм. Дадлага бүтцийн хувьд энэхүү тайлбар номд бидний урьд үзсэн Язгуурын Гүрү Йогийн дадлагатай ерөнхийдөө адилхан бүтэцтэй байдаг.

Дүрслэхүй

Өмнийн огторгуйд Гүнчэн Долбуба хөх Очирдарын дүртэйгээр буяны хотол чуулганыхнаар хүрээлүүлэн ургалаа. Таны зүг харах түүний харцанд хайр энэрэл дүүрэн шингэжээ.

Энэ бясалгалд буяны хотол чуулганг хоёр удаа дүрсэлнэ. Эхлээд бид итгэл одуулан, бодь төрүүлэх үедээ үүсгэдэг суурь дүрслэлийг бий болгоод үүнийгээ дараа нь гүрү йогийн дадлагын талбар болгон хувиргана. Буяны хотол чуулган тэр чигээрээ өмнө тань урган тодорлоо гэж төсөөл. Гүнчэн Долбуба голд нь арслан сэнтий дээр Очирдарийн дүртэй сууж үзэгдэх бөгөөд энэ дүрслэлээ тогтоож авмагцаа:

НАМА ШРИ КАЛА ЧАКРАЯА

Лам, Ядам хийгээд Чухаг Дээд Гурав дор чин сүсэг бишрэлээр итгэл одуулан мөргөмүү! (тарнийг гурвантаа уншина)

"Нама" гэдэг нь хүндэтгэсэн хэллэг ба "шри" гэдэг нь цогт гэсэн утгатай. "Чин сүсэг бишрэлээр итгэл одуулан" гэдэг нь бидний сэтгэл цэвэр тунгалаг бөгөөд талархал бишрэлээр дүүрэн гэдгийг илэрхийлэн мөн энэхүү бишрэл лам, ядам, Чухаг Дээд Гуравт бүрэн итгэхээр шулуудсан шийдмэг байдалтай хийгдвэл зохино.

Хэмжээлшгүй их хайр, энэрэл, хөөр баяр, тэгш сэтгэлийг амьтны тус дор төрүүлэх болтугай!

Гүрү йогийн гүнзгий замд ороод зүтгэл шамдлаар бясалгах болтугай!

Одоо та Ерөөхүйн бодь үүсгэн, цаглашгүй дөрвөн сэтгэлийн -хайр, энэрэл, баяр, тэгш сэтгэл- гэсэн дөрвөн шинжийг сэтгэлдээ төрүүлэн хамаг амьтны төлөө төгс гэгээрэлд хүрэх юмсан гэсэн хүслээ эхлээд илэрхийлж байна. Дараа нь гүрү йогийн замаар хичээнгүйлэн бясалгаж хамаг амьтныг чөлөөлөх гэсэн Орохуйн бодь сэтгэлээр зорилгоо бататгаж авч байна.

Түр зуурын бүх арилаагүй үзэгдэл хоосон чанарт урвах болтугай!

Энэ мөрийг уншихад бидний эхлээд үүсгэсэн буяны хотол чуулган тэр чигээрээ төрөлхийн хоосон чанартаа ууслаа гэж бодно. Ариун бус, түр зуурын бүхий л юмс үзэгдэл хоёргүй мөн чанартаа шингэж, нууранд туссан сарны дүрс адил болон хувирав хэмээн дүрсэлнэ.

Миний зулайнаас дээхнэ лянхуа, сар гэхчилэнгийн таван дэвсгэр бүхий сэнтий дээр миний язгуурын гүрү их Очирдарын дүртэйгээр заларна. Түүний лагшин хөх, нэгэн нигур хоёр мутартай ажээ.

Одоо бид буяны хотол чуулганыг дахин үүсгэхдээ өөрийн язгуурын гүрүг Очирдарын дүртэйгээр хөхөмдөг өнгийн лагшинтай, нэг нигур хоёр мутартайгаар дүрсэлнэ. Тэр таны зулайн чанх дээр ногоон лянхуа, цагаан сар, улаан нар, хар раху, шар калагни дэвсгэрээс бүрдсэн таван давхар зөөлөвчит сэнтийд заларна. Дэвсгэр болгон тусгай нэгэн шинжийн бэлгэдэл болох бөгөөд –лянхуа цэцгээр ариуныг, саран дэвсгэр сэрүүн үе, наран дэвсгэр зүүдний үе, раху гүн нойрсолтын үе, калагниар язгуурын билиг билгүүнийг бэлэгджээ. Бүгд хамтдаа бидний туйлын үнэнийг үзэх суурь болдог бүхий л амьдын зуурдын мэдрэмжийг нийлүүлэн харуулж байна.

Хэдийгээр Очирдараг дүрслэх заавар бий боловч энэ дадлагад өөрийн язгуурын гүрү багшаа Долбубагийн дүрээр дүрслэх нь элбэг байдаг. Та Очирдарын дүрээр мэргэн Долбубаг дүрслэн бодож түүний сайн чанаруудыг эргэн санах гэж оролдох хэрэгтэй. Энэ бясалгалыг Долбуба зохиосон болохоор өөрийгөө дүрслээрэй гэсэн заалт огт байхгүй бөгөөд түүнийг дүрслэх тухай тайлбар түүний урсгалд оруулсан нөлөөг харгалзан үзсэнээр сүүлд нэмэгдсэн нь түүнтэй барилдлагаа бататгах сайхан боломжийг бидэнд олгож байгаа хэрэг билээ.

Тэр бүтэн завилгааг үйлдэн бөгөөд торгон хувцас болгоож, үнэт эрдэнийн болон ясаар урласан чимэглэлээр гоёсон байна. Тэрбээр хонх очир хоёрыг зүрхэн тус газартаа зөрүүлэн болгоожжээ.

Таны язгуурын гүрү болон Долбубагаас салшгүй нэгэн болсон Очирдарын талаар нэмэгдэл тодотголууд энд өгөгджээ. Тэр торгон хувцас өмсөж, суудал дээрээ бүтэн завилгаагаар суун, эрдэнийн хийгээд ясан гоёл чимэгтэй суух нь цөмөөрөө гэгээрсэн үнэний шинж тэмдгүүдийг бэлэгдэж байгаа юм. Хонх очир хоёрыг цээжиндээ зөрүүлэн барьсанаар энэрэнгүй сэтгэл билиг оюун хоёрын салшгүй нэгдлийг үүгээр илэрхийлдэг.

Багшийн лагшинд тарнийн дөрвөн үсэг тодорсонд зүрхэнд байрласан ХУМ үсэгнээс хурц гэрэл цацарч дамжлагын лам нарыг хотол чуулганыхны хамтаар залан авчирлаа.

ЖА ХУМ ВАМ ХО

Тэд салшгүй нэгэн болцгоов.

Долбубагийн духанд УМ, хоолойд А, зүрхэнд ХУМ, хүйсэнд ХО үсэг тодорно. ХУМ үсэгнээс хурц гэрэл зүг бүхэнд цацарснаа таныг ЖА хэмээн уншихад гэрэл урсгалын лам нар болон хувирч, ХУМ гэхэд тэд Очирдарын зулайн орчим цугларснаа ВАМ хэмээн уншихад Очирдарад уусан орж ХО гэхэд тэдгээрийн гэгээрсэн оршихуй салшгүй нэг мөн чанартай болж хувирна. Очирдара, Долбуба болон таны язгуурын гүрү тэд цөм язгураасаа нэгэн салшгүй мөн чанартай гэдгийг үүгээр өөртөө дахин сануулна.

Лам Багшдаа Мөргөх

Эрдэнэ мэт лам таны лагшин, зарлиг, таалал дор мөргөмүү. Таны лагшин өөрчлөгдөшгүй төгс тэмдгүүдээр огоот бүрдэх амой. Таны үл тасалдах Эсрүа тэнгэр мэт зарлиг арван зүгийг эзлэн, их тамганы адил үнэн таалалдаа баттай орших болой.

Энд бид багш ламыхаа лагшин, зарлиг, тааллын гайхам чануудыг магтан мөргөж байна. Өөрчлөгдөшгүй төгс шинж гэдгээр Бурханы лагшний 32 их бэлгэ болон 80 бага найргуудыг хэлнэ. Эсрүн тэнгэр мэт зарлиг гэдгээр нарийн дүрст тэнгэрийн орныхны уянгалаг сайхан, тааламжит хоолойтой зүйрлэжээ. Их тамганы үнэн таалал гэдгээр хааны их тамга хуурамчаар үйлдэх аргагүйн нэгэн адил гэгээрсэн тааллын чануудын өөрчлөгдөшгүйг илэрхийлжээ. Их тамга гэдгээр чинагуух утгыг илтэд оногч-туйлын Махамудраг мөн давхар илэрхийлж байгаа юм.

Очирт Зургаан Йогийн Ангижрахуйн мөр хийгээд бусад шатыг гүйцээн, гучин зургаан бүрдэл цогцыг төгс ариусгаснаар илрэх гучин зургаан Татагатагийн биелэл бологч лам тандаа бишрэнгүйгээр мөргөмүү!

Энэ бадаг долоон-гишүүнт тахилын эхний гишүүн бөгөөд гучин зургаан Татагатагийн биелэл болсон лам багшдаа итгэл одуулан мөргөж байна. Цагийн хүрдний тарнийн ёсонд зургаан бурханы аймаг *биеийн зургаан бүрдэл цогцыг* илэрхийлдэг-- \1\Бирузана Бурханы аймаг дүрсийг, \2\Аминдава Бурхан хүлээн авахуйг, \3\Раднасамбава мэдрэмжийг, \4\ Амгаасид хэлбэржихүйг, \5\ Агчобяа ухамсрыг, \6\ Базарсад язгуурын билиг оюуныг тус тус төлөөлдөг байна.

Зургаан бодьсадва *зургаан мэдрэхүйг* -\1\чихний мэдрэх хүчийг Очирваань, \2\хамрын мэдрэхүй хүчийг Кагарба, \3\нүдний мэдрэхүй хүчийг Чтигарба, \4\хэлний амтлах мэдрэхүй хүчийг Логэшвара, \5\биеийн мэдрэх хүчийг Сарваниварана, \6\оюуны мэдрэхүйг Самандбадра төлөөлдөг. Эдгээр зургаан бодьсадва нар зургаан бурхадтай нэгдэхээрээ гучин зургаан нэгдэл үүсгэнэ. Жишээ нь Агчобяа гэж үзэхэд Очирваань-Агчобяа, Кагарба-Агчобяа, Чтигарба-Агчобяа, Логэшвара-Агчобяа, Сарваниварана-Агчобяа, Самандбадра-Агчобяа гэх нэгдлүүд гарч ирнэ. Энэ зургаан нэгдлүүд очирт йогийн ёсоор ухамсарлахуйн бүрдэл цогцын төгс ариуслыг илэрхийлж байна гэсэн үг. Бусад таван бурхдын аймгийг ч мөн ийм маягаар ойлгох хэрэгтэй.

Би бээр гурван цагийн туршид бие хэл сэтгэлээр хураан хуримтлуулсан буяныг оролцуулаад хэмжээлшгүй далай их Самандбадрын тахилыг цэвэр сэтгэлийн их хөөр баяслаар өргөмүү!

Долоон-гишүүнт тахилын хоёрдугаар хэсэг болох дүрслэлийн хүчээр бий болгосон далай их тахилыг Лам Гурван Эрдэнэ дор өргөн барихдаа хамаг амьтныг гэтэлгэхийг хүссэн их баяслыг өвөртөлсөн байна. Үүнд эдийн өглөгөөс гадна эдүгээ, ирээдүй, өнгөрсөн гурван цагийн бие хэл сэтгэлээр хураасан хийгээд хураах буян цөм энд багтаж байгаа ажээ.

Самандбадра гэдгээр хязгааргүй уудам номын лагшинд саатсан язгуурын Бурханыг хэлэх ба "Самандбадрын тахил" гэдгээр өргөж буй тахилын уг язгуураасаа санаанд багтамгүй их гэдгийг илэрхийлсэн билээ. Цагийн хүрдний тарнийн ёсонд бид арван хоёр өргөлийн дагинасыг төсөөлдөг. Дагина тус бүрийн зүрхнээс мөн хоёр дагинас урган гарч, дагина бүр ийнхүү олширсоор огторгуйг дүүргэнэ.

Би бээр, бие хэл сэтгэлээр үйлдсэн барцад хилэнц бүхнээ илчлэн наманчилмуу. Ариусгалыг болгоон соёрх!

Би бээр буян бүгдэд даган баясмуу!

Багш та Номын хүрдийг тасалдуулалгүй эргүүлэн соёрх!

Багш та амьтны тусын тулд орчлонд үүрд саатан үлдэн соёрх!

Одоо бие хэл сэтгэлээр үйлдсэн хилэнцэт үйлдлээ илчилж намачлан, ариусгаж өгөхийг цаашид дахин үйлдэхгүй гэсэн хатуу итгэл өвөртлөн байж гуйснаар долоон-гишүүнт тахил цааш үргэлжилж байна. Дараа нь бид хамаг амьтны буянд даган баяссанаар өөрсдийн буян хишгээ арвижуулж байна. Хэдийгээр ламын энэрэлт сэтгэл хязгааргүй ч гэлээ биднийг чин сэтгэлээсээ айлтгасны хариуд л тэр Номын хүрдийг эргүүлэх учиртай билээ. Лам багш үнэндээ үхэл амьдралаас гэтэлсэн ч гэлээ бид түүнийг хамаг амьтны төлөө нирваан дүрийг ололгүй орчлонд үүрд саатан үлдээсэй хэмээн гуйж залбирдаг.

Гурван зүйлийг төгс арвижуулж, арван хоёр шатыг гүйцээсэн, хамаг очирыг баригч нарын тэргүүн, Бурханы дөрвөн лагшингаас үл хагацах сүр жавхлант лам тандаа сөгдөн мөргөмүү. Намайг адислан соёрх!

Лам багш хамаг Бурхдын биелэл болдог учраас *Бурханы дөрвөн лагшин* буюу: \1\ язгуурын лагшин, \2\ номын лагшин, \3\ төгс жаргалант лагшин, \4\ хувилгаан лагшингаас салшгүй нэгэн юм. Тарнийн ёсны гүнзгий увдисыг дамжуулагч багш мастеруудын биелэл учраас очирыг баригч нарын тэргүүн болж байна. *Гурван зүйлийг арвижуулсан* гэдэгт, \1\өглөг, \2\ауга төвлөрөл, \3\билиг оюуныг хэлж харин арван хоёр шат гэдгээр Цагийн хүрдний замаар замнан бодит биеийг түүний хүрднүүдийн хамтаар үгүйрүүлэх явцад дамждаг шатуудыг хэлж байгаа билээ.

Хоёргүйн язгуур ухамсартаа хоромхон саатах төдийд, хоёрдмол ухамсрын найман объектыг төгс урвуулж, таван билгүүнийг төгс эзэмшигч сүр жавхлант лам тандаа сөгдөн мөргөмүү. Намайг адислан соёрх!

Бурханы таван билгүүн, *таван бүрдэл цогцыг* ариусгамагц илрэн гарч ирдэг. Тэдгээрт: \1\бүхнийг болгоогч огторгуй мэт билгүүн, \2\толин тусгал мэт билгүүн, \3\тэгш сэтгэлийн билгүүн, \4\ялгамжаат билгүүн ба \5\үнэнхүү төгсгөсөн билгүүн ордог. Хоёрдмол үзлийн найман объект бол ухамсарлахуйн найман хэлбэрүүд болох: \1\өнгө ба дүрс, \2\дуу чимээ, \3\үнэр, \4\амт, \5\хүрэлцэхүйн мэдрэмж, \6\оюуны ухамсрын үзэгдэл, \7\төөрөлдсөн бодол, \8\ алая буюу үйлийн үрийг агуулагч суурь ухамсар багтана. Эдгээр хэлбэрүүд ариуссаныхаа дараагаар найман эмэгтэй бодьсадва нар болон үзэгдэнэ. Энэ бүгд язгуурын ухамсартаа саатан буй сүр жавхлант лам багштайгаа өөрийгөө нэгтгэж чадсаны дүнд ариусдаг байна.

Үүсгэлийн болон төгсгөлийн зэргийн арван хоёр эрх бүхий дамжлагаар хувь төгөлдөр шавь нараа чанаржуулан гэтэлгэгч, хамаг багш нарын биелэл сүр жавхлант лам тандаа сөгдөн мөргөмүү. Намайг адислан соёрх!

Лам багшийн энэрэнгүй үйл бол хувьтай төрсөн шавь нараагаа сүсэг бишрэлийнх нь замд өсгөн өндийлгөж чөлөөлөгдөхөд хөтөлдөг бүх лам мастерууд адил энэрэнгүй үйлээрээ нэгэн зүйл юм гэдэг утгаараа лам багш бүхий л лам нарын биелэл ажээ. Үүсгэлийн ба төгсгөлийн зэргийн нийт арван хоёр ололт амжилт буюу шавь нарын өсөлтийн хэрээр энэхүү энэрэнгүй үйлийн цар хэмжээг тодорхойлогддог. Энэ арван хоёр ололт Бясалган Уусгахуй зэргийн очирт зургаан йогийн бясалгалын дүнд бодит биеийг зургаан хүрдний хамтаар үгүйрүүлэх явцад бий болдог билээ. Тиймээс энэ бүх амжилтад хүрэхийн тулд тоолшгүй олон Бурхадын эрх авшгийг хүртэх хэрэгтэй байдаг ажгуу.

Таны бүрдэл цогц зургаан Бурхдын аймаг, таны мэдрэхүй найман гэгээн бодьсадва, мутар хийгээд өлмий тань догшин олон ягчис, хамаг Ядмын биелэл сүр жавхлант лам тандаа сөгдөн мөргөмүү. Намайг адислан соёрх!

Энэ бадагт лам багшийгаа тарнийн ёсны бүх амжилтын эх сурвалж болсон догшин хийгээд амирлангуй гэгээрсэн сахиусуудын биелэл хэмээн мөргөж байна. Зургаан Бурхдын аймаг \дээр дурдсан\ бол ариуссан зургаан бүрдэл цогц. Найман бодьсадва нар найман мэдрэх хүч, харин догшин ядмуудын чуулганаар *хөдөлгөөн хийх таван чадварыг*: \1\амны хөдөлгөөн, \2\гарын хөдөлгөөн, \3\ хөлийн хөдөлгөөн, \4\анусны хөдөлгөөн, \5\төвийн хөдөлгөөн зэргийг хийх чадварыг илэрхийлдэг ажээ.

Амьтны тус дор тоолшгүй хувилан үзэгдэж, хоёр чуулганы чинадад хүрсэн үнэн номын лагшин, хамаг Бурхдын биелэл сүр жавхлант лам тандаа сөгдөн мөргөмүү. Намайг адислан соёрх!

Одоо бид багшийгаа хамаг Бурхадын биелэл болгон залбирч байна. Түүний уг гарал үнэн номын лагшингаас салшгүй нэгэн зүйл билээ. Тэр буян хишиг болон билиг оюун гэсэн хоёр зүйлийг төгс арвижуулж чадсаны тул амьтны тусад тоолшгүй дүрээр хувилан үзэгдэж чаддаг билээ. Буян хишиг, билиг оюун хоёрыг арвижуулснаар *Бурханы хоёр лагшинг* олдог нь -\1\ өөрийн тусад бүтсэн номын лагшин ба \2\бусдын тусад бүтсэн дүрст лагшин билээ.

Туйлын үнэний сургаал ном болон үзэгдэж, өгүүлшгүй гүнзгий үнэний замд хөтлөгч, эрдэнэ мэт Номын биелэл сүр жавхлант лам тандаа сөгдөн мөргөмүү. Намайг адислан соёрх!

Энэ бадгаар бид лам багшийгаа бидний хамаг муу сэтгэлийг эмнэх эм болдог Бурханы 84,000 сургаалыг багтаасан эрдэнэ мэт Номын биелэл хэмээн мөргөж байна. Үүнд судар, ном тэдгээрийн утгын тайлбар ялангуяа гуравдугаар номын хүрдэнд дүрсэлсэн бурханлаг чанар ба Долбубагийн няцаагдашгүй Шандон үзлийн суурь болсон сургаалуудыг хамааруулж байгаа билээ. Эдгээр судар номын үгс биднийг гүнзгий үнэнийг шууд мэдрэхэд гарцаагүй хүргэдэг нь хэдийгээр хуруу сар руу заавч тэр нь үнэндээ сар бишийн адил ажгуу.

Хамаг амьтны аврал бологч эрхэм буяны садан, бодьсадвын арван газрыг гүйцээн чөлөөлөгдөж тэндээ саатан орших Аръяа Хуврагуудын биелэл сүр жавхлант лам тандаа сөгдөн мөргөмүү. Намайг адислан соёрх!

Одоо бид багшийгаа Аръяа Хуврагуудын биелэл болгон мөргөж байна. Тэд бол бидний сүсэг бишрэлийн замд туслах буянт нөхөд юм. Тэд бол Бурханы хутагт эргэлт буцалтгүй зорин яваа, буян хишиг саруул оюуныхаа хүчээр дотоод ертөнцдөө нэвтэрсэн хоосон чанарыг илтэд оногчид билээ. Тэдний яваа зам бодьсадвын арван газрыг дамжих бөгөөд ахих тусам улам нарийссаар түйтгэр бэрхшээлийг арилган арилгаснаар өглөг, тэвчээр мэтийн сайн чанаруудыг төгөлдөржүүлэн төгс гэгээрэлд хүрч, энэ хорвоод дахин хүний төрлийг авахаас эгнэгт чөлөөлөгдөх үнэмлэхүй үнэний дотоод зөн билгийг хөгжүүлэгчид юм.

Алаг үзэлгүйн энэрлээр дайсныг даран саадыг арилгагч Номын Сахиуснуудын биелэл сүр жавхлант лам тандаа сөгдөн мөргөмүү. Намайг адислан соёрх!

Аливаа саад бэрхшээлийг арилган зайлуулагч Номын сахиуснуудын биелэл гэж бид багшдаа мөргөж байна. Тэд бол хорвоогийн хийгээд хорвоогоос тийн хэтийдсэг догшин дүртэй сахиуснууд билээ. Тэдний үүрэг бол Бурханы сургаалыг төөрөгдсөн булингарт үзлээс хамгаалан үнэн зоригдолт бясалгагчдад дотоод ба гадаад бэрхшээлийг арилган туслах явдал мөн. Гадаад саад гэдэгт таны ном үзэх боломцоог хаагдуулж буй өвчин эмгэг гэх мэтийн бусад тааламжгүй байдлууд харин дотоод гэдэгт нь таны бодлыг самууруулсан буруу үзэл, анхаарал сарниулсан бусад үзэгдлүүд багтана. Алагчлал үгүй энэрэх сэтгэл гэдгээр бүхий л юмс үзэгдлийн зэрэглээ адил мөн чанартайг ая зөнгөөрөө ухаарч, шунан татагдах байдалд огт үл автах сайн нигүүсэлт сэтгэлийг хэлнэ.

Амирлуулах, арвижуулах, эрхэнд хураах ба даран номхотгох дөрвөн үйлийг төгөлдөржүүлэн, дээдийн хийгээд нийтийн хоёр увдисыг эзэмшигч хамаг шидтэнгүүдийн биелэл сүр жавхлант лам тандаа сөгдөн мөргөмүү. Намайг адислан соёрх!

Одоо бид багшийгаа дээдийн болон нийтийн увдисын аль алинийг эзэмшсэн шидтэнгүүдийн биелэл болгон мөргөнө. Нийтийн увдис гэдэгт агаарт хөөрөх, хөнгөний тамир гэх мэтийн ер бусийн хүчнүүд харин дээдийн увдис гэдэгт нь гэгээрсэн чанаруудтай холбоотой увдисууд ордог байна. Бурханы дөрвөн дээд хүч болох: \1\амирлуулах, \2\арвижуулах, \3\эрхэнд хураах, \4\хатуу үйлээр даран номхотгох зэрэг нь хамаг амьтны тусын тулд хийдэг бурханы хязгааргүй үйлс билээ. Очирт хөлгөний бясалгагч нарын хувьд лам багшийн хэлсэн хийсэн болгон эдгээр дөрвөн хүчний илэрхийлэл хэмээн үзэгдэж түүнийг амьд Будда адилаар үзэж биширвэл зохино.

Судар тарнийн сургаал номыг оньс түлхүүрийн хамтаар тайлбарлах, мэтгэлцэх, зохиох аргуудаар зааж, буруу үзлийг арилган мунхгийн харанхуйг үлдэн хөвгч сүр жавхлант лам тандаа сөгдөн мөргөмүү. Намайг адислан соёрх!

Одоо бид ламыгаа мунхаг сэтгэл ба төөрөгдлийг арилгагч төгс төгөлдөр Номын багш нар болгон мөргөж байна. Тэд ном судар зохиох, буруу зөвийг мэтгэлцэх, судрын болон тарнийн ёсон дахь Бурхан багшийн сургаал зарлигийг тайлбарлаж өгөх зэргээр эртний нандин сургаалыг шалгадаг ухаан, оньсон түлхүүр болсон зааварчилгаануудын хамтаар шавь нартаа уламжлуулан дамжуулдаг билээ.

Нандин сургаалын охийг амсаж гүнзгий утганд суралцсан энэ өдрөөс цааш эрдэнэт лам багшаа би сүүдэр мэт дагах болтугай. Сүр жавхлант лам тандаа сөгдөн мөргөмүү. Намайг адислан соёрх!

Энэ бадагт эцэстээ хоосон чанарт тулдаг гүнзгий утганд суралцаж охь шимийг амссан энэ өдрөөс хойш багшаасаа салахгүй гэдгээ тангараглаж байна. Сургаал өөрөө дэндүү нандин зүйл учраас үүний төлөө ламдаа үйлчилж, тахил өргөл барьж байнга сүүдэр мэт даган явахаа бид андгайлах ёстой. Ийм маягаар багш шавийн барилдлага батжиж, буян хишиг арвижсанаар илүү гүнзгий утганд нэвтрэх буян заяаг олоход хичээвэл зохино.

Хүнс, хувцас, тансаг сайхныг үл бодож, ариун бус буруу амьжиргааг хөсөр орхин, ариун Номын шимээс хэлнийхээ үзүүрээр ч болсон амсах болтугай. Сүр жавхлант лам тандаа сөгдөн мөргөмүү. Намайг үүнд адислан соёрх!

Одоо жинхэнэ хорвоог огоорох сэтгэлээ энэ бадгаар хөгжүүлэн хоол хүнс, хувцас эдлэл, ашиггүй тансаг зүйлсийг үл тоон умартаж зөвхөн Бурханы номыг л судлан байхаа андгайлж байна. Энэ тангаргад худлаа хэлэх, хулгай хийх, бусдыг хохироох залилах, ёс зүйгүй аашлах зэрэг буруу, ариун бус замаар амжиргаа залгахгүй гэдгээ давхар баталж байгаа юм.

Энэ өдрөөс эхлэн эзгүй зэлүүд газарт нэгэн үзүүрт сэтгэлээр гүнзгий утгыг бясалган сууж, энэхэн нэгэн насандаа их тамганы гэгээрэлд хүрэх болтугай. Сүр жавхлант лам тандаа сөгдөн мөргөмүү. Намайг үүнд адислан соёрх оо!

Хорвоог огоорох сэтгэлээ илэрхийлснийхээ дараагаар Номын чинагуух утгыг эрчимтэйгээр бясалгахад тохиромжтой нөхцөл болох эзгүй аглаг газарт очиж нэгэн үзүүрт төвлөрлийг хөгжүүлэн энгийн дараву амьдралаар өмнөх амьдралаа солихоо андгайлж байна. Энэхүү буянаа их тамганы гэгээрэлд хүрэх үйлсдээ зориулснаар нэгэн хүний нэгэн биен дээр Бурханы хутагт хүрэх бололцоотой.

Гүрү Багшийн дөрвөн хүрдэнд Бурханы дөрвөн лагшинг илэрхийлсэн тарнийн дөрвөн үсгийг үзэх болтугай. Тэдгээрт төвлөрснөөр дөрвөн авшгийг би хүртэх болтугай. Сүр жавхлант лам тандаа сөгдөн мөргөмүү. Намайг адислан соёрх!

Энэ бадагт дөрвөн авшгийг хүртэх хүслээ илэрхийлсэн байна. Лам багшийн дух, хоолой, зүрх, хүйн дөрвөн хүрдэнд тарнийн дөрвөн үсэг тодорсноор дүрсэлж энэ авшгийг хүртдэг. Авшиг авах болгондоо та өөрийн ухамсрын урсгал дахь Бурханы дөрвөн лагшин болох номын лагшин, төгс жаргалант, хувилгаан ба билгүүний лагшинг сэргээн идэвхжүүлж байгаа гэж ойлгох хэрэгтэй.

Дөрвөн Авшгийг Хүртэхүй

Лам багшийн духан дахь УМ үсэгнээс цагаан УМ тасран цацарч миний духны хүрдэнд шингэж орлоо. Үүгээр би бумбын авшгийг хүртэх болтугай. Миний сүр жавхлант лам намайг үүнд адислан соёрх!

Язгуурын Гүрү Йогийн дадлагатай адил дөрвөн авшгийг одоо хүртэнэ. Ламын духны хүрдэнд тодорсон тарнийн УМ үсэгнээс нүд гялбам гоёмсог хурц цагаан гэрэл цацран таны духны хүрдэнд орж шингэнэ.

Энэ авшгийн хүчээр миний сэрүүн үеийн хилэнц бүхэн арилж дөрвөн цэнгэлийг амсан очирт хувилгаан лагшин илрэх болтугай. Миний сүр жавхлант лам намайг үүнд адислан соёрх!

Бумбын авшиг хулгай мэтийн биеэр үйлдэх нүгэл, духны хүрд хамгийн их идэвхтэй байдаг сэрүүн үеийн саад бэрхшээлийг ариусгана. Бүдүүн биений хий улам нарийсах тусам дөрвөн гол хүрдэндээ дөрвөн цэнгэлийг мэдэрдэг. Дөрвөн хүрдэнд зангилаа болон тогтсон саад бэрхшээлүүдийг арилган, эвдэршгүй очирт хувилгаан лагшинг олох болно.

Лам багшийн хоолойн А үсэгнээс улаан өнгийн А тасран миний хоолойн хүрдэнд шингэн ууслаа. Үүгээр би нууцын авшгийг хүртэх болтугай. Миний сүр жавхлант лам намайг үүнд адислан соёрх!

Дараа нь ламын хоолойноос гоёмсог улаан гэрэл цацарч тарнийн А үсэг таны хоолойн хүрдэнд шингэлээ хэмээн бодно.

Энэ авшгийн хүчээр миний үг хэлний хилэнц хийгээд зүүдний үеийн бүхий л хилэнц ариусан, дөрвөн цэнгэлийг эдэлж, очирт зарлигны төгс жаргалант лагшин илрэх болтугай. Миний сүр жавхлант лам намайг үүнд адислан соёрх!

Энэ авшгаар ширүүн үг гэхчилэнгийн ам хэлээр үйлдэх хилэнц нүгэл ариусч мөн хоолойн хүрд хамгийн их идэвхтэй байдаг зүүдний үеийн саад тотгорыг арилгаад зүүдний йог мэтийн бясалгалуудыг дадуулж эхлэх чадварыг сэргээдэг. Нарийн биеийн дуслууд улам бүр нарийсаж очирт зарлигийн төгс жарганлангийн лагшинтай тань таныг учруулах болно.

Ламын зүрхэнд ХУМ үсэг тодорч хар өнгийн ХУМ цацран миний зүрхний хүрдэнд орж шингэлээ. Үүгээр би суурь билгүүний авшгийг хүртэх болтугай. Миний сүр жавхлант лам намайг үүнд адислан соёрх!

Одоо та язгуурын билгүүний авшгийг ламын зүрхнээс цацарсан гоёмсог хар өнгийн гэрэл бүхий ХУМ үсгээр дамжуулан зүрхэндээ хүртэж байна.

Энэ авшгийн хүчээр миний гүн нойрны үеийн хилэнц бүхэн арилж, дөрвөн дээд цэнгэлийг эдлэн очирт тааллын Номын лагшин илрэх болтугай. Миний сүр жавхлант лам намайг үүнд адислан соёрх!

Энэ авшгаар сэтгэл доторхи буруу үзэл, тачаал мэтийн хилэнцүүд арилж, зүрхний хүрд идэвхтэй байдаг гүн нойрсолтын үеийн бэрхшээлүүд арилна. Бүр нарийн болсон биеийн дуслууд дөрвөн хүрдэнд дөрвөн дээд цэнгэлийг мэдрүүлнэ. Ийм замаар Бурханлаг-чанарын эс төрсөн дармакая буюу очирт тааллын Номын лагшинтайгаа учрах болно.

Лам багшийн хүйсэн дэх ХО үсэгнээс шар өнгийн ХО цацран гарч миний хүйн хүрдэнд орж шингэлээ. Үүний хүчээр би дөрөвдүгээр ариун авшгийг хүртэх болтугай. Миний сүр жавхлант лам намайг үүнд адислан соёрх!

Эцэст нь хамгийн сүүлчийн дөрөвдүгээр ариун авшгийг ламын хүйн хүрднээс цацарсан гоёмсог шар гэрлээр дамжуулан тарнийн ХО үсэг таны хүйсэнд орсноор хүртэнэ.

Энэ авшгийн хүчээр миний шунал мэтийн хилэнцүүд арилж дотоодын дөрвөн дээд цэнгэлийг эдлэн, амгалан хоосны язгуурын очирт билиг билгүүн илрэх болтугай. Миний сүр жавхлант лам намайг үүнд адислан соёрх!

Энэ авшгаар сэтгэлийн хамгийн нарийн түвшний язгуур ухамсарт байрлан хүний бие хэл сэтгэлийн хамаг нисваанисын ёзоорын түйтгэрүүд болох уур хилэн, шунал, атаа гэх зэргийн түйтгэрүүд арилж, дуслуудын нарийслаар дотоодын дөрвөн дээд цэнгэлийг эдэлж очирт язгуурын билиг билгүүн буюу Бурханлаг-чанарын бусад гурван лагшинг нэгтгэсэн суабавикакая хэмээх язгуурын лагшинтай учрахын суурийг тавьж буй хэрэг билээ.

Уусгахуй

Зулай дээр минь заларсан лам багш гэрэлд хайлаад дараа нь надад шингэн уусаж зүрхэн тус газарт минь найман дэлбээт лянхуа цэцгэн сэнтийд заларлаа. Миний сүр жавхлант лам намайг үүнд адислан соёрх!

Язгуурын Гүрү Йогийн дадлагад гарсантай адилаар дүрслэлээ буцааж уусган үнэн хэрэгтээ лам багш миний өөрийн сэтгэлээс өөр юу ч биш юм байна гэдгийг дахин таньснаар бясалгалаа төгсгөнө. Үүний тулд таны зулай дээр залран буй лам гэрэл болон уусаж зулайн хүрдэнгээр орон гол судлаар тань доошилж таны зүрхний хүрдэнд найман дэлбээт лянхуа цэцгийн голд оршлоо гэж төсөөлнө. Энэхүү байдалдаа өөр зүйл бодолгүй аль болох удаан саатахыг хичээх хэрэгтэй. Төвлөрөл тань сарниад эхэлбэл зориулга ерөөлөөр төгсгөж болно.

Зориулга Ерөөл

Энэ бясалгалын шимээр хамаг амьтны нүгэл хилэнц арилан ариусаж, Бурханлаг-чанарын охийг үтэр түргэн амсах болтугай!

Бид буянаа хамаг амьтны туйлын тусад зориулан ерөөснөөр төгсгөнө. Энэ нь тэдгээрийн Бурханлаг-чанараа олж үзэхэд садаа болж буй хилэнц барцадыг арилгахад чиглэнэ. Мөн амьтны үнэн оршихуй Татагатаны охь шимийг амссанаар таны Бурханлаг-чанар бүрэн илэрч гарах болно.

Сүр жавхлант лам таныхаа чөлөөлөгч дүрэнд хормын төдийд ч би бүү эргэлзэх болтугай. Таны хийсэн үйл болгоныг хүндлэл бишрэлийн нүдээр харан, адис жанлав тань сэтгэл зүрхэнд минь шингэх болтугай!

Энэ залбиралд эрдэнэт ламыхаа язгуур ухамсрын илэрхийлэл болсон үзэгдэх дүр байдлаас хараа бүү салгах болоосой, дүр байдлых нь язгуурыг ухаарснаар эцэстээ чөлөөлөгдөх юм шүү дээ гэсэн санааг илэрхийлсэн байна. Үүнийг ухаарч ойлгосны дүнд бид бүхний ариунаар харах үзлийг хөгжүүлж ламын хэлсэн ба хийсэн болгоныг язгуур ухамсар руугаа дөхөх бололцоо болгон үзэхийг хүсэн залбирдаг билээ.

Ирэх хойч төрлүүддээ ч эрдэнэт ламаасаа бүү хагацах болтугай. Ариун Номын дадлага бясалгалаас алгасарч бүү холдох болтугай. Гэгээрлийн газруудыг огоот гүйцээснээр Очирдарын хутгийг үтэр түргэн олох болтугай!

Ердийн нүдэнд үзэгдэх багш болон бидний өөрийн туйлын үнэн хоёрын аль аль нь болдог лам багшаасаа эс хагацах болтугай гэж залбирч байна. Номыг судлах бясалгах замаас бүү холдоосой гэдэг нь тэгснээр гэгээрэлд хүрэх замаа цааш үргэлжлүүлэн Бодьсадвын арван хоёр газрыг гүйцээснээр төгс гэгээрсэн Очирдарын арван гуравдугаарт хүрэх таван зам мөрийг бүтээх юм шүү гэсэн утгатай билээ.

Жонан ёсыг ариунаар хадгалсан Их Римэ мастер
Жэвзүн Дарнат Долби Гомбо

Дарнатын Гүрү Йог -

Увдис Хураахуйн Учиг

Дарнатын Гүрү Йог бол Жонангийн урсгал дахь гурван багшийн егүзэрийн гуравдугаарх буюу хамгийн богино хэлбэрийнх нь юм. "*Увдис Хураахуйн Учиг*" гэдэг нь язгуур ухамсарлахуйдаа хүрэх үндэс суурь гэсэн утгыг агуулна. "Увдис" гэдгээр агаарт хөөрөх мэтийн нийтийн болон гэгээрэлд хүрэх ер бусын чадваруудын аль алинийг төгс эзэмшихийг хэлж байна. Бид өөрсдийн сэтгэл доторхи түйтгэр бэрхшээлийг үндсээр нь арилгаж байж л гэгээрэлд хүрэх учраас ер бусын хэмээн нэрлэж байгаа юм.

Дарнат бол Жонан-Калачакра урсгалын гайхамшигтай лам учраас түүний энэхүү гүрү йогийн бясалгал бидэнд бүхий л гэгээрсэн бодгалиудтай холбогдох ховор завшааныг олгож байгаа нь гарцаагүй. Өнөөдрийг хүртэл Жонангийн урсгалд багшийн егүзэрийн гурван долоо хоногийн эрчимт дадлагын үеэр хоёрдугаар долоо хоногт нь энэ дадлага байнга уншигдаж байдаг билээ. Багшийн егүзэрийн дадлагаар бид эртний дамжлагын уламжлалыг атгагч нартай барилдлагаа бататгаад зогсох биш тарнийн ёсны гол шим бологч өөрсдийн язгуурын Бурханлаг-чанараа хөгжүүлэх боломж олддог гэдгийг байнга санаж байх хэрэгтэй. Яг энэ чанарын тусламжтайгаар л гэгээрлийн түвшинд хүргэдэг Очирт Зургаан Йогын бясалгалд орох боломжтой билээ.

ДАРНАТЫН ГҮРҮ ЙОГ БА ТҮҮНИЙ ТАЙЛБАР

Ерөнхий бүтэц нь урьд бидний үзсэн Язгуурын гүрү йогийн дадлагатай адилхан. Хамгийн гол нь туйлын лам багш бол таны өөрийн оюун ухааны нэгэн үзэгдэл гэдгийг л санах ёстой бөгөөд бодит лам багшийгаа урин залж мөргөхдөө өөрийн дотоод сэтгэлийг тусган харах чадварлаг арга хэмээн сэтгэвэл зохино.

Дүрслэхүй

Сүр жавхлант лам тандаа зүрхний угаас сөгдөн мөргөмүү. Юмс үзэгдэл гагцхүү сэтгэлд явагдах ажгуу. Сэтгэл өөрөө үгээр илэрхийлэх аргагүй болор тунгалаг шижир буюу. Үзэгдсэн бүхэн юу байх нь хамаагүй хором хоромдоо мэдрэгдэх ухамсарлахуйгаас хэзээ ч ангид эс орших болой.

Хамаг Бурхдын биелэл, гэгээрлийн тань замд гүүр бологч эрдэнэт лам багшдаа зүрхний угаас сунан мөргөж буйгаар залбирал эхэлж байна. Дараа нь бид харьцангуй үнэнийг дүрслэн, энэ мөчөөс эхлээд харьцангуй үнэн бол зөвхөн сэтгэлд л болж байгаа юм гэдгийг өөртөө сануулан хэлж байна. Туйлын үнэн бол хов хоосон зүйл биш цэвэр тунгалаг хоосныг хэлдэг билээ. Бидний гаднаас хүлээж авч байгаа болгон сэтгэлийн зөвхөн тусгал төдий болохоос сэтгэлийн өөрийнх нь мөн чанар огт биш юм.

УМ ШУНЯАТА ЖАНА БАЗРА СУАБАВА АТМАКО ХУМ

Энэ тарнийг уншмагц эглийн бүх юмс үзэгдэл хоосон чанарт уусан, тогтмол усанд туссан сарны тусгал мэт болон хувирна. Урьдын тарниас ялгаатай нь энэ тарни зөвхөн хоосныг төдий бус Бурханлагийн суурь оршихуйн үнэний "тал бүрийг" агуулсан гэдэг дээр тодруулан үзүүлж байна.

Миний сэтгэл Агнэстийн орны амгаланд саатан оршино. Ариун орны төвд үзэсгэлэнт харш сүндэрлэн буйн дотор миний сүр жавхлант лам багш арслан сэнтийдээ лянхуа, сар, наран дэвсгэр дээр заларсан үзэгдэнэ.

Сэтгэлээ унаган төлөв байдалд нь урвуулж нилээн тогтоосныхоо дараагаар төгс жаргалант лагшин дахь ариун орон Агнэстад үзэсгэлэнт ордон байгаагаар дүрсэлнэ. Сүр жавхлант лам багш ордны голд өмнийн огторгуйд арслан сэнтийд лянхуа, сар, наран дэвсгэр дээр заларна. Эдгээр нь эрхэт, ариун, билиг оюун, энэрэнгүй сэтгэл дөрвийг илэрхийлдэг байна.

Сүр жавхлант лам багш алтан уулс сүндэрлэсэн мэт зуун мянган цацраг цацруулан суух бөгөөд миний зүг таашаасан янзтай харан мишээнэ.

Ламын байдал төрх инээмсэглэл зэрэг нь "сайн байна" хэмээн хэлэх мэт. Энд багшийгаа Очирдарын дүрээр дүрсэлнэ гэсэн тодотгол байхгүй тул Дарнатын дүрээр юмуу эсвэл өөрийн язгуурын ламын дүрээр дүрсэлсэн алин ч болно. Ихэнх тохиолдолд Дарнатыг өөрийн багштай салшгүй нэгэн болсноор дүрсэлдэг билээ.

Багш ламын дээгүүр дамжлагын лам нар гэнэт тодорч үүлс шиг их ядам Бурхад хийгээд Базраварахи гэх мэтийн догшин ядмуудаар хүрээлүүлэн ургалаа.

Жонан-Шамбалын урсгалын лам нар тайван төрхтэй бөгөөд энд үүлс мэт аугаа догшин ядам бурхадаар \хэруга гэнэ\ хүрээлүүлэн дүрсэлжээ.

Арван зүгийн Бурхад бодьсадва нар өмнийн огторгуйд тодорч, сүрт Архадуудын хувилгаад газраар нил бүрхэх авай. Тэдгээрийг тойроод бараа бологч Номын сахиуснууд ламын зарлиг болгоныг даруй биелүүлэхэд бэлхэн байдалтай илбийн мэлмийгээ эргэлдүүлэн зогсмуй.

Одоо бид арван зүгийн \дөрвөн гол зүг, дөрвөн завсрын зүг, дээд ба доод\ Бурхад бодьсадва нарын хотол чуулганыг дүрслэн үүсгэж байна. Архад хувилгаадыг бид Бурхад бодьсадва нарын хувилгаан гэж мөн үзнэ. Эдгээрийг тойроод ханд дагинас хийгээд гадаад дотоод саад бэрхшээлийг арилгагч Номын сахиуснууд дүүрэн байцгаана. Тэд ламын зарлигласан болгоныг нэн даруй биелүүлэхэд бэлэн байдалтай зогсох нь тодорхой нэгэн үйлийг гүйцэлдүүлэхээр бүтсэн ламын хувилсан дүрүүд мөн ажгуу.

Хотол чуулган тэр чигээрээ эрч хүч дүүрэн, аянганы үүл мэт цахилах газар тэнгэрийг нилдээ бүрхсэн амьд хүчээр оргилох болой. Эдгээр бодгалиудын биес гэрэлтэн үзэгдэх бөгөөд хамаг амьтны номхотгох хэрэгтэйг нь номхотгох мэтээр амьтны тусад зориулан хэлбэр хийгээд дүрс нь өөрчлөгдөх ажгуу. Их хөлгөний сургаалыг зогсолтгүй номлох бөгөөд тэдний сэтгэл гэгээн гэрлийн туяанд саатан байж далай их буяны үйлээ гүйцэтгэх болой.

Бидний дүрсэлж байгаа хотол чуулганыг энэ бадгаар дурайтал илэрхийлжээ. Нэгэн хэвийн тогтонги амьгүй дүрслэлийн оронд эрч хүчтэй, амьд, хурц тод оргилсон төдийгүй зах хязгаар нь үл харагдах тэртээд хүртэл үргэлжилсэн хотол чуулган дүрслэгдэж байна. Тэд ялгаварт үзлээс ангид гэгээн гэрлийн сэтгэлд оршин Их хөлгөний сургаалыг зогсолтгүй номлон хамаг амьтны хэрэгцээнд зориулан буяны үйлээ гүйцэтгэж байна хэмээн сэтгэнэ.

Сансар хийгээд нирвааны аливаа үзэгдэл бүхэн багшийн язгуурын билиг билгүүний үзэгдэл мөний адилаар энэ бүхэн ч гэсэн миний сүр жавхлант ламын үзүүлж буй утга төгөлдөр үзэгдэл буюу.

Цаашид энэ бүх дүрслэл маань Бурхад, бодьсадва, ядам, ханд дагинас хийгээд Номын сахиусуудын бүгдийн биелэл болсон багшийн билиг оюуны үзэгдэл буюу миний өөрийн Бурханлаг чанараас салшгүй нэгэн зүйл юм гэдгийг энэ мөргөлд илэрхийлж байна. Энэхүү өргөн хүрээг хамарсан дээдийн хотол чуулган дотроос биднийг гэгээрэлд хүргэх шууд гүүр болох өөрийн багш ламдаа гол анхаарлаа зориулах сонголтыг бид хийсэн билээ.

Буддын шашны дээд шатны сургаалаар орчлон нирвааны бүхий л үзэгдэл лам багшийн язгуурын билгүүний үзэгдэл гэж үздэг. Тэр нь цаашлаад таны өөрийн бурханлагаас өөр юу ч биш юм. Чинагуух түвшиндээ жишээ нь, таван бүрдэл цогц бол таван эрэгтэй Бурхад, таван махбодууд нь тэдгээр Бурхадуудын таван хань, зургаан мэдрэх хүч зургаан эрэгтэй бодьсадва харин мэдрэмжийн зургаан өгөгдлүүд нь тэдгээрийн зургаан хань гэж үздэг билээ.

Лам Багшийн Заллага

Би бээр энэ бие, эд хөрөнгө, гурван цагийн туршь хуримтлуулсан буян хишиг, арван зүгийн бүхий л ариун газруд хийгээд түүнчлэн өргөж болох гайхамшиг бүгдийг багш тандаа тахил болгон өргөмүү!

Дүрслэлээ байгуулж дуусмагц багш ламыгаа итгэл одуулах гол эх сурвалж болгон, өөрийн биеийг \таны хамгийн их хайрлан энхрийлдэг зүйл бол таны бие\ оролцуулан өргөж болох эд хөрөнгө, өөрийн болон хамаг амьтны өнгөрсөн, эдүгээ, ирээдүй цагийн туршид хураасан мөн хураах буян түүний дээр арван зүгийн хамаг Бурхадын ариун орныг хүртэл дүрслэн өргөж байна.

Санаа сэтгэлд багтах болгоноо: Зургаан зүйл хамаг амьтан, тэдний дайснууд ба хамаатнууд, анд нөхөд ахан дүүс, хараа хүрэхгүй алс огторгуй, гурван ерөтөнц дэх бүхий л таатай сайхан болгоныг өргөл болгомуу. Миний дүрслэл хийгээд залбирал ёсоор энэ төсөөлөх аргагүй арвин гоёмсог тоогүй олон тахилын зүйлс тодхон биелэн үзэгдэх болтугай!

Бурханы билиг оюунтай холбогдон хамаг амьтны тусыг бүтээх гэсэн чин хүслээр санаандаа багтааж чадах бүхий л таатай сайхан болгоныг тахил болгон өргөж байгаагаар дадлага үргэлжилж байна. Таны тахилд хамаг зургаан зүйл амьтан-хүн хийгээд адгуус, бидний олж үзэхгүй байгаа тэнгэр, асур, бирд, тамын амьтад багтаж байна. Та мөн өөрийн хайртай хүмүүс, нөхөд, дайснуудаа хүртэл өргөж болох бөгөөд өргөлийн дадлагад голдуу гоё сайхан ариун зүйлсийг өргөл болгодог хэдий ч сайн муу сайхан муухай гэдэг зүгээр бодлын төөрөгдөл учраас үнэн хэрэгтээ бүх зүйл нэгэн чанартай тул бид дайснаа, муу заяаны доод төрөлтнүүдийг хүртэл өргөж болж байгаа юм. Ингэхдээ бид алагчлах үзлийн шүүмжлэлгүй, аливаа нэгэн зууран хоргодох юмгүй сэтгэлээр үүнийгээ дадуулбал зохино.

Энэ бүх тахилын эрдэнэс гурван цаг арван зүгийн гэгээн Бурхад бодьсадва, ханд дагинас нарын язгуурын билиг оюуны үзэгдэл билээ. Энэ бүх тоолшгүй их, төсөөлшгүй арвин болгон сүр жавхлант ламын сэтгэлээс үл салах миний өөрийн төрж амжаагүй бурханлаг-чанарын үзэгдлээс өөр юу ч биш ажгуу.

Энэ бадаг тахилын энэ бүх зүйлс хаанаас гарсан гэдэг асуултанд хариулт болж байна. Чинагуух утгандаа энэ бүхэн бидний авралд нь багтан буй Бурхад бодьсадва нар ялангуяа таны өөрийн язгуурын багшийн сэтгэлээс ургасан бөгөөд тэр нь миний санаа бодлоос салшгүй зүйл юм. Эхэндээ бид тоо томшгүй их тахилын зүйлсийг биднээс гадуур зүйл маягтай цуглуулаад дараа нь энэ бол миний багшийн язгуур оюунаас салшгүй миний өөрийн сэтгэлийн тусгал юм аа хэмээн ухаарч байна.

Эрдэнэт ламаа, та бол хамаг Бурхдын биелэл

Эрдэнэт ламаа, та бол хамаг Номын биелэл

Эрдэнэт ламаа, та бол хамаг Хуврагийн биелэл.

Бид багш ламыгаа *Гадаад Гурван Эрдэнийн* биелэл болгон мөргөж байна. \1\ Бурхан, \2\Ном, \3\Хувраг. Эдгээр нь бидний сүсэг бишрэлийн замд туслах гол тусламжийн гадаад үзэгдэх байдал юм. Тэдгээр тус бүрийг багш лам бэлгэддэг билээ.

Номын Их Эзэн та хамаг лам нарын биелэл ажгуу.

Та бүх ядмуудын биелэл болох агаад ханд дагинас, Номын сахиус нугудыг бараа бологчоо болгох ажгуу. Очирдара багшидаа сөгдөн мөргөмүү, бишрэлт шавиа адислан соёрх!

Одоо бид багш ламыгаа *Дотоод Гурван Эрдэнийн* биелэл болгон залбирч байна. \1\Гүрү, \2\Ядам, \3\Ханд дагинас болон Номын сахиус. Гүрү бол ариун дамжлагын нандин сургаалыг бидэнд заадаг хамаг лам нарыг төлөөлдгөөрөө Номын эзэн юм. Энэ лам багш тань мөн гэгээрлийн түвшний үндэс болсон ядам бурхадын биелэл мөн дотоод хамгаалалтын эх сурвалж бологч дагинас, гадаад саад бэрхшээлийг арилгагч Номын сахиусуудын биелэл болдог. Тэднийг ламын язгуур мөн чанараас салшгүй гэдгээр нь бараа бологчид хэмээн үзсэн байна. Харьцангуй түвшиндээ тэд хааны бараа бологчдын адилаар ламын зарлигийг биелүүлэхээр элч болон илгээдэгтэй зүйрлэсэн байна. Эцэст нь хамаг адистидын эх сурвалж болсон гэгээрсэн гүрү багш Очирдарад мөргөж байна.

Сүр жавхлант лам та ариун орондоо төгс жаргалын лагшин Очирдара буюу. Дайсныг дарахдаа догшин сүрлэг Ягчис буюу. Төгс огоорлыг үзүүлэхдээ Шагжаамүни буюу. Хатуу сахилтнуудын хувьд сэцэн ухаантан буюу!

Болор түмэн өнгөөр тунардагийн адилаар эрдэнэт ламын энэрэл хамаг амьтны буяны хэмжээнээс шалтгаалаад тоогүй олон дүрс хэлбэрээр үзэгддэгийг энд дурджээ. Үзэгдэл нь арилсан нэгний хувьд тэр ариун орны төгс жаргалант лагшин Очирдарь мэт үзэгддэг бол ариун бус хилэнцэт нэгнийг номхотгохдоо догшин Сахиусны дүрээр үзэгддэг байна. Тэр бол хамаг муу бүхнийг дарж чаддаг *догшин нигүүслийн гэгээрсэн илэрхийлэл* билээ. Агуу архадууд мэтийн Бурхан багшийн үеийн магад гарахын сэтгэлтэн нугудын хувьд Шагжаамүни Бурхан мэт хүний дүрээр үзэгдэн, харин өөрийн үгүйсгэл рүү хэт хазайсан хатуу сахилтнуудын хувьд жинхэнэ төв үзлийг номлодог сэцэн ухаантан бол гарцаагүй бидний лам багш билээ.

Гурван хөлгөний замаар замнагсдад Бодьсадва, Шарвага, Брадигабуд болон үзэгдэх буюу. Бусад сэцэн ухаантнууд болон Брахма, Вишну, Эзэн Шива буюу!

Сүсэг бишрэлийн өөр өөр үзэл баримтлагчдад зориулан Будда гурван төрлийн замыг сургасан байдгийг бид *гурван хөлгөн* гэж нэрлэдэг--\1\Бодьсадвын зам, \2\Брадигабудын зам, \3\Шарвага нарын зам юм. Бодьсадвын замаар замнагсад бол төрлөөс төрлийг дамжин амьтны тусыг бүтээхийн тулд өөрөө гэгээрэх юмсан гэсэн хүслээр андгай тавин замнагсад юм. Брадигабуд нар бол гадны багшийн тусламжгүйгээр бодож тунгаасны эцэст билиг оюунаа хөгжүүлснээр нэгэн биеийн дутмаг гэгээрэлд хүрэх хүмүүсийн замнадаг зам юм. Шарвага буюу "сонсогч" нарын хөлгөн нь Бурханы үндсэн сургаалыг сонсох замаар хорвоогийн хүлээснээс чөлөөлөгдөн нэгэн биеийн эрх чөлөөг ологсод юм. Эдгээр хөлгөнийхөн болгонд лам багш сүсэг бишрэлийнх нь удирдагч болон бодьсадва, шарвага, брадигабуд аль аль нь болон үзэгддэг байна.

Залбирлын сүүлчийн мөрөнд Дарнатын үл ялгаварлах үзэл хүчтэй илэрсэн байна. Лам багш буддын сургаалын удирдагч зааварлагч төдийгүй мөн Хинду шашны Брахма тэнгэр, Вишну болон Эзэн Шива болон үзэгддэг. Сэцэн ухаантнууд гэдэгт нь Есүс Христ, мэргэн Мухамед нар цөм багтаж байгаа билээ. Хүн хичнээн олон янз байдаг билээ Бурханы сургаал тэр бүхэнд тохирсон сүсэг бишрэлийн системээр хүрч хүмүүсийг үнэнтэй аль болох ойртуулахад зорьдог ажээ.

Заримдаа та хаан хүний ёсоор, заримдаа егүзэр эсвэл хатуу дэглэмтний ёсоор үзэгдэх болой. Зарим нэгэнд нь жирийн орхимж нөмөрсөн хувраг буюу. Амьтан болгоны хэрэгцээнд тааруулан өргөн цартай үйлийг бүтээгч дор сөгдмүү. Хамаг амьтны бодол сэтгэл хэтийдэх үгүйн адилаар таны сургаалд ч мөн хязгаар үгүй буюу!

Энэ бадагт лам багшийгаа энэ хорвоод хэрэгтэй болгоны дээдийн биелэл болдог хэмээн мөргөж байна. Тэрбээр энхийн төлөө олон хүнд сүсэг бишрэлийн үнэ цэнэ, шударга ёсыг авчрах дэлхийн хэргийг шийдэгч гүрнийг захирсан хаан болон үзэгдэх ч бий. Хорвоог огоорохыг үлгэрлэн үзүүлж, хатуу сахилгыг баримтлагч эсвэл жирийн орхимж нөмөрсөн лам маягаар үзэгдэн амьтны тусыг бүтээх ч бий ажээ. Тиймээс лам багш өргөн цар хүрээгээр амьтанд туслдаг ба хамаг амьтан тоогүй олны адил багшийн Ном сургаалын арга зам ч тоолшгүй олон байдаг байна.

Тэнгэрт үүлс солонго үзэгдэж хөөрөн сааатаад бас тэнгэртээ уусан арилдаг шиг бүхий л хязгаараас нөгцсөн таны гэгээрлийн үнэн номын лагшин зөнгөөрөө аугаа үйлийг бүтээгээд зөнгөөрөө мөн замхрах болой. Амьтны тусад тохируулан үйлдэх зуурraа хоёргүй ухамсрын уудам оршихуй дахь гэгээн гэрлийн туяандаа саатсаар байдаг ажгуу!

Энэ мөргөлд хамаг амьтан тус бүрийн хэрэгцээнд тааруулан лам багшийн сэтгэлээс хар аяндаа төрөн гарах энэрлийг яруу сайхнаар илэрхийлсэн байна. Тэрхүү зөнгөөрөө төрөн үйлдэх ариун энэрэхүй сэтгэлийг солонго ба үүлстэй зүйрлэсэн бөгөөд чийг, нарны тусах өнцөг гэх мэтийн тоолшгүй олон шалтгаан нөхцлүүдийн дунд тэнгэрт урган гарч тэндээ сааатаад мөн тэндээ уусаж алга болдог шиг ламын аугаа үйл амьтны буяны хэмжээ ерөөл залбирлаас шалтгаалан байж гэгээн гэрлийн ухамсарлахуй, хоёргүй үзлийн суурь оршихуй \дармадату\-гаас номын лагшингийн цар хүрээний хэмжээгээр урган гардаг байна.

Төрөх хийгээд үхэхээс гэтэлгэсэн, хол ойр одох ирэхийн алин ч үгүй таны гэгээрлийн ариун лагшин дор чин сэтгэлийн угаас бишрэнгүйгээр мөргөмүү!

Лам багшийн үнэн номын лагшин үхэх төрөх хэмээх нь үгүй, хол ойр, явах ирэх мэтийн бодлын алив хязгаараас бүрэн хэтийдсэн байдгийг илэрхийлэн мөргөж зүрхний угаас чин сэтгэлийг үүсгэн залбирахдаа өөрийн Бурханлаг-чанараас өөр юу ч биш гэдгийг дахин өөртөө итгүүлнэ. Тийм учраас багшдаа ийн мөргөх нь өөрийн нандин үнэнийг илчлэн гаргах чадварлаг арга болдог билээ.

Бүхий л авралын эх булаг багш тандаа итгэл одуулан мөргөмүү. Хоосон язгуурыг ухааран байж тоолшгүй буяны тахилыг өргөмүү. Өөрөөсөө ер бүтээгүй ч гэлээ хилэнц нүгэл бүхнээ наманчлан ариусгамуу би!

Долоон гишүүнт тахил үүгээр эхэлж байна. Эхлээд хамаг авралын эх булаг ламдаа итгэл одуулна. Дараа нь тахил өргөн нүглээ намачилж байна. Энэ сацуу тахилын зүйлсийн хоосон чанартайг болон язгуураасаа нүгэлгүй тунгалаг ариун учраас үнэн хэрэгтээ намачлах юм юу ч байхгүй гэдэг давхар утгыг агуулж байгааг анзаарагтун. Энэхүү маш гүнзгий утгыг агуулсан залбирал бидэнд эглийн үзэгдлийн зэрэглээ адилыг өөрсөндөө сануулах замаар чинагуух утгыг гэрэлтүүлэн харахад тусалж байгаа юм.

Сансар нирвааны буян бүгдэд даган баясмуу. Ариун сургаалын тань хоосон дуу хэзээд үл тасрах болтугай!

Амьтны буянд даган баясаж мөн багш ламаасаа Номын дууг бүү таслаасай хэмээн гуйж долоон гишүүнт тахил үргэлжилж байна. Чинагуух утгандаа ламын сургаал хоосон дуунаас өөр юу ч биш бөгөөд эс төрсөн номын лагшингийн гэгээн гэрэл дуу хэлбэрээр мэдрэгдэж байгаа нь тэр ажээ.

Гэгээрлийн үнэн номын лагшин хэдийгээр төрөх ба үхэхээс ангид ч гэлээ эрдэнэ мэт багш та амьтны тус дор орчлонд үүрд сааган хоцорч ариун Номын хүрдийг тасралтгүй эргүүлсээр байх болтугай!

Эдгээр мөрөнд бид лам багшаас хамаг амьтны тусын тулд тэдгээрийн хэрэгцээнд тохирсон байдлаар Номын хүрдийг эргүүлсээр байна уу, мөн биднийгээ хэзээд бүү орхиосой хэмээн залбирч байна.

Үйлдсэн энэ буянаа багш ламын сэтгэлтэй салшгүй хамт байхын төлөөнөө зориулмуу. Эрдэнэт ламаа, хамаг амьтан гэгээрлийн хутгийг үүгээр олох болтугай!

Долоон гишүүнт тахилын мөргөл энд хамаг буянаа багш ламын сэтгэлээс өөрийн сэтгэлийг салшгүй байхын төлөөд зориулсан зориулга ерөөлөөр төгсгөж байна. Учир нь бид ламын сэтгэлийг өөрийнхтэй салшгүй нэгэн гэдгийг ухамсарласнаар бурханлаг-чанараа илрүүлж чадах билээ. Мөн бид бүх бодьсадва нарын ерөөдгийн адилаар хамаг амьтан зовлонгоос салж гэгээрлийн дээд хутгийг олоосой гэсэн бодь сэтгэлийн энэрлээр буянаа зориулдаг.

Амьтан бүхнийг авран гэтэлгэгч цог жавхлант Долби Гомбо, лагшин, зарлиг, тааллаар намайг одоо адислан соёрх. Дөрвөн хүрдний авшгаа энэхэн мөчид хүртээн соёрх!

Одоо Долби Гомбо буюу Дарнат нэрээрээ илүү алдартай хамаг амьтныг орчлонгийн хүлээснээс авралч ламаасаа бие хэл сэтгэлийн адислал хүртээхийг гуйж байна. Энэ залбиралд Дарнатын нэрийг шууд дурдсанаас үзэхэд энэ хэсгийг сүүлд хэн нэгэн нэмсэн байж таарах билээ.

Дөрвөн Авшигийг Хүртэхүй

Миний бие дотоодын амгаланд хувираг!

Миний хэл тарнийн хүчинд хувираг!

Миний сэтгэл гэгээн-гэрэлд хувираг!

Бишрэлт ламдаа сөгдөн мөргөмүү, энэхэн хоромд намайг адислан соёрх оо!

Бид дөрвөн авшгийн эхний гурвыг авахад бидний бие дотоод амгалангийн очирт лагшин, бидний хэл тарнийн увдисыг агуулсан очирт зарлиг, бидний зүрх сэтгэл Бурханлаг чанарын гэгээн-гэрлээс салшгүй очирт таалал болон хувирна. Энэ мөргөл ялангуяа тарнийн хүчийг агуулсан зарлиг гэдгээрээ тарнийн ёсны оньсон түлхүүр зааврын нэлээд гүнзгий хэлбэрийг мөн илэрхийлж байгаа билээ.

Ламын дух, хоолой, зүрх, хүйн хүрднээс дөрвөн гоёмсог гэрэл цацран гарч миний дөрвөн хүрдэнд орж шингэснээр лагшин, зарлиг, таалал болон язгуурын билиг билгүүний дөрвөн авшигийг надад хүртээлээ.

Энэ бадгийг уншиж эхлэхдээ авшгаа хүртэж эхэлнэ. Гоёмсог цагаан гэрэл ламын духнаас, мөн гоёмсог улаан, хар, шар гэрэл бусад гурван хүрднээс тус тус цацарч таны дух, хоолой, зүрх, хүйн хүрдэнд уусан шингэнэ. Энэ дөрвөн авшиг хүрднүүд дэх тодорхой нэгэн барцад түйтгэрийг ариусгахад мөн тодорхой увдис чадваруудыг эзэмшихэд адисладаг билээ. Дэлгэрүүлж мэдэхийг хүсвэл өмнөх бүлгүүдийг давтан уншигтун.

Бумбын авшигийг хүртээн соёрх!

Нууцын авшигийг хүртээн соёрх!

Аугаа амгалан ба билгэ билгийн хосолсон авшигийг хүртээн соёрх!

Бодлоос ангид их тамганы дөрөвдүгээр ариун авшигийг хүртээн соёрх!

Эдгээр залбирлаар бумбын, нууцын, оюуны, ариун дөрвөн авшгийг та хүртэж байгаа юм. Мөр бүр Бурханлаг-чанарын тодорхой нэг талуудыг хөндөн "Тиймээ, чамд энэ байгаа" гэж хэлсэн мэт итгэлтэй байх хэрэгтэй. Гурав дахь авшгийг үгчлэн орчуулбал "аугаа амгалан ба язгуурын билиг билгүүн хосолсон авшиг" гэж тодорхой хэлсэн байна. Дөрөвдүгээр авшигт бодлоос давсан гэдэг нь алагчлах үзэл төрөх бодлын хязгаараас хэтийдсэн Бурханлаг-чанарыг хэлж байгаа хэрэг билээ.

Уусгахуй

Номын Их Хаан, танд л би итгэмүү. Та бол миний жинхэнэ аврал буюу. Би бээр танд уусан орж салигүй нэгэн болох болтугай!

Сүүлчийн удаа бид ламыгаа Номын Хаан хэмээн нэрлэж төгс итгэлээ өгөн, орчлонгийн зовлонгоос аврах чадалтай цорын ганц үнэн аврагч хэмээн мөргөж байна. Лам үүгээр гэрэлд уусан, усанд ус юүлэх мэт таны сэтгэлийн урсгалд нэгдэн орж шингэнэ. Гэхдээ мөн хоосон агаарт ваар хагаран бут үсрэхэд дотор байсан агаар гаднах агаартай нэгдэх мэт хэмээн дүрсэлбэл илүү үр ашигтай байх нь бий. Энэ дадлагыг давтан давтан хийснээр ламын сэтгэл таны сэтгэлтэй нэгэн болж байгаа явцыг ажин ажсаар та өөрийн Бурханлаг-чанарыг байнга өөртэй тань хамтдаа байсныг эцэстээ ойлгох болно.

Лам багш цагаан гэрлийн охь болон уусаж миний дөрвөн хүрдэнг дүүргэснээр надад авшгаа дахин нэг удаа хүртээлээ.

Лам багш цагаан гэрэлд уусахад гэрэлт цагаан охь таны дух, хоолой, зүрх, хүйн хүрднүүдийг дүүргэн тэнд хурсан хамаг барцдыг арилган ариусгалаа гэж дүрсэлнэ. Эдгээр хүрднүүд идэвхжин ирэхэд гайхам таашаал мэдрэгдэн та бие, хэл, сэтгэл, язгуур оюуны дөрвөн авшгийг багшаасаа дахин нэг удаа хүртэх мэт болно.

Язгуурын ламдаа сэтгэл төвлөрөхөд түүний гэгээрлийн үнэн номын лагшин миний өөрийн сэтгэлээс салигүй нэгэн болон хувирвай. Энэхүү бодолгүй унаган төлөвтөө үргэлжид саатан үлдмүү би!

Багшийн сэтгэл таныхаас салшгүй нэгэн гэдэг дээр дахин бясалгах хэрэгтэй. Бид үүнийг хоёргүй үзлээс ангижирсан гэгээрсэн оршихуй, бидний бишрэлийн хүчээр л зөвхөн үзэгддэг бөгөөд биднийг эглийн хоёрдмол үзлээс хэтийдсэн төлөвт аваачдаг *язгуурын лам багш* хэмээн нэрлэдэг билээ.

Зориулга Ерөөл

Ирэх хойчийн бүхий л төрөлдөө эрдэнэт ламдаа бишрэлтэй, аугаа их энэрэлтэй, бардам омоггүй цэвэр сэтгэлтэй буянтай айлд мэндлэх болтугай. Өргөсөн энэ тангаргадаа үнэнч байх болтугай!

Ерөөлийн энэ залбирлаар бид дадлагаа өндөрлөж байна. Энэ залбиралд бид сүсэг бишрэлийн цаашдын замаа үргэлжлүүлэн аль болох хурдан өсөж дэвшихийн тулд шаардлагатай нөхцөлийн хангасан гэрт төрж өсөх болтугай хэмээн өөрсдийгөө ерөөж байна. Ялангуяа буян хишиг саруул оюуныг далай ихээр арвижуулдаг сүр жавхлант багшаа бишрсэний хүчээр ханьцашгүй дээдийн замаар замнах бололцоо олдоосой гэж залбирч байна.

Сүр жавхлант лам багшийнхаа гэтэлгэгч дүр байдалд хормын төдийд ч би бүү эргэлзэх болтугай. Хийсэн болгоныг нь дээдлэн биширч харснаар багшийн адис жанлав сэтгэлд минь шингэх болтугай!

Дараагийн ерөөлд сүсэг бишрэлийн замд саад бүү тохиолдоосой гэсэн санаа тодорч байна. Ялангуяа эгэл хүний дүрээр үзэгдэх лам багшийн гадаад байдал дутагдал зэрэгт сэтгэл үл хууртах нь язгуур ухамсартаа саадгүй хүрэх бололцоог олгодог. Түүний оронд бүхнийг ариунаар харах үзлээ хөгжүүлэн, багшийн хийж буй үйл бүхний цаана далдлагдсан ариун чанарыг олж харахыг хичээх нь дотоодын зөн билгийг төрүүлэхийн үндэс болдог билээ.

Алс хойд насандаа би ачит ламаасаа бүү хагацах болтугай. Ариун Номыг судлах хийгээд бясалгахын жаргалаас алгасарч бүү холдох болтугай. Гэгээрлийн буми шатуудыг төгс гүйцээснээр Очирдарын хутгийг үтэр түргэн олох болтугай!

Дахиад л лам багшийгаа хамаг саадыг арилган сайн чанаруудыг хөгжүүлэхийн суурь гэдгийг таньснаар дадлагаа төгсгөж байна. Ийм учраас бид лам багшаасаа хэзээд бүү хагацаасай, туйлын жаргал, төгс гэгээрэлд эцэст нь хүргэх түүний нандин сургаалаас хэзээд бүү салаасай хэмээн ерөөснөөр өндөрлөнө.

Энэ бол таныг нэгэн насан тань Бурханы хутагт хүргэх чадалтай төгс төгөлдөр Гүрү Йогийн бясалгал болой. Үүнд бүү эргэлзэхтүн! Жэвзүн Дарнат 29 насандаа бичиж үлдээвэй.

Энэхүү бясалгалыг 17-р зууны эхэн үед Жонангийн аугаа эрдэмтэн-лам Жэвзүн Дарнат зохиосон билээ. Тэрбээр уг Гүрү Йогийн бясалгал бол хүнийг Очирт Зургаан Йогийн алдарт мастеруудтай холбож өгөх асар гүнзгий утгыг агуулсан, ховор нандин сургаал гэдгийг сануулснаар төгсгөж байна. Тиймээс үүнийг авлага болгон хичээнгүйлэн дадуулбаас урьд цагийн аугаа бясалгагч нарын адилаар таныг ч мөн нэгэн хүний нэгэн бие дээр Бурханы хутагт хүргэх болно гэдэгт эргэлзэх хэрэггүй юм. Энэ бол эрээд олдошгүй их итгэлийг олгож буй асар том эх булаг учраас та ч мөн эргэлзэж тээнэгэлзэх явдалгүйгээр тэр мэт хичээн үйлдэгтүн.

Дүгнэлт

Цагийн хүрдэн бол Хаан дандар бөлгөө. Энэ бол Цаст Ууланд нутаглагч цэцэн мөртлөө тэнэг ч гэж болох Төвөдийн ард түмнээр өвлөгдөн ирсэн нууц тарнийн сургаал бөгөөд Дүйнхорын ван дахин дахин хүртээх тэдний сайн санаат гайхам хамгаалагч нарын ивээлээр өнөө бидэнтэй золгон буй нь энэ билээ.

Тэгсэн хирнээ энэхүү гайхамшигт сургаалыг судлан бясалгах боловсорсон шавь нар нь хаана байна? Цаст Уулнаа нутаглагч ядуу ардын ийм их буянт тавилан бараг үгүй болох дээрээ тулаад байгааг бодох асар их хэрэгтэй биш гэжүү.

Амьдралын аар саар зүйлд хутгалдан сатаарснаас ариун сургаалыг хамгаалах хуяг дуулга маань залхуурал гэгч зэвэнд идэгджээ. Хэдийгээр энэ дүгнэлт болон ойлголт бүрэн төгс тайлбар биш ч гэлээ таныг сайн замаар дагуулах болно гэдэг та итгэлтэй байж болно.

Тийм ч учраас өчүүхэн миний энэ буянт сэтгэлийн үрээр замдаа дөнгөж хөл тавиад тэдгээр хүмүүст аз жаргал эрүүл энхийн ерөндгийг санал болгож байгааг минь хүлээн авч соёрхоно уу. Шүтэн барилдлагын үнэнээс аугаа хүчин урган мандаг, охин тэнгэрүүд хийгээд номын сахиусууд үргэлжид биднийгээ ивээж явах болтугай!

Энэ мөчөөс эхлээд бид туйлын үнэнд хүрэх гүнзгий замаар замнан, дотоод хий судлуудын хөдөлгөөнийг зогсоох зургаан йогийг гүйцээн, Хоосон-Дүрсний Их Хань ба Ханьсашгүй Дээдийн билиг билгүүний нэгдэлд хүрч нарийн сэтгэлийн арван зургаан цэнгэлийг эдлэх болтугай!

Би хийгээд хамаг амьтан гүнзгий сургаалын нууц охийг одоо амсаж чаддаггүй юмаа гэхэд ирээдүйд, Догшин Ригдэн хааны мандал бадралын ивээл дор Алтан Эриний үзэгдэх тэр цагт ариун Номын сургаалын туйлын утгыг ухааран сэхээрэх болтугай!

УМ А ХУМ ХО

Дээд Тарнийн ариун Орон Шамбалын Номын Их Ригдэн Хаад хийгээд урсгалын уламжлал атгагч саруул билгүүний ядам Бурхадын хотол чуулган, тэдний 96 хувилгаан засаг ноёд—цаст мөсөн уулсаар хүрээлүүлсэн найман дэлбээт лянхуан хүйсэн дэх илбийн гайхамшигт Кайлаас уул, түүний оройд сүндэрлэн буй нийслэл хот Калапа, эргэн тойрон дахь таашаалын цэцэрлэг дэх цагаан лянхуат нуурууд, зандан модот ойн төгөлд байх гэгээрлийн хот мандал, гадаад найман дэлбээ болгонд оршсон есөн зуун жаран сая хот, магтаал хүлээхүйц юу байна тэр болгонд чин сэтгэлийн угаас итгэлийг одуулан мөргөмүү би!

Цагийн хүрдний сургаалыг хадгалан уламжлагч Шамбалын Ариун Орон

Миний энэхүү зүтгэлээр бүтсэн буян чуулганы үр шимээр бид бүхэн Шамбалын орны цог жавхлант Ригдэн Хааны бараа бологчид болон төрж Цагийн хүрдний сургаалыг төгөлдөржүүлэх болтугай!

ༀ་ཨཿ༔ཧཱུྃ་ཧོཿཧི་བྲཿ

Хавсралт

Бурханлагт хүрэх шат

༄༅། །དུས་འཁོར་འཇུག་རིམ་ཟབ་ལམ་རྡོ་རྗེའི་རྣལ་འབྱོར། །

Гүн Увдист Очирт Хөлгөний Цагийн хүрдний Урьдчилсан Бэлтгэлийн болон Гол Дадлагууд

НЭГДҮГЭЭР ХЭСЭГ

Гадаад Бэлтгэлийн Зэрэг буюу Дамжлагын Заллага

1. Огоорлын дөрвөн сэтгэл

༄༅། །ཀྱེ་མ་སོམས་དང་གུངས་མེད་བསྐལ་པ་རུ། །རྙེད་དཀའི་དལ་འབྱོར་ལན་གཅིག་ཐོབ་པ་འདི། །རབ་ཏུ་འཇིག་སྦྱ་འཆི་ཀྱེན་བསམ་མི་ཁྱབ། །གཅེས་སྐྱོང་ལུས་འདི་དེ་རིང་ཉིད་འཆི་སྲིད། །མི་དགེ་ལོག་ལྟ་མཚམས་མེད་སྲོག་བསྒྲལ་སྒྱུ། །འབྱོར་བའི་བྱ་བ་ཐམས་ཅད་སྤྱངས་བྱས་ནས། །ཆུང་ཟད་ལོངས་ཡོད་དུས་འདིར་ལུས་དག་ཡིད། །ཕར་བའི་ཕན་ཡོན་བསམ་ནས་ཚོ་བསྐུབ་འཆལ། །

ЖЭ МА СОМ ДАН ДАН МЭД ГАЛ ВА РУ| НЭД ГИ ДЭЛ ЖОР ЛЭН ЧИГ ТОБ БА ДИ| РАБ ДУ ЧИГ ЛА ЧИ ЖЭН САМ МИ ЖАВ| ЧИ ЖОН ЛУ ДИ ДЭ РИН НИД ЧИ ТИД| МИ ГЭ ЛОГ ЧИ ЦАМ МЭД ДУГ НЭЛ ЖИ| ХОР ВИ ЖА ВА ТАМ ЧИД БАН ЧЭ НЭ| ЧУН ЗАД ЛОН ЁД ДУ ДИР ЛУ А ИД| ТАРВИ ПАМ ЁН САМ НЭ ОЙ ДҮВ ЦАЛ

Ай хөөрхий! Тоолшгүй олон галвын туршид энэ нэгэн удаа олдохуй яа бэрх хэмхэрхүй еэ хялбар эрдэнэт хүний биеийг олж төрөв өө би. Хэзээ нөгчихийг мэдэхгүй ч түүнд хүргэх шалтгаан тоолох аргагүй олон, энэ энхрий бие минь өнөө үхэх ч магад. Тиймээс би хүнд хөнгөн алин боловч бүхий л нүгэл хилэнцийг багтаагаад зовлонт орчлонд намайг уяж буй бүхнийг хөсөр орхих хэрэгтэй. Үлдсэн жаахан цагаа үр ашигтай зүйлд зарцуулж, Бурханы Номыг яаралтай судалж эхлэн, хамаг амьтныг чөлөөлөхийн төлөөнөө гэгээрлийн замд нэн даруй орон бясалгасугай!

*Амирлуулах мутраар хамрын зүүн самсааг даран баруун хамраар гурвантаа амьсгал гаргана, эсрэг талд мөн адил үйлдэнэ. Хамрын хоёр нүхээр зэрэг амьсгаа гурвантаа гаргаснаар төгсгөнө. Шунал, уур, мунхаг түйтгэр бүхэн хар утаа болон биеэс гадагшиллаа хэмээн дүрслэнэ. *

2. Жонан- цагийн хүрдний дамжлагын богино заллага

(i) Дүрслэл

Зүрхэнд тушаа лянхуа цэцгэн дээр заларсан язгуурын гүрү багшаа гол судлаар дээш өгсөн зулайн дээхнэ гарч заларлаа хэмээн дүрсэлнэ. Түүний биеэс гэрэл цацрах ажээ.

(ii) Заллага

དཔལ་ལྡན་རྩ་བའི་བླ་མ་རིན་པོ་ཆེ། །བདག་སོགས་སྒྱི་བོར་པདྨའི་གདན་བཞུགས་ནས། །

བཀའ་དྲིན་ཆེན་པོའི་སྒོ་ནས་རྗེས་བཟུང་སྟེ། །སྐུ་གསུང་ཐུགས་ཀྱི་དངོས་གྲུབ་བསྩལ་དུ་གསོལ། །

БАЛ ДЭН ЦАВИ ЛАМА РИНБҮЧИ| ДАГ СОГ ЧИ ВОР БАД МИ ДЭН ЗУГ НЭ|
ГАДИН ЧЭН БОЙ ГО НЭ ЖЭ ЗУН ТЭ| ГҮ СҮН ТУГ ЖИ ОЙ ДҮВ ЦАЛ ДУ СОЛ

Эрдэнэ мэт эрхэм багш та ариун лянхуан сэнтийдээ орой дээр минь заларна уу.
Энэрэн хайрлах сэтгэлээр ивээлдээ багтааж лагшин, зарлиг, тааллынхаа шидийн
хурыг буулган соёрх!

ཆོས་འཁོར་གསུམ་གྱི་དགོངས་པ་རྫོགས་བཞིན་མཁྱེན། །རྒྱུད་སྟེ་བཞི་ཡི་དེ་ཉིད་ཐུགས་སུ་ཆུད། །

འགྲོ་བ་ཀུན་ལ་མ་ནོར་ལམ་སྟོན་པའི། །ཀུན་མཁྱེན་ཆོས་ཀྱི་རྗེ་ལ་གསོལ་བ་འདེབས། །

ЧОЙ ХОР СУМ ЖИ ГОН БА ЖИ ЖИН ЖИЭН| ЖҮД ДЭ ЖИ И ДЭ НИД ТҮГ СҮ
ЧУД| ДО ВА ГУН ЛА МА НОР ЛАМ ТОН ВИ| ГҮН ЖЭН ЧОЙ ЖИ ЖИЭ ЛА СОЛ
ВА ДЭВ

Бурханы айлдсан гурван Номын хүрдэн хийгээд дөрвөн дандарсын сургаалыг
ихэд мэдэгч Номын мэргэн Хаан Долбуба дор мөргөмүү. Хамаг амьтанд алдаагүй
замыг үзүүлэн соёрх

རྒྱལ་བ་ཀུན་གྱི་འཕྲིན་ལས་གཅིག་བསྡུས་པ། །ཞི་རྒྱས་དབང་དྲག་ལས་ཀྱིས་མཐའ་འཁྲོབ་ཏུ། །

བསྟན་པ་རིན་ཆེན་ཉིན་མོར་བྱེད་པའི་དཔལ། །དཀའ་བཞིའི་མཚན་ཅན་ཞབས་ལ་གསོལ་བ་འདེབས། །

ЖЯЛ ВА ГҮНЖИ ПРЭН ЛИ ЧИГ ДУ БА| ЖИ ЖЭ ВАН ДАГ ЛЭ ЖИ ТА ГОВ ДУ|
ДАМ БА РИН ЧЕН НИН МОР ЧЭД БИ БАЛ| | ГАЖИ ЦЭН ЧЭН ЗАБ ЛА СОЛ ВА
ДЭВ

Дөрвөн дээд хүчийг үзүүлэгч наран адил гялалзах Номын их эрдэнэ, Бурханы
бүхий л үйлсийн биелэл Газэба дор мөргөмүү.

ཡུང་རྟོགས་ཡོན་ཏན་རིན་ཆེན་རྒྱལ་གྱིས་སྐྱས། །མཐོང་ཐོས་དྲན་རེག་ཐར་པའི་ལམ་ལ་བཀོད། །

རྐང་བྱུང་རྣམ་དཀར་མཛད་པ་བསམ་མི་ཁྱབ། །གྲགས་པའི་མཚན་ཅན་ཞབས་ལ་གསོལ་བ་འདེབས། །

ЛҮН ДЭГ ЁН ДЭН РИН ЧЕН ЖЯЛ ЖИ ТРИ| ТОН ТО ДЭН РИГ ТАР ВИ ЛАМ ЛА ГОД| МЭД ЗУН НАМ ГАР ЗАД ВА САМ МИ ЖАВ| ДАГ ВИ ЦЭН ЧЭН ЗАБ ЛА СОЛ ВА ДЭВ

Бурханы номыг дээдлэн гүнзгий ухамсарлахуйд хүрсэн, зүйрлэшгүй арвин үйл хийгээд сургаалыг тань үзсэн хийгээд сонссон хэн бээр ч гарцаагүй чөлөөлөгдөх Ринчен Дагва дор мөргөмүү!

གང་གིས་བཤེས་གཉེན་དམ་པ་མང་དུ་བསྟེན། །ཁྱུབ་པའི་བསྟན་ལ་རབ་བྱུང་ཚུལ་ཁྲིམས་གཙང་། །

ཤེས་རབ་དྲི་མེད་གནན་དོན་ལེགས་བཙོན་པ། །རྒྱལ་བ་སེང་གེའི་ཞབས་ལ་གསོལ་བ་འདེབས། །

ГАН ГИ ШИ НИЭН ДАМБА МАН ДУ ТЭН| ТҮБ БИ ТЭН ЛА РАБ ЖУН ЦҮЛ ТЭМ ЦАН| ШЭЙ РАБ ДЭМИД ЗЭН ДОН ЛЭГ ЦОН ВА| ЖЯЛ ВА СЭН ГЭ ЗАБ ЛА СОЛ ВА ДЭВ

Ариун журам, ёс суртахуун, саруул ухаан, энэрэл хайр огоот шингэсэн, багшаа дээдлэх гайхам бишрэлт Номын их хувраг Жалва Сэнгэ дор мөргөмүү.

རབ་རྒྱས་ཁན་བདེའི་འབྱུང་གནས་རིན་པོ་ཆེ། །འགྲོ་བའི་སྐྱབས་གཅིག་སངས་རྒྱས་ཀུན་གྱི་དངོས། །

ཁྱབ་བདག་དོ་བོ་རྗེ་བཙུན་སྙིང་ཞིའི་མགོན། །ཀུན་དགའ་སྙིང་པོའི་ཞབས་ལ་གསོལ་བ་འདེབས། །

РАБ ЖЭ ВАН ДЭ ЖУ НАЙ РИНБУЧИ| ДО ВИ ЖАВ ЧИГ САНЖЭ ГУН ЖИ ГО| ЖАВ ДАГ О ВО ЖЭВ ЗҮН ТИД ЖИ ГОН| ГУНГА НИН БУ ЗАБ ЛА СОЛ ВА ДЭВ

Хамаг амьтны цорын ганц аврал, орчлон нирвааны хоёр хязгараас гэтэлгэгч, хамаг Бурхадын биелсэн дүр, сайн болгоны эх булаг Гунгаа Нинбуу дор мөргөмүү.

དགེ་གི་དབང་པོ་འདབ་པོ་འདབ་བརྒྱད་ཁ་ཕྱེས་ནས། །ཀུན་མཁྱེན་དོན་གཉེར་བློ་གསལ་བུང་བའི་ཚོགས། །

དགའ་སྟོན་འཕེལ་ལས་སྨྲ་རྩེས་ཚོམ་མཛད་པ། །འདོད་དགུའི་དཔག་བསམ་ཕྱིད་ལ་གསོལ་བ་འདེབས། །

А ГИ ВАМ БО ДАБ ЖЭД ХА ЧЭ НЭ| ГҮН ЖИН ДО НИЭР ЛО САЛ ВУН ВИ ЦОГ| ГА ДЭН ПРИН ЛЭ ДАН ЦИ ЦИМ ЗАД ВА| ДОД ГУ БАГ САМ ЖИОД ЛА СОЛ ВА ДЭВ

Бурханы номын хүслийн мод болж, цэцэг адил дэлгэрэх сургаалаар балыг цуглуулах зөгий лугаа шавь нарыг эрхэнд хураагч Чалонва дор сөгдөн мөргөмүү!

དག་དབང་རྣམ་པར་རྒྱལ་བ་སྐུ་ཡི་མཆོག །ཡོན་ཏན་འབྱུང་གནས་རྒྱལ་ཁྲིམས་རྒྱ་མཚོ་ཆེ། །

མང་ཐོས་ནོར་བུའི་ཚོགས་ཀྱིས་ཡོངས་སུ་བརྒྱན། །དགའ་བའི་ཚེས་འཕེལ་མཆོག་ལ་གསོལ་བ་འདེབས། །

АГВААН НАМ БАР ЖЯЛ ВА ГУ И ЦОГ| ЁН ДОН ЖУНАЙ ЦУЛ ТЭМ ЖЯ ЦО ЧЭ|
МАН ДОЙ НОРВУ ЦОГ ЖИ ЁН СУ ЖИЭН| ГАВИ ЧОЙ ПЭЛ ЧОГ ЛА СОЛ ВА
ДЭВ

Дээд чанар бүхний эх булаг ариун ёс суртахуун, шавхагдашгүй эрдэнэсийн гуу сан мэт мэдлэг оюун, хязгаар үгүй далай мэт номлох ухааныг эзэмшигч, үзэгдэх дүр байдал үлэмж төгөлдөр Гави Чойпэл дор мөргөмүү!

རབ་འབྱམས་རྒྱལ་བའི་མཁྱེན་བརྩེ་འཛིན་པའི་དབངས། །མཐའ་ཡས་ཕྱགས་རྗེ་དབང་ཕྱུག་སྤྲུན་རས་གཟིགས། །

ཕྱབ་དབང་མཐུ་སྟོབས་གཅིག་བསྡུས་ཀུན་ཏུ་བཟང་། །འཕྲིན་ལས་རྣམ་རྒྱལ་ཞབས་ལ་གསོལ་བ་འདེབས། །

РАВ ЖАМ ЖЯЛ ВИ ЖИЭН ЦЭ ЖАМ БИ ЯН| ТА ЕЭ ТҮГЖИ ВАН ЧУГ ЖАН РАЙ
СЭГ| ТУБ ВАН ТҮ ДОВ ЧИГ ДУ ГҮНДУ САМ| ПРИН ЛЭ НАМ ЖЯЛ ЗАБ ЛА СОЛ
ВА ДЭВ

Гэгээрсэн болгоны хүч, нигүүлсэхүйн их сан, хамаг Бурхадын саруул оюуны биелэл, Манзушрийн мэргэн оюунаар гялалзсан Принлэй Намжал дор мөргөмүү.

གང་ཞིག་དྲན་པས་སྒྲུག་བསྒྱལ་ཀུན་སེལ་ཞིང་། །ཀུས་པས་བསྟེན་ན་བླ་མེད་མཆོག་སྦྱིན་པ། །

ГАН ЖИГ ДЭН БИ ДҮГ НЭЛ ГҮН СЭЛ ЖИН| ГУ БИ ТЭН НА ЛА МЭД ЧОГ ЦОЛ
ВА| ВАН ЖҮД МЭН А ДОН ТОН ЛА СОГ БИ| ЦА ВИ ЛАМА НАМ ЛА СОЛ ВА
ДЭВ

Санахын төдийд зовлон арилж биширсэн бүгд гэгээрлийн хутгийг заавал олох, Номын авшиг сургаалаа харамгүй хайрласан эрдэнийн дээд багш бүгддээ мөргөмүү.

\Язгуурын лам багш гэрэлд уусан таны сэтгэлийн урсгалд шингэн орлоо хэмээн дүрсэлнэ.\

(iii) Зохиогчийн Мөргөл

УМ ГҮРҮ БУДДА БОДИСАДУ БАЯАНА НАМО НАМА

Хамаг амьтны хүслийн гүйцээгч эрдэнэ болсон лам Гурван Эрдэнэ дор мөргөмүү.

\Энэ хэсэг энгийн үед уншигддаггүй болно.\

III. Жонан Шамбалын дамжлагын бүрэн хэмжээний заллага

(i) Дүрслэл

Миний эгц өмнө огторгуйн орон зайд таван өнгийн солонгон гэрлийн төвд лянхуа, сар, нар, раху, калагнийн 5 давхар зөөлөвчит сэнтий дээр язгуурын лам багш Очирдарийн дүртэйгээр заларчээ.

Очирдарийн дүрт миний багш лагшин хөх, нэгэн нигур хоёр мутартай бөгөөд хонх очир хоёрыг зүрхэн тус газраа зөрүүлэн барьсан байна. Тэр бүтэн лянхуа завилгаагаар сууж торгон өмсгөлтэй, титэм ээмэг, хүзүүний чимэг, бугуйвч, шагайвч гэсэн таван гоёл чимэгтэйгээр Бурханы бүхий л тэмдэг найргийг агуулан сууна.

Түүнийг тойроод Очирт Зургаан Йогийн мастеруд, Ариун Язгуурын Бурхан, төгс жаргалант лагшин Цагийн Хүрдэн, хувилгаан лагшин Шагжаамүни Бурхан багшийн хамтаар мөн тэнд Шамбалын 35 Номын Хаад, Энэтхэг Төвөдийн мастеруд байцгаах ажээ. Тэдний биеэс гэрэл цацарч туяаран таатай сэтгэлийг төрүүлмүй.

(ii) Заллага

གསོལ་བ་འདེབས་སོ། །ཁྱིན་ཅན་རྩ་བའི་བླ་མ་ལ་གསོལ་བ་འདེབས། །རྒྱ་བ་བརྒྱུད་པའི་བླ་མ་ལ་གསོལ་བ་འདེབས།

СОЛ ВА ДЭВ СО| ДИН ЧЭН ЦАВИ ЛАМА ЛА СОЛ ВА ДЭВ| ЦА ВА ЖҮД БИ ЛАМА ЛА СОЛ ВА ДЭВ|

Язгуурын багш лам дор мөргөмүү

Язгуур хийгээд дамжлагын лам нар дор мөргөмүү

Хүслийг-бүтээгч урсгал дор мөргөмүү.

བརྒྱུད་པ་ཡིད་བཞིན་ནོར་བུ་ལ་གསོལ་བ་འདེབས། །བརྒྱུད་པའི་བྱིན་རླབས་འཇུག་པར་བྱིན་གྱིས་རློབས། །

བྱིན་རླབས་སྙིང་ལ་འཇུག་པར་བྱིན་གྱིས་རློབས། །སྙིང་གི་མུན་པ་སེལ་བར་བྱིན་གྱིས་རློབས། །

ЖҮД БА ИД ЖИН НОРВУ ЛА СОЛ ВА ДЭВ| ЖҮД БИ ЖИН ЛАВ ЖУГ БАР СОЛ ВА ДЭВ| ЖИН ЛАБ НИЭН ЛА ЖУГ БАР ЖИН ЖИ ЛОВ| НИЭН ГИ МУН ПА СЭЛ ВАР ЖИН ГИ ЛОВ

Ариун урсгалын хүч надад шингэж,

Адистит бүхэн зүрхэнд шингэх болтугай

Сэтгэлд хурсан хар сүүдрийг арилган соёрх!

 རྒྱ་མ་ལ་གསོལ་བ་འདེབས། །ཆོས་རྗེ་ལ་གསོལ་བ་འདེབས། །ཡབ་སྲས་ཆོས་བྱིན་གྱིས་རློབས།

ЛАМА ЛА СОЛ ВА ДЭВ| ЧОЙ ЖЭ ЛА СОЛ ВА ДЭВ| ЯБ ДЭ ЦОЙ ЖИН ЖИ ЛОВ

Лам дор мөргөмүү

Номын Эзэн дор мөргөмүү

Бишрэлт эцэг хийгээд түүний зүрхэн хөвгүүд цөм намайг адислан соёрх!

གཞི་བདེ་གཤེགས་སྙིང་པོ་ལ་གསོལ་བ་འདེབས། །ཐབ་ལམ་རྡོ་རྗེ་རྣལ་འབྱོར་ལ་གསོལ་བ་འདེབས། །འབྲས་བུ་ཁྲུལ་འབྲས་ཆོས་སྐུ་ལ་གསོལ་བ་འདེབས། །

ЖИ ДЭ ШЭГ НИН БО ЛА СОЛ ВА ДЭВ| ЗАБ ЛАМ ДОРЖИ НАЛЖОР ЛА СОЛ ВА ДЭВ| ДЭ ВҮ ДЭЛ ДЭ ЧОЙ ГУ ЛА СОЛ ВА ДЭВ|

Суурь язгуурын охь Бурханлаг-чанар дор мөргөмүү.

Цогт Цагийн хүрдний очирт гүнзгий зам дор мөргөмүү.

Сансрын төгсгөл, гэгээрлийн эс төрсөн үнэн лагшин дор мөргөмүү!

དག་པ་དང་པོའི་སངས་རྒྱས་ལ་གསོལ་བ་འདེབས། །ཆོས་སྐུ་རྡོ་རྗེ་འཆང་ཆེན་ལ་གསོལ་བ་འདེབས། །ལོངས་སྐུ་དུས་ཀྱི་འཁོར་ལོ་ལ་གསོལ་བ་འདེབས། །

ДАМ БА ДАН БО САНЖЭ ЛА СОЛ ВА ДЭВ| ЧОЙ ГУ ДОРЖЭ ЧАН ЧЭН ЛА СОЛ ВА ДЭВ| ЛОН ГУ ДҮ ЖИ ХОРЛО ЛА СОЛ ВА ДЭВ

Язгуурын Дээд Бурхан дор мөргөмүү.

Номын лагшин Очирдарь дор мөргөмүү

Төгс жаргалантай лагшин Цагийн хүрдэн дор мөргөмүү

སྤྲུལ་སྐུ་ཤཱཀྱ་ཐུབ་པ་ལ་གསོལ་བ་འདེབས། །ཆོས་རྒྱལ་སུམ་ཅུ་རྩ་ལྔ་ལ་གསོལ་བ་འདེབས། །

БРҮЛ ГҮ ШАГЖА ТҮББА ЛА СОЛ ВА ДЭВ| ЧОЙ ЖАЛ СУМ ЧУ ЦАН ГА ЛА СОЛ ДЭВ|

Хувилгаан лагшин Шагжаамүни Бурхан дор мөргөмүү

Шамбалын гучин-таван Номын Их Хаад дор мөргөмүү.

གྲུབ་ཆེན་དུས་ཞབས་པ་ཆེན་པོ་ལ་གསོལ་བ་འདེབས། །གྲུབ་ཆེན་དུས་ཞབས་པ་གཞོན་པ་ལ་གསོལ་བ་འདེབས། །རྒྱལ་སྲས་ནུ་ལེནྡྲ་པ་ལ་གསོལ་བ་འདེབས། །

ДҮВЧИН ДУ ЗАБ БА ЧЭН БО ЛА СОЛ ВА ДЭВ| ДҮВЧИН ДУ ЗАБ БА НИВА ЛА

СОЛ ВА ДЭВ| ЖЯЛ ЦЭ НАЛЭН ДАВА ЛА СОЛ ВА ДЭВ

Дүвчэн Душава Чэнпо дор мөргөмүү.

Дүвчэн Душава Нива дор мөргөмүү.

Жалцэ Налэндава дор мөргөмүү.

པད་ཆེན་ཟླ་བ་མགོན་པོ་ལ་གསོལ་བ་འདེབས། །སྐྱ་བསྒྱུར་འགྲོ་སྟོན་ལོ་ཙྭ་ལ་གསོལ་བ་འདེབས། །བླ་མ་ལྷ་རྗེ་སྐྱོམ་པ་ལ་གསོལ་བ་འདེབས། །

БАН ЧЭН ДАВА ГОН БО ЛА СОЛ ВЭ ДЭВ| ДАБ ЖҮР ДОР ТОН ЛОЗАВА ЛА СОЛ ВА ДЭВ| ЛАМА ЛХА ЖЭ ГОМБО ЛА СОЛ ВЭ ДЭВ

Банчэн Дава Гомбо дор мөргөмүү.

Алдарт орчуулагч Дортон Лозова дор мөргөмүү.

Лама Лхажэ Гомбо дор мөргөмүү.

བླ་མ་སྐྱོ་སྟོན་གནམ་བརྩེགས་ལ་གསོལ་བ་འདེབས། །བླ་མ་གྲུབ་ཆེན་ཡུ་མོ་ལ་གསོལ་བ་འདེབས། །སྲས་མཆོག་དཱ་རྨེ་ཤྭ་ར་ལ་གསོལ་བ་འདེབས། །

ЛАМА ДОР ТОН НАМ СЭГ ЛА СОЛ ВА ДЭВ| ЛАМА ДҮВЧИН ЮМО ЛА СОЛ ВА ДЭВ| СЭ ЧОГ ДАРМЭ ШАРА ЛА СОЛ ВА ДЭВ

Лама Дортон Намсэг дор мөргөмүү.

Лама Дүвчэн Юмо дор мөргөмүү.

Сичог Дармэшвара дор мөргөмүү.

།མཁས་པ་ནམ་མཁའ་འོད་ཟེར་ལ་གསོལ་བ་འདེབས། །མ་ཅིག་སྒྲོལ་སྐུ་རྗོ་འབུམ་ལ་གསོལ་བ་འདེབས། །བླ་མ་གྲུབ་ཐོབ་སེ་ཆེན་ལ་གསོལ་བ་འདེབས། །

ЖЭ ВА НАМ ХА ОСЭР ЛА СОЛ ВА ДЭВ| МАЖИГ БРҮЛ ГҮ ЖО БУМ ЛА СОЛ ВА ДЭВ| ЛАМА ТҮДЭВ СЭ ЧЭН ЛА СОЛ ВА ДЭВ

Хайва Намхай Одсэр дор мөргөмүү.

Мажиг Тулку Жобум дор мөргөмүү.

Лама Түдэв Сэчэн дор мөргөмүү.

ཆོས་རྗེ་འཛམ་དབྱངས་གསར་མ་ལ་གསོལ་བ་འདེབས། །ཀུན་མཁྱེན་ཆོས་སྐུ་འོད་ཟེར་ལ་གསོལ་བ་འདེབས། །མཆོངས

མེད་ཀུན་སྤྱངས་ཆོས་རྗེ་ལ་གསོལ་བ་འདེབས། །

ЧОЙ ЖИ ЖАМ ЯН САРМА ЛА СОЛ ВА ДЭВ| ГҮН ЖИН ЧОЙ ГУ ОСЭР ЛА СОЛ ВА ДЭВ| ЦУН МЭД ГҮН БЭН ЧОЙ ЖЭ ЛА СОЛ ВА ДЭВ

Чойжэ Жамъян Сарма дор мөргөмүү.

Гүнчэн Чойжи Одсэр дор мөргөмүү.

Гүмбэн Түгжэ Зундуй дор мөргөмүү.

བྱང་སེམས་རྒྱལ་བ་ཡེ་ཤེས་ལ་གསོལ་བ་འདེབས། །རྗེ་བཙུན་ཡོན་ཏན་རྒྱ་མཚོ་ལ་གསོལ་བ་འདེབས། །ཀུན་མཁྱེན་དུས་གསུམ་སངས་རྒྱས་ལ་གསོལ་བ་འདེབས། །

ЖАН СЭМ ЖЯЛВА ЕЭ ШЭ ЛА СОЛ ВА ДЭВ| ЖЭВ ЗҮН ЁН ДЭН ЖЯ ЦО ЛА СОЛ ВА ДЭВ| ГҮН ЖИН ДУ СУМ САНЖЭ ЛА СОЛ ВА ДЭВ

Жансэм Жалва Ишэ дор мөргөмүү.

Жэвзүн Ёндон Жямц дор мөргөмүү.

Гурван цагийн Бурхадын хувилгаан мэргэн Долбуба дор мөргөмүү.

ཆོས་རྒྱལ་ཕྱོགས་ལས་རྣམ་རྒྱལ་ལ་གསོལ་བ་འདེབས། །མཆོངས་མེད་ཉ་དབོན་ཀུན་དགའ་ལ་གསོལ་བ་འདེབས། །གྲུབ་ཆེན་ཀུན་དགའ་བློ་གྲོས་ལ་གསོལ་བ་འདེབས། །

ЧОЙ ЖАЛ ЧОГ ЛЭ НАМ ЖАЛ ЛА СОЛ ВА ДЭВ| ЧИ МЭД НЯ БОН ГУНГА ЛА СОЛ ВА ДЭВ| ДҮВ ЧИН ГУНГА ЛОДОЙ ЛА СОЛ ВА ДЭВ

Чойжил Чоглэ Намжал дор мөргөмүү.

Чимэд Нябон Гунгаа дор мөргөмүү.

Дүвчэн Гунгаа Лодой дор мөргөмүү.

འཇམ་དབྱངས་དཀོན་མཆོག་བཟང་པོ་ལ་གསོལ་བ་འདེབས།   །འདྲེན་མཆོག་ནམ་མཁའི་མཚན་ཅན་ལ་གསོལ་བ་འདེབས། །

པཎ་ཆེན་ནམ་མཁའ་དཔལ་བཟང་ལ་གསོལ་བ་འདེབས། །

ЖАМ ЯН ГОН ЧОГ САМ БО ЛА СОЛ ВА ДЭВ| ДЭМ ЧОГ НАМ ХИ ЦЭН ЧЭН ЛА СОЛ ВА ДЭВ| БАНЧЕН НАМ ХА БАЛ САН ЛА СОЛ ВА ДЭВ

Жамъян Гончиг Самбуу дор мөргөмүү.

Дэмчиг Намхай Цэчан дор мөргөмүү.

Банчэн Намхай Балсан дор мөргөмүү.

ལོ་ཆེན་རཏྣ་བྷ་ཊ་ལ་གསོལ་བ་འདེབས། །དཔལ་ལྡན་ཀུན་དགའ་གྲོལ་མཆོག་ལ་གསོལ་བ་འདེབས། །

ЛОЧЭН РАДНА БАДРА ЛА СОЛ ВА ДЭВ| БАЛ ДЭН ГУН ГА ДОЛ ЧОГ ЛА СОЛ
ВА ДЭВ|

Лочэн Раднабадра дор мөргөмүү.

Балдан Гунгаа Долчог дор мөргөмүү.

མཁན་ཆེན་ལུང་རིགས་རྒྱ་མཚོ་ལ་གསོལ་བ་འདེབས། །ཞབས་བདག་སྟོབ་ལ་བའི་མགོན་པོ་ལ་གསོལ་བ་འདེབས། །སྤྲིན་སྣང་ས
རིན་ཆེན་རྒྱ་མཚོ་ལ་གསོལ་བ་འདེབས། །

ЖИЭН ЦЭН ЛУН ДЭГ ЖЯ ЦО ЛА СОЛ ВА ДЭВ| ЖАБ ДАГ ДОЛВИ ГОМБО ЛА
СОЛ ВА ДЭВ| ОН ЖАН РИН ЧЕН ЖЯ ЦО ЛА СОЛ ВА ДЭВ

Жанцан Лүндэг Жямц дор мөргөмүү.

Жавдаг Долби Гомбо дор мөргөмүү.

Онжан Ринчен Жямц дор мөргөмүү.

མཁས་གྲུབ་བློ་གྲོས་རྣམ་རྒྱལ་ལ་གསོལ་བ་འདེབས། །གྲུབ་ཆེན་ངག་དབང་འཕྲིན་ལས་ལ་གསོལ་བ་འདེབས། །

ХАЙ ДҮВ ЛОДОЙ НАМ ЖАЛ ЛА СОЛ ВА ДЭВ| ДҮБЧИН АГ ВАН ПРИН ЛЭ ЛА
СОЛ ВА ДЭВ|

Хайдүв Лодой Намжал дор мөргөмүү.

Дүвчэн Агваан Принлэй дор мөргөмүү.

ངག་དབང་བསྟན་འཛིན་རྣམ་རྒྱལ་ལ་གསོལ་བ་འདེབས། །ངག་དབང་མཁས་བཙུན་དར་རྒྱས་ལ་གསོལ་བ་འདེབས།
།ཀུན་བཟང་འཕྲིན་ལས་རྣམ་རྒྱལ་ལ་གསོལ་བ་འདེབས། །

АГ ВАН ДЭН ЗИН НАМ ЖАЛ ЛА СОЛ ВА ДЭВ| АГ ВАН ЖЭВ ЗУН ДАР ЖЭ ЛА
СОЛ ВА ДЭВ| ГҮН САН ПРИН ЛЭ НАМ ЖАЛ ЛА СОЛ ВА ДЭВ

Агваан Данзан Намжал дор мөргөмүү

Агваан Жэвзүн Даржээ дор мөргөмүү.

Гүнсан Принлэй Намжал дор мөргөмүү.

ནུས་ལྡན་ལྷུན་གྲུབ་རྒྱ་མཚོ་ལ་གསོལ་བ་འདེབས། །དགོན་མཆོག་འཇིགས་མེད་རྣམ་རྒྱལ་ལ་གསོལ་བ་འདེབས། །

НҮ ДЭН ЛХҮН ДЭВ ЖЯ ЦО ЛА СОЛ ВА ДЭВ| ГОН ЧОГ ЖИГ МЭД НАМ ЖАЛ ЛА СОЛ ВА ДЭВ

Нүдэн Лхүндүв Жямц дор мөргөмүү.

Гончиг Жигмэд Намжал дор мөргөмүү.

དགའ་དབང་ཆོས་འཕེལ་རྒྱ་མཚོ་ལ་གསོལ་བ་འདེབས། །དགའ་དབང་ཆོས་ཀྱི་འཕགས་པ་ལ་གསོལ་བ་འདེབས།

།དགའ་དབང་ཆོས་འབྱོར་རྒྱ་མཚོ་ལ་གསོལ་བ་འདེབས། །

АГ ВАН ЧОЙ ПЭЛ ЖЯ ЦО ЛА СОЛ ВА ДЭВ| АГ ВАН ЧОЙ ЖИ ПАГ ВА ЛА СОЛ ВА ДЭВ| АГ ВАН ЧОЙ ЖОР ЖЯ ЦО ЛА СОЛ ВА ДЭВ

Агваан Чойпэл Жямц дор мөргөмүү.

Агваан Чойжи Пагва дор мөргөмүү.

Агваан Чойжор Жямц дор мөргөмүү.

དགའ་དབང་ཆོས་འཇིན་རྒྱ་མཚོ་ལ་གསོལ་བ་འདེབས། །དགའ་དབང་བསྟན་པ་རབ་རྒྱས་ལ་གསོལ་བ་འདེབས། །

АГ ВАН ЧОЙ ЖИН ЖЯ ЦО ЛА СОЛ ВА ДЭВ| АГ ВАН ДЭН БА РАБ ЖЭ ЛА СОЛ ВА ДЭВ|

Агваан Чойжин Жямц дор мөргөмүү.

Агваан Дамба Равжаа дор мөргөмүү.

བླ་མ་བློ་བཟང་འཕྲིན་ལས་ལ་གསོལ་བ་འདེབས། །མཁན་སྤྲུལ་འཇམ་དཔལ་བློ་གྲོས་ལ་གསོལ་བ་འདེབས། ། རིན་ཆེན་རྒྱ་བའི་བླ་མ་ལ་གསོལ་བ་འདེབས། །

АГ ВАН ЛУБ САН ПРИН ЛЭ ЛА СОЛ ВА ДЭВ| ХАН БРҮЛ ЖАМ БАЛ ЛОДОЙ ЛА СОЛ ВА ДЭВ| ДЭН ЧИН ЦАВИ ЛАМА ЛА СОЛ ВА ДЭВ

Мунхагийн харанхуйг арилгагч Лувсан Принлэй Лам дор мөргөмүү.

Номын дайчин баатар Ханбрүл Жамбал Лодой дор мөргөмүү!

Өөрийн язгуурын багш дор мөргөмүү

བླ་མ་ལ་གསོལ་བ་འདེབས། །ཆོས་རྗེ་ལ་གསོལ་བ་འདེབས། །ཡབ་སྲས་ཆོས་བྱིན་གྱིས་རློབས། །

ЛАМА ЛА СОЛ ВА ДЭВ| ЧОЙ ЖЭ ЛА СОЛ ВА ДЭВ| ЯБ ДЭ ЦОЙ ЖИН ЖИ ЛОБ

Сүр хүчит лам дор мөргөмүү

Номын бүх эзэн дор мөргөмүү

Бишрэлт эцэг хийгээд түүний зүрхэн хөвгүүд цөм намайг адислан соёрх!

གང་ཞིག་དད་པས་བླ་མའི་ཚོགས་རྣམས་ལ། །ཚེ་འདིར་དུག་ཏུ་གསོལ་བ་འདེབས་བྱས་ན། །

བདག་སོགས་རྒྱུད་ལ་བླ་མ་འདི་དག་གི །ཡེ་ཤེས་སེམས་དཔའི་བྱིན་རླབས་འཇུག་པར་ཤོག །

ГАН ЖИГ ДЭД ВИ ЛА МИ ЦОГ НАМ ЛА| ЦЭ ДИР ТАГ ТУ СОЛ ВА ДЭВ ШЭ НА| ДАГ СОГ ЖҮД ЛА ЛАМА ДИ ДАГ ЖИ| ЕЭ ШЭ СЭМ БИ ЖИН ЛАБ ЖУГ БАР ШОГ

Багшдаа шүтэн насаараа дээдэлсэн хэн боловч

Байнга ийнхүү урин залж мөргөмой,

Би ч мөн түүнчлэн энэрэлт баатрын

Билиг оюунаар адислагдах болтугай!

སྐྱེ་བ་ཀུན་ཏུ་ཡང་དག་བླ་མ་དང་། །འབྲལ་མེད་ཆོས་ཀྱི་དཔལ་ལ་ལོངས་སྤྱོད་ཅིང་། །

ས་དང་ལམ་གྱི་ཡོན་ཏན་རབ་རྫོགས་ནས། །རྡོ་རྗེ་འཆང་གི་གོ་འཕང་མྱུར་ཐོབ་ཤོག །

ГЭ ВА ГҮНДҮ ЯН ДАГ ЛАМА ДАН| ДЭ МИД ЧОЙ ЖИ БАЛ ЛА ЛОН ЧОД ЧИН| СА ДАН ЛАМ ЖИ ЁН ДЭН РАБ ЗОГ НЭ| ДОРЖИ ЧАН ГИ ГО ПАН НЮР ТОБ ШОГ

Алс хойд насандаа ч би ачит ламаасаа бүү хагацах болтугай

Ариун Номыг дадуулахын их цэнгэлийг эдэлж

Гэгээрлийн бүх газруудыг төгсгөн

Очирдарийн хутгийг үтэр олох болтугай!

\лам багш ба урсгалын бүх лам нар таныг адислаад гэрэл болон уусаж сэтгэлд тань шингэлээ гэдэгт бүрэн итгэлтэй байна\

ХОЁРДУГААР ХЭСЭГ

Дотоод Бэлтгэлийн Зэрэг

I. Аврал одуулан мөргөх

(i) Дүрслэл

Бурханы номын бүхий л дадлагын үндэс болсон итгэл одуулах үед эхлээд хөлөөс зайдуухан чимээ шуугиангүй газарт очиж амгалан төлөвт саатан анхаарлаа төвлөрүүлнэ. Өмнийн огторгуйд уудам цэлгэр, ариун орон байна хэмээн дүрсэлнэ.

Энэхүү орны төвд төрөл бүрийн эрдэнэсийн зүйлсээр бүтээсэн сайхан ордон байх бөгөөд чимэг зүүлт нь үзэсгэлэнтэй ээ гялалзана. Ордны голд маш том хүслийг-гүйцээгч мод сүндэрлэх ба сагсайх мөчрүүд гоёмсог навчис, цэцэг жимс нь ордон даяар гэрэлтэн гялтганаж үзэгдэнэ. Модны орой дээр сүрлэг сайхан арслан сэнтий үзэгдэх бөгөөд түүний дээр олон өнгийн лянхуа, нар, сар, раху, калагнийн дэвсгэр давхарласан байна.

Миний язгуурын лам хөх Очирдарын дүртэйгээр арслан сэнтий дээр залрах бөгөөд хонх очир хоёрыг зүрхэн тус газартаа зөрүүлэн барьжээ. Язгуурын Бурхан, лам багшийн чанх орой дээр суух үзэгдэнэ.

Очирт ламыг тойрсон мөчрүүд дээр урсгалын хэлхээ атгагч лам нар, Шамбалын гучин-таван Номын Хаад болон Ханьсашгүй дандарын Дүйнхор Ядам тэднийг тойроод бусад дөрвөн дандарсын аймгийн Ядам бурхдууд мөн сууцгаана.

Шагжаамүни Бурхан Багш Ядам бурхдын дор сууна.

Модны баруун талын мөчрүүд дээр Майдар, Манзушри, Жанрайсэг гэхчилэнгийн Их Хөлгөний Найман Гэгээн Хутагт Бодьсадва нар сууцгаана.

Түүний зүүн талаар Шарипутра гэх мэт шарвага брадигабуд нарын Бага Хөлгөний Хутагт Хувьрагууд сууцгаана.

Модны ёроолоор далай их Ханд дагинас хийгээд бүхнийг харагч илбийн мэлмийт Номын Сахиуснууд бурханы нандин сургаалыг сахин байцгаана. Тэд таныг хамгаалахад ямагт бэлхэн үзэгдэнэ.

Модны ард талын мөчрүүд дээр алтан Номын үсгүүд тодрон үзэгдэх авай.

Таны дүрсэлсэн болгон яг ийм байдлаар өмнө тань байна гэдэгт бүү эргэлзэгтүн. Мөн түүний сацуу эх болсон хамаг амьтны тусын тулд Лам, Гурван Эрдэнэ хийгээд бодьсадва нарын далай их ивээлд багтлаа хэмээн хэмжээлшгүй бишрэлээр сүсэглэн санах хэрэгтэй.

Дараа нь эх болсон зургаан зүйл амьтдыг гэтэлгэнэ гэсэн чин зорилго хатуу *итгэлтэйгээр хамаг амьтан зовлонгоос салж сансрын хүрднээс аврагдах замыг олоосой хэмээн машид хүсэн байж залбирлыг уншина.*

Дүрслэлээ чадахын хирээр тодхон үүсгээд урт залбирлыг нэгэнтээ, богино залбирлыг гурав буюу түүнээс дээш удаа уншин биеэр сунаж мөргөнө. Дадлагын тань гол утга итгэл одуулалт байх тохиолдолд л бүтэн сунаж мөргөнө.

(ii) Итгэл Одуулах Урт Залбирал

མ་ནམ་མཁའ་དང་མཉམ་པའི་སེམས་ཅན་ཐམས་ཅད། དུས་འདི་ནས་བཟུང་སྟེ། རི་སྲིད་བྱང་ཆུབ་སྙིང་པོ་ལ་མཆིས་ཀྱི་བར་དུ། ཕྱོགས་བཅུ་དུས་གསུམ་གྱི་དེ་བཞིན་གཤེགས་པ་ཐམས་ཅད་ཀྱི་སྐུ་གསུང་ཐུགས་ཡོན་ཏན་འཕྲིན་ལས་ཐམས་ཅད་ཀྱི་རོ་བོར་གྱུར་པ། ཆོས་ཀྱི་ཕུང་པོ་སྟོང་ཕྲག་བརྒྱད་ཅུ་རྩ་བཞིའི་འབྱུང་གནས། འཕགས་པའི་དགེ་འདུན་ཐམས་ཅད་ཀྱི་མངའ་བདག་རྗེ་བཙུན་རྩ་བ་དང་བརྒྱུད་པར་བཅས་པའི།

МА НАМ ХА ДАН НЯМ БИ СЭМ ЧЭН ТАМ ЧЭД| ДУ ДИ НЭ ЗУН ТЭ| ЖИ ТИД ЖАН ЧУБ НИН БО ЛА ЧИ ЖИ ВАР ДУ| ЧОГ ЧУ ДУ СУМ ЖИ ДЭВ ШИН ШИГ ВА ТАМ ЖЭД ЖИ ГҮ СҮН ТУГ ЁН ДЭН ПРИН ЛИ ТАМ ЧЭД ЖИ О ВОР ЖҮР БА| ЧОЙ ЖИ ПУН ПО ДОН ДАГ ЖҮД ЧУ ЦА ЖИ ЖУН НАЙ| ПАГВИ ГЭН ДҮН ТАМ ЖЭД ЖИ МАН ДАГ ЖЭВ ЗҮН ЦА ВА ДАН ЖҮД БАР ЖЭ ВИ

Огторгуй мэт хязгааргүй эх-болсон зургаан зүйл хамаг амьтны тусын тулд би бээр гэгээрэлд хүрэн хүртлээ гурван цаг арван зүгийн хамаг Бурхадын лагшин, зарлиг, таалал, чанар, үйлсийн биелэл, 84000 Номын цогцын эх сурвалж, гэгээн Хуврагуудын хаан, буянт урсгалын үндэс болсон ариун Номын эзэд, сүр жавхлан төгс лам дор авралыг одуулан мөргөмүү!

(iii) Итгэл Одуулах Богино Залбирал

ཆོས་རྗེ་དཔལ་ལྡན་བླ་མ་དམ་པ་རྣམས་ལ་སྐྱབས་སུ་མཆིའོ། །

ཡི་དམ་དཀྱིལ་འཁོར་གྱི་ལྷ་ཚོགས་རྣམས་ལ་སྐྱབས་སུ་མཆིའོ། །

རྫོགས་པའི་སངས་རྒྱས་བཅོམ་ལྡན་འདས་རྣམས་ལ་སྐྱབས་སུ་མཆིའོ། །

དམ་པའི་ཆོས་རྣམས་ལ་སྐྱབས་སུ་མཆིའོ། །

འཕགས་པའི་དགེ་འདུན་རྣམས་ལ་སྐྱབས་སུ་མཆིའོ། །

མཁའ་འགྲོ་ཆོས་སྐྱོང་སྲུང་མ་ཡེ་ཤེས་ཀྱི་སྤྱན་དང་ལྡན་པ་རྣམས་ལ་སྐྱབས་སུ་མཆིའོ།།

ЧОЙ ЖЭ БАЛ ДАН ЛАМА ДАМБА НАМ ЛА ЖАВ СУ ЧИОı ЯДАМ ЖИЛ ХОР ЖИ ЛХА ЦОГ НАМ ЛА ЖАВ СУ ЧИОı ЗОГ БИ САНЖЭ ЧОМ ДЭН ДЭ НАМ ЛА ЖАВ СУ ЧИОı ДАМБИ ЧОЙ НАМ ЛА ЖАВ СУ ЧИОı ПАГ ВИ ГЭН ДУН НАМ ЛА ЖАВ СУ ЧИОı ХАНДО ЧОЙЖИН ДУН МА ЕЭШЭ ЖИ ЧЭН ДАН ДЭН БА НАМ ЛА ЖАВ СУ ЧИО

Номын Их Эзэд сүр жавхлант Лам дор мөргөмүү

Гэгээрлийн хот мандал дахь Ядмууд дор мөргөмүү

Төгс гэгээрсэн Бурхад, Багаван дор мөргөмүү

Эрдэнийн дээд Ном дор мөргөмүү

Хутагт ариун Хуврагууд дор мөргөмүү

Ханд дагинас хийгээд бүхнийг харагч билгийн мэлмийтэн Номын Сахиус нугуд дор мөргөмүү.

\Итгэл одуулалт таны гол дадлага болж байх үед энэ залбирлыг гурав ба түүнээс дээш удаа уншина.\

ཀླུ་མ་དང་དགོན་མཆོག་རིན་པོ་ཆེ་རྣམ་པ་གསུམ་ལ་བདག་ཕྱག་འཚལ་ཞིང་སྐྱབས་སུ་མཆིའོ། །

ཁྱེད་རྣམས་ཀྱིས་བདག་གི་རྒྱུད་ཁྲིན་གྱིས་བརླབ་ཏུ་གསོལ། །

ЛАМА ДАН ГОН ЧОГ РИНБҮЧИ НАМ ПА СУМ ЛА ДАГ ЧАГ ЦАЛ ЖИН ЖАВ СУ ЧИОı ЖИЭД НАМ ЖИ ДАГ ГИ ЖҮД ЖИН ЖИ ЛАБ ДУ СОЛ

Чухаг Дээд Гурав дор итгэл одуулан мөргөмүү. Сэтгэл зүрхийг минь адислан соёрх! \Зудаа\.

\Итгэл одуулалт таны гол дадлага байх үед залбирлыг унших тоолондоо сунаж мөргөнө. Дараа нь буяны хотол чуулган гэрэлд уусан усанд ус юүлэх мэт таны сэтгэлийн урсгалд шингэн орлоо гэж төсөөлнө. Буяны хотол чуулганаас салигүй нэгэн болсон гэдэгтээ итгэлтэй байх хэрэгтэй. Хэрвээ итгэл одуулалт таны гол дадлага биш бол дүрслэлээ хэвээр хадгалан үлдэж цааш үргэлжлүүлнэ.\

(iv) Зориулга

དགེ་བ་འདི་ཡིས་སྐྱེ་བོ་ཀུན། །བསོད་ནམས་ཡེ་ཤེས་ཚོགས་རྫོགས་ཤིང་། །

བསོད་ནམས་ཡེ་ཤེས་ལས་བྱུང་བའི། །དམ་པ་གཉིས་པོ་ཐོབ་པར་ཤོག །

ГЭ ВА ДИ И ЖИЭ ВО ГУН| СО НАМ ЕЭ ШЭ ЦОГ ЗОД ЖИН| СО НАМ ЕЭ ШЭ ЛИ ЖУН ВИ| ДАМБА НИН БО ТОБ БАР ШОГ

Энэ буяны шимээр би нэн даруй буян хишиг билиг оюуны чинадад хүрч, хамаг амьтны тусын тулд гэгээрлийн хоёр лагшинг олох болтугай!

II. Гэгээрлийн бодь сэтгэл төрүүлэх

(i) Дүрслэл

Буяны хотол чуулганыг өмнөө дүрсэлсэн чигээр хамаг амьтныг чөлөөлөх чин хүслээр Бодь сэтгэлийг үүсгэн залбирна.

(ii) Ерөөхийн Бодь

སེམས་ཅན་ཐམས་ཅད་ཀྱི་དོན་དུ་རྫོགས་པའི་སངས་རྒྱས་ཀྱི་གོ་འཕང་འཐོབ་པར་བྱ། དེའི་ཆེད་དུ་ཟབ་ལམ་རྡོ་རྗེའི་རྣལ་འབྱོར་བསྒོམ་པར་བགྱིའོ།།

СЭМ ЧЭН ТАМ ЧЭД ЖИ ДОН ДУ ЗОГ ВИ САНЖЭ ЖИ ГО ПАН ТОБ БАР ЖА| ДИ ЧЭД ДУ ЗАБ ЛАМ ДОРЖИ НЭЛ ЖОР ГОМ БАР ЖИ О

Эх болсон зургаан зүйл хамаг амьтныг чөлөөлөхийн төлөө төгс гэгээрсэн Бурханы хутгийг олох хүртлээ Очирт хөлгөний гүнзгий замд орон бясалгах үйлсэд энэхэн насаа зориулсугай!

\Гурав ба түүнээс дээш удаа чангаар уншина.\

(iii) Орохын Бодь

[Гэгээрлийн сэтгэл үүсгээд түүнийгээ өргөжүүлэн нэг ч амьтны хоцроолгүй цөмийг нь хамруулна.]

སེམས་ཅན་ཐམས་ཅད་བདེ་བ་དང་བདེ་བའི་རྒྱུ་དང་ལྡན་པར་གྱུར་ཅིག སྡུག་བསྔལ་དང་སྡུག་བསྔལ་གྱི་རྒྱུ་དང་བྲལ་བར་གྱུར་ཅིག སྡུག་བསྔལ་མེད་པའི་བདེ་བ་དམ་པ་དང་མི་འབྲལ་བར་གྱུར་ཅིག ཉེ་རིང་ཆགས་སྡང་གཉིས་དང་བྲལ་བའི་བཏང་སྙོམས་ཚད་མེད་པ་ལ་གནས་པར་གྱུར་ཅིག

СЭМ ЧЭН ТАМ ЖЭД ДЭ ВА ДАН ДЭ ВИ ЖИУ ДАН ДЭН БАР ЖҮР ЧИГ| ДУГ НЭЛ ДАН ДУГ НЭЛ ЖИ ЖИУ ДАН ДЭЛ ВАР ЖҮР ЧИГ| ДУГ НЭЛ МЭД ВИ ДЭ ВА ДАМ БА ДАН МИМ ДЭЛ ВАР ЖҮР ЧИГ| НИЭ РАН ЧАГ ДАН НИ ДАН ДЭЛ ВИ ТАН НИОМ ЦАД МЭД БА ЛА НЭ ВАР ЖҮР ЧИГ

Хамаг амьтан амгалан хийгээд амгалангийн шалтгаан лугаа төгөлдөр болтугай.

Хамаг амьтан зовлон хийгээд зовлонгийн шалтгаан лугаа эгнэгт хагацах болтугай.

Хамаг амьтан зовлонгүй дээдийн амгалан лугаа хэзээд үл хагацах болтугай.

Хамаг амьтан хол ойрд шунан тачаах, хүслэн уурлах аль алинаас ангид тэгш сэтгэлээр орших болтугай!

\Хэрвээ та Бодь үүсгэхийг гол дадлагаа болгож байгаа бол энэ залбирлыг нэг, гурав буюу түүнээс дээш давтана.\

Шантидева гэгээний "Бодьсадвын Явдалд Орохуй" номын 2 бадгийг энд уншиж бодьсавдын андгайгаа сэргээнэ.

Өнгөрсөн цагийн номч мэргэд

Бодийн сэтгэлийг төрүүлэн хөгжүүлж

Өөрийн сэтгэлийг дадуулан

Бодьсадвын замд тууштай орсон лугаа

Орохын бодь сэтгэлийг

Хөгжүүлэхийн тулд бусдын

Огоот сайн бүхнийг

Авлага болгохоо андгайлья.

(iii) Зориулга

Бодь сэтгэлтний энэхүү гүнзгий утгатай андгайг өргөснөөр буяны хотол чуулганы дүрслэлээ уусгана. Төгсгөлд нь дуртай зориулга ерөөлөө сонгон уншиж болно.

НЭН ЖИН ТА ВА РИНБҮЧИ| МА ЖИЭ БА НАМ ЖИЭ ЖҮР ЧИГ| ЖИЭ ВА НЯМ БА МЭД БА ДАН| ГОН НЭ ГОН ДУ ПЭЛ ВАР ШОГ

Огоорлын дээд эрдэнийн сэтгэл төрөөгүй нэгэнд нь төрөх болтугай

Төрсөн нэгэнд нь эс доройтож улам бүр өөдөө арвидах болтугай.

ЖАН ЧУБ СЭМ ЧОГ РИНБҮЧИ| МА ЖИЭ БА НАМ ЖИЭ ЖҮР ЧИГ| ЖИЭ ВА НЯМ БА МЭД БА ДАН| ГОН НЭ ГОН ДУ ПЭЛ ВАР ШОГ

Бодийн дээд эрдэнийн сэтгэл төрөөгүй нэгэнд нь төрөх болтугай!

Төрсөн нэгэнд нь эс доройтож улам бүр өөдөө арвидах болтугай!

III. БАЗАРСАДЫН АРИУСГАЛ

(i) Дүрслэл

[Эхлээд уншина:]

ༀ་ས་བྷྲ་བ་ཤུདྡྷ་ས་བྷ་དྷརྨཿ ས་བྷ་བ་ཤུདྡྷོ྅ཧཾ།

УМ СУАБАВА ШУДДА САРВА ДАРМА СУАБАВА ШУДДО ХАМ

Намайг оролцуулаад эглийн бүх үзэгдэл хоосон чанарт урвалаа.

སྟོང་པའི་ངང་ལས་རང་གི་སྙིང་བོར་པ་ལས་པ༷མ་ལས་བྱུང་དང་། ཨ་ལས་ཟླ་བའི་དཀྱིལ་འཁོར་གྱི་སྟེང་དུ། ཧཱུཾ་ལས་རྡོ་རྗེ་དཀར་པོ་ཙེ་ལྔ་པ། སྟེ་བ་ལ་ཧཱུཾ་གིས་མཚན་པ།

ТОН БИ ГАН ЛИ РАН ГИ ЧИ ВОР ПАМ ЛИ БАДМА ДАН| А ЛИ ЛА ВИ ЖИЛ ХОР ЖИ ТЭН ДУ| ХУМ ЛИ ДОРЖЭ ГАРБО ЦЭН ГА БА| ТЭ ВА ЛА ХУМ ГИ ЦЭН БА

Хоосон чанарын огторгуйд миний зулайн чанх орой дээрээс тарнийн ПАМ үсэг урган гарч ирснээ найман дэлбээт цагаан лянхуа болон хувирлаа. Лянхуан дээр А үсэг урган гарч ирээд тэргэл саран дэвсгэр болон хувирахад түүний голд ХУМ үсэг гарч ирэхүй еэ таван талт цагаан очир болон хувирч очирын голд мөн ХУМ үсэг байх үзэгдэх амуй.

དེ་ལས་འོད་འཕྲོས། འཕགས་པ་མཆོད། སེམས་ཅན་ཐམས་ཅད་ཀྱི་སྒྲིག་སྒྲིབ་སྦྱངས། ཆུར་འདུས་ཧཱུཾ་ལ་ཐིམ།

དེ་ཉིད་དུ་ཞུ་བ་ཡོངས་སུ་གྱུར་པ་ལས།

ДЭ ЛИ ОД ДО| ПАГВА ЧОД СЭМ ЧЭН ТАМ ЖЭД ЖИ ДИГ ДИБ ЯН| ЦУР ДУ ХУМ ЛА ТИМ| ДЭ ОД ДУ ЖУ ВА ЁН СУ ЖҮР ВА ЛИ

ХУМ үсэгнээс гэрэл цацарч орчлонг гэрэлтүүлээд, бүх Хутагт бодьгалуудад хязгааргүй их тахилыг өргөх хийгээд дараа нь хамаг амьтны гийгүүлэн хилэнцийг ариусгалаа. Гэрэл буцаад ХУМ үсэгт шингэхэд таван талт цагаан очир гэрэлд бүрнээ уусан хайлна.

བཙོམ་ལྡན་འདས་རྡོ་རྗེ་སེམས་དཔའ་སྐུ་མདོག་དཀར་པོ་ཞལ་གཅིག་ཕྱག་གཉིས་པ། གཡས་རྡོ་རྗེ་དང་གཡོན་དྲིལ་བུ་ འཛིན་པས་ཡུམ་ལ་འཁྱུད་པ།

ЧОМ ДЭН ДЭ ДОРЖЭ СЭМБА ГУ ДОГ ГАРБО ЗАЛ ЧИГ ЧАГ НИ| ЕЭ ДОРЖЭ ДАН ЁН ДИЛ ВУ ЗИН ВИ ЮМ ЛА ЖИУД ВА

Гэрэл тэгснээ хоромхон зуурт цагаан лагшинтай, нэгэн нигур хоёр мутартай бөгөөд нэг мутартаа очир нөгөө мутартаа хонх атгасан Базарсад бурхан болон хувирваа. Тэр өөрийн илбийн хань Важратопа лугаа эвцэлдэн эцэг эхийн байдалтай суух үзэгдэнэ.

ཡུམ་རྡོ་རྗེ་སྙེམས་མ་དཀར་མོ་གྲི་གུག་དང་ཐོད་པ་འཛིན་པ་དང་མཉམ་པར་སྦྱོར་བ། གཉིས་གཅེར་བུར་པ་དང་རིན་པོ་ཆེའི་རྒྱན་གྱིས་བརྒྱན་པ། རྡོ་རྗེ་དང་པདྨའི་སྦྱོར་མོ་གྱུང་གིས་བཞུགས་པའི་

179

ЮМ ДОРЖЭ НИЭН МА ГАРМО ДИ ГУ ДАН ТОД БА ЗИН БА ДАН НЯМ БАР ЖОР ВА| НИ ГА А РУ БА ДАН РИН БҮЧИ ЖИЭН ЖИ ЖИЭН БА| ДОРЖЭ ДАН БАД МИ ЖИЛ МО ТУН ГИ ЖУГ БИ

Важратопа лагшин цагаан бөгөөд баруун мутартаа махир хутга зүүн мутартаа гавлын ясан аяга барьсан байна. Тэд хоёул эрдэнийн болон ясан гоёл чимэгтэй, торгон хувцастайгаар лянхуан болон очирт завиллаар суух ажээ.

དཔལ་བར་ཨོ། མ་གྲིན་པར་ཨཱཿ ཐུགས་ཀར་ཧཱུྃ ལྟེ་བར་ཧོ༔ ཐུགས་ཀའི་ཧཱུྃ་ལས་འོད་འཕྲོས། ཕྱོགས་བཅུའི་སངས་རྒྱས་དང་ བྱང་ཆུབ་སེམས་དཔའ་ཐམས་ཅད་ཀྱི་བྱིན་རླབས་ཡེ་ཤེས་ཀྱི་བདུད་རྩིའི་རྣམ་པར་སྤྲུན་དྲངས།

ДЭЛ ВАР УМ| ДИН БАР А| ТУГ ГАР ХУМ| ТЭ ВАР ХО| ТУГ ЖИ ХУМ ЛИ ОД ДО ЧОГ ЧУ САНЖЭ ДАН ЖАН ЧУБ СЭМ БА ТАМ ЖЭД ЖИН ЛАБ ЕЭ ШЭ ЖИ ДУД ЦИ НАМ БАР ЧАН ДАН

Яб Юмын духанд УМ (ཨོ) Хоолойд, А (ཨཱཿ)

Зүрхэнд, ХУМ (ཧཱུྃ)

Хүйсэнд, ХО (ཧོ༔) үсэг тодорлоо.

Зүрхэн дэх ХУМ үсэгнээс арван зүгтээ гэрэл цацран гийгүүлээд, Бурхад бодьсадва нарын зүгээс нүглийг ариусгах чадал бүхий сүүн цагаан охь болон буцаж хураагдан байна.

ཧྃཧཱུྃབྷྂཧོ༔ གཉིས་སུ་མེད་པར་བསྟིམ།

ЖА ХУМ ВАМ ХО| НИ СУ МЭД БАР ТИМ

ЖА(ཧྃ) ХУМ(ཧཱུྃ) ВАМ(བྷྂ) ХО(ཧོ༔)

гэх дуугаар цагаан рашаан Базарсад Яб-Юмын салшгүй нэгэн хэсэг болон хувирлаа.

(ii) Ариусгалыг Айлтгах

བཙོམ་ལྡན་འདས་བདག་དང་སེམས་ཅན་ཐམས་ཅད་ཀྱི་འཁོར་བ་ཐོག་མ་མེད་པ་ནས་བསགས་པའི་སྡིག་སྒྲིབ་ཉེས་ལྡུང་དི་ མའི་ཚོགས་ཐམས་ཅད་བྱང་ཞིང་དག་པར་མཛད་དུ་གསོལ།

ЧОМ ДЭН ДЭ ДАГ ДАН СЭМ ЧЭН ТАМ ЧЭД ЖИ ХОР ВА ТОГ МА МЭД БА НЭ САГ БИ ДИГ НИЭ ТУН ДРИ МИ ЦОГ ТАМ ЖЭД ЖАН ЗИН ДАГ ВАР ЗАД ДУ СОЛ

Хослон гэгээрсэн Базарсад бурхан минь ээ, би хийгээд хамаг амьтны төрөл тэргүүлшгүй цагаас хураасан бүхий л нүгэл хилэнцийг ариусган арилгаж соёрх оо!

(iii) Жинхэнэ Ариусгал

ༀ་ཤྲཱི་བཛྲ་ཧེ་རུ་ཀ་ས་མ་ཡ། མ་ནུ་པཱ་ལ་ཡ། བཛྲ་ཧེ་རུ་ཀ་ཏྭེ་ནོ་པ། ཏི་ཥྛ་དྲྀ་ཌྷོ་མེ་བྷ་ཝ། སུ་ཏོ་ཥྱོ་མེ་བྷ་ཝ། ཨ་ནུ་རཀྟོ་མེ་བྷ་ཝ། སུ་པོ་ཥྱོ་མེ་བྷ་ཝ། སརྦ་སིདྡྷི་མྨེ་པྲ་ཡཙྪ། སརྦ་ཀརྨ་སུ་ཙ་མེ། ཙི་ཏྟཾ་ཤྲྀ་ཡཾ། ཀུ་རུ་ཧཱུྃ། ཧ་ཧ་ཧ་ཧ༔ ཧོ༔ བྷ་ག་ཝཱན། བཛྲ་ཧེ་རུ་ཀ་མྨེ་མུཉྩ། ཧེ་རུ་ཀ་བྷ་ཝ་མ་ཧཱ་ས་མ་ཡ་ས་དུ་ཨཱཿཧཱུྃ་ཕཊ།

Базарсад Яб-Юмын биеэс ариусгалын сүүн цагаан рашаан арьсны нүх сүв болгоноос хүчтэй цацран асгараад зулайн хүрдэнгээр нэвтрэн бүх биеийг минь дотор гадаргүй угаан доош урсана. Энэ зууртаа миний бүхий л өвчин эмгэг, сөрөг бодол, барцад түйтгэрийг биеэс шахан гаргахад газрын хөрсөнд шингэн арилна. Рашаан биеийг цэвэрлэж байх хооронд ариусгалын дөрвөн хүчийг үүсгэн байж доорх тарнийг сүсэглэн уншина:

УМ ШРИ БАЗРА ХЭРУГА САМАЯ МАНУПАЛАЯ| БАЗРА ХЭРУГА ТЭНОПА| ТИШТА ДИДХО МЭ БАВА| СУТОКАЁО МЭ БАВА| АНУРАГТО МЭ БАВА| СУПОКАЁО МЭ БАВА| САРВА СИДИ МАМЭ ПРАЯЦА| САРВА ГАРМА СУЦАМЭ| ЦИТАМ ЦЭРЯН КУРУ ХУМ| ХА ХА ХА ХА ХО| БАГАВАН БАЗРА ХЭРУГА МАМЭ МУНЦА| ХЭРУГА БАВА МАХА САМАЯ САДУ А ХУМ ПАД

Энэ тарнийг нэг, гурав, долоо, хорин нэг ба түүнээс дээш чадахын хэрээр олон уншиж дүрслэлдээ төвлөрөх хэрэгтэй. Доорх залбирлыг мөн хамтатгана.\

མགོན་པོ་བདག་ནི་མི་ཤེས་རྨོངས་པ་སྟེ། །དམ་ཚིག་ལས་ནི་འགལ་ཞིང་ཉམས། །བླ་མ་མགོན་པོས་སྐྱོབས་མཛོད་ཅིག །གཙོ་བོ་རྡོ་རྗེ་འཛིན་པ་སྟེ། །ཐུགས་རྗེ་ཆེན་པོའི་བདག་ཉིད་ཅན། །འགྲོ་བའི་གཙོ་ལ་བདག་སྐྱབས་མཆི།

ГОМ БО ДАГ НИ МИ ШЭ МОН БА ДЭ| ДАМ ЦИГ ЛИ НИ ГАЛ ЖИН НЯМ| ЛАМА ГОМ БО ЖАВ ЗОД ЧИГ| ЦО ВО ДОРЖЭ ЗИН БА ДЭ| ТУГ ЖЭ ЧЭН БО ДАГ НИД ЧЭН| ДО ВИ ЦО ЛА ДАГ ЖАВ ЧИ

Аугаа хамгаалагч минь ээ, мунхгийн хар гайгаар би ариун сахилаа зөрчин доройтуулжээ. Энэрэлт лам Базарсад Яб-Юм минь ээ, бүхий л хилэнцийг ариусган ивээлдээ намайг багтаах ажаамуу. Очирыг атгагч дээдийн бурхан, хамаг амьтныг аврагч, нигүүлсэхүйн их сан танд би бээр итгэлийг одуулмуй!

སྐུ་གསུང་ཐུགས་རྩ་བ་དང་ཡན་ལག་གི་དམ་ཚིག་ཉམས་པ་ཐམས་ཅད་མཐོལ་ལོ་བཤགས་སོ། །འཁོར་བ་ཐོག་མ་མེད་པ་ནས་བསགས་པའི་སྡིག་སྒྲིབ་ཉེས་ལྟུང་དྲི་མའི་ཚོགས་ཐམས་ཅད་བྱང་ཞིང་དག་པར་བྱིན་གྱིས་བརླབ་ཏུ་གསོལ།

ГҮ СҮН ТУГ ЦА ВА ДАН ЯН ЛАГ ГИ ДАМ ЦИГ НЯМ БА ТАМ ЖЭД ТОЛ ЛО ШАГ СО| ХОР ВА ТОГ МА МЭД БА НЭ САГ ВИ ДИГ ДИБ НИЭ ТУН ДЭ МИ ЦОГ ТАМ ЖЭД ЗУН ЖИН ДАГ ВАР ЖИН ЖИ ЛАБ ДУ СОЛ

181

Би бээр үндсэн хийгээд гишүүнт сахилын уналд орсон хийгээд бие, хэл, сэтгэлээр үйлдсэн нүгэл бүхнээ хүлээн наманчилнам. Төрөл тэргүүлшгүйгээс хураасан энэ их арвин хилэнц нүгэл, саад тотгор, буртаг түйтгэрүүдийг арилган ариусгаж соёрх!

ཌོ་རྗེ་སེམས་དཔའ་ཡབ་ཡུམ་ལྭ་བ་ཞུ་བ་ལྷར་གྱུར་པ་ལས་རང་གི་སྐྱི་གཙུག་ནས་ཐིམ། ཌོ་རྗེ་སེམས་དཔའ་ཡབ་ཡུམ་གྱི་སྐུ་གསུང་ཐུགས་དང་རང་གི་ལུས་ངག་ཡིད་གསུམ་ཡེ་ཤེས་རྡོ་རྗེ་རྣམས་དབྱེར་མེད་དུ་གྱུར།

ДОРЖЭ СЭМ БА ЯБ ЮМ ЛАВА ЖУ ВА ТАР ЖҮР ВА ЛИ РАН ГИ ЧИ ЦУГ НЭ ТИМ| ДОРЖЭ СЭМ БА ЯБ ЮМ ЖИ ГҮ СҮН ТУГ ДАН РАН ГИ ЛУН А ИД СУМ ЕЭ ШЭ ДОРЖЭ НАМ ЕЭР МЭД ДУ ЖҮР

Базарсад Яб-Юм миний зүг тааламжтайгаар инээмсэглэн харснаа гэрэлд баясан хайлаад, саран биед минь шингэх лугаа зулайн хүрдэнгээр уусан орлоо. Арга билиг нийлсэн Базарсадын лагшин, зарлиг, таалал миний бие, хэл, сэтгэлээс салшгүй нэгэн болон хувирлаа.

(iii) Зориулга

དགེ་བ་འདི་ཡིས་མྱུར་དུ་བདག །ཌོ་རྗེ་སེམས་དཔའ་འགྲུབ་གྱུར་ནས། །འགྲོ་བ་གཅིག་ཀྱང་མ་ལུས་པ། །དེ་ཡི་ས་ལ་འགོད་པར་ཤོག །དགེ་བ་འདི་ཡིས་སྐྱེ་བོ་ཀུན། །བསོད་ནམས་ཡེ་ཤེས་ཚོགས་རྫོགས་ཤིང་། །བསོད་ནམས་ཡེ་ཤེས་ལས་བྱུང་བའི། །དམ་པ་གཉིས་པོ་ཐོབ་པར་ཤོག །

ГЭ ВА ДИ И НЮР ДУ ДАГ| ДОРЖЭ СЭМБА ДҮБ ЖҮР НЭ| ДОВА ЧИГ ЖАН МАЛУ БА| ДЭ И САЛА ГОД БАР ШОГ| ГЭ ВА ДИ И ЖЭ ВО ГУН| СО НАМ ЕЭ ШЭ ЦОГ ЗОД ШИН| СО НАМ ЕЭ ШЭ ЛИ ЖУН ВИ| ДАМБА НИН БО ТОБ БАР ШОГ

Энэ буяны шимээр би нэн даруй Базарсад Яб-Юмын хутагт хүрч энэ орчлонгийн нэг ч амьтныг хоцроолгүй тэр мэт ариусгах болтугай. Энэ буяны шимээр хамаг амьтан буян хишиг, билиг оюуны чинадад хүрч гэгээрлийн хоёр лагшинг олох болтугай!

IV. Мандал өргөх

(i) Дүрслэл

Өмнийн огторгуйд өөрийн үндсэн лам багшаа хөх Очирдарийн дүртэйгээр үүсгэнэ. Түүнийг тойроод Гурван Эрдэнэ, ядам бурхад, хан дагинас хийгээд номын сахиусууд хүрээлэн байх бөгөөд тэд цөм бишрэм сүртэй, үнэн бодитой байх үзэгдэнэ.

(ii) Буяны Чуулганыг Залах

གང་གི་རིན་ཆེན་བདེ་ཆེན་ཉིད། །སྐུད་ཚིག་ཉིད་ལ་འཆར་བ་གང་། །

བླ་མ་རིན་ཆེན་ཆེ་ལྷ་བུའི་སྐུ། །རྡོ་རྗེ་ཅན་ཞབས་པད་ལ་འདུད། །

ГАН ГИ ДИН ЖИ ДЭ ЧИН НИД| ГАД ЖИГ НИД ЛА ЧАР ВА ГАН| ЛАМА
РИНЧЕН ТА ВУ ГУ| ДОРЖЭ ЧЭН ЗАБ ПАД ЛА ДУД

Үүрийн цолмон адил хормын төдийд гэгээрүүлэх чадалтай эрдэнэ мэт энэрэлт
Лам Очирдарь багш таны лянхуан өлмийд сөгдөн мөргөмүү!

གང་གི་བགད་རྫིན་འོད་ཀྱིས་གསལ་བྱས་བདག་ཉིད་ཀྱི། །དེ་ཉིད་རིན་ཆེན་འོད་ཀྱི་ཚོགས་ཀྱིས་མུན་བཅོམ་ནས། མིག་སྟོན་
མེད་རྣམས་རོལ་བར་བཅས་པའི་སྟེང་དུ་ནི། །སྐྱར་གྱུར་བླ་མ་ཉི་མ་དེ་ལ་ཕྱག་འཚལ་ལོ། །

ГАН ГИ ГАДИН ОД ЖИ САЛ ЖЭ ДАГ НИД ЖИ| ДЭ НИД РИНЧЕН ОД ЖИ ЦОГ
ЖИ МУН ЧОМ НЭ| МИ ЖОН МЭД НАМ РОЛ ВАР ЧЭ ВИ ТЭН ДУ НИ| ТАР
ЖҮР ЛАМА НИ МА ДЭ ЛА ЧАГ ЦАЛ ЛО

Мунхагийн харанхуйг гэгээрлийн үнэнээр арилгах саруул оюуны эндүүрэлгүй
харах мэлмий, хувиршгүй аугаа амгалангийн наран лугаа гийгүүлэгч лам тандаа
хэмжээлшгүй талархан мөргөмүү!

ཁྱོད་ནི་མ་དང་ཁྱོད་ནི་ཕ་སྟེ་ཁྱོད་ནི་འགྲོ་བའི་བླ་མ་ཁྱོད་ནི་གཉེན་དང་གྲོགས་བཟང་ཡང་། །

ཁྱོད་ནི་མགོན་པོ་ཁྱོད་ནི་བྱེད་པོ་ཕན་དང་སྲིག་འཕྲོག་ཁྱོད་ནི་གོ་འཕང་ཕུན་སུམ་ཚོགས་པ་ཡང་། །

ཁྱོད་ནི་འབའ་ཞིག་གནས་དང་ཁྱོད་ནི་ཡོན་ཏན་མཆོག་གི་གནས་ཏེ་སྐྱོན་རྣམས་བཅོམ་པ་ཁྱོད་ཉིད་དོ། །

ཁྱོད་ནི་དཀོན་པ་རྣམས་ཀྱི་མགོན་དང་ཡིད་བཞིན་ནོར་བུ་རྒྱལ་བའི་དཔལ་པོ་ཁྱོད་ལ་བདག་སྐྱབས་མཆི། །

ЖИОД НИ МА ДАН ЖИОД НИ БА ТЭ ЖИОД НИ ДОВИ ЛАМА ЖИОД НИ
НИН ДАН ДОГ ЗАН ЯН| ЖИОД НИ ГОМБО ЖИОД НИ ЖЭД БО ПАН ДАН
ДИГ ДОГ ЖИОД НИ ГО ВАН ПУН СУМ ЦОГ БА ЯН| ЖИОД НИ БА ЖИГ НИ
ДАН ЖИОД НИ ЁН ДЭН ЧОГ ГИ НЭ ТЭ ЖОН НАМ ЧОМ ПА ЖИОД НИД ДУ|
ЖИОД НИ МАН БА НАМ ЖИ ГОН ДАН ИД ЖИН НОР ВУ ЖЯЛ ВИ ВАНБО
ЖИОД ЛА ДАГ ЖАВ СҮ ЧИО

Та бээр бидний эцэг, мөн эх билээ. Та бээр хамаг зүйл амьтдын багш, үнэн буянт
нөхөр билээ. Та бээр хамаг амьтдын тусад зүтгэсэн хамгаалагч билээ. Та бээр
барцад саадыг булаан арилгагч аугаа аврагч билээ. Та бээр дээдэд заларсан, алив
сайн чанар бүхэн гарахын орон, алдаа түйтгэр бүхнээс төгс ангижирсан нэгэн

билээ. Та бээр өөрийг энхрийлэх сэтгэл хийгээд бусад зовлонгийн үндсийг таслагч, дордсыг хамгаалагч билээ. Та бээр эд баялгын эх ундарга, хүслийг бүтээгч чандмань эрдэнэ, дайснаа дарсан Номын Эзэн тул би бээр танд ийнхүү итгэлийг одуулмуй!

 དཔལ་ལྡན་བླ་མ་དམ་པ་དུས་གསུམ་གྱི་སངས་རྒྱས་རིན་པོ་ཆེ་ལ་སྐྱབས་སུ་མཆིའོ།

БАЛ ДАН ЛАМА ДАМБА ДУ СУН ЖИ САН ЖЭ РИНБҮЧИ ЛА ЖАВ СҮ ЧИО

Дайснаа дарсан Номын их Эзэн, гурван цагийн хамаг Бурхдын биелэл, сүр төгөлдөр язгуурын Ламдаа итгэлийг одуулан мөргөмүү!

[Өмнөх залбирлуудын оронд энэ богиносгосон хэлбэрийг дангаар нь гурав ба түүнээс дээш уншсан ч болно.]

(iii) Дундаж Хэмжээний Мандал Өргөх

ༀ་བཛྲ་མེ་ཨཱཿཧཱུྃ། གཞི་ཡོངས་སུ་དག་པ་དབང་ཆེན་གསེར་གྱི་ས་གཞིའི་སྟེང་དུ།

УМ БЭН ЗА БУМИ А ХУМ| ЖИ ЁНСҮ ДАГБА ВАН ЧЭН СЭРЖИ СА ЖИ ТЭН ДУ

УМ БАЗ РА БУМИ А ХУМ

Алтан өнгөр ариун шороон суурьтай.

ༀ་བཛྲ་རེ་ཁེ་ཨཱཿཧཱུྃ། ཕྱིའི་ལྕགས་རི་ཁོར་ཡུག་གིས་བསྐོར་བའི་དབུས་སུ། རིའི་རྒྱལ་པོ་རི་རབ།

УМ БЭН ЗА РЭГХЭ А ХУМ| ЧИ ЧАГРИ ХОР ЮГ ГИ ХОР ВИ Ү СҮ| ХУМ РИ ЖАЛБО РИ РАВ

УМ БАЗ РА РЭГХЭ А ХУМ

Аугаа төмөр хашаа мэт гадаад уулсаар хүрээлэгдсэний голд уулсын хаан Сүмбэр уул.

ཤར་ལུས་འཕགས་པོ། ལྷོ་འཛམ་བུ་གླིང་། བྱང་སྒྲ་མི་སྙན། ནུབ་བ་ལང་སྤྱོད།

ШАР ЛУ ХАГБО| ЛХО ЗАМБУЛИН| ЖАН ДРАМИ НИЭН| НҮБ БАЛАН ЧОД

Дорноо Үлэмж Биет, өмнөө Замбуу Тив, умраа Муу Дуут, өрнөө Үхэр Эдлэгч.

ལྷག་ཆན། ཉི་མ། ཟླ་བ། དུས་མེ། དབུས་སུ་ལྷ་དང་མིའི་དཔལ་འབྱོར་ཕུན་སུམ་ཚོགས་པ་གང་ཡང་མ་ཚང་བ་མེད་པའི་ཉིད་རིན་ཆེན་རྒྱ་བ་དང་།

ДА ЧЭН| НИМА| ЛАВА| ДУМЭ| ВҮСҮ ЛХА ДАН МИ БАЛЖОР ПУН СУМ ЦОГ БА ГАН ЯН МА ЦАН ВА МЭД БА ДИ НИД| ДИН ЧИН ЦА ВА ДАН

Раху, Нар, Сар ба Калагни. Тэдгээрийн төв дунд тэнгэр хийгээд хүний ертөнц дэх эдийн дээд тансаг бүхний гайхамшиг, цог учралт бүхэн төгс цогцолсон.

བཀྲུད་པར་བཙས་པའི་ཆོས་རྗེ་དཔལ་ལྡན་བླ་མ་དམ་པ་རྣམས་དང་། ཡི་དམ་དཀྱིལ་འཁོར་གྱི་ལྷ་ཚོགས། སངས་རྒྱས་དང་། བྱང་ཆུབ་སེམས་དཔའ་འཕགས་པ་ཉན་རང་གི་ཚོགས་དང་བཙས་པ་རྣམས་དང་། མཁའ་འགྲོ་ཆོས་སྐྱོང་སྲུང་མ་ཡེ་ཤེས་ཀྱི་སྤྱན་དང་ལྡན་པ་རྣམས་ལ་དབུལ་བར་བགྱིའོ། །

ЖҮД БАР ЧЭ ВИ ЧОЙ ЖЭ БАЛДАН ЛАМА ДАМБА НАМ ДАН| ЯДАМ ЖИЛ ХОР ЖИ ЛХА ЦОГ| САНЖЭ ДАН ЖАН ЧУБ СЭМБА ПАГВА НИЭН РАН ГИ ЦОГ ДАН ЧЭ ВА НАМ ДАН| ХАНДО ЧОЙЖИН ДУН МА ЕЭ ШЭ ЖИ ЧЭН ДАН ДАМБА НАМ ЛА ВУЛ ВАР ЖИ О|

Энэ бүх эд баялгийг эрхмийн дээд язгуурын болон урсгалын лам нар, ядам Бурхад, бодьсадва, шарвага, брадигабуд, ханд дагинас хийгээд бүхнийг харагч билгийн мэлмийт Номын сахиус нугуд дор бишрэнгүйгээр өргөмүү!

ཕུལ་ཞེས་འགྲོ་བའི་དོན་དུ་བཞེས་སུ་གསོལ། །བཞེས་ནས་བྱིན་གྱིས་བརླབ་ཏུ་གསོལ།

ТҮГ ЖЭ ДОВИ ДОН ДУ ЖЭ СУ СОЛ| ЖИ НЭ ЖИН ЖИ ЛАБ ДУ СОЛ

Аугаа их энэрэхүй бээр амьтны тус дор энэхүү эрдэнийн мандлыг аван соёрх, авснаар намайг адислан соёрх!

བདག་གཞན་ལུས་ངག་ཡིད་གསུམ་དུས་གསུམ་དགེ་ཚོགས་བཅས། །

རིན་ཆེན་མཎྜལ་བཟང་པོ་ཀུན་བཟང་མཆོད་པའི་ཚོགས་བཅས་པ། །

བློ་ཡིས་དམིགས་ནས་བླ་མ་དཀོན་མཆོག་རྣམས་ལ་འབུལ། །

ཕུལ་ཞེའི་དབང་གིས་བཞེས་ནས་བྱིན་གྱིས་བརླབ་ཏུ་གསོལ། །

ДАГ ЗАН ЛУН А ИД СУМ ДУ СУМ ЖЭ ЦОГ ЧЭ| РИН ЧЕН МАНДАЛ САМ БУ ГҮН ЗАН ЧОД БИ ЦОГ ЧЭ ВА| ЛО И МИГ НЭ ЛАМА ГОН ЧОГ НАМ ЛА БУЛ| ТҮГ ЖИ ВАНГИ ЖЭН НЭ ЖИН ЖИ ЛАБ ДУ СОЛ

Би хийгээд хамаг амьтны бие хэл сэтгэлээрээ гурван цагийн туршид хураан хуримтлуулсан чуулганаар бүтсэн энэхүү эрдэнийн мандлыг Самандбадарын үүлэн тахилын хамтаар, бодитоор бүтээсэн болон бодолдоо ургуулсан аль алиныг лам Гурван Эрдэнэ дор өргөмүү. Энэрэх сэтгэлээр хүлээн авч намайг адислан соёрх!

(iv) Мандал Өргөх Богино Залбирал

[Энэ бол буянаа арвижуулах үүднээс олон давтан өргөхөд зориулсан богнио хэмжээний мандал юм.]

ཿགནི་སྣོས་རྒྱས་རྒྱགས་ཤིང་མེ་ཏོག་བཀྲམ། །རི་རབ་གླིང་བཞི་ཉི་ཟླས་བརྒྱན་པ་འདི། །

ཿནང་རྒྱས་ཞིང་དུ་དམིགས་ཏེ་ཕུལ་བ་ཡིས། །འགྲོ་ཀུན་རྣམ་དག་ཞིང་ལ་སྤྱོད་པར་ཤོག །

САЖИ БОЙ ЖУ ЖУГ ШИН МЭ ДОГ ДАМ| РИ РАБ ЛИН ЖИ НИ ЛИ ЖИЭН БА ДИ| САНЖЭ ЖИН ДУ МИГ ТЭ БУЛ ВА И| ДОГУН НАМ ДАГ ЖИН ЛА ЧОД БАР ШОГ

Сүрчигийн үнэртэй цэцгэн бүрхүүлт газар шороотой. Түүний голд Сүмбэр уул дөрвөн тив хийгээд Нар, Сараар хүрээлүүлсэн энэхүү бурхдын-орныг хамаг амьтны таалалд зориулан өргөмүү!

གུ་རུ་ཨེ་དྃ་རྡྣ་མཎྜལ་ཀཾ་ནི་རྻ་ཏ་ཡ་མི

ГҮРҮ ЯДАМ РАДНА МАНДАЛА ХАМ НИРЯ ТАЯАМИ

[Үүгээр мандал өргөх дадлага төгсөх бөгөөд буяны хотол чуулган болоод мандлаа гэрэлд уусган сэтгэлийн тань урсгалд шингэн орлоо хэмээн дүрсэлнэ.]

V. Язгуурын гүрү йог

(i) Дүрслэл

Өөрийгөө нэгэн ариун газрын төвд орших үзэсгэлэнт шилтгээн дотор байгаагаар дүрсэлнэ. Таны багш өмнийн огторгуйд Очирдарь Эзний дүрээр бий боллоо. Тэрбээр лянхуа цэцэгний дээр нар, сар, раху, калагнийн дөрвөн давхар дэвсгэр бүхий арслан сэнтийдээ заларчээ.

Очирт багшийн лагшин хөх, нэгэн нигур хоёр мутартай, очир хонх хоёрыг зүрхэн тус газартаа зөрүүлэн барьжээ. Тэр бүтэн лянхуа завилгаагаар суусан байна. Торгон хувцас чимэг зүүлт сэлттэйгээр Бурханы бүхий л тэмдгийг төгс агуулсан түүний биеэс туяа татан гэрэлтэж үзэгдэнэ. Тэр миний зүг тааламжтай харан инээмсэглэнэ.

Очирдарь эзнийг тойроод бусад дөрвөн Дандарсын аймгийн ядмууд, урсгалын уламжлал атгагч лам нар хийгээд Бурхад бодьсадва нар, шарвага брадигабуд, ханд дагинас хийгээд Номын сахиуснууд хотол чуулганаараа хүрээлэн байцгаана. Тэднийг өмнөө яг ийм байдалтай оршин байна гэдэгт итгэлтэй байгаарай.

Хотол чуулганыг өмнөө үүсгэсний дараагаар бодитоор болон бодолдоо ургуулсан элбэг дэлбэг тахилыг өргөнө. Бясалгалыг эхлэхээс авахуулаад өөрт бурханлаг чанар буй хэмээн бүрэн итгэж, удахгүй багш ламаа чин сэтгэлээр бишрэн шүтсэний дүнд тэр маань илрэн гарч ирэх болно гэдэгт эргэлзэхгүй байх ёстой.

*Калагнийн дэвсгэр эх бичигт дурдагдаагүй боловч тогтсон заншлыг баримтлахын тулд энд нэмэж оруулсан болно.]

(ii) Дамжлагын Лам Нарт Мөргөх

 རྗེན་ཅན་རྩ་བའི་བླ་མ་རིན་པོ་ཆེ། །སྲིད་དང་ཞི་བའི་ཕུན་ཚོགས་མ་ལུས་པ། །

མགོན་པོ་ཁྱོད་ཀྱི་ཐུགས་རྗེའི་སྤྱོབས་ལས་བྱུང་། །དགོས་འདོད་ཀུན་འབྱུང་ཁྱེད་ལ་གསོལ་བ་འདེབས། །

ДИН ЧЭН ЦАВИ ЛАМА РИНБҮЧИ| ТИД ДАН ЖИ ВИ ПУН ЦОГ МА ЛУ ВА| ГОМБО ЖОД ЖИ ТУГЖИ ТОБ ЛИ ЖУН| ОЙ ДОД ГҮН ЖҮН ЖИЭД ЛА СОЛ ВА ДЭВ

Энэрлийн дээд эрхэм багш таны гэгээн тааллаас сансар нирвааны үзэгдэл бүхэн ургамуй. Хүслийг гүйцээгч чандмань эрдэнэ, авралын дээд багш танаа зүрхний утаас бишрэнгүйгээр мөргөмүү!

ཀུན་ཁྱབ་བདེ་ཆེན་དང་པོའི་རྟོགས་སངས་རྒྱས། །འོག་མིན་གནས་སུ་ཚོས་སྐུ་རྡོ་རྗེ་འཆང་། །

ལོངས་སྐུ་དུས་འཁོར་སྤྲུལ་སྐུ་ཤཱཀྱའི་ཏོག །བཞི་ལྡན་སྐུ་བཞིའི་ཚོགས་ལ་གསོལ་བ་འདེབས། །

ГҮН ЖАВ ДЭ ЧЭН ДАНБО ЗОГ САНЖЭ| ОГ МИН НЭ СУ ЧОЙ ГУ ДОРЖЭ ЧАН| ЛОН ГУ ДҮЙ ХОР ТУЛ ГУ ШАГЖА ТОГ| ЖИ ДЭН ГУ ЖИ ЦОГ ЛА СОЛ ВА ДЭВ

Хувиршгүй амгалангийн үнэн лагшин, Агнэстийн ариун орондоо морилон саатсан язгуурын Бурхан Очирдарь дор мөргөмүү!

Төгс жаргалангийн лагшин Цагийн хүрдэн дор мөргөмүү!

Хувилгаан лагшин Шагжаан дээд Бурхан Багш дор мөргөмүү!

Бурханы дөрвөн лагшингийн биелэл язгуурын багшдаа мөргөмүү!

རྒྱལ་བའི་རྣམ་འཕྲུལ་ཚོས་རྒྱལ་སུམ་ཅུ་ལྔ། །མཁས་གྲུབ་དམ་པ་དུས་ཞབས་ཆེ་ཆུང་གཉིས། །

པཎ་ཆེན་ནུ་ལེན་དྲ་དང་བླ་མགོན་ཞབས། །ཚོས་རྒྱལ་ལོ་པཎ་རྣམས་ལ་གསོལ་བ་འདེབས། །

ЖАЛ ВИ НАМ ДУЛ ЧОЙ ЖАЛ СУМ ЧУ А| ХАЙ ДУБ ДАМБА ДУ ЗАБ ЧЭ ЧУН НИ| БАН ЧЭН НАЛЭН ДА ДАН ЛА ГОН ЗАБ| ЧОЙ ЖАЛ ЛО ВАН НАМ ЛА СОЛ ВА ДЭВ

Номын Их Хаад, орчуулагчид, бандида нарт мөргөмүү!

Дайснаа дарагдын хувилгаад Шамбалын гучин-таван Хаад дор мөргөмүү!

Том Жижиг хоёр Калачакрападад болон гүйцэгдэшгүй эрдэмт Налэндрава Соманата нар дор мөргөмүү!

འགྲོ་བའི་སྐྱབས་གནས་སློམ་པ་དཀོན་མཆོག་བཅད། །ཟབ་ལམ་མཐར་ཕྱིན་སློ་སློན་གནས་ལ་བརྟེགས། །

གྲུབ་ཆེན་ཡུ་མོ་ཆོས་ཀྱི་ར་ཆེན་ཞབས། །དངོས་གྲུབ་མཆོག་བརྙེས་གསུམ་ལ་གསོལ་བ་འདེབས། །

ДО ВИ ЖАВ НЭ ГОМБА ГОН ЧОГ ЗАН| ЗАБ ЛАМ ТАР ЧИН ДОР ТОН НАМ ЛА СЭГ| ДҮВЧИН ЮМО ЧОЙЖИ РЭ ЧЕН ЗАБ| ОЙ ДҮВ ЦОГ НЭ СУМ ЛА СОЛ ВА ДЭВ

Дээд шидийг олсон гурван лам: Хамаг амьтныг энэрэн хамгаалагч Гончигсүм, алдарт бясалгагч Дортон Намсэг, Бурханы номыг дэлгэрүүлэгч аугаа шидтэн Дүвчэн Юмо дор мөргөмүү!

སྒྱལ་སྲ་དྲུ་གྲྭ་ར་སྲས་ཀྱི་མཆོག །ཐོས་དོན་མཐར་ཕྱིན་གནས་པ་ནམ་མཁའ་འོད། །

མངོན་ཤེས་རྫུ་འཕྲུལ་ལྡན་པའི་སེ་མོ་ཆེ། །དོ་མཆར་སྣབས་མགོན་གསུམ་ལ་གསོལ་བ་འདེབས། །

ТУЛ ГУ ДАР МЭ ШАРА ДИ ЖИ ЧОГ| ТОЙ ДОН ТАР ЧИН ХАЙ ВА НАМ ХАЙ ОД| ОН ШИ ЗЭ ДҮЛ ДЭМБИ СЭ МО ЧЭ| О ЦАР ЖАВ ГОН СУМ ЛА СОЛ ВА ДЭВ

Авралын гурван гайхамшигт эх булаг: ачит хүү хувилгаан Дармэшвара, аугаа эрдэмт Хайва Намхай Одсэр, агаарт хөөрөх хийгээд өөр олон увдисыг эзэмшигч Сэмочэ дор мөргөмүү!

འགྲོ་བའི་མུན་སེལ་འཇམ་གསར་ཤེས་རབ་འོད། །ཤེས་བྱ་ཀུན་མཁྱེན་ཆོས་སྐུ་འོད་ཟེར་འཕྲོ། །

འགྱུར་མེད་བདེ་ཆེན་མཐར་ཕྱིན་ཀུན་སྙངས་ཏེ། །འདིན་མཆོག་མཐར་ཕྱག་གསུམ་ལ་གསོལ་བ་འདེབས། །

ДОВИ МУН СЭЛ ЖАМ САР ШЭ РАВ ОД| ШИ ЖА ГҮН ЖИН ЧОЙ ГУ ОДСЭР ДО| ЖҮР МЭД ДЭ ЧИН ТАР ЧИН ГҮН БЭН ЖЭ| ДЭМ ЧИГ ДАР ДҮГ СУМ ЛА СОЛ ВА ДЭВ

Аврагч гурван дээдэс: мунхгийн харанхуйг арилгагч Жамсар Шэйрав , бүхнийг машид мэдэгч Гүнчэн Чойжи Одсэр, үл урвахын амгаланг төгөлдөржүүлэгч Гүмбэн Түгжэ Зундуй дор мөргөмүү!

རྒྱལ་བའི་ཡེ་ཤེས་གཅིག་བསྡུས་བྱུང་སེམས་ཅེ། །ཁ་ཁས་བཅུན་བཟང་པོ་ཡོན་ཏན་རྒྱ་མཚོར་འཕྲིལ། །

ཀུན་མཁྱེན་དུས་གསུམ་སངས་རྒྱས་དོལ་པོ་ལ། །མཆོག་ནས་མེད་བླ་མ་གསུམ་ལ་གསོལ་བ་འདེབས། །

ЖАЛ ВИ ЕЭ ШЭ ЧИГ ДУ ЖАН СЭМ ЧЭ| ЖЭВ ЗҮН САМБУ ЁН ДЭН ЖЯМ ЦО
ЖИЛ| ГҮН ЖИН ДУ СУМ САНЖЭ ДОЛ БУБА| ЧИ МЭД ЛАМА СУМ ЛА СОЛ ВА
ДЭВ

Зүйрлэшгүй дээдийн гурван лам: Эрдэм бүгдийг гүйцээсэн Жансэм Жалва Еэшэ,
аугаа чанарын далай Жэвзүн Самбуу, гурван цагийн мэргэн Будда Долбуба дор
мөргөмүү!

ཕྱོགས་ལས་རྣམ་རྒྱལ་མི་མཐུན་ཕྱོགས་ལས་རྒྱལ། །ཀུན་ལ་དགའ་སྟེར་དཔལ་གྱི་ཉི་དབོན་མཚན། །

མཁྱེན་བཅུའི་དབང་ཕྱུག་ཀུན་དགའ་བློ་གྲོས་ཞབས། །བསྟན་པའི་གྲོག་ཤིང་གསུམ་ལ་གསོལ་བ་འདེབས། །

ЧОГЛИ НАМ ЖАЛ МИ ТУН ЧОГ ЛИ ЖЯЛ| ГУН ЛА ГА ДЭР БАЛ ЖИА НЯВОН
ЦЭН| ЖЭН ЦИ ВАН ЧУГ ГУНГА ЛОДОЙ ЗАБ| ДЭМБИ ТОГ ШИН СУМ ЛА СОЛ
ВА ДЭВ

Бурханы номыг амьдруулагч гурван үндэс: Цог хийморьт Чоглэ Намжал, цэнгэл
баяслын уурхай Нябонва, мэдлэг хийгээд нигүүслийн их сан Гунгаа Лодой дор
мөргөмүү!

དགོན་མཆོག་གསུམ་འདུས་འཕྲིན་ལས་བཟང་པོའི་ཞབས། །ནམ་མཁའི་མཐའ་ཁྱབ་དེས་དོན་དམ་ཚོས་སྐྱོང་། །

མདོ་སྔགས་བཀའ་ཆེན་ནམ་མཁའ་དཔལ་བཟང་པོ། །ཌོ་མཆོར་བླ་མ་གསུམ་ལ་གསོལ་བ་འདེབས། །

ГОН ЧОГ СУМ ДУ ПРИН ЛЭ САМБУ ЗАБ| НАМ ХА ТА ЖАВ ГИДОН ДАМ ЧОЙ
ЖИОН| ДУ АГ БАН ЧЕН НАМ ХАЙ БАЛ САМБУ| О ЦАР ЛАМА СУМ ЛА СОЛ
ВА ДЭВ

Гайхамшиг болсон гурван лам: Гурван Эрдэнийн биелэл Принлэй Самбуу, өргөн
хийгээд гүнзгий сургаалыг хамгаалагч Ниэтон Дамчаа, судрын хийгээд тарнийн
ёсны аугаа мастер Намхай Балсамбуу дор мөргөмүү!

བླ་བསྒྱུར་མཆན་ཅན་རཏྣ་བྷ་དྲ་དང་། །འགྲོ་ཀུན་དགའ་བའི་བླ་མ་གྲོལ་མཆོག་རྗེ། །

སྲི་མེད་དོན་གཟིགས་ལུང་རིགས་རྒྱ་མཚོའི་ཞབས། །གཉེན་ཕན་མདོན་གྱུར་གསུམ་ལ་གསོལ་བ་འདེབས། །

ДА ЖЮР ЦЭН ЧЭН РАДНА БАДРА ДАН| ДОГУН ГА ВИ ЛАМА ДОЛЧОГ ЖЭ|
ЖЭ МЭД ДОН ЗИГ ЛУН ДЭГ ЖЯ ЦО ЗАБ| ЖЭН БАН ОН ЖҮР СУМ ЛА СОЛ ВА
ДЭВ

Амьтны тусыг бүтээсэн гурван лам: алдарт орчуулагч Раднабадраа, бүхий л цэнгэлийн эх булаг Лама Гунгаа Долчог, эс төрсөн үнэний утгын гэрч Лүндэг Жямц дор мөргөмүү!

།འགྲོ་ཀུན་ཐར་བར་འདྲེན་མཛད་སྒྱོལ་བའི་མགོན། །ཀུན་དགའ་རིན་ཆེན་ཡོན་ཏན་རྒྱ་མཚོའི་གཏེར། །

རིགས་ཀུན་བདག་པོ་མཁས་གྲུབ་རྣམ་པར་རྒྱལ། །བགའ་དྲིན་མཚུངས་མེད་གསུམ་ལ་གསོལ་བ་འདེབས། །

ДОГУН ТАР ВАР ДЭН ЗАД ДОЛ БИ ГОН། ГУНГА РИНЧЕН ЁН ДЭН ЖЯ ЦО ДЭР། РИГ ГУН ДАГБО ХАЙ ДҮВ НАМ БАР ЖЯЛ། ГАДИН ЧИ МЭД СУМ ЛА СОЛ ВА ДЭВ

Зүйрлэшгүй сайхан сэтгэлт гурван лам: Аугаа чөлөөлөгч Долби Гомбо, далай мэт чанарын ундрага Гунгаа Ринчен, ариун болгоны биелэл Хайдүв Намжал дор мөргөмүү!

དག་གི་དབང་ཕྱུག་ཕྱགས་རྗེའི་འཕྲིན་ལས་བདག །བསྟན་འཛིན་མཆོག་གྱུར་རྣམ་པར་རྒྱལ་བའི་སྟེ། །

སྒྲུབ་བརྒྱུད་རྒྱལ་སྲེལ་ཀུན་དགའ་ཆོས་འཕེལ་ཞབས། །གདམས་པའི་མཛོད་འཛིན་གསུམ་ལ་གསོལ་བ་འདེབས། །

АГ ГИ ВАН ЧУГ ТҮГ ЖИ ПРЭН ЛИ ДАГ། ДАН ЗИН ЧОГ ЖҮР НАМ БАР ЖЯЛ ВИ ТЭ། ДҮБ ЖИУД ЖҮН БЭЛ ГУНГА ЧОЙ ПЭЛ ЗАБ། ДАМ БИ ЖОД ЖИН СУМ ЛА СОЛ ВА ДЭВ

Ариун сургаалын санг баригч гурван лам: Үг ярианы мастер Түгжэ Принлэй, дайснаа дарсан Данзан Чойжур, чимэг болсон бясалгагч Агваан Чойжор дор мөргөмүү.

ཀུན་བཟང་སྐྱོང་པའི་འཕྲིན་ལས་རྣམ་པར་རྒྱལ། །གྲུབ་པའི་རྣམ་རོལ་ཆོས་ཀྱི་དཔལ་འབྱོར་རྗེ། །

མན་དག་མཆོག་སྟེར་རྒྱལ་བའི་མཚན་འཆང་བ། །མཛོད་པ་སྤྱན་གྲུབ་གསུམ་ལ་གསོལ་བ་འདེབས། །

ГҮН САН ЧОД БИ ПРИН ЛЭ НАМ БАР ЖЯЛ། ДҮБ БИ НАМ РОЛ ЧОЙ ЖИ БАЛ ЖОР ЖЭ། МЭ А ЧОГ ТЭР ЖЯЛ ВИ ЦЭН ЧАН ВА། ЗАД БА ЛХҮН ДҮВ СУМ ЛА СОЛ ВА ДЭВ

Ариун үйлийг төвөггүй үйлдэгч гурван лам: төгс ёс суртахууны чимэг бологч Принлэй Намжал, Номын их сан хийгээд шидийг үзүүлэгч Чойжи Балжор, оньсон түлхүүрийг төгс атгагч Жалва Цэнчан нар дор мөргөмүү.

དགོན་མཆོག་གསུམ་དངོས་འཛིགས་མེད་རྣམ་རྒྱལ་ཞབས། །སྐྱབས་གནས་ཀུན་འདུས་རྡོ་རྗེའི་མཚོན། རུང་འདུག་སྐུ་
བརྙེས་ཆོས་འཛིན་རྒྱ་མཚོའི་ཞབས། །མཐོང་ཐོས་འཛིན་མཛད་གསུམ་ལ་གསོལ་བ་འདེབས། །

ГОНЧОГ СУМ О ЖИГ МЭД НАМ ЖЯЛ ЗАБ| ЖАВ НЭ ГҮН ДУ ДАРМА ВАР ТИ
ЦЭН| ЗУН ЗУГ ГҮ НЭ ЧОЙ ЖИН ЖЯ ЦО ЗАБ| ТОН ТОЙ ДИН ЗАД СУМ ЛА
СОЛ ВА ДЭВ

Харах хийгээд сонсох төдийд амьтныг чөлөөлөгч гурван лам: Гурван эрдэнийн
охь Жигмэ Намжал, аврагч баатруудын биелсэн дүр Чойпэл Жямц, хослон
гэгээрлийг биеэр үзүүлсэн Чойжин Жямц дор мөргөмүү.

རྟོགས་ལྡན་བསྟན་པ་རབ་ཏུ་རྒྱས་མཛད་མགོན། །བློ་བལ་བློ་གྲོས་བཟང་པོའི་འཕྲིན་ལས་རྒྱས། །

འཇམ་དཔལ་དབྱངས་དངོས་བློ་གྲོས་ཕྱོགས་མཐར་ཁྱབ། །བསྟན་པའི་གསལ་བྱེད་གསུམ་ལ་གསོལ་བ་འདེབས། །

ЗОГДЭН ДАМ БА РАБ ДУ ЖЭ ЗАД ГОН| ЛА ДАЛ ЛОДОЙ САМБУ ПРИН ЛЭ
ЖИЭ| ЖАМ БАЛ ЖАН О ЛОДОЙ ЧОГ ТАР ЖАВ| ДАМБИ САЛ ЖЭ СУМ ЛА
СОЛ ВА ДЭВ

Ариун Номын гурван чимэг: алтан үсэгт Номыг дэлгэрүүлэгч Дамба Равжаа,
ариун үйлсийн зүйрлэшгүй оюун Лувсан Принлэй, Манзуширын саруул
билгүүнийг тив даяар цэцэглүүлэгч Жамбал Лодой дор сөгдөн мөргөмүү.

(iii) Долоон Гишүүн Мөргөл

བསྐུ་མེད་གཏན་གྱི་སྐྱབས་མཆོག་ཁྱེད་རྣམས་ལ། །ལུས་དག་ཡིད་གསུམ་གུས་པས་ཕྱག་འཚལ་ལོ། །དངོས་བཤམས་ཡིད་
སྤྲུལ་མཆོག་སྤྲིན་དཔག་མེད་འབུལ། །

ЛУ МЭД ТЭН ЖИ ЖАВ ЧОГ ЖЭД НАМ ЛА| ЛУН А ИД СУМ ГУ ВИ ЧАГ ЦАЛ ЛО|
ОЙ ШАМ ИД ДҮЛ ЧОГ ДЭН ПАГ МЭД БУЛ|

Эгнэгт үл алдрах үнэн итгэлийг одуулан байж бие хэл сэтгэл гурваар сөгдөн
мөргөмүү.

Бодитоор болон бодолдоо ургуулсан үүлс шиг арвин тахилыг өргөмүү.

ཐོག་མེད་ནས་བསགས་སྡིག་ལྟུང་སོ་སོར་བཤགས། །འཕོར་འདས་དགེ་བ་ཀུན་ལ་རྗེས་ཡི་རང་། །ཆོས་འཕོར་རྒྱུན་ཆད་མེད་
པར་བསྐོར་དུ་གསོལ། །

ТОГ МЭД НИ САГ ДИГ ТУН СОСОР ШАГ| ХОР ДЭ ГЭ ВА ГУН ЛА ЖЭ И РАН|
ЧОЙ ХОР ЖҮН ЧАД МЭД ВАР ГОР ДУ СОЛ

Төрөл тэргүүлшгүй цагаас эхлэн хураасан хиленц бүхнээ илчлэн наманчилмуу.

Сансар нирвааны буян бүгдэд даган баясмуу.

Багш та Номын хүрдийг тасалдуулалгүй эргүүлсээр байх ажаамуу.

རྒྱུ་དང་མི་འདའ་བཤགས་པར་གསོལ་བ་འདེབས། །བདག་གཞན་བླ་མེད་བྱང་ཆུབ་སྒྱུར་ཐོབ་ཤོག

А ГАН МИ ДА ЗУГ БАР СОЛ ВА ДЭВ| ДАГ ЗАН ЛА МЭД ЖАН ЧУБ НЮР ТОБ ШОГ

Багш та нирваан дүрийг олох хэмээн яаралгүй бидэнтэй үүрд саатан үлдэн соёрх.

Хураасан энэ буян бүгд би хийгээд хамаг амьтны гэгээрлийн дээд хутгийг олохын төлөөнөө зориулагдах болтугай.

(Энэ долоон-гишүүнт мөргөлийг Вакиндадарма зохиосон болно.)

སངས་རྒྱས་ཀུན་འདུས་ཀྱི་ངོ་བོ་ཆོས་རྗེ་དཔལ་ལྡན་བླ་མ་རིན་པོ་ཆེ་ལ་གསོལ་བ་འདེབས་སོ། ། སྐུ་བཞིའི་བདག་ཉིད་ཆོས་རྗེ་དཔལ་ལྡན་བླ་མ་རིན་པོ་ཆེ་ལ་གསོལ་བ་འདེབས་སོ། །

САНЖЭ ГҮНДҮ ЖИ О ВО ЧОЙ ЖЭ БАЛ ДЭН ЛАМА РИНБҮЧИ ЛА СОЛ ВА ДЭВ СО| ГҮЖИ ДАГ НИД ЧОЙ ЖЭ БАЛ ДЭН ЛАМА РИНБҮЧИ ЛА СОЛ ВА ДЭВ СО|

Хамаг Бурхдын биелэл, Номын их эзэн, сүр жавхлант лам тандаа сөгдөн мөргөмүү.

Бурханы дөрвөн лагшинг эзэмшигч, Номын их эзэн, сүр жавхлант лам тандаа сөгдөн мөргөмүү.

སྒྲུབས་མཆོག་མཆུངས་མེད་ཆོས་རྗེ་དཔལ་ལྡན་བླ་མ་རིན་པོ་ཆེ་ལ་གསོལ་བ་འདེབས་སོ། །

འདྲེན་མཆོག་མཆུངས་མེད་ཆོས་རྗེ་དཔལ་ལྡན་བླ་མ་རིན་པོ་ཆེ་ལ་གསོལ་བ་འདེབས་སོ། །

ЖАВ ЧОГ ЦУМ МЭД ЧОЙ ЖЭ БАЛ ДЭН ЛАМА РИНБҮЧИ ЛА СОЛ ВА ДЭВ СО| ДЭМ ЧИГ ЧИ МЭД ЧОЙ ЖЭ БАЛ ДЭН ЛАМА РИНБҮЧИ ЛА СОЛ ВА ДЭВ СО

Эгнэшгүй туйлын авралт, Номын их эзэн, сүр жавхлант лам тандаа сөгдөн мөргөмүү.

Эгнэшгүй туйлын гэтэлгэгч, Номын их эзэн, сүр жавхлант лам тандаа сөгдөн мөргөмүү.

ཐར་བའི་ལམ་སྟོན་ཆོས་རྗེ་དཔལ་ལྡན་བླ་མ་རིན་པོ་ཆེ་ལ་གསོལ་བ་འདེབས་སོ། །

དངོས་གྲུབ་འབྱུང་གནས་ཆོས་རྗེ་དཔལ་ལྡན་བླ་མ་རིན་པོ་ཆེ་ལ་གསོལ་བ་འདེབས་སོ། །

མ་རིག་མུན་སེལ་ཆོས་རྗེ་དཔལ་ལྡན་བླ་མ་རིན་པོ་ཆེ་ལ་གསོལ་བ་འདེབས་སོ། །

ТАРВИ ЛА ТОН ЧОЙ ЖЭ БАЛ ДЭН ЛАМА РИНБУЧИ ЛА СОЛ ВА ДЭВ СО|
ОЙ ДҮВ ЖУН НАЙ ЧОЙ ЖЭ БАЛ ДЭН ЛАМА РИНБУЧИ ЛА СОЛ ВА ДЭВ СО|
МАРИГ МҮН СЭЛ ЧОЙЖЭ БАЛ ДЭН ЛАМА РИНБУЧИ ЛА СОЛ ВА ДЭВ СО

Чөлөөлөгдөх дээдийн замыг үзүүлэгч, Номын их эзэн, сүр жавхлант лам тандаа сөгдөн мөргөмүү.

Гүнзгий ухамсарлахуйд хүрэх бүхий л эх сурвалж, Номын их эзэн, сүр жавхлант лам тандаа сөгдөн мөргөмүү.

Мунхгийн харанхуйг үлдэн арилгагч, Номын их эзэн, сүр жавхлант лам тандаа сөгдөн мөргөмүү.

བདག་ལ་དབང་བསྐུར་བར་བྱིན་གྱིས་བརླབ་ཏུ་གསོལ། །

བདག་རྗེ་གཅིག་གིས་སྒྲུབ་པ་ནུས་པར་བྱིན་གྱིས་བརླབ་ཏུ་གསོལ། །

ДАГ ЛА ВАН ГУР ВАР ЖИН ЖИ ЛАБ ДУ СОЛ| ДАГ ЦЭ ЧИГ ГИ ДҮБ БА НЮ ВАР ЖИН ЖИ ЛАБ ДУ СОЛ

Ариун авшгаа хүртээн соёрх!

Үлдсэн амьдралаа бясалгал номд төгс зориулах хүчийг надад заяан соёрх!

སྒྲུབ་པ་ལ་བར་ཆད་མི་འབྱུང་བར་བྱིན་གྱིས་བརླབ་ཏུ་གསོལ། །

སྒྲུབ་པའི་སྙིང་པོ་ཉམས་སུ་ལོངས་པར་བྱིན་གྱིས་བརླབ་ཏུ་གསོལ། །

ДҮБ БА ЛА ВАР ЧАД МИ ЖУН ВАР ЖИН ЖИ ЛАБ ДУ СОЛ| ДҮБ БИ НИН БО НЯМ СУ ЛОН ПАР ЖИН ЖИ ЛАБ ДУ СОЛ

Бясалгал номд бүхнээ зориулахад тохиолдох саад бүхнийг арилган соёрх.

Дадлага номын шимийг надад адислан соёрх.

སྒྲུབ་པ་རབ་ཀྱི་མཐར་ཕྱིན་པར་བྱིན་གྱིས་བརླབ་ཏུ་གསོལ། །

ཐུམས་སྙིང་རྗེ་བྱང་ཆུབ་ཀྱི་སེམས་འཕོང་བར་བྱིན་གྱིས་བརླབ་ཏུ་གསོལ། །

ДҮБ БА РАБ ЖИ ТАР ТИН БАР ЖИН ЖИ ЛАБ ДУ СОЛ| ЖАМ НИН ЖЭ ЖАН ЧҮБ ЖИ СЭМ ЖОН ВАР ЖИН ЖИ ЛАБ ДУ СОЛ

Бясалгал хичээл маань төгс төгөлдөрт хүрэх болтугай.

Сэтгэл зүрх минь хайр энэрэл, Бодь сэтгэлээр аяндаа дүүрч байх болтугай.

ཞི་གནས་དང་ལྷག་མཐོང་ཟུང་དུ་འབྲེལ་བའི་ཏིང་ངེ་འཛིན་ལ་དབང་འབྱོར་པར་བྱིན་གྱིས་བརླབ་ཏུ་གསོལ།

ཉམས་མྱོང་དང་རྟོགས་པ་ཁྱད་པར་ཅན་རྒྱུད་ལ་སྐྱེ་བར་བྱིན་གྱིས་བརླབ་ཏུ་གསོལ།

ЖИ НЭ ДАН ЛХАГ ДОН ЗУН ДУ ДЭЛ ВИ ТИН ГЭ ЖИН ЛА ВАН ТОБ БАР ЖИН ЖИ ЛАБ ДУ СОЛ| НЯМ НИОН ДАН ТОГ БА ЖАД БАР ЧЭН ЖИУД ЛА ЖИЭ ВАР ЖИН ЖИ ЛАБ ДУ СОЛ

Онцгой төвлөрөл, дотоод шинжлэл хоёрыг нэгтгэх болтугай.

Бурханы Номын дээдийн ухамсарлахуй, илт үзэхүйд хүрэх болтугай.

ཟབ་ལམ་རྡོ་རྗེའི་རྣལ་འབྱོར་གྱི་རིམ་པ་མཐར་ཕྱིན་པར་བྱིན་གྱིས་བརླབ་ཏུ་གསོལ།

ЗАБ ЛАМ ДОРЖИ НАЛ ЖОР ЖИ РАМ БА ТАР ЧИН ПАР ЖИН ЖИ ЛАБ ДУ СОЛ

Очирт хөлгөний гүнзгий замыг төгс дадуулан үйлдэх болтугай.

ཕྱག་རྒྱ་ཆེན་པོ་མཆོག་གི་དངོས་གྲུབ་ཚེ་འདི་ཉིད་ལ་དབང་འབྱོར་པར་བྱིན་གྱིས་བརླབ་ཏུ་གསོལ།

ЧАГ ЖА ЧЭНБО ЧОГ ГИ ОЙ ДҮВ ЦЭ НИД ЛА ВАН ТОБ БАР ЖИН ЖИ ЛАБ ДУ СОЛ

Увдис шидийг эзэмшээд ханьсашгүй дээдийн амгаланд энэхэн насандаа хүрэх болтугай.

(iv) Дөрвөн Хүрдний Авшиг Хүртэхүй

རྩ་བའི་བླ་མ་རྡོ་རྗེ་འཆང་ཆེན་གྱི། །དཔལ་བའི་ཨོཾ་ལས་འོད་འཕྲོས་བདག་ཉིད་ཀྱི། །

དཔལ་བར་ཐིམ་པས་ལུས་ཀྱི་སྒྲིབ་སྦྱོབ་དག །བུམ་པའི་དབང་ཐོབ་སྐུ་ཡི་བྱིན་རླབས་ཞུགས།

ЦАВИ ЛАМА ДОР ЖЭ ЧАН ЧЭН ЖИ| ДАЛ ВИ УМ ЛИ ОД ТО ДАГ НИД ЖИ| ДАЛ ВАР ТИМ БИ ЛЮ ЖИ ДИГ ДИБ ДАГ| БУМ БИ ВАН ДОБ ГУ И ЖИН ЛАБ ЗУГ

Их Очирдарийн дүрт язгуурын гүрү багшийн духанд УМ үсэг тодорч цагаан өнгийн гэрэл түүнээс цацран миний духны хүрдэнд уусан орж бие махбодын сөрөг бүхнийг ариусгалаа. Бумбын авшгийг ийнхүү хүртсэнээр гэгээрсэн лагшингаар адислагдах болтугай.

མ་གྲིན་པའི་ཨུ་ཙ་ལས་འོད་འཕྲོས་བདག་ཉིད་ཀྱི། །མ་གྲིན་པར་ཐིམ་པས་ངག་གི་སྒྲིབ་སྦྱིབ་དག །

གསང་བའི་དབང་ཐོབ་གསུང་གི་ཕྲིན་ལས་ཤོགས།

ДИН ПИ А ЛИ О ТО ДАГ НИД ЖИ| ТИМ БАР ТИМ БИ А ГИ ДИГ ДИБ ДАГ| САН ВИ ВАН ТОБ СУН ГИ ЖИН ЛАБ ЗУГ

Лам багшийн хоолойд А үсэг тодорч улаан өнгийн гэрэл цацран миний хоолойн хүрдэнд уусан орж хэл ярианы бүхий л хилэнцийг ариусгалаа. Нууцын авшгийг ийнхүү хүртсэнээр гэгээрсэн зарлигаар адислагдах болтугай.

ཕྱགས་ཀའི་ཏུ་ལས་འོད་འཕྲོས་བདག་ཉིད་ཀྱི། །སྙིང་གར་ཐིམ་པས་ཡིད་ཀྱི་སྒྲིབ་སྦྱིབ་དག །ཤེར་དབང་ཐོབ་ཅིང་ཕྱགས་ཀྱི་ ཕྲིན་ལས་ཤོགས།

ТҮГ ЖИ ХУМ ЛИ ОД ТО ДАГ НИД ЖИ| НИН ГАР ТИМ БИ ИД ЖИ ДИГ ДИБ ДАГ| ШЭР ВАН ТОБ ЧИН ТҮГЖИ ЖИН ЛАБ ЗУГ

Лам багшийн зүрхэнд ХУМ үсэг тодорч хар хөх өнгийн гэрэл цацран миний зүрхний хүрдэнд уусан орж сэтгэл доторх бүхий л хилэнцийг ариусгалаа. Билэг оюуны авшгийг ийнхүү хүртсэнээр гэгээрсэн тааллаар адислагдах болтугай.

ལྟེ་བའི་ཆཱ་ལས་འོད་འཕྲོས་བདག་ཉིད་ཀྱི། །ལྟེ་བར་ཐིམ་པས་ཆགས་ཆོག་བག་ཆགས་དག །

བཞི་པའི་དབང་ཐོབ་སྐུ་བཞིའི་ས་བོན་ཐེབས། །ཡེ་ཤེས་རྡོ་རྗེའི་ཕྲིན་ལས་ཤོགས་པར་གྱུར། །

ТЭ ВИ ХО ЛИ ОД ТО ДАГ НИД ЖИ| ТЭ ВАР ТИМ БИ ЧАГ ТОГ БАГ ЧАГ ДАГ| ЖИ ВИ ВАН ТОБ ГУ ЖИ СА ВОН ТИБ| ЕЭ ШЭ ДОРЖИ ЖИН ЛАБ ЗУГ БАР ЖҮР

Ламын хүйсэнд ХО үсэг тодорч шар өнгийн гэрэл цацран миний хүйн хүрдэнд уусан орж шунал тэргүүтэй хилэнцэт бодол бүхнийг арилгалаа. Би бээр дөрөв дэх ариун авшгийг ийнхүү хүртвэй. Бурханы дөрвөн лагшин биед минь оршсоноор ханьсашгүй дээдийн билиг билгүүнээр адислагдах болтугай.

བླ་མ་འོད་དུ་ཞུ་ནས་རང་ལ་ཐིམ། །བླ་མ་རང་སེམས་དབྱེར་མེད་ཆོས་སྐུའི་དང་། །རྩ་བྲལ་ལྷུན་གྲུབ་ཆེན་པོའི་དང་དུ་ བཞག །

ЛАМА ОД ДУ ЖУ НЭ РАН ЛА ТИМ| ЛАМА РАН СЭМ ЕР МЭД ЧОЙ ГИ НИАН| ЦА ДАЛ ЛХҮН ДҮВ ЧЭН БОЙ АН ДУ ЗАГ

Дүрслэлийг тэр чигээр нь уусгахдаа доорхи залбирлыг уншина:

Багш лам гэрэлд хайлан надад уусан шингэлээ. Миний сэтгэл багш ламын гэгээн тааллаас салшгүй нэгэн болж хувирлаа. Би бээр бодол үгүй, хөдөлгөөн үгүй сул чөлөөт энэ байдлаа удаанаар хадгалан үлдэх болтугай!

\Бодолгүй чөлөөтэй энэ байдалдаа аль болох удаан саатахын хичээнэ.\

(v) Зориулга

 རྩ་བརྒྱུད་བླ་མ་བྱེད་སྐུ་རྗེ་འདྲ་དང་། །འཁོར་དང་སྐུ་ཚེའི་ཆད་དང་ཞིང་ཁམས་དང་། །

བྱེད་ཀྱི་མཚན་མཆོག་བཟང་པོ་རྗེ་འདྲ་བ། །དེ་འདྲ་ཁོ་ནར་བདག་སོགས་འགྱུར་བར་ཤོག

ЦА ЖҮД ЛАМА ЖЭД ГУ ЖИ ДА ДАН| ХОР ДАН ГУ ЦИ ЦАД ДАН ЖИН ХАМ
ДАН| ЖИЭД ЖИ ЦЭН ЧОГ САМ БУ ЖИДА ВА| ДЭ ДА ХО НАР ДАГ СОГ ЖИУР
ВАР ШОГ

Би бээр сүр жавхлант язгуур хийгээд урсгалын лам та нар лугаа адил болох
болтугай.

Намайг дагалдагсад, насны хэмжээ, цол хэргэм, арилсан орон цөм та бүгдийн
нэгэн адил болох болтугай.

བྱེད་ལ་བསྟོད་ཅིང་གསོལ་བ་བཏབ་པའི་མཐུས། །བདག་སོགས་གང་དུ་གནས་པའི་ས་ཕྱོགས་དེར།། ནད་དང་དབུལ་
འཕོང་འཐབ་རྩོད་ཞི་བ་དང་། །ཆོས་དང་བཀྲ་ཤིས་འཕེལ་བར་མཛད་དུ་གསོལ།།

ЖИЭД ЛА ТОД ЧИН СОЛ ВА ДЭБ БИ ТУ| ДАГ СОГ ГАНДУ НЭВИ СА ЧОГ ДЭР|
НАД ДАН ВУЛ БОН ТАБ ЗОД ЖИ ВА ДАН| ЧОЙ ДАН ДАШИ ПЭЛ ВАР ЗАД ДУ
СОЛ

Миний энэ ерөөлийн хүчээр өвчин ядуурал, тэмцэл будилаан намжин амирлах
болтугай.

Бурханы ариун Ном хийгээд бэлэг дэмбэрэлт бүхэн орчлон даяар дэлгэрэх
болтугай.

ГУРАВДУГААР ХЭСЭГ

Өвөрмөц Бэлтгэлийн Зэргийн Гол Дадлага

I. Дүйнхорын өөрийн үүсгэл

(i) Дүрслэл

[Эхлээд итгэл одуулж, бодь сэтгэл үүсгэсэн байна.]

ༀ་ཤུ་ཉ་ཏ་ཛྙཱ་ན་བཛྲ་སྭ་བྷཱ་ཝ་ཨཏྨ་ཀོ྅ཧཾ།

УМ ШУНЯАТА ЖАНА БАЗРА СУАБАВА АТМАКО ХАМ

УМ, би хоосон чанарын ухамсарлахуйн очирт язгуурын төлөвт умбах авай.

སྟོང་པའི་ངང་ལས། རང་སྐྱེད་ཅིག་གིས་དུས་འཁོར་སྐུ་སྨྲ་སུ་གྱུར་བ་ནི། འབྱུང་བཞི་རི་རབ་པད་ཉི་མ་སྐྲ་གཅན་ རྣམས་བརྩེགས་པའི་གདན་ལ། བདག་ཉིད་དཔལ་དུས་ཀྱི་འཁོར་ལོ་སྐུ་མདོག་སྔོན་པོ། ཞལ་གཅིག་ཕྱག་གཉིས་སྨྲ་ གསུམ་པ། རྡོ་རྗེ་དང་དྲིལ་བུ་འཛིན་པས་ཡུམ་ལ་འཁྱུད་པ།

ТОН БИ ГАН ЛИ| РАН ГАД ЧИГ ДҮЙ ХОР ЛХАН ЖИЭ СУ ЖҮР БА НИ| ЖАН ЖИ РИ РАБ ПАДЛА НИМА ДА ЧЭН НАМ ЦЭГ БИ ДАН ЛА| ДАГ НИД БАЛ ДҮЙ ЖИ ХОР ЛО ГУ ДОГ ГОМ БО| ЗАЛ ЧИГ ЧАГ НИ ЧАН СУМ БА| ДОРЖЭ ДАН ДИЛ ВУ ЖИН БИ ЮМ ЛА ЖИУД БА

Гэнэт хоосон огторгуйгаас би өөрөө аяндаа Дүйнхор бурхан болон төрлөө. Би лянхуа, сар, нар, раху, калагнийн дэвсгэр дээр зогсох бөгөөд тэр нь дөрвөн махбод хийгээд Сүмбэр уулын орой дээр байрлах ажгуу. Миний лагшин хөх өнгөтэй, нэгэн нигур хоёр мутартай, гурван мэлмийтэй, илбийн хос Вишвамата лугаа эвцэлдэн, хонх очир хоёрыг цээжиндээ зөрүүлэн барьсан байна.

[*Эх бичигт калагнийг дурдаагүй боловч тогтсон заншилыг хадгалах гэсэндээ мөн дүрслэлийн нэгэн хэсэг байж болохгүй байх шалтгаан тодорхойгүйгээс нэмж оруулсан болно.]

ཞབས་གཡོན་པ་དཀར་པོ་བསྐུམ་པས་དབང་ཕྱུག་དཀར་པོ་དང་། གཡས་པ་དམར་པོ་བརྐྱང་བས་འདོད་ལྷ་དམར་པོའི་ སྙིང་གར་མནན་པ། རལ་པའི་ཐོར་ཚུགས་དང་། ཡིད་བཞིན་གྱི་ནོར་བུ་དང་། ཟླ་བ་ཕྱེད་པས་དབུ་ལ་བརྒྱན་པ།

ЗАБ ЁН БА ГАР БО ГУМ БИ ВАН ЧУГ ГАР БО ДАН| И БА МАР БО ЖИАН ВИ ДОЙД ЛХА МАР ПОЙ АН ГАР НАН БА| РАЛ ВИ ТОР ЦУГ ДАН| ИД ЖИН ЖИ НОР ВУ ДАН| ЛА ВА ЧЭД БИ ВУ ЛА ЖИАН БА

Миний зүүн цагаан өлмий бүтээлийн тэнгэрийн зүрхийг дэвслэн нугарсан байдалтай, баруун улаан өлмий хүслийн тэнгэрийн зүрхийг дэвслэн сунгасан

197

байдалтай үзэгдэнэ. Миний тэргүүнд хавирган сар үзэгдэхээс гадна хүслийг гүйцээгч чандмань эрдэнийн чимэгтэй, өтгөн үсээ дээр зангидсан байна.

རྡོ་རྗེའི་རྒྱན་དང་། སྨད་གི་པགས་པའི་ཤམ་ཐབས་ཅན། ཕྱག་སོར་རྣམས་ཁ་དོག་ལྡ་བ། སོར་ཚིགས་རྣམས་ཁ་དོག་གསུམ་པ། རྡོ་རྗེ་སེམས་དཔས་དབུ་ལ་བརྒྱན་ཅིང་། མེ་རི་ཁ་དོག་སྣ་ལྔ་པའི་དབུས་ན་བཤུགས་པ། ལྷོ་ཆགས་འདྲེས་པའི་ཉམས་ཅན་ནོ།

ДОР ЖИ ЖИЭН ДАН| ДАГ ГИ ПАГ ВИ САМ ТАБ ЧЭН| ЧАГ СОР НАМ ХА ДОГ А ВА| СОР ЦИГ НАМ ХА ДОГ СУМ БА| ДОРЖЭ СЭМ БИ ВУ ЛА ЖИЭН ЧИН| МЭ РИ ХА ДОГ НА А БИВУ НА ЗУГ| ДО ЧАГ ДЭВИ НЯМ ЧЭН НО

Би очирт чимэглээр гоёсон байх ба биеийн доод хэсгийг барын арьсан нөмрөгөөр халхалсан байх ажээ. Миний мутар бүгд өөр өнгө бүхий хуруунуудтай бөгөөд хурууны үенүүд мөн өөр өнгөтэй ажээ. Титэмний минь орой дээр Базарсад бурхан заларсан байх ба миний лагшин таван өнгийн галан цагариг хүрээн дотор нигуртаа хилэн таашаал хоёрыг зэрэг тодруулсан зогсоно.

དེ་ལ་འབྱུད་པའི་སྐུ་ཚོགས་ཡུམ་སྐུ་མདོག་སེར་མོ། ཞལ་གཅིག་ཕྱག་གཉིས་སྟུན་གསུམ་མ། གཡས་གྲི་གུག་དང་། གཡོན་པོད་པ་འཛིན་པས་ཡབ་ལ་འཁྱུད་ཅིང་། ཞབས་གཡས་བསྐུམ་གཡོན་བརྐྱང་བས་ཡབ་དང་སྦྱོར་བ། གཉེར་བུ་རྣས་པའི་ཕྱག་རྒྱ་ལྔས་བརྒྱན་ཅིང་། དབུ་སྐྲ་ཕྱེད་དགྲོལ་བའོ།

ДЭ ЛА ЖИУД БИ НАЦОГ ЮМ ГУ ДОГ СЭР МО| ЗАЛ ЧИГ ЧАГ НИ ЧАН СУМ МА| И ДИ ГУ ДАН| ЁН ТОЙД БА ЖИН ВИ ЯБ ЛА ЖИУД ЧИН| ЗАБ И ГУМ ЁН ЖИАН ВИ ЯБ ДАН ЖОРВА| ЧЭР ВУ РИ ВИ ЧАГ ЖИА ИНЭ ЖЭН ЧИН| ВУ ДА ЧЭД ДОЛ ВА О

Би Вишваматаг тэвэрсэн байх ба түүний лагшин алтан шаргал өнгөтэй, нэгэн нигур хоёр мутартай, гурван мэлмийтэй. Баруун мутартаа махир хутга зүүн мутартаа гавлын ясан аяга барьсан байх бөгөөд зүүн өлмийгөө сунгаж баруун өлмийгөө ялигүй нугалан, надтай хослон орохуйн байдалтай эвцэлдэн зогсоно. Тэр нүцгэн байх бөгөөд ясаар урласан таван төрлийн чимгээр гоёж үсний талыг зангидан үлдсэнийг нь сул унжуулсан байх ажгуу.

དཔལ་བར་ཨོཾ། མགྲིན་པར་ཨཱཿ ཕྱགས་ཀར་ཧཱུྃ། ལྟེ་བར་ཚེཿ གསང་གནས་སུ་སྭ། གཙུག་ཏོར་དུ་ཏུ་རྣམས་འབྱོད་པར་གྱུར། །

ДЭЛ ВАР УМ| ДИН БАР А| ТУГ ГАР ХУМ| ТЭ ВАР ХО| САН НЭ СУ СУА| ЦУГ ТОР ДУ ХА НАМ ЖОД БАР ЖҮР

Яб-Юмын духны хүрдэнд тарнийн УМ, (ཨོཾ)

Хоолойд, А (ཨཱཿ)

Зүрхэнд, ХУМ (ཧཱུྃ)

Хүйсэнд, ХО(ཧོཿ)

Нууцын эрхтэнд, СУА (ཧྥ)

Эцэст нь, зулайд ХА (ཧ) үсэгнүүд тус тус тодорлоо.

རང་གི་སྙིང་ག་ནས་འོད་ཟེར་འཕྲོས། སྣོད་ཐམས་ཅད་གཞལ་ཡས་ཁང་དང་། བཅུད་ཐམས་ཅད་དུས་ཀྱི་འཁོར་ལོའི་ལྷ་ ཚོགས་སུ་གྱུར། །

РАН ГИ НИН ГА НЭ ОСЭР ТО| НОЙД ТАМ ЖЭД ЗАЛ И ХАН ДАН| ЧУД ТАМ ЖЭД ДУЙ ЖИ ХОР ЛО ЛХА ЦОГ СУ ЖҮР

Миний зүрхнээс гэрэл гадагш цацарч ертөнцийг бүхлээр нь Бурханы орон болгон хувиргахад хамаг амьтад Цагийн хүрдний хот мандал дахь тоогүй олон Ядам Бурхад болон хувирлаа.

[Нэгэн үзүүрт төвлөрлөөр дүрслэлээ хүссэний хирээр удаан бясалгаж болно.]

(ii) Тарнийн Давтлага ба Уусгахуй

Дүйнхор бурханыг бүтээж гүйцмэгцээ Цагийн хүрдний зүрхэн тарни буюу ертөнцийн бэлэг тэмдгийг зүрхэн тус газартаа лянхуа, сар, нар, раху, калагнийн сэнтий дээр байрласнаар мөн дүрсэлнэ. Дараа нь дүрслэл дээрээ төвлөрөн байж тарниа уншиж эхэлнэ.

Эхлээд УМ(ༀ), дараа нь цэнхэр ХА (ཧ), ногоон ЧА(ཀྵ), олон өнгөт МА(མ), шар ЛА(ལ), цагаан ВА (ཝ), улаан РА (ར) тэгээд хар ЯА (ཡ) дүрслээрэй. Оройд нь цагаан хавирган сар, улаан нар ба хар хөх наду \жижиг дөл\ нарнаас урган гарч байгаагаар дүрсэлнэ.

ༀ་ཧ་ཀྵ་མ་ལ་ཝ་ར་ཡ་སྭཱ་ཧཱ།

УМ ХАМ ЧА МА ЛА ВА РА ЯАН СУХА

\Энэ тарнийг чадах хэрээр олон давтана.\

དེ་ཐམས་ཅད་འོད་དུ་ཞུ་ནས་རང་ལ་ཐིམ།

ДЭ ТАМ ЖЭД ОД ДУ ЖУ НЭ РАН ЛА ТИМ

Дүрслэл бүхэлдээ гэрэл болон уусаад надад шингэн орлоо.

(iii) Зориулга

དགེ་བ་འདི་ཡིས་མྱུར་དུ་བདག །དུས་ཀྱི་འཁོར་ལོ་འགྲུབ་གྱུར་ནས། །

འགྲོ་བ་གཅིག་ཀྱང་མ་ལུས་པ། །དེ་ཡི་ས་ལ་འགོད་པར་ཤོག།

ГЭ ВА ДИ И НЮР ДУ ДАГ| ДҮЖИ ХОРЛО ДҮБ ЖҮР НЭ| ДОВА ЧИ ЖИАН МА ЛУ БА| ДЭ И САЛА ГОД БАР ШОГ

Энэ буяны шимээр би нэн даруй Дүйнхор ядам бурханыг бүтээн үйлдээд энэ орчлонгийн нэг ч амьтныг хоцроолгүй Цагийн хүрдний гэгээрлийн замд хөтлөх болтугай!

\Долби Гомбо буюу Дарнатын"Бурханлагт Хүрэх Шат"- Цагийн хүрдний Очирт хөлгөний гүнзгий сургаалын бэлтгэлийн ба ерөнхий гарын авлага" судрыг энд толилуулсан бөгөөд Жонангийн урсгалын аугаа лам нар болон тэдгээрийн зүрхэн хөвгүүдийн авлага болгон дадуулан үйлдсэн тэрхүү сургаалын шимийг ариун урсгалын уламжлалт зааварчилгаануудын хамтаар багтаасан болно.

II. Очирт зургаан йогт орохын ерөөл

ཨོཾ་ཨཱཿཧཱུྃ་ཧོཿཧཾ་ཀྵཿ

УМ А ХУМ ХО ХАМ ЧА

ལྷ་བདེ་གཤེགས་སྙིང་པོའི་བཀའ་དྲིན་གྱིས། །ཡིད་རྣམ་རྟོག་འགྱུ་བ་སོ་སོར་བཅད། །

ཉམས་འོད་གསལ་རྟགས་བཅུ་རྟོགས་གྱུར་ནས། །ལམ་སོར་སྐྱོང་འབྱོང་བར་བྱིན་གྱིས་རློབས། །

ཕ་དྲིན་ཅན་རྩ་མ་ལ་གསོལ་བ་འདེབས། །འདྲེན་མཆོག་ཡབ་སྲས་རྣམས་ཀྱིས་བྱིན་གྱིས་རློབས། །

ЛХА ДЭШИГ НИН БО ГАДИН ЖИ| ИД НАМ ТОГ ЖИУ ВА СОСОР ЧАД| НЯМ ОД САЛ ТАГ ЧУ ЗОГ ЖҮР НЭ| ЛАМ СОР ДУД ЖОН ВАР ЖИН ЖИ ЛОБ| БА ДИН ЧЭН ЛАМА СОЛ ВА ДЭВ| ДЭМ ЧОГ ЯБ ТЭ НАМ ЖИ ЖИН ЖИ ЛОБ

Бурханлаг чанарын хүчээр бодлын урсгалыг таслан зогсоож, гэгээн гэрлийн туяаны арван шинжийг үзэж, *Ангижрахуйн Йогт* хүрэх болтугай. Аврагч лам багш хийгээд ариун урсгалыг залгамжлагч бүхний гэгээн адислал дор миний энэ ерөөл биелэгдэх болтугай!

ལྷ་བདེ་གཤེགས་སྙིང་པོའི་བཀའ་དྲིན་གྱིས། །ཡིད་རླུང་སེམས་དག་རྣམས་མི་གཡོ་ཞིང་། །

ཉམས་ཤེས་རབ་རྟོགས་དཔྱོད་དཀའ་བའི་འཐིལ། །ཁམ་བསམ་གཏན་འཕྲོང་བར་བྱིན་གྱིས་རློབས། །

ཕ་རྒྱུན་ཅན་བླ་མ་ལ་གསོལ་བ་འདེབས། །འབྲིན་མཆོག་ཡབ་སྲས་རྣམས་ཀྱིས་བྱིན་གྱིས་རློབས། །

ЛХА ДЭШИГ НИНБО ГАДИН ЖИ| ИД ЛУН СЭМ АГ НАМ МИ ЁО ЖИН| НЯМ
ШЭЙРАБ ТОГ ЧОД ГА ДЭ ПЭЛ| ЛАМ САМ ТЭН ЖОН ВАР ЖИН ЖИ ЛОБ| БА
ДИН ЧЭН ЛАМА ЛА СОЛ ВА ДЭВ| ДЭМ ЧОГ ЯБ ТЭ НАМ ЖИ ЖИН ЖИ ЛОБ

Бурханлаг чанарын хүчээр миний ухамсар, хэл яриа, дотоод хий гурав
тогтворжих болтугай. Саруул билгүүн нэмэгдэж, дотоод шинжлэлийн амгалан
хийгээд цэнгэл арвидсанаар *Тогтворжихуйн Йогт* хүрэх болтугай. Авралт лам
багш хийгээд ариун урсгалыг залгамжлагч бүхний гэгээн адислал дор миний энэ
ерөөл биелэгдэх болтугай!

ལྷ་བདེ་གཤེགས་སྙིང་པོའི་བཀའ་དྲིན་གྱིས། །རྩ་རོ་རྐྱང་རླུང་བཅུད་དབ་མར་ཚུད། །

ཉམས་གཏུམ་མོ་འབར་བས་ཚོ་ཡིག་ཧ༔ །ཁམ་སྲོག་རྩོལ་འཕྲོང་བར་བྱིན་གྱིས་རློབས། །

ཕ་རྒྱུན་ཅན་བླ་མ་ལ་གསོལ་བ་འདེབས། །འབྲིན་མཆོག་ཡབ་སྲས་རྣམས་ཀྱིས་བྱིན་གྱིས་རློབས། །

ЛХА ДЭШИГ НИНБО ГАДИН ЖИ| ЦА РО ЖИАН ЛУН ЧУ ВУ МАР ЦУД| НЯМ
ТУММО БАР ВИ ХАН ЯГ ЖУ| ЛАМ ТОГ ЦОЛ ЖОН ВАР ЖИН ЖИ ЛОБ| БА
ДИН ЧЭН ЛАМА ЛА СОЛ ВА ДЭВ| ДЭМ ЧОГ ЯБ ТЭ НАМ ЖИ ЖИН ЖИ ЛОБ

Бурханлаг чанарын хүчээр миний дотоод арван хий, хийгээд баруун зүүн хоёр
судал гол судал авадутид орж нэгдэх болтугай. Дотоодын улалзсан гал туммог
асааж зулайн хүрдний охь ХАМ үсгийг хайлуулснаар *Амьдрах Хүчний Йогт* хүрэх
болтугай. Авралт лам багш хийгээд ариун урсгалыг залгамжлагч бүхний гэгээн
адислал дор миний энэ ерөөл биелэгдэх болтугай!

ལྷ་བདེ་གཤེགས་སྙིང་པོའི་བཀའ་དྲིན་གྱིས། །ཁམས་འཛག་མེད་ཐིག་ལེ་དཔལ་བར་བཏན། །

ཉམས་ཞུ་བདེ་འགྱུར་མེད་རྐྱང་ལ་སྐྱེས། །ཁམ་འཛིན་པ་འཕྲོང་བར་བྱིན་གྱིས་རློབས། །

ཕ་རྒྱུན་ཅན་བླ་མ་ལ་གསོལ་བ་འདེབས། །འབྲིན་མཆོག་ཡབ་སྲས་རྣམས་ཀྱིས་བྱིན་གྱིས་རློབས། །

ЛХА ДЭШИГ НИНБО ГАДИН ЖИ| ХАМ ЗАГ МЭД ТИГ ЛЭ ДАЛ ВАР ДАН| НЯМ
ЖУ ДЭ ЖҮР МЭД ЖУД ЛА ЖИЭ| ЛАМ ЖИН БА ЖОГ ВАР ЖИН ЖИ ЛОБ| БА
ДИН ЧЭН ЛАМА ЛА СОЛ ВА ДЭВ| ДЭМ ЧОГ ЯБ ТЭ НАМ ЖИ ЖИН ЖИ ЛОБ

Бурханлаг чанарын хүчээр миний цагаан дуслууд хураагдан духны хүрдэнд ирж тогтворжих болтугай. Дуслууд хайлахын цагт үл урвахын амгаланг амсан *Хураахуйн Йогт* хүрэх болтугай. Авралт лам багш хийгээд ариун урсгалыг залгамжлагч бүхний гэгээн адислал дор миний энэ ерөөл биелэгдэх болтугай!

ལྷ་བདེ་གཤེགས་སྙིང་པོའི་བགའ་རྟེན་གྱིས། །ཁྲུས་རྒྱ་འདབ་བདེ་ཆེན་ཕྱོག་ཡེས་གང་། །

ཉམས་ཕྱག་རྒྱ་གསུམ་ལ་མངའ་བརྗེས་པའི། །ལྷག་རྗེས་དུན་འབྱོང་བར་བྱིན་གྱིས་རློབས། །

ཕ་རྗེན་ཅན་བླ་མ་གསོལ་བ་འདེབས། །འདིན་མཆོག་ཡབ་སྲས་རྣམས་ཀྱིས་བྱིན་གྱིས་རློབས། །

ЛХА ДЭШИГ НИНБО ГАДИН ЖИ| ЛУ ЦА ДАБ ДЭ ЧЭН ТИГ ЛИ ХАН| НЯМ ЧАГ ЖА СУМ ЛА МАН НЭ БИ| ЛАМ ЖЭ ДЭН ЖОН ВАР ЖИН ЖИ ЛОБ| БА ДИН ЧЭН ЛАМА ЛА БОЛ ВА ДЭВ| ДЭМ ЧОГ ЯБ ТЭ НАМ ЖИ ЖИН ЖИ ЛОБ

Бурханлаг чанарын хүчээр миний бүх хүрд хийгээд судлууд аугаа амгалангийн шижир охиор дүүрч, үзэсгэлэн гуа гурван ханийг төгс эзэмшсэнээр *Эргэн Цуглуулахуйн Йогт* хүрэх болтугай. Авралт лам багш хийгээд ариун урсгалыг залгамжлагч бүхний гэгээн адислал дор миний энэ ерөөл биелэгдэх болтугай!

ལྷ་བདེ་གཤེགས་སྙིང་པོའི་བགའ་རྟེན་གྱིས། །རྒྱ་འཁོར་ལོ་དྲུག་པོ་བདེ་བས་གང་། །

སེམས་སྐྱེས་པ་མེད་ལ་དབང་འབྱོར་བའི། །ལྷ་ཏིང་འཛིན་འབྱོང་བར་བྱིན་གྱིས་རློབས། །

ཕ་རྗེན་ཅན་བླ་མ་གསོལ་བ་འདེབས། །འདིན་མཆོག་ཡབ་སྲས་རྣམས་ཀྱིས་བྱིན་གྱིས་རློབས། །

ЛХА ДЭШИГ НИНБО ГАДИН ЖИ| ЦА ХОРЛО ДҮГ БО ДЭВИ ГАН| СЭМ ДОЙ БА МЭД ЛА ВАН ЖОР ВИ ЛАМ ТИН ЗИН ЖОН ВАР ЖИН ЖИ ЛОБ| БА ДИН ЧЭН ЛАМА ЛА БОЛ ВА ДЭВ| ДЭМ ЧОГ ЯБ ТЭ НАМ ЖИ ЖИН ЖИ ЛОБ

Бурханлаг чанарын хүчээр миний нарийн биений зургаан хүрднүүд ханьсашгүй дээдийн амгалан цэнгэлээр дүүрээд, хоёргүйн ухамсрыг илтэд оносноор *Уусгахуйн Йогт* хүрэх болтугай. Авралт лам багш хийгээд ариун урсгалыг залгамжлагч бүхний гэгээн адислал дор миний энэ ерөөл биелэгдэх болтугай!

ལྷ་བདེ་གཤེགས་སྙིང་པོའི་བགའ་རྟེན་གྱིས། །ཁྲུས་བྱེད་བཙིངས་གནད་དང་མ་ཐྲལ་ཞིང་། །

ཚོམ་མ་ནོར་མན་དགའ་ཟབ་མོ་ཡིས། །ལྷ་སྐྱོར་དྲུག་འབྱོང་བར་བྱིན་གྱིས་རློབས། །

ཕ་རྗེན་ཅན་བླ་མ་གསོལ་བ་འདེབས། །འདིན་མཆོག་ཡབ་སྲས་རྣམས་ཀྱིས་བྱིན་གྱིས་རློབས། །

ЛХА ДЭШИГ НИНБО ГАДИН ЖИ| ЛУ ЖЭД ЧИН НАД ДАН МА ДАЛ ЖИН| ЧОЙ МА НОР МАН НИАГ ЗАБ МО И| ЛАМ ЖОР ДҮГ ЖОН ВАР ЖИН ЖИ ЛОБ| БА ДИН ЧЭН ЛАМА ЛА СОЛ ВА ДЭВ| ДЭМ ЧОГ ЯБ ТЭ НАМ ЖИ ЖИН ЖИ ЛОБ

Бурханлаг чанарын хүчээр миний бие йогийн энэ байрлалаас хэзээд бүү салах болтугай. Миний сэтгэл оюун, алдаагүй үнэн Номын оньсон түлхүүр болсон сургаалуудаас хэзээд үл хагацсанаар *Очирт Зургаан Йогийн* замыг би гүйцээх болтугай. Авралт лам багш хийгээд ариун урсгалыг залгамжлагч бүхний гэгээн адислал дор миний энэ ерөөл заавал биелэх болтугай!

III. *Зориулга*

དགེ་བ་འདི་ཡིས་འགྲོ་བ་མ་ལུས་པ། །དོན་མེད་འཁོར་བའི་བྱ་བ་རབ་སྤང་ནས། །

དོན་ཆེན་རྡོ་རྗེའི་ཀྱལ་འགྱུར་ལེགས་བསྒྲུབས་ཏེ། །དུས་ཀྱི་འཁོར་ལོའི་གོ་འཕང་མྱུར་ཐོབ་ཤོག

ГЭВА ДИ И ДО ВА МАЛУ БА| ДЭН МЭД ХОР ВИ ЖА ВА БАН ЧЭН НЭ| ДОН ЧЭН ДОРЖИ НАЛ ЖОР ЛЭГ ГОМ ТЭ| ДҮ ЖИ ХОРЛО ГО БАН НЮР ТОБ ШОГ

Энэ буяны шимээр хамаг амьтан хорвоогийн утгагүй бодлыг эгнэгт орхин, очирт хөлгөний утга төгөлдөр замаар орон бясалгаж Цагийн хүрдний гэгээрэлд хүрэх болтугай!

དགེ་བ་འདི་ཡིས་མྱུར་དུ་བདག །ཡན་ལག་དྲུག་པོ་འགྲུབ་གྱུར་ནས། །

འགྲོ་བ་སེམས་ཅན་གཅིག་ཀྱང་མ་ལུས་པ། །ཐམས་ཅད་དེ་ཡི་ས་ལ་འགོད་པར་ཤོག

ГЭ ВА ДИ И НЮР ДУ ДАГ| ЖОР ВА ЯН ЛАГ ДҮГ БО ДҮБ ЖҮР НЭ| ДОВА СЭМ ЧЭН ЧИГ ЖИАН МАЛУ БА| ТАМ ЧЭД ДЭ И САЛА ГОД БАР ШОГ

Энэ буяны шимээр би нэн даруй Очирт Зургаан Йогийг төгөлдөржүүлэн, энэ орчлонгийн нэг ч амьтныг хоцроолгүй Цагийн хүрдний гэгээрлийн замд хөтлөх болтугай!

དགེ་བ་འདི་ཡིས་སྐྱེ་བོ་ཀུན། །བསོད་ནམས་ཡེ་ཤེས་ཚོགས་རྫོགས་ཤིང་། །

བསོད་ནམས་ཡེ་ཤེས་ལས་བྱུང་བའི། །དམ་པ་གཉིས་པོ་ཐོབ་པར་ཤོག །

ГЭВА ДИ И ЖИЭ ВО ГУН| СО НАМ ЕЭ ШЭ ЦОГ ЗОД ШИН| СО НАМ ЕЭ ШЭ ЛИ ЖУН ВИ| ДАМ БА НИН БО ТОБ БАР ШОГ

Энэ буяны шимээр хамаг амьтан буян хишиг билиг оюуны чинадад хүрч Бурханы хоёр лагшинг олох болтугай!

УМ ЕЭ ДАРМА ХЭТУ ПРАБАВА ХЭТУН ТЭШАН ТАТАГАТО ХАЯАВАДАТ ТЭШАН ЧАЁО НИРДОХА ИВАМ ВАДИ МАХА ШРАМАНА ЕЭ СУХА.

ДӨРӨВДҮГЭЭР ХЭСЭГ

Нэмэгдэл Хоёр Гүрү Йог

I. Долбубагийн Гүрү Йог - Очирт Урсгалын Зургаан Йогт Зориулсан Адислалын Хур

(i) Дүрслэл

Өмнийн огторгуйд Гүнчэн Долбуба хөх Очирдарийн дүртэйгээр буяны хотол чуулганыхнаар хүрээлүүлэн гарч ирлээ. Таны зүг харах түүний харцанд хайр энэрэл дүүрэн шингэжээ.

༄། །ན་མ་ཤྲཱི་ཀཱ་ལ་ཙ་ཀྲ་ཡ།

НАМО ШРИ КАЛАЧАКРАЯА

བླ་མ་ཡི་དམ་དཀོན་མཆོག་གསུམ་ལ། །བདག་ཡིད་དད་བས་སྐྱབས་སུ་མཆིའོ།

ЛАМА ЯДАМ ГОН ЧОГ СУМ ЛА । ДАГ ИД ДАН ВИ ЖАВ СҮ ЧИО

НАМА ШРИ КАЛАЧАКРАЯА

Лам, Ядам хийгээд Чухаг Дээд Гурав дор бишрэнгүйгээр мөргөмүү!

\тарнийг гурвантаа уншина.\

སེམས་ཅན་རྣམས་ལ་བྱམས་དང་སྙིང་རྗེ། །དགའ་དང་བཏང་སྙོམས་སྐྱེ་བར་གྱུར་ཅིག །

སེམས་ཅན་དོན་དུ་ཟབ་ལམ་བླ་མའི། །རྣལ་འབྱོར་ཉིད་ལ་བཙོན་པར་བགྱིའོ། །

མ་དག་སྣོད་བཅུད་འཇིག་རྟེན་ཐམས་ཅད། །ཅིར་ཡང་མི་དམིགས་སྟོང་པར་གྱུར་ཅིག །

СЭМ ЧЭН НАМ ЛА ЖАМ ДАН НИНЖЭ। ГА ДАН ТАН НИОМ ЖЭ ВАР ЖҮР ЧИГ। СЭМ ЧЭН ДОН ДУ ЗАБ ЛАМ ЛАМИ। НАЛЖОР НИД ЛА ЦОН БАР ГИ О। МА ДОГ НОЙД ЧУД ЖИГ ТЭН ТАМ ЧЭД। ЧИР ЯН МИ МИГ ТОН БАР ЖҮР ЧИГ

Хэмжээлшгүй хайр энэрэл, баясал, хийгээд тэгш сэтгэлийг амьтны тус дор төрүүлэх болтугай. Гүрү Йогийн гүнзгий дадлагыг зүтгэл шамдлаар бясалгах болтугай. Түр зуурын бүх төөрөгдөл үзэгдэл хоосон чанарт хувирах болтугай.

རང་གི་སྤྱི་བོར་རིན་ཆེན་ཁྲི་སྟེང་། །པད་ཟླ་ལ་སོགས་གདན་ལྡི་སྟེང་དུ། །

རྩ་བའི་བླ་མ་རྡོ་རྗེ་འཆང་ཆེན། །སྐུ་མདོག་སྟོན་པོ་ཞལ་གཅིག་ཕྱག་གཉིས། །

РАН ГИ ЧИ ВОР РИН ЧЕН ДЭР ТЭН| БАД ЛА ЛА СОГ ДАН ГИ ТЭН ДУ| ЦАВИ ЛАМА ДОРЖЭ ЧАН ЧЭН| ГУ ДОГ НИОМ БО ЗАЛ ЧИГ ЧАГ НИ

Миний зулайнаас дээхнэ лянхуа, сар гэхчилэнгийн таван дэвсгэр бүхий сэнтий дээр миний язгуурын гүрү лам аугаа Очирдарийн дүртэйгээр заларлаа. Түүний лагшин хөх, нэгэн нигуур хоёр мутартай ажээ.

ཞབས་གཉིས་རྡོ་རྗེ་སྐྱིལ་ཀྲུང་གིས་བཞུགས། །སྐུ་ཚོགས་དར་ཀྱིན་བཟའ་ཀྲུབ་མཛེས། །

རིན་ཆེན་རུས་རྒྱན་འགྱིང་བག་དང་ལྡན། །རྡོ་རྗེ་དྲིལ་བུ་ཕྱགས་གར་བསྣོལ་ཞིང་། །

ЗАБ НИ ДОРЖЭ ЖИЛ ТУН ГИ ЗУГ| НОЦОГ ДАР ЖИ НА ЗУ ЛУБ ЖЭ| РИН ЧЕН РУ ЖИЭН ЖИН ВАГ ДАН ДЭН| ДОР ЖЭ ДИЛВУ ТУГ ГАР НОЛ ЖИН

Тэр бүтэн завилгаагаар сууна. Торгон хувцас өмсөж үнэт эрдэнийн болон ясаар урласан чимэглэлээр гоёсон байна. Тэрбээр хонх очир хоёрыг зүрхэн тус газартаа зөрүүлэн барьжээ.

སྐུ་ཡི་གནས་བཞིར་ཡི་གེ་བཞིས་མཚན། །ཕྱགས་ཀྱི་ཧཱུྃ་ལས་འོད་ཟེར་འཕྲོས་པས། །

རྩ་བརྒྱུད་བླ་མ་སྤྲབས་གནས་ཐམས་ཅད། །རྡོརྃ་བོ་ཆོཏགཉིས་མེད་ཐིམ་གྱུར། །

ГУ И НЭ ЗИР И ГЭ ЖИ ЦЭН| ТУГ ЖИ ХУМ ЛИ ОСЭР ТО БИ| ЦА ЖҮД ЛАМА ЖАВ НЭ ТАМ ЖЭД| ЖА ХУМ ВАМ ХО НИ МЭД ТИМ ЖҮР

Багшийн лагшинд тарнийн дөрвөн үсэг тодроход зүрхэнд байрласан ХУМ үсэгнээс хурц гэрэл цацарч урсгалын бусад лам нарыг хотол чуулганыхантай залан авчирлаа.

ЖА (ཛཿ) ХУМ (ཧཱུྃ) ВАМ (ཝཾ) ХО (ཧོཿ)

Тэд салшгүй нэгэн болцгоов.

(ii) Заллага

མི་འགྱུར་ཡིད་འོང་མཚན་དཔེས་ལེགས་སྐྲུས། །འགགས་མེད་ཚངས་དབྱངས་ཕྱོགས་བཅུར་སྒྲོག་མཛད། །

འབྲལ་མེད་ཕྱག་རྒྱ་ཆེ་ལ་གནས་པ། །བླ་མའི་སྐུ་གསུང་ཕྱགས་ལ་ཕྱག་འཚལ། །

МИ ЖҮР ИД ОН ЦЭН БЭ ЛЭГ ДЭ| ГАГ МЭД ЦАН ЯН ЧОГ ЧУР ДОГ ЗАД| ТУЛ
МЭД ЧАГ ЖА ЧЭ ЛА НЭ БА| ЛА МИ ГҮ СҮН ТУГ ЛА ЧАГ ЦАЛ

Эрдэнэ мэт лам таныхаа лагшин, зарлиг, таалал дор мөргөмүү. Таны лагшин
өөрчлөгдөшгүй төгс тэмдэг найргаар бүрэн бүрдэх амой. Таны үл тасалдах Эсрүн
тэнгэр мэт зарлиг арван зүгийг эзлэн, их тамганы адил үнэн таалалдаа баттай
орших болой.

བོར་སྣུད་ལ་སོགས་སྟོང་བྱེད་དྲུག་གིས། །ཁྱད་པོ་ལ་སོགས་སྣུང་བུ་དྲུག་དྲུག །

ལེགས་པར་སྣུངས་པས་བདེ་གཤེགས་སོ་དྲུག །གཅིག་ཏུ་བསྡུས་པའི་སྐུ་ལ་ཕྱག་འཚལ། །

СОР ДУД ЛА СОГ ЖОН ЖЭД ДҮГ ГИ| БУМ ПО ЛА СОГ ЖУН ЖА ДҮГ ДҮГ| ЛЭГ
БАР ЖАМ БИ ДЭ ШИГ СҮ ДҮГ| ЧИГ ДУ ДУЙ БИ ГУ ЛА ЧАГ ЦАЛ

Очирт Зургаан Йогийн Ангижрахуйн Мөр хийгээд бусад шатыг гүйцээн, гучин
зургаан бүрдэл цогцыг төгс ариусгаснаар илрэх гучин зургаан Татагатагийн
биелэл болсон лам тандаа бишрэнгүйгээр мөргөмүү!

ཕྱུས་དག་ཡིད་གསུམ་དུས་གསུམ་དགེ་ཚོགས། །མཆོད་པའི་སྤྲིན་ཕུང་དཔག་ཏུ་མེད་པ། །

གུན་ཏུ་བཟང་པོའི་རྣམ་འཕྲུལ་རྟེ་བཞིན། །བདག་ཡིད་དང་བས་མཆོད་པར་འབུལ་ལོ། །

ЛУН ГАГ ИД СУМ ДУ СУМ ГЭ ЦОГ| ЧОД БИ ТИН БУН ПАГ ТУ МЭД БА| ГҮН
ДҮ САМ БУ НАМ ТУЛ ЖИ ЖИН| ДАГ ИД ДАН ВИ ЧОД БАР БУЛ ЛО

Би бээр гурван цагийн туршид бие хэл сэтгэлээр хураан хуримтлуулсан буяныг
оролцуулаад хэмжээлшгүй далай их Самантабадрын үүлэн тахилыг цэвэр
сэтгэлийн их хөөр баяслаар өргөмүү!

ཕྱུས་དག་ཡིད་ཀྱི་སྒོ་ནས་བསགས་པའི། །སྡིག་པའི་ཚོགས་གུན་མཐོལ་ལོ་བཤགས་སོ། །

དགེ་ལ་ཡི་རང་ཚོས་འཁོར་བསྐོར་མཛོད། །ཁྲག་ཏུ་བཞུགས་པར་གསོལ་བ་འདེབས་སོ། །

ЛУН ГАГ ИД ЖИ ГО НЭ САГ БИ| ДИГ БИ ЦОГ ГУН ТОЛ ЛО ШАГ СО| ГЭ ЛА И
РАН ЧОЙ ХОР ХОР ЗАД| ТАГ ТУ ЗУГ БАР СОЛ ВА ДЭВ СО

Бие хэл сэтгэлээрээ үйлдсэн бүхий л хилэнц нүглээ илчлэн наманчилмуу.
Ариусгалыг болгоон соёрх!

Би бээр буян бүтдэд даган баясмуу!

Багш та Номын хүрдийг тасалдуулалгүй эргүүлэн соёрх!

Багш та амьтны тусын тулд орчлонд үүрд саатан үлдэж соёрх!

ཚོགས་གསུམ་མཐར་ཕྱིན་བཅུ་གཉིས་ལམ་བགྲོད། །རྡོ་རྗེ་འཛིན་པ་ཀུན་གྱི་གཙོ་བོ། །

སྐུ་བཞིའི་མངའ་བདག་དཔལ་ལྡན་བླ་མར། །གསོལ་བ་འདེབས་སོ་བྱིན་གྱིས་རློབས་ཤིག །

ЦОГ СУМ ТАР ЧИН ЧУ НИ ЛАМ ДОЙД| ДОР ЖЭ ЧИН БА ГУН ГИ ЦО ВО| ГУ
ЖИ МАН ДАГ БАЛ ДЭН ЛА МАР| СОЛ ВА ДЭВ СО ЖИН ЖИ ЛОБ ШИГ

Гурван зүйлийг төгс арвижуулж, арван хоёр шатыг давсан, хамаг очирыг баригч
нарын тэргүүн, Бурханы дөрвөн лагшингаас үл хагацах сүр жавхлант лам тандаа
сөгдөн мөргөмүү. Намайг адислан соёрх!

གཉིས་མེད་ཡེ་ཤེས་རྟེ་གཅིག་བསྒོམས་པས། །གཉིས་སྣང་ཚོགས་བརྒྱད་གནས་འགྱུར་ཐོབ་པ། །

ཡེ་ཤེས་ལྷ་ལྔན་དཔལ་ལྡན་བླ་མར། །གསོལ་བ་འདེབས་སོ་བྱིན་གྱིས་རློབས་ཤིག །

НИ МЭД ЕЭ ШЭ ЦЭ ЧИГ ГОМ БИ| НИ НАН ЦОГ ЖЭД НЭ ЖҮР ТОБ БА| ЕЭ ШЭ
НИА ДЭ БАЛ ДЭН ЛА МАР| СОЛ ВА ДЭВ СО ЖИН ЖИ ЛОБ ШИГ

Хоёргүйн язгуур ухамсартаа хоромхон саатахын төдийд, хоёрдмол ухамсрын
найман объектыг төгс хувирган таван билгүүнийг бүрэн эзэмшигч сүр жавхлант
лам тандаа сөгдөн мөргөмүү. Намайг адислан соёрх!

བསྐྱེད་རྫོགས་མཐར་ཕྱིན་བཅུ་གཉིས་དབང་གིས། །སྐྱ་ལུན་གདུལ་བྱ་སྨིན་གྲོལ་མཛད་པའི། །

བླ་མ་ཀུན་འདུས་དཔལ་ལྡན་བླ་མར། །གསོལ་བ་འདེབས་སོ་བྱིན་གྱིས་རློབས་ཤིག །

ЖЭД ЗОГ ТАР ЧИН ЧУ НИ ВАН ГИ| ГАЛ ДЭН ДУЛ ЖА МИН ДОЛ ЗАД БИ|
ЛАМА ГҮН ДУ БАЛ ДЭН ЛА МАР| СОЛ ВА ДЭВ СО ЖИН ЖИ ЛОБ ШИГ

Үүсгэлийн болон төгсгөлийн зэргийн арван хоёр эрх бүхий дамжлагаар хувь
төгөлдөр шавь нараа чанаржуулан гэтэлгэгч, хамаг багш нарын биелэл сүр
жавхлант лам тандаа сөгдөн мөргөмүү. Намайг адислан соёрх!

ཁྱེད་ཕྱུར་རིགས་དྲུག་སྐྱེ་མཆེད་སྣས་བརྒྱད། །ཕྱག་ཁྱབས་ལ་སོགས་ཁྲོ་བོའི་ཚོགས་ཀུན། །

ཡི་དམ་ཀུན་འདུས་དཔལ་ལྡན་བླ་མར། །གསོལ་བ་འདེབས་སོ་བྱིན་གྱིས་རློབས་ཤིག །

ЖЭД БУН РИГ ДҮГ ЖИЭ ЧЭД ТЭР ЖЭД| ЧАГ ЗАБ ЛА СОГ ТО ВО ЦОГ ГУН| И
ДАМ ГҮН ДУ БАЛ ДЭН ЛА МАР| СОЛ ВА ДЭВ СО ЖИН ЖИ ЛОБ ШИГ

Таны бүрдэл цогц зургаан Бурхдын аймаг, таны ухамсарлахуй найман гэгээн бодьсадва, таны гар хөл догшин олон ягчис, хамаг Ядмын биелэл сүр жавхлант лам тандаа сөгдөн мөргөмүү. Намайг адислан соёрх!

དོན་གཉིས་མཐར་ཕྱིན་ཆོས་སྐུའི་དོ་བོ། །སྤྲུ་ཆོགས་སྐུལ་པས་འགྲོ་བའི་དོན་མཛད། །

སངས་རྒྱས་ཀུན་འདུས་དཔལ་ལྡན་བླ་མར། །གསོལ་བ་འདེབས་སོ་བྱིན་གྱིས་རློབས་ཤིག །

ДОН НИ ТАР ЧИН ЧОЙ ГУ ГО ВО| НА ЦОГ ТУЛ БИ ДОВИ ДОН ЗАД| САН ЖЭ ГҮН ДҮ БАЛ ДЭН ЛА МАР| СОЛ ВА ДЭВ СО ЖИН ЖИ ЛОБ ШИГ

Амьтны тусын тулд тоолшгүй хувилан үзэгддэг, хоёр чуулганыг төгс хураасан гайхамшигт үнэний номын лагшин, хамаг Бурхадын биелэл сүр жавхлант лам тандаа сөгдөн мөргөмүү. Намайг адислан соёрх!

དོན་དམ་བརྗོད་བྲལ་རྣམ་བྱང་བདེན་པའི། །གསུང་རབ་སྒྲིགས་བམ་རྣམ་པར་སྟོན་མཛད། །

དམ་ཆོས་ཀུན་འདུས་དཔལ་ལྡན་བླ་མར། །གསོལ་བ་འདེབས་སོ་བྱིན་གྱིས་རློབས་ཤིག །

ДОН ДАМ ЖОЙД ДЭЛ НАМ ЖАН ДЭН БИ| СУН РАБ ЛЭГ БАМ НАМ БАР ТОН ЗАД| ДАМ ЧОЙ ГҮН ДҮ БАЛ ДЭН ЛА МАР| СОЛ ВА ДЭВ СО ЖИН ЖИ ЛОБ ШИГ

Туйлын үнэний сургаал ном болон үзэгдэж, илэрхийлэх аргагүй гүнзгий үнэний замд хөтлөгч, эрдэнэ мэт Номын биелэл сүр жавхлант лам тандаа сөгдөн мөргөмүү. Намайг адислан соёрх!

རིགས་གྲོལ་གཉིས་ལྡན་ས་བཅུའི་མངའ་བདག །འགྲོ་བའི་མགོན་སྐྱབས་བཤེས་གཉེན་དམ་པ། །

དགེ་འདུན་ཀུན་འདུས་དཔལ་ལྡན་བླ་མར། །གསོལ་བ་འདེབས་སོ་བྱིན་གྱིས་རློབས་ཤིག །

РИГ ДОЛ НИ ДЭН СА ЧУЙ МАН ДАГ| ДО ВИ ГОН ЖАВ ШЭ НИЭН ДАМ БА| ГЭ ДҮН ГҮН ДҮ БАЛ ДЭН ЛА МАР| СОЛ ВА ДЭВ СО ЖИН ЖИ ЛОБ ШИГ

Хамаг амьтны аврал эрхэм буяны садан, бодьсадвын арван газрыг гүйцээн чөлөөлөгдөж тэндээ саатан орших Хутагт Хуврагуудын биелэл сүр жавхлант лам тандаа сөгдөн мөргөмүү. Намайг адислан соёрх!

དམིགས་མེད་སྙིང་རྗེ་བདེ་ཆེན་དོ་བོ། །ཐབས་ཀྱི་སྤྲོ་ནས་དགྲ་བགེགས་འཇོམས་མཛད། །

ཆོས་སྐྱོང་ཀུན་འདུས་དཔལ་ལྡན་བླ་མར། །གསོལ་བ་འདེབས་སོ་བྱིན་གྱིས་རློབས་ཤིག །

МИГ МЭД НИН ЖЭ ДЭ ЧИН ГО ВО| ТАБ ГИ ГО НЭ ДА ЖЭГ ЖОМ ЗАД| ЧОЙ
ЖИН ГҮН ДҮ БАЛ ДЭН ЛА МАР| СОЛ ВА ДЭВ СО ЖИН ЖИ ЛОБ ШИГ

Алаг үзэлгүйн энэрлээр дайсныг даран саадыг арилгагч Номын Сахиусуудын
биелэл сүр жавхлант лам тандаа сөгдөн мөргөмүү. Намайг адислан соёрх!

ཞེ་རྐྱུས་དབང་དྲག་ལས་ལ་མངའ་བརྙེས། །མཚོག་དང་ཕྱུན་མྱོང་དངོས་གྲུབ་སྟེར་མཛད། །

དངོས་གྲུབ་འབྱུང་གནས་དཔལ་ལྡན་བླ་མར། །གསོལ་བ་འདེབས་སོ་བྱིན་གྱིས་རློབས་ཤིག །

ЖИ ГЭ ВАН ДАГ ЛИ ЛА МАН НИЭ| ЧОГ ДАН ТУН МОН ОЙ ДҮВ ТЭР ЗАД| ОЙ
ДҮВ ЖУН НЭ БАЛ ДЭН ЛА МАР| СОЛ ВА ДЭВ СО ЖИН ЖИ ЛОБ ШИГ

Амирлуулах, арвижуулах, эрхэнд хураах ба номхотгох дөрвөн үйлийг
төгөлдөржүүлэн, дээдийн хийгээд нийтийн хоёр увдисыг эзэмшигч хамаг
шидтэнгүүдийн биелэл сүр жавхлант лам тандаа сөгдөн мөргөмүү. Намайг
адислан соёрх!

མདོ་རྒྱུད་མན་ངག་བསྟན་བཅོས་ཀུན་ལ། །འཆད་རྩོད་རྩོམ་གྱིས་ལོག་རྟོག་སེལ་མཛད། །

མ་རིག་སྨུན་སེལ་དཔལ་ལྡན་བླ་མར། །གསོལ་བ་འདེབས་སོ་བྱིན་གྱིས་རློབས་ཤིག །

ДО ЖҮД МЭН НЯГ ТЭН ЧОЙ ГУН ЛА| ЧАД ЦОД ЦОМ ЖИ ЛОГ ТОГ СЭЛ ЗАД|
МА РИГ МУН СЭЛ БАЛ ДЭН ЛА МАР| СОЛ ВА ДЭВ СО ЖИН ЖИ ЛОБ ШИГ

Судрын хийгээд тарнийн ёсны сургаалуудыг оньс түлхүүрүүдийн хамтаар
тайлбарлах, мэтгэлцэх, зохиох аргуудаар зааж, буруу үзлийг арилган мунхгийн
харанхуйг үлдэн хөөгч багш тандаа сөгдөн мөргөмүү. Намайг адислан соёрх!

དེང་ནས་བདག་ཞི་བླ་མ་བྱེད་དང་། །ལུས་དང་གྲིབ་མ་ལྟ་བུར་འགྲོགས་ཏེ། །

ཐབ་དོན་མན་ངག་བདུད་རྩི་འཐུང་བར། །དཔལ་ལྡན་བླ་མས་བྱིན་གྱིས་རློབས་ཤིག །

ДЭН НЭ ДАГ НИ ЛА МА ЖЭД ДАН| ЛУ ДАН ДИБ МА ТУ ВУР ДОГ ТЭ| ЗАБ ДОН
МЭН НЯГ ДУД ЦИ ТУН ВАР| БАЛ ДЭН ЛА МИ ЖИН ЖИ ЛОБ ШИГ

Нандин сургаалын охийг амсаж гүнзгий утганд суралцсан энэ өдрөөс цааш
эрдэнэт лам багшаа би сүүдэр мэт дагах болтугай. Сүр жавхлант лам тандаа
сөгдөн мөргөмүү. Намайг адислан соёрх!

མ་དག་ལོག་པའི་འཆོ་བ་སྤངས་ནས། །བདུད་རྩི་ལྟ་སྟོང་ཉམས་སུ་བླངས་ཏེ། །

ᠵᠠᠰ་གོས་རོགས་ལ་སློབ་པ་མེད་པར། །དཔལ་ལྡན་བླ་མས་བྱིན་གྱིས་རློབས་ཤིག །

МА ДОГ ЛОГ БИ ЦО ВО БАН НЭ| ДУД ЦИ ЧЭ ЖОР НЯМ СУ ЛАН ДЭ| ЗЭ ГУ СОГ ЛА ТОЙ БА МЭД БАР| БАЛ ДЭН ЛА МИ ЖИН ЖИ ЛОБ ШИГ

Хүнс, хувцас, тансаг сайхныг үл бодож, ариун бус буруу амьжиргааг хөсөр орхин, ариун Номын шимээс хэлнийхээ үзүүрээр ч болсон амсах болтугай. Сүр жавхлант лам тандаа сөгдөн мөргөмүү. Намайг үүнд адислан соёрх!

དབེན་པའི་གནས་སུ་ᠵᠠᠪ་མོའི་དོན་ལ། །ཇེ་གཅིག་བསམ་གཏན་སྒྲུབ་པ་བྱས་ནས། །

ཚེ་འདི་ཉིད་ལ་ཕྱག་ཆེན་འཆོབ་པར། །དཔལ་ལྡན་བླ་མས་བྱིན་གྱིས་རློབས་ཤིག །

ВЭН БИ НЭ СУ ЗАБ МОЙ ДОН ЛА| ЦЭ ЧИГ САМ ТЭН ДҮБ БА ЧЭ НЭ| ЦЭ ДИ НИД ЛА ЧАГ ЧЭН ТОБ БАР| БАЛ ДЭН ЛА МИ ЖИН ЖИ ЛОБ ШИГ

Энэ өдрөөс эхлэн эзгүй зэлүүд газарт нэгэн үзүүрт сэтгэлээр гүнзгий утгыг бясалган сууж, энэхэн нэгэн насандаа их тамганы гэгээрэлд хүрэх болтугай. Сүр жавхлант лам тандаа сөгдөн мөргөмүү. Намайг үүнд адислан соёрх!

བླ་མའི་གནས་ཀྱི་ཡི་གེ་བཞི་པོ། ། སངས་རྒྱས་ཀུན་གྱི་སྐུ་བཞིར་མོས་ཤིང་། །

དེ་ལ་དམིགས་ཏེ་དབང་བཞི་ལེན་པར། །དཔལ་ལྡན་བླ་མས་བྱིན་གྱིས་རློབས་ཤིགས། །

ЛА МИ НЭ ЖИ И ГЭ ЖИ ВО| САН ЖЭ ГҮН ЖИ ГУ ЗЭР МОЙ ШИН| ДЭ ЛА МИГ ТЭ ВАН ЗИ ЛЭН БАР| БАЛ ДЭН ЛА МИ ЖИН ЖИ ЛОБ ШИГ

Багшийн лагшны дөрвөн хүрдэнд Бурханы дөрвөн лагшинг илэрхийлсэн тарнийн дөрвөн үсгийг үзэх болтугай. Тэдгээрт төвлөрснөөр дөрвөн авшгийг би хүртэх болтугай. Сүр жавхлант лам тандаа сөгдөн мөргөмүү. Намайг үүнд адислан соёрх!

(iii) Дөрвөн Хүрдний Авшиг

དཔལ་བའི་ཨྰ་ལས་ཨྰ་ཡིག་དཀར་པོ། །རང་གི་ལུས་ཀྱི་དཔལ་བར་ཞུགས་ཤིང་། །

དེ་ལ་བརྟེན་ནས་བུམ་དབང་འཆོབ་པར། །དཔལ་ལྡན་བླ་མས་བྱིན་གྱིས་རློབས་ཤིག །

ДРАЛ ВИ УМ ЛИ УМ ИГ ГАР БО| РАН ГИ ЛУ ЖИ ДРАЛ ВАР ЖУГ ШИН| ДЭ ЛА ТЭН НЭ БУМ ВАН ТОБ БАР| БАЛ ДЭН ЛА МИ ЖИН ЖИ ЛОБ ШИГ

Ламын багшийн духан дахь УМ (ༀ) үсэгнээс цагаан УМ (ༀ) тасран цацарч миний духны хүрдэнд шингэж орлоо. Үүгээр би бумбын авшгийг хүртэх болтугай. Миний сүр жавхлант лам намайг үүнд адислан соёрх!

ཡུས་དང་སད་པའི་སྐྱིབ་པ་དག་ནས། །དགའ་བའི་དགའ་བཞི་ཉམས་སུ་མྱོང་བས། །

སྐུ་ཡི་རྡོ་རྗེ་སྐྱུ་ལ་སྐྲུ་འཕོབ་པར། །དཔལ་ལྡན་བླ་མས་བྱིན་གྱིས་རློབས་ཤིག །

ЛУ ДАН САД БИ ДИБ БА ДАГ НЭ| ГА ВИ ГА ЖИ НЯМ СУ НИОН БИ| ГУ И ДОР ЖЭ ТУЛ КУ ТОБ БАР| БАЛ ДЭН ЛА МИ ЖИН ЖИ ЛОБ ШИГ

Энэ авшгийн хүчээр миний сэрүүн үеийн хилэнц бүхэн арилж дөрвөн цэнгэлийг амсан, очирт хувилгаан бие илрэх болтугай. Миний сүр жавхлант лам намайг үүнд адислан соёрх!

མགྲིན་པའི་ཨ༔ལས་ཨུ༔ཡིག་དམར་པོ། །རང་གི་ཡུས་ཀྱི་མགྲིན་པར་ཞུགས་ཤིང་། །

དེ་ལ་བརྟེན་ནས་གསང་དབང་འཐོབ་པར། །དཔལ་ལྡན་བླ་མས་བྱིན་གྱིས་རློབས་ཤིག །

ДРИН БИ А ЛИ А ИГ МАР БО| РАН ГИ ЛУ ЖИ ДРИН БАР ЗУГ ШИН| ДЭ ЛА ТЭН НЭ САН ВАН ТОБ БАР| БАЛ ДЭН ЛА МИ ЖИН ЖИ ЛОБ ШИГ

Лам багшийн хоолойн А (ཨ༔) үсэгнээс улаан өнгийн А (ཨ༔) тасран миний хоолойн хүрдэнд шингэн ууслаа. Үүгээр би нууцын авшгийг хүртэх болтугай. Миний сүр жавхлант лам намайг үүнд адислан соёрх!

དགའ་དང་སྐྱེ་ལམ་སྐྱིབ་པ་དག་ནས། །མཆོག་གི་དགའ་བའི་ཉམས་སུ་མྱོང་བས། །

གསུང་གི་རྡོ་རྗེ་ལོངས་སྐུ་འཕོབ་པར། །དཔལ་ལྡན་བླ་མས་བྱིན་གྱིས་རློབས་ཤིག

ГАГ ДАН МИ ЛАМ ДИБ БА ДАГ НЭ| ЧОГ ГИ ГА ЖИ НЯМ СУ НИОН ВИ| СУН ГИ ДОР ЖЭ ЛОН ГУ ТОБ БАР| БАЛ ДЭН ЛА МИ ЖИН ЖИ ЛОБ ШИГ

Энэ авшгийн хүчээр миний үг хэлний хилэнц арилан зүүдний үеийн бүхий л саад бэрхшээлийг ариусган дөрвөн цэнгэлийг эдэлж, очирт зарлигийн төгс жаргалант бие илрэх болтугай. Миний сүр жавхлант лам намайг үүнд адислан соёрх!

ཐུགས་ཀའི་ཧཱུྃ་ལས་ཧཱུྃ་ཡིག་ནག་པོ། །རང་གི་ཡུས་ཀྱི་སྙིང་གར་ཞུགས་ཤིང་། །

དེ་ལ་བརྟེན་ནས་ཤེར་དབང་འཐོབ་པར། །དཔལ་ལྡན་བླ་མས་བྱིན་གྱིས་རློབས་ཤིག །

ТУГ ЖИ ХУМ ЛИ ХУМ ИГ НАГ БО| РАН ГИ ЛУ ЖИ НИН ГАР ЗУГ ШИГ| ДЭ ЛА ТЭН НЭ ШЭР ВАН ТОБ БАР| БАЛ ДЭН ЛА МИ ЖИН ЖИ ЛОБ ШИГ

Ламын зүрхэн дэх ХУМ (ཧཱུྃ) үсэгнээс хар өнгийн ХУМ (ཧཱུྃ) цацран миний зүрхний хүрдэнд орж шингэлээ. Үүгээр би суурь билгүүний авшгийг хүртэх болтугай. Миний сүр жавхлант лам намайг үүнд адислан соёрх!

ཡིད་དང་གཉིད་འཐུག་སྐྱིལ་བ་དག་ནས། །ཁྱེད་པར་དགའ་བཞི་ཉམས་སུ་མྱོང་བས། །

ཐུགས་ཀྱི་རྡོ་རྗེ་ཆོས་སྐུ་འཕྲོབ་པར། །དཔལ་ལྡན་བླ་མས་བྱིན་གྱིས་རློབས་ཤིག །

ИД ДАН НИД ТУГ ДИБ БА ДАГ НЭ| ЖАД БАР ГА ЖИ НЯМ СУ НИОН ВИ| ТУГ ЖИ ДОР ЖЭ ЧОЙ ГУ ТОБ БАР| БАЛ ДЭН ЛА МИ ЖИН ЖИ ЛОБ ШИГ

Энэ авшгийн хүчээр миний гүн нойрны үеийн хилэнц нүгэл арилж, дөрвөн дээд цэнгэлийг эдлэн, очирт тааллын Номын бие илрэх болтугай. Миний сүр жавхлант лам намайг үүнд адислан соёрх!

སྐྱེ་བའི་རྩ་ལས་རྫོག་ཡིག་སེར་པོ། །རང་གི་ལུས་ཀྱི་ལྟེ་བར་ཞུགས་ཤིང་། །

དེ་ལ་བརྟེན་ནས་བཞི་དབང་འཐོབ་པར། །དཔལ་ལྡན་བླ་མས་བྱིན་གྱིས་རློབས་ཤིག །

ТЭ ВИ ХО ЛИ ХО ИГ СЭР БО| РАН ГИ ЛУ ЖИ ТЭ ВАР ЗУГ ШИН| ДЭ ЛА ТЭН НЭ ЖИ ВАН ТОБ БАР| БАЛ ДЭН ЛА МИ ЖИН ЖИ ЛОБ ШИГ

Лам багшийн хүйсэх дэх ХО (ཧོཿ) үсэгнээс шар өнгийн ХО (ཧོཿ) цацран гарч миний хүйн хүрдэнд орж шингэлээ. Үүний хүчээр би дөрөвдүгээр ариун авшгийг хүртэх болтугай. Миний сүр жавхлант лам намайг үүнд адислан соёрх!

ཆགས་པའི་བག་ཆགས་དེ་མ་དག་ནས། །ལྷན་སྐྱེས་དགའ་བཞི་ཉམས་སུ་མྱོང་བས། །

ཡེ་ཤེས་རྡོ་རྗེ་བདེ་སྟོང་འཐོབ་པར། །དཔལ་ལྡན་བླ་མས་བྱིན་གྱིས་རློབས་ཤིག །

ЧАГ БИ БАГ ЧАГ ДИР МА ДАГ НЭ| ЛХАН ЖЭ ГА ЖИ НЯМ СУ НИОН ВИ| ЕЭ ШЭ ДОР ЖЭ ДЭ ТОН ТОБ БАР| БАЛ ДЭН ЛА МИ ЖИН ЖИ ЛОБ ШИГ

Энэ авшгийн хүчээр миний шунал мэтийн хилэнцүүд арилж дотоодын дөрвөн цэнгэлийг эдлэн амгалант хоосны язгуурын очирт билиг билгүүн илрэх болтугай. Миний сүр жавхлант лам намайг үүнд адислан соёрх!

སྤྱི་བོའི་བླ་མ་ཡོད་དུ་ཞུ་ནས། །རང་གི་ལུས་ལ་གཉིས་མེད་ཐིམ་ཞིང་། །

སྙིང་གའི་པདྨ་འདབ་བརྒྱད་དབུས་སུ། །བརྟན་པར་བཞུགས་ནས་བྱིན་གྱིས་རློབས་ཤིག །

ЧИ ВОЙ ЛАМА ОД ДУ ЗУ НЭ| РАН ГИ ЛУ ЛА НИ МЭД ТИМ ЖИН| НИН ЖИ БАД МА ДАБ ЖЭД Ү СҮ| ДЭН БАР ЗУГ НЭ ЖИН ЖИ ЛОБ ШИГ

Зулай дээр минь заларсан лам багш гэрэлд уусаад дараа нь надад шингэн уусаж зүрхэн тус газарт минь найман дэлбээт лянхуан сэнтийдээ заларлаа. Миний сүр жавхлант лам намайг үүнд адислан соёрх!

\Бодолгүй энгийн чөлөөтэй байдалд өөрийн сэтгэлийг аугаа үнэн номын лагшинт багш ламын гэгээрсэн таалалтай салшгүй нэг болсныг бясалган аль болох удаан саатахын хичээнэ.\

(iv) Зориулга

དེ་ལྟར་བསྒྲུབས་པས་བདག་སོགས་སེམས་ཅན། །རང་རྒྱུད་ཁམས་ཀྱི་དྲི་མ་དག་ནས། །

བདེ་གཤེགས་སྙིང་པོ་མྱུར་དུ་འཐོབ་པར། །དཔལ་ལྡན་བླ་མས་བྱིན་གྱིས་རློབས་ཤིག །

ДЭ ТАР ГОМ БИ ДАГ СОГ СЭМ ЧЭН| РАН ЖҮД ХАМ ЖИ ДЭР МА ДАГ НЭ| ДЭ ШИГ НИН БО НЮР ДУ ТОБ БАР| БАЛ ДЭН ЛА МИ ЖИН ЖИ ЛОБ ШИГ

Энэ бясалгалын шимээр хамаг амьтны нүгэл хилэнц арилан ариусаж, Бурханлаг-чанарын охийг үтэр түргэн амсах болтугай!

དཔལ་ལྡན་བླ་མའི་རྣམ་པར་ཐར་བ་ལ། །སྐྱད་ཅིག་ཙམ་ཡང་ལོག་ལྟ་མི་སྐྱེ་ཞིང་། །

ཅི་མཛད་ལེགས་པར་མཐོང་བའི་མོས་གུས་ཀྱིས། །བླ་མའི་བྱིན་རླབས་སེམས་ལ་འཇུག་པར་ཤོག །

БАЛ ДЭН ЛА МИ НАМ БАР ТАР ВА ЛА| ГАД ЧИГ ЦАМ ЯН ЛОГ ТА МИ ЖЭ ЖИН| ЧИ ЗАД ЛЭГ БАР ТОН ВИ МУ ГУ ЖИ| ЛА МИ ЖИН ЛАБ СЭМ ЛА ЖУГ БАР ШОГ

Сүр жавхлант лам таныхаа чөлөөлөгч дүр байдалд хормын төдийд ч би үл эргэлзэх болтугай. Таны хийсэн үйл болгоныг хүндлэл бишрэлийн нүдээр харан, адис жанлав тань сэтгэл зүрхэнд минь шингэх болтугай!

སྐྱེ་བ་ཀུན་ཏུ་ཡང་དག་བླ་མ་དང་། །འབྲལ་མེད་ཆོས་ཀྱི་དཔལ་ལ་ལོངས་སྤྱོད་ཅིང་། །

ས་དང་ལམ་གྱི་ཡོན་ཏན་རབ་རྫོགས་ནས། །རྡོ་རྗེ་འཆང་གི་གོ་འཕང་མྱུར་འཐོབ་ཤོག ॥

ЖЭ ВА ГУН ДУ ЯН ДАГ ЛАМА ДАН| ДАЛ МЭД ЧОЙ ЖИ БАЛ ЛА ЛОН ЧОД ЧИН| СА ДАН ЛАМ ЖИ ЁН ДЭН РАБ ЗОГ НЭ| ДОР ЖЭ ЧАН ГИ ГО БАН НЮР ТОБ ШОГ

Ирэх хойч төрлүүддээ ч эрдэнэт ламаасаа бүү хагацах болтугай. Ариун Номын дадлага бясалгалаас алгасарч бүү холдох болтугай. Гэгээрлийн газруудыг огоот гүйцээснээр Очирдарийн хутгийг үтэр түргэн олох болтугай!

*Гүрү Йог- Очирт урсгалын Зургаан Йогт зориулсан Адислалын Хур хэмээх мөргөлийг Номын Эзэн Гүнжин Долбуба Шэйрав Жанцан зохиов. Бэлэг дэмбэрэл бат орших болтугай.

II. Дарнатын гүрү йог - увдис хураахуйн учиг

(i) Дүрслэл

Өмнийн огторгуйд Жэвзүн Дарнат хөх Очирдарийн дүртэйгээр буяны хотол чуулганаар хүрээлүүлэн ургалаа.

༄༅། །ཨོཾ་སྭ་སྟི། བླ་མའི་རྣལ་འབྱོར་དངོས་གྲུབ་འབྱུགས་པའི་ལྷགས་ཀྱི་ཞེས་བྱ་བ།

УМ СВАСТИ| ЛА МИ НАЛ ЖОР ОЙДҮВ ГҮГ БИ ЧАГ ЖЮ ЖЭ ЖА ВА| УМ СВАСТИ

УМ СВАСТИ. Увдис хураахуйн учиг оршвой.

བླ་མ་དམ་པའི་ཞབས་ལ་ཕྱག་འཚལ་ལོ། ཆོས་རྣམས་ཐམས་ཅད་རང་གི་སེམས་སྣང་ཙམ། །རང་གི་སེམས་ཀྱང་གསལ་སྟོང་བརྗོད་དུ་མེད། །སྣང་བ་མ་འགགས་སྣ་ཚོགས་ཅི་ཕྱར་ཡང་། །རང་རིག་སྐྱེད་ཅིག་འདི་ལ་གཡོ་བ་མེད།

ЛАМА ДАМ БА ЗАБ ЛА ЧАГ ЦАЛ ЛО| ЧОЙ НАМ ТАМ ЧЭД РАН ГИ СЭМ НАН ЦАМ| РАН ГИ СЭМ ЖАН САЛ ТОН ЖОД ДУ МЭД| НАН ВА НА ГАГ НА ЦОГ ЧИ ШАР ЯН| РАН РИГ ГЭД ЧИГ ДИ ЛА ЁО ВА МЭД

Сүр жавхлант лам тандаа зүрхний угаас сөгдөн мөргөмүү. Юмс үзэгдэл гагцхүү сэтгэлд явагдах ажгуу. Сэтгэл өөрөө үгээр илэрхийлэх аргагүй болор тунгалаг шижир буюу. Үзэгдсэн бүхэн юу байх нь хамаагүй хором хоромдоо мэдрэгдэх ухамсарлахуйгаас хэзээ ч ангид эс орших болой.

ཨོཾ་ཤུ་ནྱ་ཏཱ་ཛྙཱ་ན་བཛྲ་སྭ་བྷཱ་ཝ་ཨཱཏྨ་ཀོ྅ཧཾ྄

УМ ШУНЯТА ЖАНА БАЗАР СУАБАВА АТМАКО ХАМ

\тарнийг уншимагц эглийн бүх юмс хоосон чанарт урван, тогтмол усанд туссан сарны тусгал мэт болж хувирна.\

རང་སེམས་དཀར་པའི་སྦྱང་བ་འོག་མིན་ཞིང་། །ཞིང་འདིའི་དབུས་སུ་གཞལ་མེད་ཁང་བ་མཛེས། །

དེ་དབུས་སེང་ཁྲི་པདྨ་ཉི་ཟླའི་སྟེང་། །ཉིན་ཚན་རྩ་བའི་བླ་མ་དམ་པ་བཞུགས། །

РАН СЭМ ДАГ БИ НАН ВА ОГ МИН ЖИН| ЖИН ДИ Ү СҮ ЗАЛ МЭД ХАН БА ЗЭ| ДЭ ВҮ СЭН ДИ БАД МА НИ ЛИ ТЭН| ДИН ЧЭН ЦА ВИ ЛАМА ДАМ БА ЗУГ

Миний сэтгэл Агнэстийн орны амгаланд саатан оршино. Ариун орны төвд үзэсгэлэнт харш сүндэрлэн, түүний дотор миний сүр жавхлант лам багш арслан сэнтийдээ лянхуа, сар, наран дэвсгэр дээр заларсан үзэгдэнэ.

\тогтсон заншлыг баримтлах үүднээс раху ба калагнийн дэвсгэрийг мөн энд дүрслэхэд болохгүй газаргүй\.

གཉི་བརྟེན་དཔག་མེད་གསེར་གྱི་ལྷུན་པོ་འདྲ། །འོར་ཟེར་ཉི་མ་འབུམ་གྱི་མདངས་དང་ལྡན། །བདག་ལ་དགྱེས་པའི་ཞལ་རས་འཛུམ་དཀར་གཡོ། །

ЗИ ЖИД БАГ МЭД СЭР ЖИ ЛХУН БО ДА| ОСЭР НЯМА БУМ ЖИ ДАН ДАН ДЭН| ДАГ ЛА ЖИЭ ВИ ЗАЛ РИ ЗУМ ГАР ЁО

Сүр жавхлант лам багш алтан уул сүндэрлэсэн мэт зуун мянган цацраг цацруулан суух бөгөөд миний зүг таашаасан янзтай харан инээмсэглэнэ.

སྟེང་གི་ཕྱོགས་ལ་བརྒྱུད་པའི་བླ་མ་རྣམས། །རྩ་འཕྲལ་བགྲོད་པ་ལྟ་ཆོགས་བཅས་པ་དང་། །སྐུ་ཡི་མཐའ་སྐོར་ཕྱོགས་རྣམས་ཐམས་ཅད་དུ། །ཉི་རི་ག་དང་རྡོ་རྗེ་ཕག་མོ་སོགས། །ཡི་དམ་ལྷ་ཆོགས་ཐམས་ཅད་སྤྲིན་ལྟར་འཐིབས། །

ТЭН ГИ ЧОГ ЛА ЖИУД ВИ ЛАМА НАМ| ЖУ ДУЛ ГОД БА НА ЦОГ ЧЭ ВА ДАН| ГУ И ТА ХОР ЧОГ НАМ ТАМ ЧЭД ДУ| ХЭ РУ ГА ДАН ДОР ЖЭ БАГ МО СОГ| ИДАМ ЛХА ЦОГ ТАМ ЧЭД ТИН ДАР ТИБ

Багш ламын дээгүүр урсгалын лам нар гэнэт тодорч үүлс шиг их ядам Бурхад хийгээд Важраварахи гэх мэтийн догшин ядмуудаар хүрээлүүлсэн үзэгдэнэ.

སངས་རྒྱས་བྱང་སེམས་ཕྱོགས་བཞིའི་མཁའ་དབྱིངས་ཁྱབ། །སྤྲུལ་པའི་དགྲ་བཅོམ་ས་གཞི་ཁྱབ་པ་དང་། །མཁན་འགྲོ་ཆོས་སྐྱོང་སྲུང་མའི་ཆོགས་རྣམས་ཀྱང་། །རང་རང་འཁོར་དང་རྩ་འཕྲལ་དཔག་མེད་བཅས། །བཀའ་ལ་ཉན་ཆིང་གསུང་བཞིན་སྒྲུབ་པར་བཤགས།

САН ЖЭ ЖАН СЭМ ЧОГ ЧУ ХА ЯН ЖАВ| ДУЛ БИ ДРА ЧОМ СА ЖИ ЖАВ БА ДАН| ХАН ДО ЧОЙ ЖИН ДУН МИ ЦОГ НАМ ЖИАН| РАН РАН ХОР ДАН ЗУ ДУЛ БАГ МЭД ЧЭ| ГА ЛА НЯН ЧИН СУН ЖИН ДҮБ БАР ШУГ

Арван зүгийн Бурхад бодьсадва нар өмнийн огторгуйд тодорч сүрт Архадуудын хувилгаад газраар нил бүрхэн байцгаана. Тэдгээрийг тойроод бараа бологч Номын сахиуснууд ламын зарлиг болгоныг даруй биелүүлэхэд бэлхэн байдалтай илбийн мэлмийгээ эргэлдүүлэн зогсоцгоох аж.

གང་ལ་གང་འདུལ་སྤྲུལ་པ་པོ་ཉིའི་ཆོགས། །སྒྱིག་ལྟར་འཁྲུགས་ཤིང་བུ་ཡུག་འཁྲུབས་པ་བཞིན། །ས་དང་བར་སྣང་རི་གྱིང་མེད་པར་ཁྱབ། །ཐམས་ཅད་སྐུ་ཞི་བཀྲག་མདངས་འོད་དང་ལྡན། །གསུང་ནི་ཐེག་ཆེན་དམ་པའི་ཆོས་སྒྲ་སྒྲོག །ཐུགས་ནི་འོད་གསལ་བདེ་ཆེན་པོའི་དང་། །མཛད་པ་འཕྲིན་ལས་མ་ངེས་ཆིར་ཡང་སྟོན།

ГАН ЛА ГАН ДУЛ ТУЛ БА БО НИ ЦОГІ ЛОГ ТАР ЖИУГ ШИН Ү ЮГ ЦУР БА ЖИНІ СА ДАН ВАР НАН РИ ЛУН МЭД БАР ЖАВІ ТАМ ЧЭД ГУ НИ ТАГ ДАН ОД ДАН ДЭНІ СУН НИ ТЭГ ЧЭН ДАМ БИ ЧОЙ ДА ДОГІ ТУГ НИ ОД СЭЛ ДЭВА ЧЭН БО НАНІ ЗАД БА ПРИН ЛИ МА НИЭ ЧИР ЯН ДОН

Хотол чуулган тэр чигээрээ эрч хүч дүүрэн, аянганы үүл мэт цахилах газар тэнгэрийг нэлдээ бүрхсэн амьд хүчээр оргилон байна. Эдгээр бодгалиудын биес цөм гэрэлтэн үзэгдэх бөгөөд хамаг амьтны номхотгох хэрэгтэйг нь номхотгох мэтээр амьтны тусад зориулан хэлбэр хийгээд дүрс нь өөрчлөгдөх ажээ. Их хөлгөний ёсыг зогсолтгүй номлох бөгөөд тэдний сэтгэл гэгээн гэрлийн туяанд саатан байж далай их буяны үйлээ бүтээх ажгуу.

ཀུན་ཀུང་རྗེ་བཙུན་བླ་མའི་སྤྱལ་བ་སྟེ། །གཞན་ཡང་འཁོར་འདས་སྐུང་བ་མ་ལུས་པ། །མཆོན་ལུན་བླ་མའི་ཡེ་ཤེས་ཚོ་འཕྲུལ་ཚམ།

ГУН ЖИН ЖЭВ ЗҮН ЛА МИ ТУЛ БА ДЭІ ЖАН ЯН ХОР ДЭ НАН ВА МА ЛУ БАІ ЦЭН ДЭН ЛА МИ ЕЭ ШЭ ЧОЙ ДУЛ ЦАМ

Сансар хийгээд нирвааны аливаа үзэгдэл бүхэн багшийн язгуурын билиг билгүүний үзэгдэл мөний адилаар энэ бүхэн ч гэсэн миний сүр жавхлант ламын үзүүлж буй утга төгөлдөр үзэгдэл болой.

(ii) Багшаа Залах

བདག་གི་ལུས་དང་ལོངས་སྤྱོད་ཏེ་མཆིས་དང་། །དུས་གསུམ་བསགས་པའི་དགེ་བ་ཅི་ཡོད་དང་། །

ཕྱོགས་བཅུའི་ཞིན་ན་བདག་པོས་མ་བཟུང་བའི། །མཆོད་པའི་ཏྲི་བྲག་ཏེ་སྟེད་མཆིས་པ་དང་། །

ДАГ ГИ ЛУ ДАН ЛОН ЧОД ЧИ ЧИ ДАНІ ДУ СУМ САГ БИ ГЭ ВА ЧИ ЁОД ДАНІ ЧОГ ЧУ ЖИН НА ДАГ БИ МА ЗУН ВИІ ЧОД БИ ЖЭ ДАГ ЖИ НЭД ЧИ БА ДАН

Би бээр энэ бие, эд хөрөнгө, гурван цагийн турш хуримтлуулсан буян хишиг, арван зүгийн бүхий л ариун газрууд хийгээд түүнчлэн өргөж болох бүгдийг багш тандаа тахил болгон өргөмүү!

དགྲ་གཉེན་བར་མས་བསྒུས་པའི་སེམས་ཅན་ཚམས། །འགྲོ་དྲུག་ནམ་མཁའི་མཐས་གཏུགས་རྗེ་སྟེད་དང་། །

སྲིད་པ་གསུམ་གྱི་ལོངས་སྤྱོད་གང་མཆིས་དང་། །བདག་གི་ཡིད་ཀྱིས་སྤྲུལ་དང་སྤྲིན་ལམ་མཐུས། །

ДА НЭН ВАР МИ ДУЙ БИ СЭМ ЧЭН НАМІ ДО ДУГ НАМ ХИ ТЭ ДУГ ЖИ НИЭД ДАНІ ТИД БА СУМ ЖИ ЛОН ЧОД ГАН ЧИ ДАНІ ДАГ ГИ ИД ЖИ ТУЛ ДАН МОН ЛАМ ТҮЙ

Санаа сэтгэлд багтах болгоноо: Зургаан зүйл хамаг амьтан, тэдний дайснууд ба хамаатнууд, анд нөхөд ах дүүс, хараа хүрэхгүй алс огторгуй, гурван дээд ертөнцийн бүхий л таатай сайхан болгоныг багш тандаа өргөмүү. Миний дүрслэл ба залбирал ёсоор энэ төсөөлөх аргагүй арвин гоёмсог тоогүй олон тахилын зүйлс тодхон биелэн үзэгдэх болтугай!

ᠨᠠᠩᠰ ᠷᠠᠶᠰ ᠪᠤᠩᠰ ᠰᠧᠮᠰ ᠳᠠᠪᠠ ᠪᠣ ᠮᠬᠠᠨ ᠠᠭᠷᠣ ᠪᠴᠠᠰ᠂ ᠳᠤᠰ ᠭᠠᠰᠤᠮ ᠹᠶᠣᠭᠰ ᠪᠴᠤᠷ ᠠᠪᠤᠩ ᠪᠠ ᠲᠬᠠᠮᠰ ᠼᠳ ᠷᠢ᠂ ᠶᠢ ᠨᠢᠰ ᠷᠠᠩ ᠰᠯᠠᠩ ᠯᠠᠰ ᠭᠷᠤᠪ ᠮᠼᠳ ᠪᠠᠢ ᠼᠣᠭᠰ᠂ ᠭᠶᠠᠩ ᠮᠢᠳ ᠼᠠᠳ ᠮᠢᠳ ᠪᠰᠠᠮ ᠭᠷᠢᠰ ᠮᠢ ᠬᠢᠪᠠ᠂ ᠮᠼᠣᠭ ᠲᠤ ᠪᠵᠢᠳ ᠪᠠᠭ ᠼᠠᠭᠰ ᠪᠠᠢ ᠼᠤᠯ ᠳᠠᠩ ᠪᠴᠠᠰ᠂ ᠪᠯᠠ ᠪᠠᠢ ᠹᠶᠠᠭᠰ ᠳᠠᠩ ᠷᠠᠩ ᠰᠧᠮᠰ ᠳᠤᠷᠶᠷ ᠮᠢᠳ ᠪᠠ᠂ ᠪᠯᠶ ᠮᠢᠳ ᠼᠣᠰ ᠰᠶᠤᠢ ᠼᠣ ᠠᠳᠷᠤᠯ ᠼᠠᠮ ᠳᠤ ᠪᠰᠯᠣᠮ᠂

САН ЖЭ ЖАН СЭМ БА ВУ ХАН ДО ЧЭІ ДУ СУМ ЧОГ ЧУР ЖУН ВА ТАМ ЧЭД ЖИІ ЕЭ ШЭ РАН НАН ЛИ ДҮБ ЧОД БИ ЦОГІ ДАН МЭД ЦАД МЭД САМ ЖИ МИ ЖАВ БАІ ЧОГ ТУ ЖИД ВАГ ЧАГ БИ ЦУЛ ДАН ЧЭІ ЛА МИ ТУГ ДАН РАН СЭМ ЕР МЭД БАІ ЖИЭ МЭД ЧОЙ ГУ ЧО ДУЛ ЦАМ ДУ ГОМ

Энэ бүх тахилын эрдэнэс гурван цаг арван зүгийн гэгээн Бурхад бодьсадва, ханд дагинас нарын язгуурын билиг оюуны үзэгдэл билээ. Энэ бүх тоолшгүй их, төсөөлшгүй арвин болгон миний сүр жавхлант ламын сэтгэлээс үл салах миний өөрийн төрж амжаагүй бурханлаг-чанарын үзэгдлээс өөр юу ч биш ажгуу.

ᠨᠠᠩᠰ ᠷᠠᠶᠰ ᠭᠤᠨ ᠠᠳᠤᠰ ᠪᠯᠠ ᠮᠠ ᠷᠢᠨ ᠪᠣ ᠼᠧ᠂ ᠳᠠᠮ ᠼᠣᠰ ᠭᠤᠨ ᠠᠳᠤᠰ ᠼᠣᠰ ᠵᠧ ᠷᠢᠨ ᠪᠣ ᠼᠧ᠂

ᠳᠭᠧ ᠠᠳᠤᠨ ᠭᠤᠨ ᠠᠳᠤᠰ ᠠᠳᠵᠢᠨ ᠮᠼᠣᠭ ᠷᠢᠨ ᠪᠣ ᠼᠧ᠂ ᠪᠯᠠ ᠮᠠ ᠭᠤᠨ ᠠᠳᠤᠰ ᠭᠼᠢᠭ ᠼᠣᠭ ᠷᠶᠠᠯ ᠪᠣ ᠵᠣᠳ᠂

САН ЖЭ ГҮН ДУ ЛАМА РИН БУЧИІ ДАМ ЧОЙ ГҮН ДУ ЧОЙ ЖЭ РИН БУЧИІ ГЭ ДҮН ГҮН ДУ ДЭМ ЧОГ РИН БУЧИІ ЛАМА ГҮН ДУ ЧИГ ЧОГ ЖЯЛ БО ЖИОД

Эрдэнэт ламаа, та бээр хамаг Бурхадын биелэл

Эрдэнэт ламаа, та бээр хамаг Номын биелэл

Эрдэнэт ламаа, та бээр хамаг Хуврагийн биелэл

Номын Их Хаан та хамаг лам нарын биелэл ажгуу.

ᠶᠢ ᠳᠠᠮ ᠹᠠᠮᠰ ᠼᠠᠳ ᠹᠶᠣᠳ ᠵᠢ ᠭᠤ ᠯᠠ ᠼᠠᠩ᠂ ᠮᠬᠠᠨ ᠠᠭᠷᠣ ᠼᠣᠰ ᠰᠷᠤᠩ ᠹᠠᠮᠰ ᠼᠠᠳ ᠪᠣ ᠳᠠᠷ ᠰᠷᠤᠯ᠂ ᠷᠣ ᠷᠵᠧ ᠠᠬᠠᠩ ᠼᠧᠨ ᠼᠶᠢᠳ ᠯᠠ ᠭᠰᠣᠯ ᠪᠠ ᠠᠳᠧᠪᠰ᠂ ᠮᠶᠣᠰ ᠪᠠᠢ ᠪᠤ ᠯᠠ ᠳᠠ ᠹᠶᠢᠨ ᠭᠶᠢᠰ ᠷᠯᠣᠪᠰ᠂

И ДАМ ТАМ ЧЭД ЖИОД ЖИ ГУ ЛА ЦАНІ ХАН ДО ЧОЙ ЖИН ТАМ ЧЭД БО НЯР ТУЛІ ДОР ЖЭ ЧАН ЧЭН ЖИЭД ЛА СОЛ ВА ДЭВІ МОЙ ПИ Ү ЛА ДА ТАР ЖИН ЖИ ЛОБ

Та хамаг ядмын биелэл болох агаад ханд дагинас хийгээд Номын сахиуснуудыг бараа бологчоо болгодог ажгуу. Очирдарь лам тандаа сөгдөн мөргөмүү, бишрэлт шавиа адислан соёрх!

རྒྱག་པོ་བཀོད་པའི་ཞིང་དུ་རྗེ་རྗེ་འཆང་། ། དྲག་པོ་འདུལ་ཚེ་ཉི་དུག་དཔལ་སྐུ། །

ཆགས་བྲལ་རྣམས་ལ་ཤཀྱ་ཐུབ་པར་བསྟན། །དཀའ་ཐུབ་ཅན་ལ་དྲང་སྲོང་ཆུལ་འཛིན་ཅིང་། །

ТУГ БО ГОД БИ ЖИН ДУ ДОР ЖЭ ЧАН| ДОГ БО ДУЛ ЦЭ ХЭ РУ ГА БАЛ ГУ| ЧАГ ДАЛ НАМ ЛА ШАГЖА ТУБ БАР ТЭН| ХА ДҮВ ЧЭН ЛА ДАН ТОН ЦУЛ ЖИН ЧИН

Сүр жавхлант лам та ариун орондоо төгс жаргалант лагшин Очирдарь буюу. Дайсныг дарахдаа догшин сүрлэг Ягчис буюу. Төгс огоорлыг үзүүлэхдээ Шагжаамүни буюу. Хатуу сахилтнуудын хувьд сэцэн ухаантан буюу!

ཐེག་གསུམ་ལམ་དུ་ཞུགས་པའི་སེམས་ཅན་ལ། །བྱང་སེམས་རང་རྒྱལ་ཉན་ཐོས་ཆུལ་དུ་སྟོན། །

ཆངས་དང་ཁྱབ་འཇུག་འདོད་ལྷ་དབང་པོ་དང་། །དབང་ཕྱུག་ལ་སོགས་ལྷ་ཡི་གཟུགས་སུའང་སྟོན། །

ТЭГ СУМ ЛАМ ДУ ЖУГ БИ СЭМ ЧЭН ЛА| ЖАН СЭМ РАН ЖЯЛ НЯН ТОЙ ЦУЛ ДУ ТОН| ЦАН ДАН ЖАВ ЧУГ ДОЙД ЛХА ВАН БО ДАН| ВАН ЖУГ ЛА СОГ ЛХА И ЗУГ СУ АН ТОН

Гурван хөлгөний замаар замнагсдад Бодьсадва, Шарвага, Брадигабуд болон үзэгдэх болой. Бусад сэцэн ухаантнууд болон Брахма, Вишну, Эзэн Шива мэт үзэгдэх болмуй!

ཁ་ཅིག་ཏུ་ནི་རྒྱལ་སྲིད་སྐྱོང་ལ་དགྱེས། །གཞན་དུ་རིག་པའི་བཅུད་ལེན་སྒྲུབ་པ་སྟོན། །

ལ་ལར་དུར་ཁྲོད་འཇིགས་པའི་གནས་གྱུར་འཆང་། །གང་ལ་གང་འདུལ་སྐུ་ལ་གསོལ་བ་འདེབས། །

སེམས་ཅན་ཀུན་གྱི་བསམ་པ་ཇི་བཞིན་དུ། །ཁྱོད་ཀྱི་བསྟན་པ་འདི་ཡང་བསམ་མི་ཁྱབ། །

ХА ЧИГ ТУ НИ ЖЯЛ ТИД ЧОД ЛА ЖЭ| ЗАН ДУ РИГ БИ ТУЛ ЗУГ ЧАД БА ЧОД| ЛА ЛАР АГ МИГ ЖИН БИ ЗУГ ЖАН ЧАН| ГАН ЛА ГАН ДУЛ ГУ ЛА СОЛ ВА ДЭВ| СЭМ ЧЭН ГҮН ЖИ САМ БА ЖИ ЖИН ДУ| ЖИОД ЖИ ДАМ БА ДИ ЯН САМ МИ ЖАВ

Зарилдаа та хаан хүний ёсоор, зарилдаа егүзэр эсвэл хатуу дэглэмтний ёсоор үзэгдэх болой. Зарим нэгэнд нь жирийн орхимж нөмөрсөн хувраг буюу. Амьтан болгоны хэрэгцээнд тааруулан өргөн цартай үйлийг бүтээгч дор сөгдөн мөргөмүү. Хамаг амьтны бодол хүсэл хэтийдэх нь үгүйн адилаар таны сургаалд ч мөн хязгаар үгүй буюу!

ཇེ་ལྟར་མཁའ་ལ་སྤྲིན་དང་འཇའ་ཚོན་སོགས། །རྣམ་པ་སྣ་ཚོགས་གསལ་གནས་བརྟན་སྤྲུལ་ན་ཡང་། །

ནམ་མཁའ་ལས་བྱུང་ནམ་མཁའི་ངོ་བོ་དང་། །ནམ་མཁའི་དང་དུ་ཐིམ་པར་གྱུར་པ་བཞིན། །

ЖИ ТАР ХА ЛА ТИН ДАН ЖА ЦАН СОГІ НАМ БА НА ЦОГ ЗУГ НЯН НАН НА ЯНІ НАМ ХА ЛИ ЖАН НАМ ХИ ГО ВО ДАНІ НАМ ХИ НАН ДУ ТИМ БАР ЖУР БА ЖИН

Тэнгэрт үүлс солонго үзэгдэж хөөрөн саатаад тэнгэртээ бас уусан арилдаг шиг бүхий л хязгараас нөгцсөн таны гэгээрлийн үнэн номын лагшин аяараа аугаа үйлийг бүтээгээд аяараа мөн замхрах болой.

སྟོབས་བཅུ་ཆེ་ཡང་མ་ཡིན་ཆོས་ཀྱི་སྐུ། །འབད་རྩོལ་མེད་ཀྱང་ལྷུན་གྲུབ་འཕྲིན་ལས་ཅན། །

གང་ལ་གང་འདུལ་མཛད་པ་སྤྲིར་བསྟན་ཡང་། །རང་རིག་རང་གསལ་སྟོབས་བྱལ་དབྱིངས་ཀྱི་དང་། །

ДОЙ ТАЛ ЧИ ЯН МА ИН ЧОЙ ЖИ ГУІ БАД ЦОЛ МЭД ЖИАН ЛХҮН ДҮВ ТИН ЛИ ЧЭНІ ГАН ЛА ГАН ДУЛ ЗАД БА ЧИР ТЭН ЯНІ РАН РИГ РАН САЛ ДОЙ ДАЛ ИН ЖИ НАН

Амьтны тусад тохируулан үйлдэх зууртаа хоёргүй ухамсрын уудам оршихуй дахь гэгээн гэрлийн туяандаа саатсаар байх болой!

སྐྱེ་འགག་མེད་ཅིང་འགྲོ་འོང་གནས་དང་བྲལ། །དོན་དམ་སྣ་ཚན་ཁྱེད་ལ་གསོལ་བ་འདེབས། །ཐུག་ཏུ་གྱུས་པའི་ཡིད་ཀྱིས་ཕྱག་འཚལ་ཞིང་། །

ЖИЭ ГАГ МЭД ЧИН ДО ОН НЭ ДАН ДАЛІ ДОН ДАМ ГУ ЧЭН ЖИЭД ЛА СОЛ ВА ДЭВІ ДАГ ТУ ГҮ БИ ИД ЖИ ЧАГ ЦАЛ ЖИН

Төрөх хийгээд үхэхээс гэтэлгэсэн, хол ойр одох ирэхийн алин ч үгүй таны гэгээрлийн ариун лагшин дор чин сэтгэлийн угаас бишрэнгүйгээр мөргөмүү би!

སྒྲུབས་གནས་ཀུན་འདུས་ཁྱེད་ལ་སྒྲུབས་སུ་མཆི། །མཆོད་པ་ཐམས་ཅད་དབྱེར་མེད་དང་དུ་འབུལ། །རང་བཞིན་མེད་ཀྱང་སྡིག་ཀུན་མཐོལ་ལོ་བཤགས། །

ЖАВ НЭ ГҮН ДҮ ЖЭД ЛА ЖАВ СУ ЧИІ ЧОД БА ТАМ ЧЭД ЕР МЭД НАН ДУ БУЛІ РАН ЖИН МЭД ЖИАН ДИГ ГҮН ТОЛ ЛО ШАГ

Бүхий л авралын эх булаг болсон багш тандаа итгэл одуулан мөргөмүү. Хоосон язгуурыг ухааран байж тоолшгүй буяны тахилыг өргөмүү. Өөрөөсөө ер бүтээгүй ч гэлээ хилэнц нүгэл бүхнээ наманчлан ариусгамуу!

འཁོར་འདས་དགེ་བ་ཀུན་ལ་རྗེས་ཡི་རང་། །ཁྱགས་སྟོང་བརྗོད་ཐལ་གསུང་ལ་ཆད་པ་མེད།

ХОР ДЭ ГЭ ВА ГҮН ЛА ЖЭ И РАН| ДАГ ТОН ЖОД РАЛ СУН ЛА ЧАД БА МЭД

Сансар хийгээд нирвааны хамаг амьтны буян бүгдэд даган баясмуу. Ариун сургаалын тань хоосон дуу хэзээд үл тасрах болтугай!

ཆོས་ཀྱི་སྐུ་ལ་སྐྱེ་འཆི་མི་མངའ་ཡང་། །ཆོས་འཁོར་རྒྱུན་མི་འཆད་པར་བསྐོར་བ་དང་། །འགྲོ་བའི་དོན་ལ་དུ་ཐུག་བཞུགས་སུ་གསོལ།

ЧОЙ ЖИ ГУ ЛА ЖИЭ ЧИ МИ МАН ЯН| ЧОЙ ХОР ЖҮН МИ ЧАД БАР ХОР ВА ДАН| ДО ВИ ДОН ЛА ТАГ ТУ ЗУГ СУ СОЛ

Гэгээрлийн үнэн номын лагшин хэдийгээр төрөх хийгээд үхэхээс ангид ч гэлээ эрдэнэт багш та амьтны тус дор орчлонд үүрд саатан хоцорч, ариун Номын хүрдийг тасалдуулалгүй эргүүлсээр байх болтугай!

ཕྱགས་ཡིད་དབྱེར་མེད་དོན་དུ་བསྒོ་བར་བགྱི། །བླ་མེད་བྱང་རྒྱུབ་མཆོག་ཏུ་སེམས་བསྐྱེད་བགྱི།

ТУГ ИД ЕР МЭД ДОН ДУ ГО ВАР ЖИ| ЛА МЭД ЖАН ЧУБ ЧОГ ТУ СЭМ ЖИД ЖИ

Үйлдсэн энэ буянаа багш ламын сэтгэлтэй салшгүй хамт байхын төлөөнөө зориулмуу. Эрдэнэт ламаа, хамаг амьтан гэгээрлийн хутгийг олох болтугай!

རྗེ་བཙུན་སྐྱོབ་པའི་མགོན་པོ་ཁྱེད་ཉིད་ཀྱི། །སྐུ་གསུང་ཕྱགས་ཀྱི་བྱིན་གྱིས་རློབས་པ་དང་། །དབང་བཞི་རྫོགས་པར་དག་ལྡར་བསྐུར་དུ་གསོལ།

ЖЭВ ЗҮН ДОЛ ВИ ГОМ БО ЖИЭД НИД ЖИ| ГУ СҮН ТУГ ЖИ ЖИН ЖИ ЛОБ БА ДАН| ВАН ЗИ ЗОГ БАР ДА ТАР ХОР ДУ СОЛ

Амьтан болгоныг авран чөлөөлөгч цог жавхлант Долби Гомбо, лагшин, зарлиг, тааллынхаа шидийг над адислан соёрх. Дөрвөн хүрдний авшгаа энэхэн мөчид хүртээн соёрх!

ཁུས་ལ་ལྷུན་སྐྱེས་བདེ་ཆེན་བསྐྱེད་པ་དང་། །དག་ལ་རིགས་སྣགས་ནུས་པ་བཅུན་པ་དང་། །

སེམས་ལ་འོད་གསལ་ཡེ་ཤེས་འཆར་བ་རུ། །མཆན་ལྷུན་བླ་མས་ད་ལྟར་བྱིན་གྱིས་རློབས། །

ЛУЙ ЛА ЛХАН ЖИ ДЭ ЧЭН ЖЭД БА ДАН| НЯГ ЛА РИГ НАГ НУ БА ДАМ БА ДАН| СЭМ ЛА ОД САЛ ЕЭ ШЭ ЧАР ВА РУ| ЦЭН ДЭН ЛА МЭ ДА ТАР ЖИН ЖИ ЛОБ

Миний бие дотоодын амгаланд хувираг!

Миний хэл тарнийн хүчинд хувираг!

Миний сэтгэл гэгээн-гэрэлд хувираг!

Бишрэлт ламдаа сөгдөн мөргөмүү, энэхэн хоромд намайг адислан соёрх оо!

བླ་མའི་དཔལ་མ་གྱིན་ཕྱག་ག་ལྟེ་བ་ལས། །འོད་ཟེར་བྱུང་ནས་བདག་གི་གནས་བཞིར་ཐིམ། །

སྐུ་གསུང་ཕྱགས་དང་ཡེ་ཤེས་རྡོ་རྗེ་ཡི། །ཕྲིན་གྱིས་བརྐྱབས་ཤིང་དབང་བཞི་ཐོབ་པར་གྱུར། །

ЛА МИ ТАЛ ДИН ТУГ ГА ТЭ ВА ЛИ| ОСЭР ЖАН НЭ ДАГ ГИ НЭ ЗИР ТИМ| ГУ СҮН ТҮГ ДАН ЕЭ ШЭ ДОР ЖЭ И| ЖИН ЖИ ЛАБ ШИН ВАН ЗИ ТОБ БАР ЖҮР

Ламын дух, хоолой, зүрх, хүйснээс дөрвөн гоёмсог гэрэл цацран гарч миний дөрвөн хүрдэнд орж шингэснээр лагшин, зарлиг, таалал болон язгуурын билиг билгүүний дөрвөн авшгийг надад хүртээлээ.

(iii) Дөрвөн Авшгийг Хүртэхүй

སྐུར་ཡང་བུམ་པའི་ཆུ་ཡིས་བུམ་དབང་བསྐུར། །ཁྲུ་ཁྱབ་སེམས་ཀྱིས་གསང་བའི་དབང་བསྐུར་ཞིང་། །

མཉམ་སྟོར་བདེ་བའི་ཤེས་རབ་ཡེ་ཤེས་དང་། །འཛིན་མེད་ཕྱག་ཆེན་བཞིའི་དབང་ཡང་བསྐུར། །

ЛАР ЯН ВУМ БИ ЧУ И ВУМ ВАН ХУР| ЖАН ЧУБ СЭМ ЖИ САН ВИ ВАН ХУР ЖИН| НЯМ ЖОР ДЭ ВИ ШЭЙ РАБ ЕЭ ШЭ ДАН| ЖИН МЭД ЧАГ ЧЭН ЖИ ВИ ВАН ЯН ХУР

Бумбын авшгийг хүртээн соёрх!

Нууцын авшгийг хүртээн соёрх!

Аугаа амгалан ба билиг оюун хосолсон авшгийг хүртээн соёрх!

Бодлоос ангид их тамганы дөрөвдүгээр ариун авшгийг хүртээн соёрх!

རེ་ས་གནན་ན་མེད་དོ་ཆོས་ཀྱི་རྗེ། །སྐུ་བས་གནས་གནན་ན་མེད་དོ་རིན་པོ་ཆེ། །

ཀུ་ལ་ཀྱ་བཀག་བཞིན་དུ་དབྲེར་མེད་ཅིང་། །འབྲལ་མེད་གནས་ལུགས་རྟོགས་པར་བྱིན་གྱིས་རློབས། །

РЭ ЗА ЗАН НА МЭД ДО ЧОЙ ЖИ ЖЭІ ЖАВ НЭ ЗАН НА МЭД ДУ РИН БҮЧИІ ЧУ ЛА ЧУ ЗАГ ЗИН ДУ ЕР МЭД ЧИНІ ТАЛ МЭД НЭ ЛУГ ДОГ БАР ЖИН ЖИ ЛОБ

Номын Их Хаан, танд л би итгэмүү. Та бээр миний жинхэнэ аврал буюу.

Тандаа би өнөө уусан орж салшгүй нэгэн болох болтугай!

 བླ་མ་བྱང་ཆུབ་སེམས་ཀྱི་བདུད་རྩིར་ལུ། །རྩ་འཁོར་བཞི་པོ་གང་བས་དབང་བཞི་བོབ། །

 བླ་མ་རང་སེམས་དབྱེར་མེད་ཆོས་སྐུའི་དང་། །རྩ་ཐབལ་ལྷུན་གྲུབ་ཆེན་པོའི་དང་དུ་བཞག །

ЛАМА ЖАН ЧУБ СЭМ ЖИ ДУД ЦИР ЖУІ ЦА ХОР ЖИ БО ГАН ВИ ВАН ЖИ ТОВІ ЛА МА РАН СЭМ ЕР МЭД ЧОЙ ГУ НАНІ ЦА ДАЛ ЛХҮН ДҮВ ЧЭН БО НАН ДУ ЗАГ

Лам багш цагаан гэрлийн охь болон уусаж миний дөрвөн хүрдэнг дүүргэснээр надад авшгаа дахин нэг удаа хүртээлээ.

Язгуурын ламдаа сэтгэлээ төвлөрүүлэхэд түүний гэгээрлийн үнэн номын лагшин миний өөрийн сэтгэлээс салшгүй нэгэн болж хувирлаа. Энэхүү бодолгүйн унаган төлөвтөө үргэлжид саатан үлдмүү би!

(iv) Зориулга

སྐྱེ་ཞིང་སྐྱེ་བ་དག་ནི་ཐམས་ཅད་དུ། །རིགས་བཟང་བློ་གསལ་ང་རྒྱལ་མེད་པ་དང་། །

སྙིང་རྗེ་ཆེ་ཞིང་བླ་མ་ལ་གུས་ལྡན། །དཔལ་ལྡན་བླ་མའི་དམ་ཚིག་ལ་གནས་ཤོག །

ЖИЭ ЗИН ЖИЭ ВА ДАГ НИ ТАМ ЧЭД ДУІ РИГ ЗАН ЛО САЛ НИА ЖАЛ МЭД БА ДАНІ НИН ЖЭ ЧЭ ЗИН ЛАМА ЛА ГУ ДЭНІ БАЛ ДЭН ЛАМИ ДАМ ЦИГ ЛА НЭ ШОГ

Ирэх хойчийн бүхий л төрөлдөө эрдэнэт ламдаа биширсэн аугаа их энэрэлтэй, бардам омоггүй цэвэр сэтгэлтэй буянтай айлд мэндлэх болтугай. Өргөсөн энэ тангаргадаа үнэнч байх болтугай!

དཔལ་ལྡན་བླ་མའི་རྣམ་པར་ཐར་བ་ལ། །སྐད་ཅིག་ཙམ་ཡང་ལོག་ལྟ་མི་སྐྱེ་ཞིང་། །

ཅི་མཛད་ལེགས་པར་མཐོང་བའི་མོས་གུས་ཀྱིས། །བླ་མའི་བྱིན་རླབས་སེམས་ལ་འཇུག་པར་ཤོག །

БАЛ ДЭН ЛА МИ НАМ БАР ТАР ВА ЛАІ ГАД ЧИГ ЦАМ ЯН ЛОГ ТА МИ ЖИЭ ЗИНІ ЧИ ЗАД ЛЭГ БАР ТОН ВИ МУ ГҮ ЖИІ ЛА МИ ЖИН ЛАБ СЭМ ЛА ЖУГ БАР ШОГ

Сүр жавхлант лам багшийнхаа гэтэлгэгч дүр байдалд хормын төдийд ч би бүү эргэлзэх болтугай. Хийсэн болгоныг нь дээдлэн биш７ч харснаар багшийн адис жанлав сэтгэлд минь шингэх болтугай!

སྐྱེ་བ་ཀུན་ཏུ་ཡང་དག་བླ་མ་དང༌། །འབྲལ་མེད་ཆོས་ཀྱི་དཔལ་ལ་ལོངས་སྤྱོད་ཅིང༌། །

ས་དང་ལམ་གྱི་ཡོན་ཏན་རབ་རྫོགས་ནས། །རྡོ་རྗེ་འཆང་གི་གོ་འཕང་མྱུར་འཐོབ་ཤོག །།

ГЭ ВА ГҮН ДҮ ЯН ДАГ ЛАМА ДАН| ДАЛ МЭД ЧОЙ ЖИ БАЛ ЛА ЛОН ЧОД ЧИН| СА ДАН ЛАМ ЖИ ЁН ДЭН РАБ ЗОГ НЭ| ДОР ЖЭ ЧАН ГИ ГО БАН НЮР ТОБ ШОГ

Алс хойд насандаа ачит ламаасаа бүү хагацах болтугай. Ариун Номын сургаалыг судлах хийгээд бясалгахын жаргалаас алгасарч бүү холдох болтугай. Гэгээрлийн буми шатуудыг огоот гүйцээснээр Очирдарийн хутгийг үтэр түргэн олох болтугай!

Энэ бол таныг нэгэн насанд тань Бурханы хутагт хүргэх увдистай төгс төгөлдөр Гүрү Йогийн бясалгал болой. Үүнд бүү эргэлзэхтүн. Жэвзүн Даранат 29 насандаа зохиов.

Зохиогчийн Тухай Хэдэн Үг

Ханбрүл Ринбүчи бол Төвөдийн Буддын шашны Секторын-бус үзэлт Мастер билээ. Тэрбээр Төвөдийн гол гол урсгалуудын хорин-тав гаруй багш мастеруудаас олон ном сургаалыг суралцан дадуулах үйлсэд бүхий л амьдралаа зориулсан бөгөөд аливаа урсгалын системд чин хүндлэл бишрэлээр хандахын зэрэгцээ өөрийн даган явж ирсэн гол урсгал болох Жонан-Шамбалын урсгалын Цагийн хүрдний дандарын ёсондоо хамгаас итгэлтэй явдаг нэгэн билээ.

Ринбүчи бүхий л зүйлд сониуч хийгээд шийдмэг сэтгэлээр хандана. Түүний сургаал үргэлж ойлгомжтой шулуун дардан замаар байндаа тусч утга төгөлдөр байдаг нь онцгой ажиглагддаг. Олон жилийн турш тэрбээр шавь нартаа зориулан Цагийн хүрдний сургаалын дамжин явах үе шатуудыг үзүүлсэн ном товхимол олныг бүтээж мөн орчуулах тал дээр асар их зүтгэл гаргасныг хэлэхгүй өнгөрч болохгүй юм.

Бид байгаль дэлхийгээ хайрлах, хүн хүнээ гэх сэтгэлээр амгалан энхийн зохицлыг энэ ертөнцөд жинхэнэ утгаар нь хөгжүүлж чадна гэдэгт Ринбүчи хэзээ ч эргэлзэж байгаагүй бөгөөд Цагийн хүрдний системт сургалтаар Шамбалын *Алтан Эринийг* ойртуулах ч боломжтой хэмээн итгэсний үндсэн дээр дэлхийн улсуудаар хэдэнтээ тойрон явж ялгавар үгүй римэ үзэл бүхий өвөрмөц урсгалынхаа нандин ухааныг дэлгэрүүлэн номлож яваа нэгэн билээ.

РИНБҮЧИГИЙН ҮЗЭЛ БОДОЛ

Зогдэн бол манай дэлхий дээр амгалан энхийн нийгмийг байгуулах Ханбрүл Ринбүчигийн үзэлд туслах зорилгоор тусгайлан байгуулагдсан ашгийн бус байгууллага бөгөөд өдөр өдрөөр хөгжиж дэвшихийн хэрээр улам олон хүнийг хамрах болоод байгаа юм. Ринбүчигийн үзэл бодлын цар хүрээний талаар ойлголт өгөх үүднээс холын ба ойрын найман зорилго тавьсныг нь доор үзүүллээ.

Нэн Даруй Хийвэл Зохих Ойрын Зорилго

Үнэн чанартаа хувь хүн бүр өөртөө гүнзгий өөрчлөлт хийж байж л жинхэнэ аз жаргалд хүрч болно. Одоо бид саруул оюуныг улам хөгжүүлж өөрсдийн хязгааргүй боломжийг нээх л юу юунаас илүү чухал болоод байна. Тиймээс Ринбүчи Жонангийн Цагийн хүрдний урсгалыг хадгалах энэ хүнд үүргийг өөртөө аваад дөрвөн замаар энэ зорилгодоо хүрэхээр найдаж байгаа юм. Юу гэвэл:

1. **Төвөдийн алслагдсан нутагт байгаа Цагийн хүрдний урсгалыхантай холбоо тогтоон, энэ хэрэгт бүх амьдралаа зориулсан чин сүсэгт бясалгагч нартай хамтарч ажиллах бололцоог хүмүүст олгох.** Бидний зорилго бол Цагийн хүрдний ёсыг мянга мянган жилийн өмнөх тэр уламжлалт байдлаар нь хадгалан буй мастеруудын сургаал зааврын дагуу заншил ёсоор нь суралцахад хүмүүст бүх талаар туслах явдал юм. Үүний тулд бид Бурхдын зураг, баримал, судар ном зэргийг дэлхийн улсуудаар түгээх, ухамсарлахуйн өндөр түвшинд хүрсэн бясалгагч нарын туршлага дээр тулгуурласан зургийг уламжлалт материалаар бүтээх чанарын тал дээр онцгой анхаарах болно.

2. **Цагийн хүрдний ёсыг судалж анхааран авлага болгоход зориулсан олон улсын бясалгалын төвүүдийг байгуулах.** Сурсан мэдсэнээ эрчимтэй дадлага болгон хувиргах бололцоо тэр бүр олдоод байдаггүй тул манай бүлгийн гишүүдэд урт богино хугацаагаар бясалгалд суухад нь туслах газруудыг зохион байгуулах тал дээр бид ажиллаж байна. Үүнд тохиромжтой нутагт газар худалдаж аван ганцаар буюу бүлгээрээ бясалгал хийх байгууламж барих явдал голлож байна. Цаашид дэлхий даяар сүлжээ үүсгэн бясалгагчдад туслах өргөн хүрээний дэмжлэгт ажлыг бид өрнүүлэх болно.

3. **Цагийн хүрдний мастеруудын ховор судар бүтээлийг орчуулж хэвлэх.** Төвөдийн түүхийн урт хугацаанд Цагийн хүрдний сургаал тоолшгүй олон судар бүтээлийн сэдэв болсоор иржээ. Үүний зөвхөн өчүүхэн хэлтэрхий л баруунд орчуулагдаад байна. Онолын ном хичнээн чухал ч гэлээ бид энэхүү гүнзгий сургаалын гүнд орон нэвтрэхийн тулд гарамгай мастеруудын оньс зааварчилгаануудыг нийтийн хүртээл болгох тал дээр онцгой анхаарвал машид зохилтой гэж үзэж байна.

4. **Зохион байгуулалттай сургалтын программ хэрэгслийг хөгжүүлэх.** Дэлхий нийтээр орчин үеийн технологийг сургалтад нэвтрүүлсэн байгаа өнөө үед цахим сургалтыг хөгжүүлэн олон улсын хүмүүст ойр харьцаатай, зохион байгуулалттай бөгөөд чанартай сургалтын хөтөлбөрт хамрагдах бололцоог олгоно.

Холын Зорилго

Бид бүхэн дотоод сэтгэлийн амгалан зохицолт байдалд тэмүүлэх зуургаа маш олон ургалч үзлээр дүүрэн агуу ертөнцөд амьдарч байгаагаа мартаж болохгүй. Хувь хүн янз бүрийн итгэл үнэмшилтэй болж түүнээсээ шалтгаалан бусадтай харилцаанд ордог. Энэхүү шүтэн барилдлагат ертөнцөд илүүтэй хүндлэл, тэсвэр тэвчээр авчрах аргыг олох амаргүй. Тийм ч учраас Ринбүчи дөрвөн тодорхой үйлдлийг голлон санал болгож байгаа нь:

1. **Римэ ухааныг бусад урсгалуудтай зөвшилцөн хөгжүүлэх.** Олон ургалч үзэл бүхий нийгмийн бүтээлч нэгэн гишүүний ёсоор бусад урсгалуудтай ялгаагаа зөвшөөрөлцөн найрамдах хэрэгтэй. Ингэснээр бие биесээ хүндэтгэж, шинэ санаа бодолд нээлттэй хандах, мунхаг сэтгэлийг ялан гарах хүслийг өдөөх ашигтай чанаруудыг хөгжүүлэхэд зорьж чадах болно.

2. **Чин зүтгэлтэй бясалгагч нарт санхүүгийн дэмжлэг үзүүлэн ухамсарлахуйн гүнзгий түвшинд хүрсэн үлгэр жишээ болох хүмүүсийг бэлтгэх.** Бидний урсгал үнэн гэдгийг батлан харуулах үүднээс хүмүүсийг үнэхээр далд ухамсарлахуйн гүнзгий түвшинд хүргэх чухал ач холбогдолтой байна. Тиймээс чин сүсэгт тууштай бясалгагч нарт ямар системын бясалгал хийж байгаагаас нь үл хамааран санхүүгийн тэтгэлэгт хөтөлбөр үүсгэхэд бид зорьж байна. Сурснаа дадлага болгон амжилт гаргахад нь тусласнаар тэд орчин тойрондоо жинхэнэ амьд жишээ болон үлгэрлэж дараачийн шинэ үеийн сүсэг нэгт нөхдийнхөө бишрэл хүндлэлийг хүлээн араасаа дагуулах болно.

3. **Тусгай дадлагын хөтөлбөрөөр ирээдүйтэй эмэгтэй бясалгагч нарыг бэлтгэх.** Төвөдийн соёлд ирээдүйтэй гэж танигдсан нэгнийг эрчимтэйгээр сурган ухамсарлахуйн гүнзгий түвшинд хүргэсэн түүх олон бий ч харамсалтай нь голдуу эрэгтэй хүмүүс байдаг. Манай дэлхий дээр тэнцвэртэй байдлыг авчирч чадах ухамсарлахуйн гүнзгий түвшинд хүрсэн хүчирхэг үлгэр жишээ эмэгтэй хүн бэлтгэх нь маш чухал гэдэгт Ринбүчи итгэлтэй байгаа юм. Тиймээс бид тэдэнд зориулсан өвөрмөц дадлагын хөтөлбөр боловсруулахад анхааран ажиллаж байна. Бидний зорилго тэдний сүсэг бишрэлийн боловсрол дахь бүх талуудад дэм болох санхүүгийн дэд бүтэц хийгээд мөн тусгай сургалтын хөтөлбөр бий болгох явдал билээ.

4. **Чөлөөтэй уян хатан сэтгэж өнөөгийн сургалтын хөтөлбөрийн дагуу үнэнийг илүү уужим байдлаар харах ба ойлгох тал дээр дэмжих.** Бүх зүйл асар хурдацтай хөгжин буй өнөө цагт үр хүүхдүүдээ сурган хүмүүжүүлэх чадвараа хэр байгааг дахин нэг бодож үзэх хэрэгтэй юм. Өнгөрсөн үеийн нийгмийн систем голдуу сурагч оюутнуудыг амьдралдаа тулгарсан сорилтуудыг хэрхэн давж гарахад бэлтгэхэд чиглэсэн буруу арга баримталдаг байсан бол бид тэднийг нөхцөл байдалдаа дадах илүү уян хатан болгох сургалтын программд илүүтэй анхаарч байгаа юм. Энэ сургалтын давуу тал нь тэдний өдөр тутмын амьдралд сэтгэл хэрхэн нөлөөлж байдгийг илүүтэй ухамсарлуулж сургах явдал билээ. Мөн өнөөгийн нийгэмтэй илүү зохицох талаас нь харж шашны боловсролд өөрчлөлт хийх зорилготой байгаа юм.

ТА ХЭРХЭН ТУСАЛЖ ЧАДАХ ВЭ?

Таны тус дэмжлэггүйгээр эдгээрийн аль нь ч боломжгүй зүйл юм. Бидний энэ зорилго сүсэгтэн олон та бүхний олон жилийн турш өргөсөн өглөг, хураасан буяны асар их нөлөөгөөр биеллээ олох болно. Хэрэв та туслахыг хүсвэл эргэлзэх хэрэггүй бидэнтэй холбогдоорой.

Зогдэн

Dzokden

3436 Divisadero Street
San Francisco, CA 94123
United States of America

publications@dzokden.org
office@dzokden.org

www.ingramcontent.com/pod-product-compliance
Lightning Source LLC
Chambersburg PA
CBHW081325120626

46546CB00011B/3223